湖北省教育政策研究报告
（2021年）
编写委员会

主　任

王文森

副主任

傅华强　刘庆标　刘国卫

委　员（按姓氏笔画排序）

兰惠玲　朱爱国　刘　莉　张书灵　赵友元
程少波　蔡　昆

主　编

王文森

执行主编

朱爱国

副主编

任会兵　余　彪

编写人员（按姓氏笔画排序）

丁　丹　王文森　方　芳　朱爱国　任会兵
刘　莉　刘国卫　孙晓敏　余　彪　张爱国
罗国华　洪　淼　董志远　傅华强　鲜　兰

湖北省教育政策研究报告

2021

湖北省教育科学研究院 ◎ 编著

华中科技大学出版社
http://press.hust.edu.cn
中国·武汉

图书在版编目(CIP)数据

湖北省教育政策研究报告.2021年/湖北省教育科学研究院编著.—武汉:华中科技大学出版社,2023.2

ISBN 978-7-5680-9104-6

Ⅰ.①湖… Ⅱ.①湖… Ⅲ.①地方教育-教育政策-研究报告-湖北-2021 Ⅳ.①G527.63

中国国家版本馆 CIP 数据核字(2023)第 020118 号

湖北省教育政策研究报告(2021年)
Hubei Sheng Jiaoyu Zhengce Yanjiu Baogao(2021Nian)

湖北省教育科学研究院 编著

策划编辑:汪 粲
责任编辑:余 涛
封面设计:廖亚萍
责任监印:周治超

出版发行:华中科技大学出版社(中国·武汉)　　电话:(027)81321913
　　　　　武汉市东湖新技术开发区华工科技园　　邮编:430223
录　　排:武汉市洪山区佳年华文印部
印　　刷:武汉科源印刷设计有限公司
开　　本:787mm×1092mm　1/16
印　　张:22.75　插页:2
字　　数:470千字
版　　次:2023年2月第1版第1次印刷
定　　价:88.00元

本书若有印装质量问题,请向出版社营销中心调换
全国免费服务热线:400-6679-118　竭诚为您服务
版权所有　侵权必究

目　　录

导言:问政湖北教育 2021 ………………………………………………………（1）
第一章　2021 年教育政策概述 …………………………………………………（6）
　第一节　2021 年国家教育政策的主要精神 …………………………………（6）
　　一、强化党的领导,促进党的建设全面加强 ………………………………（6）
　　二、强化系统思维,促进各类教育高质量发展 ……………………………（12）
　　三、强化"五育"并举,促进立德树人落地生根 ……………………………（27）
　　四、强化人民满意,促进教育生态重构重塑 ………………………………（33）
　　五、强化综合改革,促进教育充满生机活力 ………………………………（40）
　　六、强化依法治教,促进教育治理水平提升 ………………………………（48）
　第二节　2021 年湖北教育政策的基本内容 …………………………………（60）
　　一、健全"十四五"教育发展规划体系 ………………………………………（69）
　　二、健全各类教育协调发展体系 ……………………………………………（70）
　　三、健全人才培养体系 ………………………………………………………（71）
　　四、健全教育治理体系 ………………………………………………………（71）
　　五、健全基础保障体系 ………………………………………………………（72）
　第三节　2021 年湖北教育政策执行的总体效果 ……………………………（74）
　　一、党的建设呈现新气象 ……………………………………………………（74）
　　二、发展水平迈上新台阶 ……………………………………………………（75）
　　三、立德树人开创新局面 ……………………………………………………（77）
　　四、教育质量实现新提升 ……………………………………………………（78）
　　五、教育改革取得新进展 ……………………………………………………（79）
　　六、教育保障发挥新作用 ……………………………………………………（79）
　　七、教育治理彰显新活力 ……………………………………………………（81）
　　八、教育服务完成新使命 ……………………………………………………（82）
　第四节　推进湖北教育高质量发展的策略建议 ……………………………（85）

一、把握大局大势,不断优化教育发展思路 …………………… (85)
二、聚焦短板弱项,促进各类教育整体提质 …………………… (88)
三、强化保证保障,确保教育持续健康发展 …………………… (95)

第二章 发挥思政教育的引擎作用 …………………………………… (100)

第一节 立德树人教育思想的形成和发展 ………………………… (100)
一、立德树人教育思想是对中华优秀文化的赓续和发展 ……… (100)
二、改革开放以来立德树人教育思想的历史演进 ……………… (101)
三、新时代立德树人教育思想的主要内涵和体系建构 ………… (105)

第二节 加强中小学德育工作 ……………………………………… (107)
一、国家关于中小学德育工作的主要政策举措 ………………… (107)
二、湖北中小学德育工作的主要政策及施行效果 ……………… (110)
三、加强和改进湖北中小学德育工作的策略建议 ……………… (118)

第三节 加强高校党建与思政工作 ………………………………… (123)
一、党和国家关于高校党建与思政工作的主要政策举措 ……… (123)
二、湖北高校党建与思政工作的主要政策及施行效果 ………… (131)
三、加强和改进湖北高校党建与思政工作的策略建议 ………… (138)

第四节 推进大中小幼一体化德育体系建设 ……………………… (141)
一、国家关于德育体系建设的政策演进及主要精神 …………… (141)
二、湖北中小学德育体系建设的主要政策及施行效果 ………… (145)
三、加强和改进大中小幼一体化德育体系建设的策略建议 …… (146)

第三章 夯实基础教育的基础地位 …………………………………… (148)

第一节 推进学前教育普惠优质发展 ……………………………… (148)
一、2021 年国家关于学前教育的主要政策精神 ……………… (150)
二、2021 年湖北学前教育的主要政策及施行效果 …………… (152)
三、大力推进学前教育普惠优质发展的策略建议 ……………… (156)

第二节 推进义务教育"双减"落地见效 …………………………… (158)
一、我国减轻学生负担的政策演进及发展趋势 ………………… (158)
二、2021 年国家"双减"政策的主要精神及成效 ……………… (169)
三、湖北推进"双减"的主要政策及施行效果 ………………… (176)
四、持续有效推进湖北"双减"落地的策略建议 ……………… (178)

第三节 推进县域普通高中发展提升 ……………………………… (183)
一、我国发展普通高中教育的政策演进及特点 ………………… (183)
二、湖北发展普通高中教育的主要政策及施行效果 …………… (195)

　　三、湖北县域普通高中发展面临的困境及成因 …………………………（202）
　　四、发展提升湖北县域普通高中的策略建议 ………………………（204）
第四节　提高义务教育质量监测和评价水平 ……………………………（208）
　　一、国家义务教育质量监测与评价的政策演进 ……………………（208）
　　二、湖北义务教育质量监测与评价工作的初步探索 ………………（214）
　　三、湖北省2020年国家义务教育质量监测情况分析 ………………（216）
　　四、湖北义务教育质量监测与评价工作面临的困境分析 …………（219）
　　五、提高湖北义务教育质量监测与评价水平的策略建议 …………（220）

第四章　突出职业教育的类型属性 ……………………………………………（223）
　第一节　推进高职院校"双高"建设 ……………………………………（223）
　　一、国家关于职业教育重大项目建设的政策演进 …………………（223）
　　二、湖北推进"双高"建设的主要政策及施行效果 ………………（228）
　　三、湖北"双高"建设面临的困境及原因分析 ……………………（232）
　　四、推进湖北高职院校"双高"建设的策略建议 …………………（234）
　第二节　推进职业教育"三教"改革 ……………………………………（237）
　　一、我国关于职业教育"三教"改革的政策演进及特点 …………（237）
　　二、2021年国家关于职业教育"三教"改革的主要政策精神 ……（244）
　　三、湖北职业教育"三教"改革的主要政策及施行效果 …………（248）
　　四、湖北职业教育"三教"改革面临的困境及原因分析 …………（255）
　　五、持续深化湖北职业教育"三教"改革的策略建议 ……………（256）
　第三节　推进职业学校兼职教师队伍建设 ……………………………（260）
　　一、我国关于职业学校兼职教师队伍建设的政策演进 ……………（260）
　　二、企业能工巧匠到职业学校担任兼职教师的独特意义 …………（276）
　　三、企业能工巧匠到职业学校担任兼职教师的现实困境 …………（279）
　　四、推进能工巧匠到职业学校担任兼职教师的策略建议 …………（284）

第五章　增强高等教育的竞争优势 ……………………………………………（295）
　第一节　推进高等学校"双一流"建设 …………………………………（295）
　　一、我国高校"双一流"建设的政策演进及特点 …………………（295）
　　二、湖北在两轮"双一流"建设中的位次及启示 …………………（302）
　　三、部分省份"双一流"建设的政策效果分析 ……………………（310）
　　四、深化湖北高校"双一流"建设的策略建议 ……………………（313）
　第二节　推进湖北省属高校提质创优 …………………………………（317）
　　一、湖北省属高校规模结构实现历史性突破 ………………………（317）

二、湖北省属高校处于爬坡过坎的关键阶段 …………………………（326）
　　三、全面提升湖北省属高校整体发展水平的策略建议 …………………（335）
第三节　推进普通高校本科专业结构优化 …………………………………（349）
　　一、湖北普通高校本科专业结构的基本现状 …………………………（349）
　　二、湖北高校专业与经济社会发展协调度分析 …………………………（353）
　　三、湖北高校专业人才需求与供给面临的主要问题 …………………（355）
　　四、优化湖北普通高校本科专业结构的策略建议 ……………………（356）
后记：让智库价值在服务决策中充分彰显 ………………………………（358）

导言：

问政湖北教育 2021

王文森

教育高质量发展和治理能力提升需要科学的理论和政策作支撑。《湖北省教育政策研究报告（2021年）》聚焦2021年度教育政策热点，以专题形式，就中央关心、群众关切、社会关注的教育热点难点问题进行深度剖析，梳理相关政策脉络、主要内涵、逻辑特点、实施成效，分析政策施行过程中存在的问题及原因，动态预测教育政策的未来走势，提出政策优化的策略建议，供各级党委和政府、教育行政部门领导及教育科研人员等参考，提高教育决策科学化水平，推进教育治理体系和治理能力现代化，助力新时代教育高质量发展迈向新台阶。

一

在历史的坐标系中，2021年注定留下极其特殊而重要的印记，注定是意义重大、影响深远的一年。

这是一座历史的里程碑。中国共产党迎来了百年华诞，作出了载入史册的第三个历史决议。我国如期实现了第一个百年奋斗目标，在中华大地上全面建成了小康社会，历史性地解决了绝对贫困问题，正满怀豪情地开启全面建设社会主义现代化国家新征程，我们的祖国正昂首阔步地行进在实现中华民族伟大复兴的道路上。

这是一道发展的起跑线。"十四五"实现良好开局，我国发展取得新的重大成就。这不仅仅是时间层面的简单延续，而是立足新的历史方位和发展阶段，完整、准确、全面贯彻新发展理念，构建新发展格局，我国各项事业由高速增长阶段全面转向高质量发展阶段。

教育是国之大计、党之大计，建设教育强国是中华民族伟大复兴的基础工程。因此，站在这样一个历史的交汇点上，盘点2021年中国教育发生的重大变革、取得的重大成就，我们会有更深刻的体悟，历史感、厚重感、使命感扑面而来。

这一年，中国教育开启新篇章。从制度设计到治理实践、从学校教育到家庭教育、从课内教学到课外服务、从校内教育到校外监管、从学前教育到高等教育、从普通教育到职业教育、从受教育者到施教者，中国教育制度体系得到了全面完善，方向更为明确，路径更加明晰，逐渐建立起满足国家重大战略需求、与大国综合实力相适应、与社会发展合辙同轨的育人体系。我国教育在领导体制、动力机制、保障制度、育人观念、目标内容、培养方式等方面，越来越焕发和彰显出鲜明特色。

这一年，教育发展绘就新蓝图。《"十四五"时期教育强国推进工程实施方案》出台，擘画了中国教育的宏阔远景。各地教育"十四五"发展规划陆续出台，教育高质量发展的顶层设计不断明晰。从中央到地方，从各类教育到教育保障体系，一系列推动教育高质量发展的政策、举措不断推出，教育高质量发展正在全面、全速推进，高质量发展体系正在构建。

这一年，立德树人取得新进展。在庆祝中国共产党成立100周年大会上，1000余名少先队员和共青团员齐声喊出"请党放心，强国有我"的青春誓言。立德树人工作体系不断完善，大中小学思政课一体化建设全面推进，基层党建工作不断加强，党史学习教育有力有效开展，筑牢了青少年的理想信念之基。素质教育蓬勃开展，培养德智体美劳全面发展的社会主义建设者和接班人要求切实落实到课堂教学、渗透在校园生活。广大师生衷心拥护以习近平同志为核心的党中央，对国家前途充满信心。

这一年，教育改革实现新突破。义务教育"双减"雷霆出击、普通高中"双新"全面落实、民办教育"两个占比"优化调整、高等学校"双一流"全面深化、职业院校"双高"扎实推进，无一不是重大教育举措。推进义务教育质量评价改革，出台幼小衔接指导意见，理顺"公参民"学校的办学体制，完善规范艺考体考，实施县中发展提升计划，以各个学段的群众关切为切入点，在不同领域重塑教育生态。

这一年，教育法治迈上新台阶。《教育法》《未成年人保护法》《民办教育促进法实施条例》等法律法规完成修订并正式施行，《家庭教育促进法》正式出台，职业教育法、教师法等的修订迈出关键一步。教育领域的法治建设全面提速，教育法治体系更加健全，依法治教、依法办学、依法执教的氛围更加浓郁。

这一年，师资建设有了新保障。习近平总书记在清华大学考察时指出，"中国教育是能够培养出大师来的"，体现了高度的教育自信和殷切期盼。教育部等六部门发布《关于加强新时代高校教师队伍建设改革的指导意见》，面向中西部欠发达地区的"优师计划"和面向基础教育领域的"强师计划"相继启动实施。《教师法》修订面向公众征求意见，增加教师教育教学自主权、教育惩戒权等。教师的从教准则更加明确，育人环境更加美好，一支规模宏大、素质优良、梯次合理、作用突出的人才队伍加速集结，释放出磅礴伟力。

回首百年历史，中国教育的初心坚如磐石；放眼未来征程，中国教育的前景波澜壮阔。站在新的历史潮头，中国教育正逐步完成高质量发展体系构建，正斗志昂扬地收拾行装再出发，以中国式教育现代化，走近世界教育舞台中央，为中华民族伟大复兴贡献更大的力量，为世界教育治理贡献更多中国方案。

二

2021年，湖北负重前行、向难求成、一路承压、一路向好，"荆"彩无限。

面对百年变局和世纪疫情交织的严峻考验，面对"补回来""追回来"的艰巨任务，全省上下深入贯彻落实党中央决策部署，统筹常态化疫情防控和经济社会高质量发展，团结一心、拼搏进取，疫后重振取得决定性成果，经济发展重回"主赛道"，小康社会如期全面建成，实现了"开局漂亮、全年精彩"。

在省委省政府的坚强领导下，在全省教育系统的共同努力下，2021年的湖北教育圆满完成全年目标任务，初步实现从"有学上"到"上好学"，从"学有所教"到"学有优教"，从"大起来"到"强起来"的历史性转变，进入全面提高质量的新阶段，教育发展生态持续向好。

这一年，各级各类教育稳步发展。学前教育实现了基本普及目标，迈入规范发展、安全提质的新阶段。义务教育县域基本均衡深入发展，迈入优质均衡的新阶段。高中阶段教育普及攻坚阶段性目标完成，进入多样化、特色化发展的新阶段。职业教育确立了类型教育地位，由规模扩张进入提质培优的新阶段。高等学校"双一流"建设深入推进，进入内涵式高质量发展的新阶段。

这一年，教育综合改革纵深推进。高考综合改革全面实施，"新高考"首考平稳落地，普通高中大班额比例三年下降22个百分点。教育评价改革列出了清单，提出75条落实举措。中小学教师"县管校聘"管理改革全面推行，义务教育教学改革和普通高中育人方式改革深入实施。办学体制改革有序推进，民办义务教育走向规范发展。

这一年，教育基础保障稳中有升。"抗疫抗灾"取得积极成效，校园没有发生聚集性感染，确保了"停课不停学"，实现了开学安全顺利、教学秩序正常、高考中考平稳。在遭受疫情、汛情双重冲击的情况下，调整财政支出结构，教育经费"两个只增不减"总体实现。省级统招的8044名教师充实到农村义务教育学校，师资紧缺问题有效缓解。平安校园"七防工程"全面加强，中小学、幼儿园安全防范"四个100%"建设基本完成，教育系统保持总体稳定。

这一年，教育治理体系更加完善。省、市、县三级建立党委教育工作领导小组，党对教育工作的领导全面加强。教育系统全面从严治党向纵深推进，习近平新时代中国特色社会主义思想"三进"工作扎实推进，"三全育人"综合改革深入实施，"五个思政"改革品牌深入拓展，教育系统成为坚持党的领导的坚强阵地。依法治教全面推进，《湖北省学校安全条例》《湖北省家庭教育促进条例》颁布施行。教育督导全面加强，"督"

的权威和"导"的作用更加彰显。

站在建党百年的历史节点上,承载荆楚崇文重教的优良传统,瞄准"率先全面建成教育强省"的宏伟目标,感受周边省市"标兵渐远、追兵渐近"的竞争态势,湖北既要以坐不住的紧迫感、慢不得的危机感、等不起的责任感,回应民众呼声,解决教育领域"急难愁盼"之事;又要有心怀"国之大者"、立足千秋伟业的淡定从容,推进教育综合改革,在尊重教育规律的基础上,步步为营、潜心育人、静待花开。

三

之所以在激荡的国际风云中能安下一张平静的书桌,之所以在重大的疫情、灾情中教育能稳健发展,之所以在各种艰难险阻中广大师生能保持昂扬向上的风貌,是因为有以习近平同志为核心的党中央坚强领导,有稳居世界第二的经济实力作支撑,有健全的教育法律规章、政策制度及标准规范作保障。

面临新形势,开启新征程,担负新使命,展现新作为,湖北教育要坚持以习近平新时代中国特色社会主义思想为指导,坚持社会主义办学方向,坚决贯彻落实党的教育方针,不断丰富完善地方政策制度体系,扬优势、补短板、优结构、提质量,有力回答"强省建设,教育何为"这一时代课题,在新的历史起点上接续奋斗、勇毅前行、创造辉煌。

铸牢教育之魂,全面落实立德树人根本任务。深入推动习近平新时代中国特色社会主义思想和党的二十大精神进教材进课堂进头脑,加快建立健全促进学生身心健康、全面发展的长效机制。全面加强思想政治教育,引导广大学生立志听党话、跟党走,扎根人民、奉献国家。赓续红色血脉,传承红色基因,深化青少年"四史"教育,培养造就大批堪当时代重任的接班人。坚持"五育并举",创新学习形式和载体,深入推进全员、全过程、全方位育人,促进学生德智体美劳全面发展。

夯实教育之基,努力办好公平而有质量的教育。学前教育要"补短板",多措并举,增加普惠性幼儿园供给,扩大学前教育资源,提高"两个占比"。基础教育要"重均衡",推进"教联体"建设,持续做大优质教育"蛋糕",让更多学生在家门口"上好学"。职业教育要"强类型",推进"双优""双高"建设,稳步发展职业本科教育,加快推动职业教育融合融通发展。高等教育要"求突破",放大视野格局,优化结构布局,提高效益质量,办出一流特色,以超常之举实现省属高校"双一流"建设新突破。总之,用事关未来的谋划办好最代表未来的教育,让教育效能助力每个学生都有人生出彩的机会。

提升教育之为,持续增强服务经济社会发展能力。落实优惠政策,不断提高毕业生留鄂来鄂就业率和科研成果就地转化率,努力以教育体系之变适应和引领时代之变、发展之变。持续深化教育综合改革,从根本解决教育评价指挥棒问题,扎实推进学校"放管服"改革,让学校自主办学、专心育人。积极扩大开放办学,加强人文交流,以开放的思维、改革的办法推动教育创新发展,在交流共鉴中实现共享、共赢。

培固教育之本，加快提升教师队伍建设水平。坚持师德师风第一标准，推动教师成为先进思想文化的传播者、党执政的坚定支持者、学生健康成长的指导者和引路人。促进教师专业发展，提升教师队伍能力素质，努力造就一支有理想信念、有道德情操、有扎实学识、有仁爱之心的宏大教师队伍，培育一批骨干教师、领军人物和荆楚教育名家。弘扬中华民族的传统美德，营造尊师重教良好氛围，使教师真正成为令人向往、受人尊敬的职业。

扛起教育之责，切实加强党对教育工作的全面领导。严格落实教育系统各级党组织管党治党主体责任，强化责任担当、健全制度机制，形成落实全面从严治党纵向到底、横向到边、全面覆盖的责任体系和工作格局。狠抓教育系统党的建设，切实加强领导班子和干部队伍建设，强化学校基层党组织建设，不断提升办学治校水平。尤其是要完善中小学校党组织领导的校长负责制，实现中小学党的组织和党的工作全覆盖。深入推进党风廉政建设和反腐败斗争，努力建设清明政风、清净校风、清正教风、清新学风，进一步优化教育发展环境。

盘点2021年的湖北教育，明确未来的发展思路，湖北教育已深深地融入党的百年奋斗中，深深地扎根在荆楚大地上。湖北教育的每次变革与成就都与国运紧密相连，与国家的政策保障和推动高度关联，与湖北的地方制度创新交相印证。昨天的辉煌成就已浸润师生心田，今天的使命担当正在创造高质量发展奇迹，明天的伟大梦想召唤教育系统开创更加美好的未来。立足世界百年未有之大变局和中华民族伟大复兴的战略全局，服务"建设全国构建新发展格局先行区"的战略大局和"一主引领、两翼驱动、全域协同"的区域发展布局，湖北教育必将踔厉奋发，笃定前行，以筚路蓝缕以启山林的开拓精神，谱写新时代教育强省建设的新篇章。

第一章　2021年教育政策概述

2021年，教育工作的中心任务是建设高质量教育体系。围绕基础教育、职业教育和高等教育的高质量发展，国家出台了相关政策加以推进。有的是从全局发展角度去谋划，比如，出台《"十四五"时期教育强国推进工程实施方案》，聚焦关键领域关键任务，基础教育补短板、职业教育树精品、高等教育创一流，以项目方式推进教育强国建设；有的是从某一类型教育角度去谋划，比如，印发《关于推动现代职业教育高质量发展的意见》，着力破除职业教育改革发展的深层次体制机制障碍，巩固职业教育类型定位，完善现代职业教育体系；有的是从某一学段角度去谋划，比如，实施县域普通高中发展提升行动计划，改善县中办学条件，提高县中教育质量。湖北紧跟中央决策部署，紧扣时代发展脉搏，紧贴湖北教育实际，在坚定执行国家教育政策的同时，出台和施行了体现鲜明荆楚特色的教育政策，进一步丰富和完善了湖北教育制度体系，向全国提供了可资借鉴的湖北样本。

第一节　2021年国家教育政策的主要精神

2021年是"十四五"开局之年，高质量教育体系建设全面起步。《"十四五"时期教育强国推进工程实施方案》出台，各级政府陆续发布并启动实施"十四五"教育规划。"双减"政策落地，县中发展提升提上日程，县域义务教育优质均衡创建工作全面启动，基础教育高质量发展开启新篇章。全国职业教育大会召开，《关于推动现代职业教育高质量发展的意见》印发，职业教育进入提质赋能新阶段。高等学校"双一流"建设提速，中西部高等教育发展获得更大支持。校外培训机构治理力度空前，民办教育发展更加规范。国家的教育政策在宏观架构上更加科学，在微观落实上更为精准，为中国式教育现代化铺就道路，为建设高质量教育体系提供有力支撑，为提升全民受教育程度、促进人的全面发展、推进教育治理体系和治理能力现代化擘画了蓝图和愿景，提供了路径与方案。

一、强化党的领导，促进党的建设全面加强

教育是国之大计、党之大计。始终坚持党对教育事业的全面领导是党领导教育百

年来的宝贵经验。2021年,教育系统深入贯彻落实习近平总书记关于教育的重要论述,及时将党的教育主张转化为国家意志和法律规范,试行中小学校党组织领导的校办负责制,完善高校党委领导下的校长负责制,党的旗帜在校园高高飘扬。

1. 党中央高度重视教育,重大教育政策经过中央深改委审议通过,习近平总书记亲自决策部署

2021年,中国教育变革的鼓点变得激越而昂扬。而在这旋律的中央,是习近平总书记亲自决策部署教育,语重心长的嘱托指引教育发展。

2021年,习近平总书记多次主持召开中央全面深化改革委员会会议,审议通过了《关于进一步减轻义务教育阶段学生作业负担和校外培训负担的意见》《关于建立中小学校党组织领导的校长负责制的意见(试行)》《关于深入推进世界一流大学和一流学科建设的若干意见》等多个教育文件,对科技成果评价、义务教育"双减"、深入推进"双一流"建设等重点领域和关键环节改革进行了制度重塑,为教育高质量发展提供了更加有力的制度支撑。

这一年,习近平总书记先后调研考察了清华大学、福建闽江学院、陕西榆林绥德实验中学,致信祝贺厦门大学建校100周年,给《文史哲》编辑部全体编辑人员、江苏省淮安市新安小学五(8)中队的少先队员回信,回信勉励全国高校黄大年式教师团队代表,对职业教育工作作出重要指示,对建设世界一流大学,全面提升服务区域发展和国家战略的能力,新的历史条件下推动中华优秀传统文化创造性转化、创新性发展,促进青少年成长,加强教师队伍建设等作出了重要指引。总书记的深情嘱托、谆谆教诲、殷殷期望,激励着教育系统干部师生砥砺奋进、开拓前行。

表1-1 2021年中央深改委会议审议通过的与教育相关的政策文件

序号	政 策 文 件	主 要 内 容
1	2021年2月19日,习近平主持召开中央全面深化改革委员会第十八次会议,审议通过《关于县以下事业单位建立管理岗位职员等级晋升制度的意见》。2021年10月21日,中共中央办公厅印发(中办发〔2021〕29号)	坚持党管干部、党管人才,着眼于建设高素质专业化事业单位干部队伍,改造现有职员等级,将县以下事业单位职员等级与岗位等级适当分离,建立主要体现德才素质、个人资历、工作实绩的等级晋升制度,拓展县以下事业单位管理人员职业发展空间
2	2021年5月21日,习近平主持召开中央全面深化改革委员会第十九次会议,审议通过《关于完善科技成果评价机制的指导意见》。2021年7月16日,国务院办公厅印发(国办发〔2021〕26号)	完善科技成果评价机制,关键要解决好"评什么""谁来评""怎么评""怎么用"的问题;要坚持质量、绩效、贡献为核心的评价导向,健全科技成果分类评价体系,针对基础研究、应用研究、技术开发等不同种类成果形成细化的评价标准,全面准确评价科技成果的科学、技术、经济、社会、文化价值

续表

序号	政策文件	主要内容
3	2021年5月21日,习近平主持召开中央全面深化改革委员会第十九次会议,审议通过《关于进一步减轻义务教育阶段学生作业负担和校外培训负担的意见》。2021年7月24日,中共中央办公厅、国务院办公厅印发(中办发〔2021〕40号)	减轻学生负担,根本之策在于全面提高学校教学质量,做到应教尽教,强化学校教育的主阵地作用;要深化教育教学改革,提升课堂教学质量,优化教学方式,全面压减作业总量,降低考试压力;要鼓励支持学校开展各种课后育人活动,满足学生的多样化需求;要加强教师队伍建设,优化教师资源配置,提高教育教学水平,依法保障教师权益和待遇
4	2021年11月24日,习近平主持召开中央全面深化改革委员会第二十二次会议,审议通过《关于建立中小学校党组织领导的校长负责制的意见(试行)》。2022年1月26日,中共中央办公厅印发	健全发挥中小学校党组织领导作用的体制机制,确保党组织履行好把方向、管大局、作决策、抓班子、带队伍、保落实的领导职责;要把党建工作作为办学治校的重要任务,把思想政治工作紧紧抓在手上,把弘扬革命传统、传承红色基因深刻融入学校教育中来,努力培养德智体美劳全面发展的社会主义建设者和接班人
5	2021年12月17日,习近平主持召开中央全面深化改革委员会第二十三次会议,审议通过《关于深入推进世界一流大学和一流学科建设的若干意见》。2022年1月26日,教育部、财政部、国家发展改革委印发(教研〔2022〕1号)	办好世界一流大学和一流学科,必须扎根中国大地,办出中国特色;要牢牢抓住人才培养这个关键,坚持为党育人、为国育才,坚持服务国家战略需求,瞄准科技前沿和关键领域,优化学科专业和人才培养布局,打造高水平师资队伍,深化科教融合育人,为加快建设世界重要人才中心和创新高地提供有力支撑

表1-2 2021年习近平总书记给教育的回信

序号	回信	主要内容
1	2021年4月6日,习近平总书记致信祝贺厦门大学建校100周年	希望厦门大学全面贯彻党的教育方针,切实落实立德树人根本任务,为党育人、为国育才,与时俱进建设世界一流大学,全面提升服务区域发展和国家战略能力,为增强中华民族凝聚力和向心力,为全面建设社会主义现代化国家、实现中华民族伟大复兴的中国梦作出新的更大贡献

续表

序号	回信	主要内容
2	2021年5月9日,习近平总书记给《文史哲》编辑部全体编辑人员回信	要增强做中国人的骨气和底气,让世界更好认识中国、了解中国,需要深入理解中华文明,从历史和现实、理论和实践相结合的角度深入阐释如何更好坚持中国道路、弘扬中国精神、凝聚中国力量。回答好这一重大课题,需要广大哲学社会科学工作者共同努力,在新的时代条件下推动中华优秀传统文化创造性转化、创新性发展。高品质的学术期刊就是要坚守初心、引领创新,展示高水平研究成果,支持优秀学术人才成长,促进中外学术交流。希望你们再接再厉,把刊物办得更好
3	2021年5月30日,习近平总书记回信勉励江苏省淮安市新安小学五(8)中队的少先队员	当年,在党的关怀和领导下,"新安旅行团"不怕艰苦,足迹遍及大半个中国,以文艺为武器,唤起民众抗日救亡,宣传党的主张,展现了爱国奋进的精神风貌。希望你们结合自身成长实际学好党史,以英雄模范人物为榜样,从小坚定听党话、跟党走的决心,刻苦学习,树立理想,砥砺品格,增长本领,努力实现德智体美劳全面发展
4	2021年9月8日,习近平总书记回信勉励全国高校黄大年式教师团队代表	好老师要做到学为人师、行为世范。希望你们继续学习弘扬黄大年同志等优秀教师的高尚精神,同全国高校广大教师一道,立德修身,潜心治学,开拓创新,真正把为学、为事、为人统一起来,当好学生成长的引路人,为培养德智体美劳全面发展的社会主义建设者和接班人、全面建设社会主义现代化国家不断作出新贡献

表1-3　2021年习近平总书记考察学校和给教育的重要指示

序号	考察调研	重要指示
1	2021年3月6日,习近平总书记看望参加政协会议的医药卫生界教育界委员	教育是国之大计、党之大计。要从我国改革发展实践中提出新观点、构建新理论,努力构建具有中国特色、中国风格、中国气派的学科体系、学术体系、话语体系。对群众反映强烈的突出问题,对打着教育旗号侵害群众利益的行为,要紧盯不放,坚决改到位、改彻底。要在全党全社会大力弘扬尊师重教的社会风尚,推动形成优秀人才竞相从教、广大教师尽展其才、好老师不断涌现的良好局面
2	2021年3月25日,习近平总书记考察福建闽江学院	要把立德树人作为根本任务,坚持应用技术型办学方向,适应社会需要设置专业、打好基础,培养德智体美劳全面发展的社会主义建设者和接班人。实现第二个百年奋斗目标,实现中华民族伟大复兴,青年一代责任在肩。希望同学们树立远大理想、热爱伟大祖国、担当时代责任、勇于砥砺奋斗、练就过硬本领、锤炼品德修为,努力成为对社会有用的人、道德高尚的人,积极投身全面建设社会主义现代化国家的伟大事业

续表

序号	考察调研	重要指示
3	2021年4月12-13日,全国职业教育大会在北京召开,习近平总书记对职业教育工作作出重要指示	在全面建设社会主义现代化国家新征程中,职业教育前途广阔、大有可为。要坚持党的领导,坚持正确办学方向,坚持立德树人,优化职业教育类型定位,深化产教融合、校企合作,深入推进育人方式、办学模式、管理体制、保障机制改革,稳步发展职业本科教育,建设一批高水平职业院校和专业,推动职普融通,增强职业教育适应性,加快构建现代职业教育体系,培养更多高素质技术技能人才、能工巧匠、大国工匠
4	2021年4月19日,习近平总书记考察清华大学	一流大学建设要坚持党的领导,坚持马克思主义指导地位,全面贯彻党的教育方针,坚持社会主义办学方向,抓住历史机遇,紧扣时代脉搏,立足新发展阶段、贯彻新发展理念、服务构建新发展格局,把发展科技第一生产力、培养人才第一资源、增强创新第一动力更好结合起来,更好为改革开放和社会主义现代化建设服务。我国高等教育要立足中华民族伟大复兴战略全局和世界百年未有之大变局,心怀"国之大者",把握大势,敢于担当,善于作为,为服务国家富强、民族复兴、人民幸福贡献力量。广大青年要肩负历史使命,坚定前进信心,立大志、明大德、成大才、担大任,努力成为堪当民族复兴重任的时代新人,让青春在为祖国、为民族、为人民、为人类的不懈奋斗中绽放绚丽之花
5	2021年5月28日,习近平总书记出席"两院"院士大会中国科协第十次全国代表大会	强化国家战略科技力量,提升国家创新体系整体效能。国家实验室、国家科研机构、高水平研究型大学、科技领军企业都是国家战略科技力量的重要组成部分,要自觉履行高水平科技自立自强的使命担当,多出战略性、关键性重大科技成果,着力解决影响制约国家发展全局和长远利益的重大科技问题,加快建设原始创新策源地,加快突破关键核心技术。要推进科技体制改革,形成支持全面创新的基础制度。要激发各类人才创新活力,建设全球人才高地
6	2021年9月14日,习近平总书记考察陕西榆林绥德实验中学	中华民族复兴,靠的是什么? 靠的是我们民族有高度文明的精神素养,基础在于教育。五千年中华民族文明的基础也在于教育。泱泱大国几千年的兴盛,教育至关重要。孩子们要全面发展,做社会主义建设者和接班人,成为对社会有用的人,成为国之栋梁。要全面贯彻党的教育方针,落实立德树人根本任务,厚植爱党、爱国、爱人民、爱社会主义的情感,努力培养德智体美劳全面发展的社会主义建设者和接班人。要深化教育教学改革,强化学校教育主阵地作用,全面提高学校教学质量,真正把过重的学业负担和校外培训负担减下来

2. 修改教育法,依法及时将党的教育主张转化为国家意志和法律规范

教育法是根据宪法制定的教育领域的基本法律,是教育的根本大法。2021年4月29日,第十三届全国人民代表大会常务委员会第二十八次会议审议通过了《全国人民代表大会常务委员会关于修改〈中华人民共和国教育法〉的决定》,2021年4月30

日起施行。这是1995年教育法颁布施行以来进行的第三次修改。教育法的修改是教育界一件具有里程碑意义的大事。

这次教育法修改是全面贯彻习近平新时代中国特色社会主义思想,贯彻落实全国教育大会精神,将习近平总书记关于教育的重要论述转化为法律的刚性约束和制度规范的重要举措,也是依据宪法精神、针对现实中突出的问题对教育基本法律制度的进一步完善。

从修改的内容来看,此次修改条目虽少,但是意义重大。新修改的教育法将"坚持中国共产党的领导"写入教育法,从法律制度层面进一步加强党对教育工作的全面领导。在指导思想的表述中增加了"习近平新时代中国特色社会主义思想",进一步丰富了教育的指导思想。强调了教育作为"国之大计、党之大计","对提高人民综合素质、促进人的全面发展、增强中华民族创新创造活力、实现中华民族伟大复兴具有决定性意义"。把"劳"写入教育法,将教育方针规范表述为:"教育必须为社会主义现代化建设服务、为人民服务,必须与生产劳动和社会实践相结合,培养德智体美劳全面发展的社会主义建设者和接班人",这在我国教育史上具有标志性意义和深远影响。增加冒名顶替行为的法律责任,严惩冒名顶替者,释放出维护教育公平、依法根除积弊的强烈信号,保障人民群众拥有更加公平的受教育环境。总之,教育法的修改对完善中国特色社会主义教育制度、全面推进依法治国,对推动新时代教育改革和发展、构建德智体美劳全面培养的教育体系具有重大而深远的意义。

3. 完善相关制度,加强中小学校党组织建设和高校基层组织工作

党的十八大以来,以习近平同志为核心的党中央高度重视加强党对教育工作的全面领导。2018年7月,习近平总书记在全国组织工作会议上指出,在中小学、医院、科研院所,党组织领导的校长(院长、所长)负责制还没有建立起来。各级党委和组织部门要进行系统梳理,理顺体制,完善机制,把党的领导贯彻落实到位,把党的建设落到实处。同年9月,习近平总书记在全国教育大会上强调,加强党对教育工作的全面领导是办好教育的根本保证。推动中小学校建立和实行党组织领导的校长负责制,是落实党中央要求、加强党对学校工作全面领导的重要保证。2021年11月,习近平总书记主持中央全面深化改革委员会第二十二次会议,审议通过了《关于建立中小学校党组织领导的校长负责制的意见(试行)》(简称《意见》)。2022年1月26日,中共中央办公厅印发了《意见》全文,要求加强分类指导、分步实施,针对不同类型、不同规模的学校,在做好思想准备、组织准备、工作准备的前提下,成熟一个调整一个,推动改革落到实处。

在高等教育领域,修订完善了《中国共产党普通高等学校基层组织工作条例》(简称《条例》)。1996年3月,党中央颁布《条例》,作为高校党的建设的基本法规,为加强高校党的工作提供了制度保障。2009年11月,时任中共中央政治局常委、中央书记处书记、中央党的建设工作领导小组组长习近平同志,亲自指导《条例》第一次修订工作,主持召开中央党建工作领导小组会议对《条例》修订稿进行研究。2010年8月,党中央颁布修订后的《条例》,对推进高校党的工作制度化、规范化、科学化发挥了重要作用。2021年2月26日,中共中央政治局召开会议,审议《中国共产党普通高等学校基层组织工作条例》;同年4月16日,中共中央印发了修订后的《中国共产党普通高等学校基层组织工作条例》,对高校基层党组织工作做出全面规范,体现了近年来高校党建工作的理论、实践和制度创新成果,是新时代高校党的建设的基本遵循,对于全面贯彻党的教育方针,落实立德树人根本任务,培养社会主义建设者和接班人,具有十分重要的意义。

二、强化系统思维,促进各类教育高质量发展

推进教育高质量发展、建设高质量教育体系是适应和服务经济社会高质量发展的需要。推动各级各类教育高质量发展,是建设高质量教育体系的基石。2021年,贯彻落实《中共中央关于制定国民经济和社会发展第十四个五年规划和2035年远景目标的建议》提出的"建设高质量教育体系"的总要求,国家出台了一系列配套政策和措施,推进各类教育高质量发展取得了新进展。

表1-4 2021年国家出台的各类教育政策一览表

序号	政策文件	主要内容
		基础教育
1	2021年1月20日,教育部等五部门《关于大力加强中小学线上教育教学资源建设与应用的意见》(教基〔2021〕1号)	到2025年构建三个体系:一是基本形成定位清晰、互联互通、共建共享的线上教育平台体系;二是覆盖各类专题教育和各教材版本的学科课程资源体系;三是涵盖建设运维、资源开发、教学应用、推进实施等方面的政策保障制度体系
2	2021年3月1日,教育部等六部门关于印发《义务教育质量评价指南》的通知(教基〔2021〕3号)	义务教育质量评价指标体系包括县域、学校、学生三个层面。县域包括价值导向、组织领导、教学条件、教师队伍、均衡发展等五方面,学校包括办学方向、课程教学、教师发展、学校管理、学生发展等五方面,学生发展质量评价包括学生品德发展、学业发展、身心发展、审美素养、劳动与社会实践等五方面
3	2021年4月2日,教育部办公厅关于印发《中学教育专业师范生教师职业能力标准(试行)》等五个文件的通知(教师厅〔2021〕2号)	《中学教育专业师范生教师职业能力标准(试行)》《小学教育专业师范生教师职业能力标准(试行)》《学前教育专业师范生教师职业能力标准(试行)》《中等职业教育专业师范生教师职业能力标准(试行)》《特殊教育专业师范生教师职业能力标准(试行)》
4	2021年4月30日,教育部、财政部《关于实施中小学幼儿园教师国家级培训计划(2021—2025年)的通知》(教师函〔2021〕4号)	共分为3个部分:第一部分为基本思路,明确支持重点和目标任务,以及改革的主要方向和目标;第二部分为重点工作,分4个方面10项重点工作;第三部分为保障措施,从工作机制和经费保障两方面确保工作目标达成

续表

序号	政策文件	主 要 内 容
5	2021年4月30日,教育部等四部门《关于实现巩固拓展教育脱贫攻坚成果同乡村振兴有效衔接的意见》(教发〔2021〕4号)	明确了四大类20个方面任务:一是建立健全巩固拓展义务教育有保障成果长效机制;二是建立健全农村家庭经济困难学生教育帮扶机制;三是做好巩固拓展教育脱贫攻坚成果同乡村振兴有效衔接重点工作;四是延续完善巩固拓展脱贫攻坚成果与乡村振兴有效衔接的对口帮扶工作机制
6	2021年6月1日,教育部发布《未成年人学校保护规定》(中华人民共和国教育部令第50号)	共8章63条。重点围绕"谁来保护""保护什么""如何保护"等问题,系统构建未成年人学校保护的制度体系。自2021年9月1日起施行,主要适用于普通中小学校和中等职业学校
7	2021年7月7日,教育部办公厅《关于支持探索开展暑期托管服务的通知》(教基厅函〔2021〕30号)	从鼓励学校积极承担、引导教师志愿参与、坚持学生自愿参加等7个方面提出了要求和举措,为解决学生暑期"看护难"问题,引导和帮助学生度过一个安全、快乐、有意义的假期提供政策指引
8	2021年7月21日,教育部办公厅《关于实施学前儿童普通话教育"童语同音"计划的通知》(教语用厅函〔2021〕3号)	从2021年秋季学期起,未使用国家通用语言文字开展保教活动的民族地区、农村地区幼儿园全部使用国家通用语言文字开展保教活动,为幼儿营造良好的普通话教育环境;"十四五"期间,分期分批开展民族地区、农村地区幼儿园教师国家通用语言文字应用能力培训
9	2021年7月24日,中共中央办公厅、国务院办公厅《关于进一步减轻义务教育阶段学生作业负担和校外培训负担的意见》(中办发〔2021〕40号)	减轻学生过重作业负担,提升学校课后服务水平,全面规范校外培训行为,提高学校教育质量,扩大义务教育优质资源,提升课堂教学质量,降低考试压力,严肃查处教师校外有偿补课行为;家长和社会要配合做好"双减"工作
10	2021年8月2日,教育部等五部门《关于全面加强和改进新时代学校卫生与健康教育工作的意见》(教体艺〔2021〕7号)	提出了健康教育的课程内容、课时要求,要求将健康教育与德育、智育、体育、美育、劳动教育相结合,融入教育教学、管理服务全过程,把健康教育的内容真正规范化、系统化。落实各学段健康教育教学时间,中小学校每学期应在体育与健康课程总课时中安排4个健康教育课时
11	2021年9月15日,教育部关于印发《国家义务教育质量监测方案(2021年修订版)》的通知(教督〔2021〕2号)	总体沿用2015年版监测方案的内容及架构,主要有四个方面的突破:一是拓展学科领域,增加劳动教育、心理健康领域,增加英语学科,实现"五育并举"全覆盖;二是服务质量提升,突出能力素养导向;三是创新方式方法,充分运用人工智能与大数据、脑科学等领域前沿技术方法;四是强化结果运用,增加区县监测诊断报告和政策咨询报告,建立监测问题反馈和预警机制

续表

序号	政策文件	主要内容
12	2021年10月20日,教育部办公厅等六部门《关于进一步加强预防中小学生沉迷网络游戏管理工作的通知》(教基厅函〔2021〕41号)	严格执行网络游戏前置审批制度,坚决杜绝网络游戏中含有可能妨害中小学生身心健康的内容,确保内容优质健康干净。网络游戏企业要采取技术措施,避免中小学生接触不适宜的游戏或者游戏功能。严格落实网络游戏用户账号实名注册和登录要求
13	2021年11月25日,教育部办公厅《关于开展县域义务教育优质均衡创建工作的通知》(教基厅函〔2021〕43号)	经过3—5年的努力,在各省(区、市)创建一批率先实现义务教育优质均衡发展的县(市、区),探索义务教育优质均衡发展的实现路径和有效举措,形成一批可复制、可推广的典型经验。充分发挥创建示范引领作用,带动各地加快推进县域义务教育优质均衡发展,为到2035年全面实现义务教育优质均衡发展奠定坚实基础
14	2021年12月9日,教育部等九部门关于印发《"十四五"学前教育发展提升行动计划》的通知(教基〔2021〕8号)	进一步明确了"十四五"普及普惠水平分别达到90%、85%以上的目标任务;坚持多渠道持续增加普惠性资源供给,逐步提高学前教育财政投入水平,健全幼儿园教师配备补充、工资待遇保障制度,全面提升保教质量
15	2021年12月9日,教育部等九部门关于印发《"十四五"县域普通高中发展提升行动计划》的通知(教基〔2021〕8号)	严格规范招生管理,加强县中教师队伍建设,完善投入保障机制,实施县中标准化建设工程和薄弱县中托管帮扶工程,全面化解普通高中大班额,深入实施普通高中新课程新教材等重要举措,整体提升县中办学水平
16	2021年12月27日,教育部《关于开展中小学幼儿园校(园)长任期结束综合督导评估工作的意见》(教督〔2021〕3号)	从总体要求、督导评估对象及重点、组织实施等方面进行系统设计,对开展中小学幼儿园校(园)长任期结束综合督导评估工作作出具体安排和部署
17	2021年12月31日,国务院办公厅《关于转发教育部等部门"十四五"特殊教育发展提升行动计划的通知》(国办发〔2021〕60号)	加快健全特殊教育体系,持续提高残疾儿童义务教育普及水平并向两端延伸;推动普通教育、职业教育、医疗康复及信息技术与特殊教育进一步深度融合;完善特殊教育保障机制,加强特教教师队伍建设,整体提高教师专业素养
18	2021年12月31日,教育部关于印发《普通高中学校办学质量评价指南》的通知(教基〔2021〕9号)	加快建立健全教育评价制度,促进普通高中教育内涵发展和质量提升;普通高中办学质量评价包括办学方向、课程教学、教师发展、学校管理、学生发展等5方面

续表

序号	政策文件	主要内容
\multicolumn{3}{c}{职业教育}
1	2021年1月22日,教育部办公厅关于印发《本科层次职业教育专业设置管理办法(试行)》的通知(教职成厅〔2021〕1号)	共5章21条。第一章提出出台《办法》的目的和依据;第二章提出专业设置依据、论证要求;第三章规定专业设置的基本程序;第四章明确建立健全专业设置、预警和调整机制、落实相应主体责任、加强阶段性评价与周期性评估监测等;第五章明确《办法》的解释权和施行时间
2	2021年1月27日,教育部关于印发《本科层次职业学校设置标准(试行)》的通知(教发〔2021〕1号)	从办学定位、治理水平、办学规模、专业设置、师资队伍、人才培养、科研与社会服务、基础设施、办学经费等十个方面明确了职业本科学校的设置标准
3	2021年3月12日,教育部关于印发《职业教育专业目录(2021年)》的通知(教职成〔2021〕2号)	共设置19个专业大类、97个专业类、1349个专业,其中中职专业358个、高职专科专业744个、高职本科专业247个
4	2021年4月15日,教育部等十部门《关于做好2021年职业教育活动周相关工作的通知》(教职成函〔2021〕5号)	开展全国性活动、线上体验活动、特色服务活动等,宣传党和国家职业教育方针政策、全国职业教育大会精神、职业教育改革发展重要成果、职业教育改革典型集体和人物;加强组织协调,制定工作方案,报送相关材料,严守各项要求
5	2021年4月26日,教育部《关于学习宣传贯彻习近平总书记重要指示和全国职业教育大会精神的通知》(教职成〔2021〕3号)	深刻学习领会,准确把握指示批示和大会精神的丰富内涵;聚焦重点任务,加快构建现代职业教育体系;加强组织领导,确保大会精神落实落地
6	2021年6月18日,教育部办公厅等六部门《关于做好2021年高职扩招专项工作的通知》(教职成厅函〔2021〕9号)	做好招生、培养、就业各个环节工作。严格落实招生计划,严格落实高职扩招相关政策,切实做好动员工作,抓好教学质量,落实稳岗扩岗支持政策,做好就业工作,改善办学条件,加强组织领导,加强协同联动
7	2021年7月28日,教育部办公厅《关于做好中等职业学校公共基础课程教材使用的通知》(教职成厅函〔2021〕16号)	高度重视教材书目和选用管理,及时做好教材发行和内容更新,严格规范教材出版和标识使用,稳步推进教材建设和质量保障

续表

序号	政策文件	主要内容
8	2021年8月4日,教育部、财政部《关于实施职业院校教师素质提高计划(2021—2025年)的通知》(教师函〔2021〕6号)	深化产教融合、校企合作,突出"双师型"教师个体成长和"双师型"教学团队建设相结合,兼顾公共基础课程教师队伍建设,着力提升教师思想政治素质和师德素养,提高教师教育教学能力,努力造就一支师德高尚、技艺精湛、专兼结合、充满活力的高素质"双师型"教师队伍
9	2021年10月21日,中共中央办公厅、国务院办公厅《关于推动现代职业教育高质量发展的意见》(中办发〔2021〕43号)	共7个部分22条。巩固职业教育类型定位,构建现代职业教育体系,完善产教融合办学体制,创新校企合作办学机制,深化教育教学改革,打造中国特色职业教育品牌,服务技能型社会建设
10	2021年11月18日,国务院学位委员会办公室《关于做好本科层次职业学校学士学位授权与授予工作的意见》(学位办〔2021〕30号)	将职业本科纳入现有学士学位工作体系,职业本科证书效用与普通本科价值等同,在就业、考研、考公等方面具有同样效力
11	2021年11月18日,教育部办公厅《关于进一步完善高职院校分类考试工作的通知》(教学厅函〔2021〕36号)	进一步完善"文化素质＋职业技能"职教高考制度,参考综合素质评价,引导普通高中和中职学校为学生发挥个性潜能提供多样化选择;健全监督管理机制,加强省级政府统筹,严格组织实施,强化监督管理,确保公平公正
12	2021年12月3日,教育部办公厅关于印发《"十四五"职业教育规划教材建设实施方案》的通知(教职成厅〔2021〕3号)	共六条。明确了重点建设领域、规划教材编写要求、编写选用和退出机制及条件保障;分批建设1万种左右职业教育国家规划教材,指导建设一大批省级规划教材,加大对基础、核心课程教材的统筹力度,高起点、高标准建设中国特色高质量职业教育教材体系
高等教育		
1	2021年1月4日,教育部发布《关于破除高校哲学社会科学研究评价中"唯论文"不良导向的若干意见》(教社科〔2020〕3号)	从提高思想认识、树立正确导向、严格底线要求、优化评价方式、加强学风建设、健全长效机制、开展专项整治等方面作出全面部署,进一步健全中国特色哲学社会科学学术规范和评价体系,推动高校加快构建中国特色哲学社会科学
2	2021年1月4日,教育部等六部门发布《关于加强新时代高校教师队伍建设改革的指导意见》(教师〔2020〕10号)	准确把握高校教师队伍建设改革的时代要求,落实立德树人根本任务;全面加强党的领导,不断提升教师思想政治素质和师德素养;建设高校教师发展平台,着力提升教师专业素质能力;切实保障高校教师待遇,吸引稳定一流人才从教;完善现代高校教师管理制度,激发教师队伍创新活力

续表

序号	政策文件	主要内容
3	2021年1月21日,教育部关于印发《普通高等学校本科教育教学审核评估实施方案(2021—2025年)》的通知(教督〔2021〕1号)	工作目标上,强调把"一根本、两突出、三强化、五个度"作为新一轮审核评估的共同愿景和价值追求;评估指标体系分为两类四种方案,第一类和第二类分别设一级指标4个和7个,二级指标12个和27个,审核重点37个和78个
4	2021年1月27日,人力资源和社会保障部、教育部发布《关于深化高等学校教师职称制度改革的指导意见》(人社部发〔2020〕100号)	保持高校教师现有岗位类型总体不变,一般设有教学为主型、教学科研型等岗位类型。高校教师职称一般设置初级、中级、高级,其中高级分设副高级和正高级
5	2021年3月23日,教育部、财政部、国家发展改革委发布《"双一流"建设成效评价办法(试行)》(教研〔2020〕13号)	在评价方式上,注重体系性、诊断性、集成性和发展性评价;在评价内容上,涵盖"双一流"建设五大建设任务和五大改革任务,考察期末建设达成度、发展度和第三方评价表现度;在评价手段上,设立常态化建设监测体系,探索形成监测、改进与评价"三位一体"评价模式
6	2021年4月16日,中共中央印发修订后的《中国共产党普通高等学校基层组织工作条例》	共十章39条。进一步完善高校基层党组织工作的指导思想、目标原则;适当调整组织设置和职责;健全高校纪检工作领导体制和机制;突出加强政治理论教育和党史教育;建设忠诚干净担当的高素质专业化干部队伍;注重保持党内法规的权威性、严肃性、连续性
7	2021年7月1日,教育部等六部门《关于推进教育新型基础设施建设构建高质量教育支撑体系的指导意见》(教科信〔2021〕2号)	以技术迭代、软硬兼备、数据驱动、协同融合、平台聚力、价值赋能为特征,加快推进教育新基建;以教育新基建壮大新动能、创造新供给、服务新需求,促进线上线下教育融合发展,推动教育数字转型、智能升级、融合创新
8	2021年7月28日,教育部《关于"十四五"时期高等学校设置工作的意见》(教发〔2022〕10号)	严格把握"学院"更名"大学"的条件,从严控制同层次更名;从严控制高校异地办学,不鼓励、不支持高校跨省开展异地办学,特别是严控部委所属高校、中西部高校在东部地区跨省开展异地办学,原则上不审批设立跨省异地校区
9	2021年9月22日,国务院办公厅《关于进一步支持大学生创新创业的指导意见》(国办发〔2021〕35号)	加强大学生创新创业服务平台建设,优化大学生创新创业环境。鼓励各类孵化器面向大学生创新创业团队开放一定比例的免费孵化空间;提升大众创业万众创新示范基地带动作用,深入实施创业就业"校企行"专项行动;完善成果转化机制,加快落实以增加知识价值为导向的分配政策

续表

序号	政 策 文 件	主 要 内 容
10	2021年11月17日，国务院学位委员会印发《交叉学科设置与管理办法（试行）》（学位〔2021〕21号）	共五章24条。明确了规范交叉学科管理的目的意义，交叉学科的界定和适用范围；明确了试点设置交叉学科的资格、基本条件、设置程序、命名及编码规则和退出机制等；明确了交叉学科编入目录的周期、条件、论证程序、编码规则和退出机制等；明确了交叉学科的学位授予、基本要求、招生方式、培养要求、评估评价、学科建设和学科评议等
11	2021年11月30日，教育部关于印发《高等学校思想政治理论课建设标准（2021年）》的通知（教社科〔2021〕2号）	从组织管理、教学管理、队伍管理、学科建设等方面进行了全面修订，体现了深入贯彻"大思政课"理念、更加突出党的领导、更加强调形成合力、更加突出课程群建设、进一步优化教师评价等特点
12	2021年12月16日，教育部办公厅等四部门《关于开展高水平公共卫生学院建设的通知》（教高厅函〔2021〕38号）	高水平公共卫生学院建设期限为10年（2021—2030年），建设单位以5年为一阶段，制定阶段性建设任务和目标，主要面向国家重大战略、学科发展前沿、高水平人才需求、全球健康发展等四个方面的发展需要
13	2022年1月26日，教育部、财政部、国家发展改革委《关于深入推进世界一流大学和一流学科建设的若干意见》（教研〔2022〕1号）	强化立德树人，造就一流自立自强人才方阵；服务新发展格局，优化学科专业布局；坚持引育并举，打造高水平师资队伍；完善大学创新体系，深化科教融合育人；推进高水平对外开放合作，提升人才培养国际竞争力；优化管理评价机制，引导建设高校特色发展；完善稳定支持机制，加大建设高校条件保障力度
14	2021年12月10日，教育部办公厅《关于加强高等学历继续教育专业设置与管理有关工作的通知》（教职成厅函〔2021〕27号）	高校应落实办学主体责任，定期对已开设高等学历继续教育专业进行检查评估，及时调整、撤销评估不合格或连续三年未招生的专业；省级教育行政部门对办学条件不足、教学管理混乱、教学质量低下的专业点，应督促学校及时整改或撤销，对违规办学情况严重的高校应取消高等学历继续教育办学资格

（一）基础教育：致力补短，迈向优质

1. 基础教育"四梁八柱"更加精准牢固

为做好"十四五"基础教育开局工作，按照"十四五"规划和2035年远景目标纲要的总体部署，国家先后印发了三个文件，全面系统谋划基础教育"十四五"发展目标任务、重大政策和行动计划，进一步提高普及水平、提升办学质量，在构建高质量基础教育体系上迈出了坚实步伐。

制定印发了《关于构建优质均衡的基本公共教育服务体系的意见》。以保障义务教育优质均衡发展为重要导向,着力健全政策保障体系,进一步缩小区域、城乡、校际、群体教育差距,切实提高基本公共教育服务水平。为适应"有学上"向"上好学"的历史性转变,部署开展了县域义务教育优质均衡发展先行创建工作,明确了4项基本要求和20项重点攻坚任务,推动在各省份创建一批率先实现义务教育优质均衡发展的县(市、区),探索实现路径和有效举措,形成一批可复制、可推广的典型经验。

制定印发了《"十四五"学前教育发展提升行动计划》。积极服务国家人口发展战略和"三孩"政策实施,巩固提高学前教育普及普惠成果,进一步明确了"十四五"普及普惠水平分别达到90%、85%以上的目标任务;坚持多渠道持续增加普惠性资源供给,着力补齐农村地区和城市新增人口集中地区普惠性资源短板;落实政府投入为主、家庭合理分担、其他多渠道筹措经费的机制,逐步提高学前教育财政投入水平;健全幼儿园教师配备补充、工资待遇保障制度;深化幼儿园教育和教研改革,推动幼儿园与小学科学有效衔接,健全幼儿园保教质量评估体系,全面提升保教质量。

制定印发了《"十四五"县域普通高中发展提升行动计划》。立足县中在乡村振兴和教育发展中的重要地位作用,聚焦县中存在的生源之困、师资之困、条件之困、办学水平之困,提出严格规范招生管理、加强县中教师队伍建设、完善投入保障机制、实施县中标准化建设工程和薄弱县中托管帮扶工程、全面化解普通高中大班额、深入实施普通高中新课程新教材等重要举措,整体提升县中办学水平,推进普通高中多样化有特色发展。

制定印发了《"十四五"特殊教育发展提升行动计划》。积极推进特殊教育拓展融合发展,坚持拓展学段服务,加快健全特殊教育体系,持续提高残疾儿童义务教育普及水平并向两端延伸;推动普通教育、职业教育、医疗康复及信息技术与特殊教育进一步深度融合;完善特殊教育保障机制,改善办学条件,加强特教学校标准化、校园无障碍环境和特教资源中心建设;加强特教教师队伍建设,整体提高教师专业素养。

2. 基础教育事业发展更加昂首阔步

学前教育资源供给持续扩大。一是普及水平大幅提升。2021年全国幼儿园数达到29.5万所,比2011年增加12.8万所,增长了76.8%;在园幼儿数达到4805.2万人,比2011年增加1380.8万人;学前三年毛入园率由2011年的62.3%提高到2021年的88.1%,增长了25.8个百分点,学前教育实现了基本普及,这是一个重要的历史性跨越。二是资源结构发生了格局性变化。2021年全国普惠性幼儿园(包括公办园和普惠性民办园),达到了24.5万所,占幼儿园总量的83%(其中公办园12.8万所,比2011年增长了149.7%);普惠性幼儿园在园幼儿占比达到87.8%,比2016年增长20.5个百分点,其中农村普惠性幼儿园覆盖率达到90.6%,每个乡镇基本都办有一所公办中心园,大村独立办园、小村联合办园。三是科学保教理念深入人心。"游戏点亮快乐童年""幼小协同 科学衔接"等主题活动蓬勃开展。四是教师队伍整体水平不断提高。2021年，全国幼儿园园长和专任教师总数超过了350万人，比2011年增加200万人，增长了1.3倍，生师比从2011年的26∶1下降到2021年的15∶1，基本达到了"两教一保"的配备标准，师资短缺问题得到有效缓解。五是经费投入机制不断完善。2020年全国财政性学前教育经费为2532亿元，比2011年的416亿元增长5倍。财政性教育经费占比从2011年的2.2%提高到2020年的5.9%。中央财政支持学前教育发展专项资金十年累计投入超过1700亿元，有效拉动了地方财政投入的快速增长，为学前教育发展提供了有力保障。

案例1-1

海南省按年生均1200元标准奖补普惠园

海南省教育厅等部门印发《海南省普惠性民办幼儿园认定、扶持及管理办法》，为普惠性民办幼儿园提供扶持政策：利用财政资金支持普惠性民办幼儿园发展，按照平均每生每年1200元的标准安排奖补资金；普惠性民办幼儿园教师纳入各类幼儿园培训项目，与公办幼儿园园长、教师享受同等的培训政策；建立公办幼儿园与普惠性民办幼儿园对口帮扶机制，提高普惠性民办幼儿园的管理水平与保教质量等。同时，鼓励各市县和相关部门在上述奖补的基础上，通过建设补助、设备补助、规范办园奖励、教师培训补助、教师工资补助、租金减免等形式，推进普惠性民办幼儿园不断提高办园水平、提高教职工待遇。

——资料来源：中国教育报 2021-08-13

义务教育办学水平整体提升。一是普及水平持续提升。2021年全国小学净入学率从2012年的99.85%提高到99.9%以上，初中阶段毛入学率始终保持在100%以上，义务教育阶段建档立卡脱贫家庭学生辍学实现了动态清零，长期存在的辍学问题得到了历史性解决。连续实施特殊教育提升计划，切实保障残疾儿童少年平等接受教育的权利，适龄残疾儿童义务教育入学率超过95%。二是经费保障水平持续提升。建立起城乡统一、重在农村的义务教育经费保障机制。相比较2012年，2021年小学生均经费支出从2012年每生每年7447元增至14458元，初中生均经费支出从2012年每生每年10218元增至20717元；生均公用经费标准达到东中西部统一的小学650元、初中850元的标准；义务教育阶段特殊教育生均公用经费补助标准提高至7000元；"两免一补"实现城乡学生全覆盖；家庭经济困难学生基本实现应助尽助；营养改善计划每年惠及3700万名农村学生，受益学生的体质健康合格率从2012年的70.3%提高至2021年的86.7%。三是办学条件持续改善。与2012年相比，2021年全国义务教育学校生均教学及辅助用房面积从3.7平方米增至5平方米，生均体育运动场占地面积从7.3平方米增至8.2平方米，生均教学仪器设备值从727元增至2285元，互联网接入率由25%提升到近100%，大班额比例由17.8%降至0.71%，"最好最安全的建筑在学校"得到了群众公认。四是教师队伍素质显著提高。2021年义务教育专任教师总数由2012年的909万增至1057万,增加了148万人,本科以上学历教师占比由2012年的47.6%提高至77.7%,总体上满足了教育教学基本需要。依法保障教师工资待遇,确保了义务教育教师平均工资收入水平不低于当地公务员平均工资收入水平。

案例1-2

新疆:确保适龄重度残疾儿童少年有学上

新疆维吾尔自治区教育厅等八部门印发《关于做好义务教育阶段重度残疾儿童少年送教上门服务工作的指导意见》,要求各地做好就近送教、入户送教、设立送教点、远程送教,以及学校集中服务工作,确保适龄重度残疾儿童少年有学上。各地教育行政部门依托当地特殊教育学校或残疾儿童较多的普通中小学校建立特殊教育资源中心,对于居住较分散、离学校路途较远或行动不便、需专人护理的重度残疾儿童少年,到其家中进行个别化施教和训练;送教学校根据每个重度残疾儿童少年的生理心理特点、残疾类别和个人潜能等实际情况,制定个别化教育方案,有针对性地选择适合的教学内容。

——来源:中国教育报 2021-09-28

普通高中迈向多样化特色化发展。一是普及水平显著提升。2021年全国普通高中总数达到1.46万所,在校生达到2605.03万人,分别比2012年增长7.97%和5.59%,为更多适龄学生提供了接受普通高中教育的机会;高中阶段教育毛入学率提高到91.4%,比2012年提高了6.4个百分点。二是总体投入水平大幅提高。普通高中财政性教育经费投入由2012年的2317亿元提高到2021年的4666亿元,增幅超过1倍;生均公用经费拨款制度全面建立,普通高中生均公用经费不低于1000元的拨款标准基本达到。三是办学条件显著改善。2021年全国普通高中校舍建筑面积达到6.4亿平方米,比2012年增加2.2亿平方米,增长52.35%;教学装备条件显著改善,2021年全国普通高中生均仪器设备值达到4968元,比2012年增加了2841元,提高了1.34倍;音体美器械和理科实验仪器设备配备标准达标学校均达到了95%以上,相比较2012年幅度超过了10个百分点左右,基本实现了全面达标的要求;学校联网率达到100%,多媒体教室占教室总数比例达到76%,进入高考综合改革省份均建设应用了省级统一的学生综合素质评价电子平台和学校的选课走班信息系统,促进了信息技术与教育教学的深度融合。四是大班额比例大幅下降。全国普通高中56人及以上大班额比例由2012年的47.76%降低到2021年的4.81%,下降了43个百分点,为适应高考综合改革、实施选课走班教学创造了有利条件。五是教师素质明显提高。普通高中专任教师总数由2012年的159.5万人增加到2021年的202.83万人,增长27.17%,生师比由2012年的15.47:1降低到

2021年的12.84∶1，有效缓解了高考综合改革实施选课走班面临的师资紧张问题。六是教育质量整体提升。建立了以发展素质教育为导向的科学的评价体系，充分发挥质量评价对深化教育教学改革的导向作用，普通高中育人方式深刻变革，一些地方积极探索形成了科技高中、人文高中、外语高中、体育高中、艺术高中和综合高中等多样化、有特色办学格局。

3. 基础教育监测评估更加精准科学

建设高质量国家义务教育质量监测体系。2021年9月，教育部印发《国家义务教育质量监测方案(2021年修订版)》，新版监测方案在2015年版的基础上进行了全面改进。一是拓展监测学科领域，增加了劳动教育、心理健康、英语等学科。二是服务质量提升，突出能力素养导向，系统挖掘影响因素。三是创新方式方法，充分运用人工智能与大数据、脑科学等领域前沿技术方法。四是强化结果运用，推动建立监测结果与政策完善的联动机制。2021年，教育部组织实施了国家义务教育阶段学生数学、体育与健康、心理健康监测，研制了德育、科学领域监测结果报告，全方位展现我国义务教育阶段学生德育发展状况、科学学习质量状况。

压茬推进县域义务教育均衡发展督导评估认定。截至2021年底，全国近3000个县通过义务教育基本均衡发展国家督导验收，这是继"两基"之后我国义务教育发展史上的又一重要里程碑，标志着我国义务教育工作重心由"基本均衡"转到"优质均衡"上来。一是积极巩固县域义务教育基本均衡发展成果，国务院教育督导委员会办公室严格开展监测复查。二是在上海、成都、北京、兰州分片区召开座谈推进会，压茬推动县域义务教育优质均衡发展督导评估认定工作。三是印发通知，部署各地编报县域义务教育优质均衡发展督导评估工作规划，明确每个县级行政单位实现优质均衡的时间表、路线图。

稳步推进县域学前教育普及普惠督导评估。2021年4月1日，教育部按程序认定四川省成都青白江区和双流区为首批"全国学前教育普及普惠县"。按照各地督导评估规划，55%的县(市、区)在2025年前要通过国家督导评估，2030年前要全部通过。为做好督导评估认定工作，国务院教育督导委员会办公室明确了学前教育普及普惠国家督导评估认定"四条标准"，即普及普惠程度达标、办园条件合格、管理制度健全、社会认可度高；明确了工作流程，开发了县域学前教育普及普惠督导评估申报审核平台。2021年，教育部对浙江、安徽两省12个申报县开展实地核查，对2021年11个省市46个申报县((市、区)材料开展指标审核，反馈评估和整改意见，持续推进国家督导评估认定工作。

（二）职业教育：完善体系，聚势而起

1. 职业教育顶层设计更加成熟定型

2021年，站在"两个一百年"奋斗目标的历史交汇点上，职业教育在"前途广阔、大

有可为"的道路上聚势而起,展现出了强大的自我完善能力和旺盛的生机活力。这一年,全国职业教育大会召开,习近平总书记对职业教育工作作出重要指示,首次提出建设技能型社会;施行20多年的职业教育法修订草案两次提请全国人大常委会审议,修法工作取得重要进展;《中共中央办公厅、国务院办公厅关于推动现代职业教育高质量发展的意见》印发,职业教育高质量发展的难点堵点进一步疏解。一个大会、一部法律、一个意见,再加上此前的"职教20条"和提质培优三年行动计划,中国职业教育改革的"四梁八柱"更加成熟完善。

2. 职业教育类型定位更加明确巩固

2021年,促进不同层次职业教育纵向贯通、不同类型教育横向融通的改革接续落地,职业教育向社会传递出更加明确的信号——职业教育"立交桥"可以走通另外一条人生路,每个人都有人生出彩机会。

职业本科教育的发展使得职业教育的纵向贯通成为可能。1月,教育部印发《本科层次职业学校设置标准(试行)》《本科层次职业教育专业设置管理办法(试行)》,规范本科层次职业学校和专业设置工作,完善现代职业教育体系,职业本科学校和专业设置管理的国家制度正式建立。3月,教育部印发《职业教育专业目录(2021年)》,统一采用专业大类、专业类、专业三级分类,一体化设计中等职业教育、高等职业教育专科、高等职业教育本科不同层次专业。11月,国务院学位委员会办公室印发《关于做好本科层次职业学校学士学位授权与授予工作的意见》,将职业本科纳入现有学士学位工作体系,与普通本科学位证书在就业、考研等方面具有同样的效力。可以说,职业本科教育在学校设置、专业设置、学位授予等方面都有了"国标",基本形成了人才培养的"闭环"。同时,职业教育法修订草案中增加了关于本科层次职业学校设置的内容,为开展职业本科教育提供了法律依据。截至2021年底,全国有32所职业本科院校开始招生。从试点先行,到明确2025年"职业本科教育招生规模不低于高等职业教育招生规模的10%",职业本科教育正走向全面实践,更好地满足民众对接受高层次职业教育的需求,培养更多产业发展急需的高层次技术技能人才。

在畅通职业教育内部衔接通道的同时,各地的政策设计在着力打通普职融通的招生、升学堵点,缓解教育焦虑,让职业教育成为学生和家长的主动选择。2021年是广州市"新中考"落地第一年,中高职贯通培养三二分段试点和中等职业学校省级及以上重点特色专业,首次和普通高中一样,在第一批次招生且设置录取最低控制线,吸引了一批学业能力和动手能力发展均衡的学生报考。34个中职三二分段及省级以上重点特色专业招生计划完成率100%,备受考生青睐。青岛市8010名普高学生经过在普通高中的一年学习后主动转入职业学校。南昌市第十八中学和第二十三中学,2021年首次开设工艺美术、民航运输服务、飞机设备维修、无人机操控与维护、航空服务等5个职业教育专业,探索普通高考和"职教高考"双轨升学培养模式。

这一年,"职教高考"的路径越发清晰,脚步越来越近。教育部在对十三届全国人大四次会议第2629号建议答复时表示:"逐步建立'职教高考'制度,使中职毕业生享有更多样的教育选择和更畅通的学业提升通道。"这一提法已在山东、江西两省先行先试。山东省正式实施只针对职业院校学生的"职教高考",本科招生计划由1万增加到7万人左右,更多职校学生通过"职教高考"实现技能与学历的双提升。江西省在"专升本"项目中,启动"文化素质+职业技能"试点,并出台了"职教高考"改革实施方案。

3. 职业教育质量提升更加聚焦发力

2021年,一项项扎实举措向职业教育质量提升的目标集中攻坚,放大到整个职教地图,显示出职业教育的强大行动力,职业教育有为必有位。

2021年,职业教育继续向"就好业"发力。新版职业教育专业目录印发,更新升级一批现有专业、适度超前规划一批新专业、淘汰一批落后专业,新目录全面对接"十四五"规划并面向2035年进行前瞻性布局,推动专业升级与数字化改造。比如,在服务国家战略性新兴产业发展上,新增集成电路技术、生物信息技术等专业;在回应社会民生关切上,设置婴幼儿托育、智慧健康养老、现代家政等专业;在服务新职业上,针对"全媒体运营师"新职业,设置全媒体电商运营、网络直播与营销等专业。

持续推进职业教育产教融合改革。2021年7月,国家产教融合型企业和国家产教融合试点城市名单正式公布,首批认定了63家国家产教融合型企业和21个国家产教融合试点城市。63家国家产教融合型企业既有"世界前沿、大国重器",也有"专精特新、单项冠军",21个产教融合试点城市主导产业特色鲜明、优势突出,多数城市职业教育和高等教育在校生超过20万人,为全面建设社会主义现代化国家提供坚实的技术技能人才支撑。

以标准建设促进职业教育质量提升。2021年,高职专科英语、信息技术两门公共基础课程标准和《高等职业学校电子信息工程技术专业实训教学条件建设标准》等一批职业教育实训教学标准发布,进一步规范了职业教育的人才培养过程。此外,第三期职业院校教师素质提高计划(2021—2025年)继续实施,力促"双师型"教师队伍建设;"十四五"首批职业教育国家规划教材遴选工作启动,中国特色高质量职业教育教材体系加快构建;《全国职业院校技能大赛章程》修订印发,提升全国职业院校技能大赛规范化和专业化水平;全国职业教育大会提出"岗课赛证"综合育人,将产教融合落实到人才培养细微处。

4. 职业教育办学格局更加多元开放

2021年,国家加快职业教育由"办"向"管"转变,推动职业教育形成多元、开放、融合的办学格局。9月,正式施行的《民办教育促进法实施条例》规定,实施职业教育的公办学校可以吸引企业的资本、技术、管理等要素,举办或者参与举办实施职业教育的营利性民办学校。10月,中共中央办公厅、国务院办公厅印发《关于推动现代职业教育高质量发展的意见》,鼓励上市公司、行业龙头企业举办职业教育,鼓励各类企业依法参与举办职业教育。在市场需求和政策鼓励下,校企找到更多合作的共赢点,职业院校和企业共建的产业学院如雨后春笋破土而出,政策效应显现。

 案例1-3

职业教育校企合作发展势头良好

北京电子科技职业学院与北京百度智行签署战略合作协议,携手共建全国首所智能网联汽车产业学院。广西机电职业技术学院与华为、吉利汽车、柳工、玉柴等一批行业龙头和领军企业共建9个特色产业学院。京东集团投入313万元,青岛职业技术学院投入729万元,共建"校园云仓"生产性实训基地。

——资料来源:中国教育报 2021-12-30

资本对市场和政策是最敏感的。2021年,仅上半年职业教育的融资总额就创新高,达62.1亿元。有专业公司预计,未来3年,中国职业教育市场增速将达到12%左右,2021年市场规模突破7000亿元。校企合作已经不局限于订单班、实习,而是向共同建设专业、共同开发课程标准、共同培养"双师型"教师、共同建设校企实训平台等更广阔的空间探索,校企合作的命运共同体正在形成。

 案例1-4

山东成立全国职业教育混合所有制办学研究联盟

在山东省教育厅的支持下,山东海事职业学院牵头成立全国职业教育混合所有制办学研究联盟,搭建了一个全国职业教育混合所有制办学改革交流研讨平台。目前,联盟成员已覆盖28个省份,共有187家职业院校、企业和相关机构参加,山东逐渐成为全国混合所有制改革的"策源地"。其中,山东省开展混合所有制改革的职业院校达47所,拉动社会资本超百亿元,形成集群效应。

——资料来源:光明日报 2022-01-08

(三)高等教育:追求卓越,奔向一流

1. 深入推进"双一流"建设

"双一流"建设导向更加鲜明。2020年12月30日,教育部、财政部、国家发展改革委联合印发《"双一流"建设成效评价办法(试行)》,明确"双一流"建设成效评价要以中国特色、世界一流为核心,突出培养一流人才、产出一流成果,主动服务国家需求,克服"五唯"顽瘴痼疾,避免简单以条件、数量、排名变化作为评价指标。这是在总结首轮"双一流"建设成效基础上制定的办法,对促进高等教育内涵式发展具有重要意义。面向下一个五年,中央深改委第二十三次会议审议通过了《关于深入推进世界一流大学和一流学科建设的若干意见》,进一步明确相关导向和要求,强调办好世界一流大学和

一流学科,必须扎根中国大地,办出中国特色。

2. 全面加强创新人才培养

全面深化"四新"建设。2021年7月,教育部等六部门印发《关于推进教育新型基础设施建设 构建高质量教育支撑体系的指导意见》提出,教育新型基础设施是以新发展理念为引领,以信息化为主导,面向教育高质量发展需要,聚焦信息网络、平台体系、数字资源、智慧校园、创新应用、可信安全等方面的新型基础设施体系。全年推出首批12个未来技术学院、50个现代产业学院,布局建设一批特色化示范性软件学院、高水平公共卫生学院等专业特色学院。印发加强和改进涉农高校耕读教育的工作方案,全面推出中国政法实务、中国经济、中国新闻传播、中国艺术四大讲堂。

开设"交叉学科"。年初,国务院学位委员会、教育部印发通知,新设置"交叉学科"门类,成为我国第14个学科门类,"集成电路科学与工程"和"国家安全学"作为下设一级学科。11月,国务院学位委员会印发《交叉学科设置与管理办法(试行)》,旨在促进学科交叉融合,加快知识生产方式变革和人才培养模式创新,规范交叉学科管理,完善中国特色学科专业体系。

全面加强基础学科拔尖人才培养。分3批布局建设288个基础学科拔尖学生培养基地,吸引1万余名优秀学生投身基础学科,深化书院制、导师制、学分制改革,探索形成选拔设通道、培养留空间、评价长周期的拔尖人才培养模式。

全面深化创新创业教育改革。印发《关于进一步支持大学生创新创业的指导意见》,支持大学生投身创新创业实践,破解融资难、经验少、服务不到位等难题。举办第七届中国国际"互联网+"大学生创新创业大赛,吸引来自121个国家和地区、4347所院校的228万余个项目、956万余人次参赛。

福建分批建设30个省级现代产业学院

福建省教育厅、省工业和信息化厅联合印发《福建省现代产业学院建设总体方案》,将分批建设30个左右省级现代产业学院,打造一批融人才培养、科学研究、技术创新、企业服务、学生创业等功能于一体的示范性人才培养实体,形成可复制、可推广的"福建模式"。在校企联合推进产业学院建设方面,福建提出了由校企联合制定专业建设方案和人才培养方案,加强"产业链—创新链—教育链—人才链"的有机衔接;探索建立选聘行业协会、企业业务骨干、优秀技术和管理人才到高校任教的有效路径,共建一批教师企业实践岗位,建设"双师型"教师培养培训基地;鼓励高校和企业整合资源,建设联合实验室(研发中心),强化校企联合开展技术攻关、产品研发、成果转化、项目孵化等工作。

——来源:中国教育报 2021-10-08

3. 着力提升整体水平

面向教师,谋"职称制度改革"之"实招"。年初,教育部等六部门发布《关于加强新时代高校教师队伍建设改革的指导意见》,强调全面加强党的领导,不断提升教师思想政治素质和师德素养;建设高校教师发展平台,着力提升教师专业素质能力;切实保障高校教师待遇,吸引稳定一流人才从教;完善现代高校教师管理制度,激发教师队伍创新活力。12月,人力资源社会保障部、教育部印发《关于深化高等学校教师职称制度改革的指导意见》,破除束缚高校教师发展的思想观念和体制机制障碍,建立重点人才绿色通道,充分调动广大高校教师的积极性和创造性。

面向学校,亮"教育回归本位"之"高招"。1月,教育部印发《普通高等学校本科教育教学审核评估实施方案(2021—2025年)》,聚焦评估重点难点改革创新,切实提高本科人才培养质量。新一轮审核评估围绕新时代本科教育要求进行优化改进,坚决破除"五唯"顽瘴痼疾,积极探索评估分类,优化评估流程,强化评估结果使用,实现高等教育人才培养、科学研究、社会服务的本位回归。从"本科教学工作审核评估"到"本科教育教学审核评估",强化了本科教学的中心地位,体现了立德树人导向。

面向区域,动"振兴中西部高等教育"之"硬招"。2021年,教育部实施新时代振兴中西部高等教育攻坚行动,加大对中西部高等教育发展的支持力度,谋划以西安、兰州、重庆和成都为战略支点,带动中西部高校集群发展,引导中西部高校聚焦区域发展急需,打造特色优势专业集群,有力支撑中西部经济振兴、文化振兴、教育振兴、人才振兴。同时,严控异地办学,教育部印发《关于"十四五"时期高等学校设置工作的意见》,不鼓励、不支持高校跨省开展异地办学,特别是严控部委所属高校、中西部高校在东部地区跨省开展异地办学,原则上不审批设立跨省异地校区。

三、强化"五育"并举,促进立德树人落地生根

2021年,教育系统全面贯彻党的教育方针,落实立德树人根本任务,补短板、强弱项,不断强化德育、体育、美育、劳动教育,厚植爱党、爱国、爱人民、爱社会主义的情感,努力培养德智体美劳全面发展的社会主义建设者和接班人。

表1-5　2021年国家关于"五育"并举方面的政策

序号	政策文件	主要内容
1	2021年4月19日,教育部办公厅《关于进一步加强中小学生体质健康管理工作的通知》(教体艺厅函〔2021〕16号)	严格落实国家规定的体育与健康课程刚性要求,小学一至二年级每周4课时,小学三至六年级和初中每周3课时,高中每周2课时,有条件的学校每天开设1节体育课,确保不以任何理由挤占体育与健康课程和学生校园体育活动

续表

序号	政策文件	主要内容
2	2021年4月28日,教育部办公厅等十五部门关于印发《儿童青少年近视防控光明行动工作方案(2021—2025年)》的通知(教体艺厅函〔2021〕19号)	强化体育课和课外锻炼,着力保障学生每天校内、校外各1个小时体育活动时间;鼓励基础教育阶段学校每天开设1节体育误;鼓励支持孩子参加各种形式的体育活动,使其掌握1—2项体育运动技能,引导孩子养成终身锻炼习惯
3	2021年5月21日,教育部办公厅关于印发《学前、小学、中学等不同学段近视防控指引》的通知(教体艺厅函〔2021〕24号)	分为学前、小学、中学三部分,涵盖防控近视关键要点;从加强户外活动、控制电子产品使用、远离幼儿园小学化、保持睡眠和膳食营养、建立眼健康档案等5方面,有针对性指导0—6周岁学前幼儿和家长科学有效防控近视
4	2021年6月7日,国家卫生健康委办公厅、教育部办公厅、市场监管总局办公厅、体育总局办公厅关于印发《营养与健康学校建设指南》的通知(国卫办食品函〔2021〕316号)	适用于全日制普通中、小学校营养与健康学校的建设,普通高校、中等职业学校、幼儿园建设营养与健康学校可参照执行;规定了建设营养与健康学校在基本要求、组织管理、健康教育、食品安全、膳食营养保障、营养健康状况监测、突发公共卫生事件应急、运动保障、卫生环境建设等内容
5	2021年7月7日,教育部办公厅《关于加强学生心理健康管理工作的通知》(教思政厅函〔2021〕10号)	加强源头管理,全方位提升学生心理健康素养;加强过程管理,提升及早发现能力和日常咨询辅导水平;加强结果管理,提高心理危机事件干预处置能力;加强保障管理,加大综合支撑力度
6	2021年8月2日,教育部等五部门《关于全面加强和改进新时代学校卫生与健康教育工作的意见》(教体艺〔2021〕7号)	将健康教育与德育、智育、体育、美育、劳动教育相结合,融入教育教学、管理服务全过程,把健康教育的内容规范化、系统化;落实各学段健康教育教学时间,中小学校每学期应在体育与健康课程总课时中安排4个健康教育课时
7	2021年9月7日,教育部、国家体育总局《关于进一步完善和规范高校高水平运动队考试招生工作的指导意见》(教学〔2021〕2号)	从2024年起,符合生源省份报名条件,获得国家一级运动员(含)以上技术等级称号者方可报考高水平运动队。从2027年起,符合生源省份高考报名条件,获得国家一级运动员(含)以上技术等级称号且近三年在国家体育总局、教育部规定的全国性比赛中获得前八名者方可以报考高水平运动队
8	2021年9月16日,教育部《关于进一步加强和改进普通高等学校艺术类专业考试招生工作的指导意见》(教学〔2021〕3号)	从2021年开始推进相关改革工作,到2024年,基本建立以统一高考为基础、省级专业考试为主体,依据高考文化成绩、专业考试成绩,参考学生综合素质评价,分类考试、综合评价、多元录取的高校艺术类专业考试招生制度

续表

序号	政 策 文 件	主 要 内 容
9	2021年10月20日,教育部办公厅等六部门《关于进一步加强预防中小学生沉迷网络游戏管理工作的通知》(教基厅函〔2021〕41号)	严格执行网络游戏前置审批制度,坚决杜绝网络游戏中含有可能妨害中小学生身心健康的内容,确保内容优质健康干净;网络游戏企业要采取技术措施,避免中小学生接触不适宜的游戏或者游戏功能

（一）以党史学习教育为重要阵地全面铸魂育人

2021年是中国共产党成立100周年。2月,习近平总书记在党史学习教育动员大会上强调,抓好青少年学习教育,让红色基因、革命薪火代代传承。11月,党的十九届六中全会审议通过《中共中央关于党的百年奋斗重大成就和历史经验的决议》,强调"党和人民事业发展需要一代代中国共产党人接续奋斗,必须抓好后继人这个根本大计"。5月30日,在"六一"国际儿童节到来之际,习近平总书记给江苏省淮安市新安小学的少先队员回信:"希望你们结合自身成长实际学好党史,以英雄模范人物为榜样,从小坚定听党话、跟党走的决心,刻苦学习,树立理想,砥砺品格,增长本领,努力实现德智体美劳全面发展"。

2021年,教育系统将党史学习教育活动作为一项重大政治任务和中小学德育的首要工作,发挥党史在落实立德树人根本任务中的重要作用,引导广大学生知史爱党、知史爱国,让党的百年历史铸魂育人。3月,教育部办公厅印发《关于在中小学组织开展"从小学党史,永远跟党走"主题教育活动的通知》,部署开展系列党史学习教育活动。5月,教育部办公厅印发《关于在思政课中加强以党史教育为重点的"四史"教育的通知》,要求有效提升学生的政治认同、思想认同、情感认同。9月1日,《开学第一课》邀请"七一勋章"获得者、时代楷模航天员、奥运健儿等模范代表,生动讲述中国共产党百年奋斗史中具有重大意义和深刻影响的典型故事,引领全国青少年学生进一步坚定理想信念、学习伟大精神。各地各校开展党史学习教育生动实践,深挖本土红色教育资源,积极开展红色主题学习活动,组织红色研学,切实增强党史学习教育吸引力和感染力。

2021年,教育部持续推动思政课改革创新,开展全国中小学思政课建设情况调研,召开中小学思政课建设推进视频会。开展2021年全国中小学班主任基本功和思政课教师教学基本功展示交流活动。组织班主任、思政课教师、德育骨干示范培训和网络培训,加强德育工作队伍建设。遴选推广第二批"一校一案"落实《中小学德育工作指南》典型案例,指导学校建立健全德育工作方案。波澜壮阔的百年党史走出了档案馆和博物馆,走进了全国高校的多彩课堂。

案例1-6

部分高校开展党史课程教育

在中国传媒大学,来自全国百所高校的百名大学生走上"红色文物青年说"活动的讲台,接力讲述了《瑞金红井:中国共产党一心为民的历史见证》《开国大典上毛泽东升起的第一面国旗》《迎接知识春天的准考证》等100个红色文物故事,引导广大青年赓续共产党人的精神血脉。在武汉大学,抗疫医护赏樱专场吸引了2.1万名医护人员和家属,学校以此为契机开设"中国精神导引""伟大抗疫精神"等课程,让更多学生认识到中国共产党为什么能、马克思主义为什么行、中国特色社会主义为什么好。在郑州大学,7万人共上思政大课,授课教师们将盾构机等大国重器与党史学习教育紧密结合,鼓励青年学子力学笃行。

——资料来源:根据网络资料整理

在神州大地,教育部和各地各高校多措并举、做深做细,不断创新形式与载体,充分调动校内外资源,生动开展了全国大学生党史知识竞答大赛、"网上重走长征路"党史故事百所高校接力讲述、音乐党史、建党百年高校示范微党课等主题活动,营造了党史学习教育的浓厚氛围。

 案例1-7

部分高校创新党史教育形式

复旦大学陆续更新17节微党课视频,生动展现陈望道先生"真理的味道非常甜"、胡其芬烈士"最后的报告"等校友革命故事。安徽师范大学地理与旅游学院立足学科专业特色,采取"互联网+地理信息+红色旅游+党史学习"模式,创新研发"习近平总书记的红色足迹"党史教育基地数字地图,服务社会需求。上海交通大学派出超过1万名师生到大江南北、田园山川开展社会实践,到酒泉基地学航天精神,到苍山洱海学生态文明,用脚步丈量祖国大地,将小我融入伟大时代。

——资料来源:根据网络资料整理

(二)全面加强和改进体育、美育工作

2021年4月,为贯彻落实中共中央办公厅、国务院办公厅《关于全面加强和改进新时代学校体育工作的意见》和《关于全面加强和改进新时代学校美育工作的意见》,教育部印发通知加快推进学校体育美育教学改革:一是强调切实落实教会、勤练、常赛(展)是体育美育教学改革的核心;二是明确进一步改善学校体育美育办学条件;三是明确推进学校体育美育教学评价改革。5月,教育部在四川成都召开全国学校体育美

育工作推进会,部署体育美育高质量发展。

为提升学生体质健康水平,深化体育教学改革,教育部印发《〈体育与健康〉教学改革指导纲要(试行)》,修订《义务教育体育与健康课程标准》。开展学校体育教学改革试点,遴选一批教学改革试点地区先行先试。推动各地深化体育中考评价改革,推进将学生体质健康水平纳入地方政府、教育部门和学校的业绩考核评价体系。成功举办第十四届全国学生运动会,推进冰雪运动进校园。进一步完善新时代青少年校园足球工作体制机制。2021年青少年校园足球工作在顶层设计上,提炼出教会、勤练、常赛"三位一体"和面向全体普及推广、面向精英培养竞技人才"一体两面"的推进思路。截至2022年1月,在全国遴选足球特色学校32769所、足球特色幼儿园8310所、改革试验区54个、试点县(区)241个,布局建设"满天星"训练营138个。全国有超过3000万青少年参与足球教学、训练和竞赛活动。

为促进美育高质量发展,教育部印发《贯彻落实〈关于全面加强和改进新时代学校美育工作的意见〉任务分工方案》,强化学校美育工作部署。成立全国中小学美育教学指导专业委员会,出台学校美育教学改革指导纲要,实施学校美育三年动计划。持续开展艺术实践品牌活动,开展中华优秀传统文化传承学校和基地建设。加强学校美育条件保障,支持高校对口支援,解决中西部基础教育资金短缺问题。美育课程开课率进一步提升,义务教育阶段,大部分省份学校按照国家课程设置方案保证音乐、美术课程总量不低于总课时的9%;高中教育阶段,全国3.2%的学校开设6个学分的艺术类必修课程,80.7%的中等职业教育学校将艺术课程纳入公共基础必修课并保证72学时。

持续做好学校国防教育与学生军事训练工作。2021年,教育部会同中央军委政治工作部印发《关于进一步做好中小学国防教育示范学校创建活动的通知》,拓展提升全国中小学国防教育示范学校功能作用,促进学校国防教育广泛深入开展。遴选全国学校国防教育典型案例,推进全国各级各类学校国防教育工作创新发展。持续推进学校国防教育能力建设,提高教育行政部门领导干部综合国防素养以及军事课教师专业能力。

(三)劳动教育取得重要进展和积极成效

2021年是劳动教育发展具有标志性意义的一年。新修改的教育法明确把"劳"写入党的教育方针,进一步突出了加强劳动教育的重要性。2020年《中共中央国务院关于全面加强新时代大中小学劳动教育的意见》和教育部《大中小学劳动教育指导纲要(试行)》的出台,标志着新时代中小学劳动教育制度体系基本建立。

2021年,教育部重点推进各地各校全面落实劳动教育,整体提高中小学劳动教育质量和水平。4月,教育部公布《全国中小学劳动教育实验区名单》,要求强化专业支持和条件保障,发挥专业指导和示范引领作用,提高劳动教育专业化、科学化水平。10月,教育部在四川成都召开全国教育大会以来第一次全国中小学劳动教育现场推进会,发布《全国中小学劳动教育典型案例》。会议指出,新时代加强劳动教育要把握好五个方面的关系:一是"一育"和"一课"的关系,防止窄化;二是劳动和劳动教育的关系,防止走偏;三是劳动教育和其他学科成绩的关系,防止阻力;四是劳动教育规定要求和实施能力的关系,防止低效;五是政府、部门和学校的关系,防止推诿。

部分学校加强劳动教育

北京市海淀区十一晋元中学,利用特色课程、综合实践课程推进劳动课程建设,开发了劳动课程框架体系,涵盖校园建设、实践基地经营、社会志愿服务等多个领域。上海市宝山区宝山中学,积极探索在劳动教育中融入生涯教育,通过系列活动让学生获得初步的职业认知和职业体验。广州市增城区高级中学,凭借地理优势,开辟了600多平方米的种植园,从中草药的种植到提取,再到制作,学生全程参与,利用碎片化时间,制成一排排整齐的活络油、清凉油、洗发水等制品。宁波市江北区改革综合实践活动课程结构,构建了农耕、养殖、手工艺等劳动教育"一校一基地"格局,打造"社会实践大课堂"。杭州市上城区滨和小学,将生命教育融入劳动教育课程,开设了独具特色的"动物养育"课程。

——资料来源:根据网络资料整理

(四)构建规范科学、多方协同的健康教育体系

2021年,"健康第一"的教育理念成为广泛共识。6月,教育部、国家卫生健康委等四部门印发《营养与健康学校建设指南》,对适应儿童青少年生长发育需要,推动学校营养与健康工作,规范学校营养与健康相关管理行为作出要求。8月,教育部等五部门印发《关于全面加强和改进新时代学校卫生与健康教育工作的意见》,首次对健康教育的内容进行规范化系统化,对健康教育"谁来教、怎么教、教什么"作出明确界定。

促进青少年健康的政策体系不断完善。教育部、国家卫生健康委印发《中小学生健康体检管理办法(2021年版)》,实施中国青少年健康教育行动计划(2021—2025年),深入推进健康中国行动中小学健康促进专项行动,实施青少年急救教育专项行动计划。教育部等十五部门联合印发《儿童青少年近视防控光明行动工作方案(2021—2025年)》,聚焦近视防控的关键领域、核心要素和重点环节,联合开展8个专项行动。2021年10月,教育部宣布,经过3年多的不懈努力,2020年全国儿童青少年总体近视率为52.7%,较2018年下降0.9个百分点,基本实现了《综合防控儿童青少年近视实施方案》提出的"近视率每年下降0.5个百分点"的防控目标。

中小学生心理健康问题受到高度重视。教育部办公厅印发《关于加强学生心理健康管理工作的通知》,要求加强源头管理,全方位提升学生心理健康素养,9月7日,国家卫生健康委印发通知,明确我国2021年世界精神卫生日宣教活动的主题为

"青春之心灵、青春之少年",要求各地关注儿童青少年心理健康工作。11月9日,教育部对全国政协《关于进一步落实青少年抑郁症防治措施的提案》进行公开答复,明确将抑郁症筛查纳入学生健康体检内容,建立学生心理健康档案,评估学生心理健康状况,对测评结果异常的学生给予重点关注。

四、强化人民满意,促进教育生态重构重塑

(一)推进"双减"工作,解决群众揪心事

家长们一方面希望孩子身心健康,有个幸福的童年;另一方面唯恐孩子输在分数竞争的起跑线上,于是争先恐后的送孩子上培训班。减轻孩子负担,可谓是家长最揪心的事了。2021年,一场前所未有的"雷霆行动"就此展开。7月24日,中共中央办公厅、国务院办公厅印发《关于进一步减轻义务教育阶段学生作业负担和校外培训负担的意见》,以提升学校育人水平、规范校外培训为重点,传递了党中央坚决防止侵害群众利益行为、构建教育良好生态的坚强决心,为破解过去想解决但难以解决的问题提供了强有力的政策保障。"双减"成为一项家喻户晓、深入人心,直接改变1.8亿中小学生和数亿家长日常生活的重大教育政策。

1. 习近平总书记亲自为"双减"工作把脉定向

"双减"政策是党中央站在中华民族伟大复兴的战略高度作出的一项战略决策,是从根本上解决学生负担太重、短视化、功利化问题。习近平总书记高度重视"双减"工作,多次作出重要指示批示。3月,"两会"期间,习近平总书记就明确指出,对群众反映强烈的突出问题,对打着教育旗号侵害群众利益的行为,要紧盯不放,坚决改到位、改彻底。5月21日,习近平总书记主持召开中央全面深化改革委员会第十九次会议,审议通过《关于进步减轻义务教育阶段学生作业负担和校外培训负担的意见》(以下简称《意见》)指出,义务教育最突出的问题之一是中小学生负担太重,短视化、功利化问题没有根本解决,特别是校外培训机构无序发展,"校内减负、校外增负"现象突出;减轻学生负担,根本之策在于全面提高学校教学质量,做到应教尽教,强化学校教育的主阵地作用。6月7日,习近平总书记在青海西宁了解社区向青少年提供公益性课后托管服务情况时指出,"孩子们放学后,得有人接得住啊""首先这件事要由学校来办,学校不能把学生的课后时间全部推到社会上去。学生基本的学习,学校里的老师应该承担起来。不能在学校里不去做,反而出去搞校外培训,这样就本末倒置了"。9月14日,习近平总书记考察陕西省绥德实验中学时再次强调,要深化教育教学改革,强化学校教育主阵地作用,全面提高学校教学质量,真正把学生过重的学业负担和校外培训负担减下来,办好人民满意的教育。

2. 教育部把"双减"作为"一号工程"强力推进

2021年,教育部把"双减"列为教育部党组"一号工程"和教育督导"一号工程",作

为重大政治任务,以雷霆万钧之势推进政策落地见效。以《意见》为总纲,教育部会同相关部门出台了20余个文件。从学科类培训范围界定到培训材料、培训人员管理,从查处变相违规培训到加强预收费监管,全面规范校外培训行为。

规范校外培训。教育部牵头,建立由网信办、发改委等19个部门参与的"双减"工作协调机制,成立校外教育培训监管司,推动党政履责,实现上下同频。教育部会同有关部门快速密集出台31个配套文件,基本建立起"1+N"政策制度体系。开展"双减"百日会战,按期完成"营转非""备改审"和出台政府指导价等重点任务。加强综合治理和行政执法,坚决查处"上天入地""换马甲"等违法违规培训行为。加强资金监管,规范合同行为,清理整治广告,严防侵害群众利益。截至2021年底,校外培训治理工作取得了良好进展,野蛮生长现象得到有效遏制,全社会支持和认可"双减"改革的良好氛围逐步形成。

多地出台政策规范校外体育培训市场

《山东省体育类校外培训机构设置规定(暂行)》要求,体育类校外培训机构建筑面积不少于200平方米,办学场所楼层不得高于5层;专职教学、教研人员原则上不低于机构从业人员总数的50%。《广东省体育类校外培训机构设置标准(试行)》要求,培训收费时段与教学安排应协调一致,单次向学员收取课程费用的时间跨度不超过3个月或60学时。《辽宁省校外体育培训机构行为规范》要求,棋牌类体育项目每班次人均培训面积不小于3平方米,其他体育项目每班次人均培训面积不小于5平方米;人员方面,原则上每班次培训的学员人数不超过35人,超过10名学员的培训至少配有两名执教人员。

——资料来源:根据网络资料整理

推动校内减负提质。教育部举办各省(区、市)分管厅长、处长学习研讨班,凝聚减负共识;印发加强作业管理、做好课后服务、规范考试管理、探索暑期托管、利用科普资源助推"双减"等系列配套文件,细化具体要求,不断提高学校教育教学质量。紧盯重点,坚持一手抓减负,一手抓提质,指导学校强化"三个提高":提高作业管理水平,坚持压总量、控时间、调结构、提质量,增强作业的针对性和有效性;提高课后服务水平,推动校校开展课后服务,保证"5+2"时间(每周5天、每天2小时),丰富内容,提高吸引力,强化条件保障;提高课堂教学质量,强化教学管理、完善教学规程,创新教学方法,加强辅导答疑,努力做到教师应教尽教,促进学生学足学好。

建立上下联动机制。教育部建立了直通20万所义务教育学校的"双减"工作直报平台,通过学校直报、双周通报、每月调度、社会监督等方式,推动落实"双减"任务。健全家校协同育人机制,通过家长会、家长学校和多种媒体渠道,引导家长转变教育观念。通过网上调查问卷,广泛了解家长对学校落实"双减"工作的感受和意见建议。健全典型案例推广机制,推广了三批55个校内落实"双减"典型案例,发挥示范引领作用。

 案例1-10

部分地区围绕"双减"推进教育教学改革

浙江绍兴,一场以"多元分层,精准提质"为行动内核的作业设计改革在全市中小学迅速铺开。南昌、青岛等地,信息技术正成为提升作业质量的"利器",让个性化学习成为可能。上海市以项目化学习的实践和研究为着力点,以活动项目、学科项目、跨学科项目为载体,促进义务教育学校教与学方式变革。福建计划到2023年,培育认定100所左右省级义务教育教改示范校。

——资料来源:根据网络资料整理

3. "双减"政策引发教育深度变革

"双减"引发全社会关注,不仅因为其破除了"剧场效应",打破了教育内卷,缓解了教育焦虑,促进了学生健康成长,还对教育观念、教育格局、教育内涵带来深刻变化,教育改革不再是小修小补的局部性改革,而是具有政策组合拳攻势的系统性、全面性改革。

教育观念的大变革。一是对公益属性的坚守,是促进教育公平的重大举措,不能让优质教育成为少数有钱人的"专利"。二是对教育观念的纠偏,纠正应试教育之偏、违规竞争之偏、超前学习之偏等,从根本上守住儿童身心健康和人格健全的底线。三是对教育规律再认识,是身心和谐发展、知行合一和因材施教等教育规律的回归。

教育格局的大调整。一是学校教育和校外培训功能定位的调整。随着校外学科类培训的大幅压减,学校教育和校外培训的功能有了重新定位,学校教育发挥教育主阵地作用,要努力为每一个孩子提供适合的高质量教育。校外培训主要定位于体育、艺术、综合实践活动等非学科类,发挥实践性、个性化教育优势,成为学校教育的有益补充。二是校外培训属性的变化。坚持校外培训公益属性,教育公益属性不仅适用于学校教育,也包括校外培训。三是家校社育人机制的完善。随着资本的撤场,校外培训的降温,家长的非理性教育需求将逐步回归到理性状态,有利于建立科学教育观念,形成全新家校社协同育人机制。

教育内涵的大变化。一是学生学习方式的变革。学生从拼"时间+汗水"的模式中摆脱出来,转而寻求更加高效、更加科学的学习方式。二是中高考内容方式的改革。坚持按照课程标准命题,做到学校教什么就考什么,提高命题质量,突出全面发展、综合素质导向。三是教育资源供给方式的调整。建强学校师资队伍,提高课后服务质量;加强公共教育资源供给,满足学生学足学好要求。

(二) 加强"五项"管理,解决群众烦心事

手机、睡眠、作业、阅读、体质这"五项"工作看似事小,却是关系学生健康成长、全面发展的大事,也是家长关切的烦心事。2021 年,教育部就规范手机使用、减轻作业负担、保证睡眠、扩大阅读量、增强学生体质,连续印发 5 个文件,设置了底线标准;同时制订《推进"五项管理"落实工作方案》,促进学生身心健康发展。

表 1-6　教育部关于中小学"五项管理"的相关政策

项目	政　策　文　件	主　要　内　容
手机	2021 年 1 月 15 日,教育部办公厅《关于加强中小学生手机管理工作的通知》(教基厅函〔2021〕3 号)	明确"有限带入校园、禁止带入课堂"的规定,要求各中小学校要将手机纳入学校日常管理,制定具体办法
睡眠	2021 年 3 月 30 日,教育部办公厅《关于进一步加强中小学生睡眠管理二作的通知》(教基厅函〔2021〕11 号)	提出了 3 个"重要时间":一是必要睡眠时间。小学生每天睡眠时间应达到 10 小时,初中生应达到 9 小时,高中生应达到 8 小时。二是学校作息时间。小学上午上课时间一般不早于 8:20,中学一般不早于 8:00。三是晚上就寝时间。小学生一般不晚于 21:20,初中生一般不晚于 22:00,高中生一般不晚于 23:00
读物	2021 年 3 月 31 日,教育部关于印发《中小学生课外读物进校园管理办法》的通知(教材〔2021〕2 号)	共 13 条。对教材、教辅之外的正规出版物(含数字出版产品)进入中小学校园作出政策规定,并列出不得推荐或选用中小学生课外读物的 12 条负面清单
作业	2021 年 4 月 8 日,教育部办公厅《关于加强义务教育学校作业管理的通知》(教基厅函〔2021〕13 号)	严控总量,做到小学一二年级不布置书面家庭作业,其他年级每天书面作业完成时间平均不超过 60 分钟,初中不超过 90 分钟
体质	2021 年 4 月 19 日,教育部办公厅《关于进一步加强中小学生体质健康管理工作的通知》(教体艺厅函〔2021〕16 号)	严格落实国家规定的体育与健康课程刚性要求,开齐开足体育与健康课程,小学一二年级每周 4 课时,小学三至六年级和初中每周 3 课时,高中每周 2 课时,全面落实每天 30 分钟的大课间体育活动制度
	2021 年 4 月 28 日,教育部、卫生健康委、体育总局等十五部门联合印发《儿童青少年近视防控光明行动工作方案(2021—2025 年)》(教体艺厅函〔2021〕19 号)	聚焦关键领域、核心要素和重点环节,联合开展近视防控八个专项行动。克服新冠肺炎疫情影响,健全完善儿童青少年近视防控体系,到 2025 年每年持续降低儿童青少年近视率,有效提升儿童青少年视力健康水平

续表

项目	政策文件	主要内容
体质	2021年6月7日,国家卫生健康委办公厅、教育部办公厅、市场监管总局办公厅、体育总局办公厅《关于印发营养与健康学校建设指南的通知》(国卫办食品函〔2021〕316号)	共11章48条。规定了建设营养与健康学校在基本要求、组织管理、健康教育、食品安全、膳食营养保障、营养健康状况监测、突发公共卫生事件应急、运动保障、卫生环境建设等九个方面的内容
	2021年6月23日,教育部印发《〈体育与健康〉教学改革指导纲要(试行)》(教体艺厅函〔2021〕28号)	树立"健康第一"教育理念,深化体育教学改革,强化"教会、勤练、常赛",构建科学、有效的体育与健康课程教学新模式,帮助学生掌握1至2项运动技能,促进中小学生运动能力、健康行为、体育品德等核心素养的形成

1. 小事情当大事做

"五项管理"是小切口、大改革,以小见方向、以小见责任、以小见情怀,是全面贯彻党的教育方针、落实立德树人根本任务的重要载体,是确保"双减"落地见效、促进学生身心健康发展的实际行动。教育部将"五项管理"列入了部党组党史学习教育"我为群众办实事"重点事项,高位推进。

加强工作统筹,形成推进合力。教育部办公厅分别印发了关于加强作业、睡眠、手机管理工作的通知,明确具体管理政策和落实要求。教育部制订了《推进"五项管理"落实工作方案》,召开了全国中小学"五项管理"落实推进视频会,举办了各省分管厅长、处长研讨班,宣传推广一大批地方典型经验,推动各地各校落实工作齐步走、全覆盖,切实做到在日常教育教学管理和督导检查中常态化推动落实。

实施动态监测,纳入评价体系。建立直通20万所义务教育学校的基础教育直报监测平台,将"五项管理"相关指标作为重点监测内容,实时调度和跟进各地各校落实"五项管理"实际情况。以二维码形式邀请家长通过网络无记名直接填写调查问卷,了解家长感受和诉求,同时通过举报平台畅通家长反映意见渠道。将"五项管理"纳入义务教育质量评价体系。

强化宣传引导,促进家校协同。教育部通过多种途径,广泛宣传解读作业、睡眠、手机管理等文件精神,组织专家撰写解读文章,并遴选推广一批各地各校落实的典型案例。推动各地将作业、睡眠、手机管理纳入校长教师培训、教研活动重要内容;通过相关课程教学、班团队活动、科普讲座等方式,大力普及有关科学知识,提高学生思想认识和自我管理能力;通过致家长一封信、家长会、家长学校等多种途径,向家长宣传相关管理规定,争取理解支持,形成家校协同落实合力。

2. 小改革取得大成效

作业总量和时长得到有效控制。调查显示,各地各校普遍(99%以上)制订了比较完善的作业管理办法,建立了作业公示制度,学校作业总量和时长调控基本达到了规定要求,在规定时间内完成书面作业的学生占比由"双减"前的46%提高到90%以上。不少地方通过制订分学科作业设计指南、开展作业设计大赛和优质作业展示交流活动,着力提高作业设计质量,学生过重作业负担问题得到初步解决。

睡眠时间管理成效逐渐显现。调查显示,学生睡眠管理得到学校和家长的普遍重视,全国98.7%的学校建立了睡眠状况监测制度,96.1%的小学和97.4%的初中上午开始上课时间做到"小学不早于8:20、初中不早于8:00"的规定要求,少数地区因为时差原因制定了符合当地实际的作息时间。教育部7714万份家长无记名问卷反映,2021年秋季学期有76.2%的学生睡眠时长达到或接近"小学10小时、初中9小时"的规定要求,比2020年底有关调研结果有较大提升,有的学校还提供了午休时间和条件。总体上看,睡眠时间改善取得了积极成效。

学校手机管理得到有效落实。调查显示,有99.8%的学校严格执行了学生手机"有限带入校园、不得带入课堂"的规定,91.8%的学校设置了专门的手机保管装置,学校普遍提供了学生与家长必要时紧急联络的通道,秋季学期普遍做到了不再用手机给学生布置作业或要求学生利用手机完成作业。

中小学生课外读物进校园明显规范。教育部数据显示,截至2021年底,全国32个省级地区、368个地市、3116个区县、20多万所学校完成平台信息填报。其中,3085个区县通过平台完成了学校推荐读物的备案工作。

中小学生体质健康状况总体改善。目前,体质健康管理工作已经纳入地方教育行政部门和学校的评价考核体系,全国中小学生的体育锻炼时间得到有效保证,体育课和课外锻炼的质量得到提高。实施国家学生体质健康数据全员上报制度,建立完善了以体质健康水平为重点的"监测—评估—反馈—干预—保障"闭环体系。中小学生体质健康状况总体呈现"逐步提升"的趋势,其中,优良率由2016年的26.5%上升至2021年的33%,提高了6.5个百分点。各学段学生超重和肥胖比例、视力不良率比例呈逐年下降趋势。

(三)振兴乡村教育,解决群众忧心事

2021年是巩固拓展脱贫攻坚成果同乡村振兴有效衔接的起步之年。5月14日,教育部等四部门印发《关于实现巩固拓展教育脱贫攻坚成果同乡村振兴有效衔接的意见》,以此为统领,教育系统深入贯彻落实习近平总书记关于乡村振兴的重要论述,扎实推进巩固拓展教育脱贫攻坚成果同乡村振兴有效衔接工作,实现了良好开局。

1. 巩固拓展教育脱贫攻坚成果

巩固拓展教育脱贫攻坚成果,不仅是振兴乡村教育的基础工程,更是教育振兴乡村的底线任务。教育部建立健全"部党组会—领导小组会—工作推进会"相衔接的决策部署和推动落实工作体系。建立"双月报"制度,常态化跟踪调动工作进展。部党组成员统筹指导,领导小组成员单位全覆盖对口联系160个国家乡村振兴重点帮扶县,加大帮扶指导力度,聚焦义务教育有保障、乡村教师队伍建设、教育信息化、定点帮扶等领域出台系列政策文件,推动政策、制度和工作体系平稳过渡。

持续实现控辍保学动态清零。组织开展开学季专项行动,建立"一生一表"工作档案,督促各地持续做好劝返复学工作,坚决守住义务教育有保障特别是控辍保学"底线",脱贫家庭辍学学生持续保持动态清零。以精准资助促精准控辍,学生资助管理信息系统实现与民政、乡村振兴等部门的数据全面实时对比。

继续实施义务教育薄弱环节改善和能力提升项目,发展"互联网+"助力城乡教育均衡,深入推进乡村教师队伍建设,县域内义务教育学校校长教师交流轮岗进一步常态化,持续提升农村学校办学能力和教学质量。巩固深化推普工作成果,"学前学会普通话"行动惠及43.6万名彝族学前儿童,"童语同音"计划完成师资培训1.6万人次。

2. 以人才振兴推动全面振兴

教育部、农业农村部共同确定推介百所乡村振兴人才培养优质校,大力培养高素质农民。将"一村一名大学生计划"升级为"乡村振兴人才培养计划",累计招生87万人,毕业55万人。继续面向农村和脱贫地区实施高校专项计划,累计招生82万人。开展中西部农村订单定向免费本科医学生招生培养,累计培养6.3万余人。推进卓越农林人才教育培养计划2.0,支持建设196个涉农国家级一流本科专业建设点,加快培养急需紧缺涉农专业人才。继续开展"红色筑梦之旅",对接农户105万户、企业2.1万余家、签署合作协议3万余项。推动高校新农村发展研究院建设,面向农业科技前沿和国家重大需求领域开展攻关;开展东部地区对口支援乡村振兴重点帮扶县高中阶段学校以及科技特派员工作,都取得了良好成效。

 案例1-11

襄阳汽车职业技术学院助力终身教育体系建设

襄阳汽车职业技术学院实施职业教育、社区教育、开放教育融合发展办学,实现"襄阳开放大学"挂牌,筹建襄阳开放大学社区大学、襄阳全民终身学习资源共享和公共服务平台,服务襄阳终身学习学分银行等。2021年分别入选一个全国百姓学习之星、一个全国终身学习品牌项目。

——资料来源:2021年湖北省高等职业教育质量年度报告

推行职业培训券的发放和使用。2021年4月,人力资源和社会保障部印发《关于深入推进职业技能提升行动全面推广职业培训券有关工作的通知》,要求各省份结合实际全面推动职业培训券在政府补贴性职业技能培训项目上的应用。人社部依托电子社保卡,为符合条件的劳动者发放具有认证结算等功能、同时精准对接培训资源的电子凭证。计划全年发券1000万张,用券100万张以上。各地人社部门建立本地区职业技能培训行动专账资金调剂使用机制,确定职业培训券的适用机构、适用项目、适用人群、发放规模、有效使用等关键要素,做好必要的信息化系统建设和改造对接,推动职业培训券大规模发放使用。

案例1-12

安徽发放1.3万余张职业培训券

2021年4月,安徽省印发《关于推行职业培训券实施高校毕业生强技计划的通知》,面向离校未就业高校毕业生发放职业培训券并在"强技计划"中试行。《通知》发布了第一批高校毕业生强技计划培训机构和项目目录,包含职业(工种)33个、承训院校26家,涉及数控加工、汽车维修、电工、钳工、焊工、工业机器人运维、无人机装调驾驶、电子商务、烹饪西点、养老育婴等,既有生产制造类职业工种,也有新兴产业、服务行业的职业工种。首批电子职业培训券同步发放。该培训券面值6000元,有效期为一年,共13423张,总计8053.8万元。

——资料来源:中国教育报 2021-08-16

3. 推动教育部直属高校定点帮扶走深走实

教育部印发《关于坚持做好直属高校定点帮扶工作的通知》,进一步细化高校定点帮扶的"规定动作"和"自选动作"。强化示范引领,在继续实施直属高校和省属高校精准帮扶典型项目推选活动的基础上,启动实施"以村为主、兼顾乡县"的直属高校服务乡村振兴创新试验工作,鼓励融合党建、科技、创业、育人等要素,建设、培育、示范一批乡村振兴的创新模式和典型范例。继续推进八个高校帮扶联盟工作,"组团式"服务乡村五大振兴的成效逐步显现。2021年,直属高校直接投入和引进帮扶资金5.76亿元,购买和帮助销售脱贫地区农产品6.22亿元,完成县乡村基层干部和专业技术人才培训11.38万人次,打造乡村振兴示范点77个。

五、强化综合改革,促进教育充满生机活力

2021年,多项教育改革举措出台或落地实施,从落实"双减"到细化"民促法",从推进幼小衔接到成立"基础教育综合改革实验区",从深化高考改革到推动职业教育高质量发展,从"未成年人保护规定"到"家庭教育促进法",从"教育惩戒权"到"教师法修订"征求意见,从防治网络沉迷到推进健康教育。每一项改革举措,都为贯彻新发展理念、构建新发展格局、推动教育高质量发展提供新思路。

（一）深化课程教材改革，优化育人载体

课程教材教学是育人的重要环节。2021年，课程教材建设聚焦用习近平新时代中国特色社会主义思想体魂育人主线，着力把方向、守阵地、出精品、抓落实，取得一系列新进展、新突破、新成效，进一步增强了课程教材育人导向和育人功能。

1. 强化重大主题教育，推进习近平新时代中国特色社会主义思想进课程教材

2021年10月，全国教材工作会议暨首届全国教材建设奖表彰会召开，中共中央政治局委员、国务院副总理孙春兰出席会议并作重要讲话，对深入推进习近平新时代中国特色社会主义思想进课程教材、加快建设中国特色高质量教材体系作出全面部署。这是党的十八大以来，首次由国务院批准召开的全国大中小学教材工作会议，对于推进新时代课程教材建设工作具有重要标志性和里程碑意义。

完成系列重大主题进课程教材顶层设计。以学习贯彻习近平新时代中国特色社会主义思想为基本遵循，教育部研制了一系列重大主题进课程教材指南和教育指导纲要，指导和推动在课程教材建设中更加全面有效突出体现社会主义办学方向、强化社会主义核心价值观培养。印发了《习近平新时代中国特色社会主义思想进课程教材指南》《"党的领导"相关内容进大中小学课程教材指南》《中华优秀传统文化进中小学课程教材指南》《革命传统进中小学课程教材指南》《大中小学劳动教育指导纲要（试行）》《大中小学国家安全教育指导纲要》《国防教育进中小学课程教材指南》《生命安全与健康教育进中小学课程教材指南》，明确重大主题教育进课程教材的主要内容与基本路径，为各级各类课程教材系统讲好中国和中国共产党的故事、讲好党的理论创新最新成果提供了基本依据和科学指引。

推进习近平总书记视察地方和学校重要论述进课程教材。进一步完善国家课程教材，指导地方和学校加强地方课程、校本课程和相关教材读本建设，推动习近平总书记在地方工作的创新理念、重大实践、视察地方和学校重要论述有机融入相关课程教材，引导广大学生进一步理解习近平新时代中国特色社会主义思想的发展脉络和实践要求，自觉将个人成长成才融入党和国家事业发展大局。

编写并投入使用大中小学《习近平新时代中国特色社会主义思想学生读本》。读本于2021年秋季学期在全国投入使用。这是第一套系统学习习近平新时代中国特色社会主义思想的学生读本，是大中小学思政课教材体系的重大创新，为深入推进习近平新时代中国特色社会主义思想"三进"提供了有力载体。为做好读本使用工作，教育部专门召开读本工作座谈会，建设配套教学资源平台，分层分批对全国90余万名任课教师进行培训，及时开展使用情况一线调研。调查数据显示，91%的学生、96%的教师对读本表示满意。

2. 落实时代新人培养要求，与时俱进修订完善课程教材

课程教材是教育思想、理念、目标和内容的集中体现和重要载体，必须与时俱进。

2021年,教育部组织完成义务教育课程方案和各学科课程标准修订,整体提升质量水平。一是落实时代新人培养要求,增强课程的思想性和时代性。二是优化课程设置,尤其对劳动、信息科技、综合实践活动和艺术课程做了完善,提升课程的科学性和系统性。三是完善课程内容,设置"跨学科主题"学习活动,增强课程的综合性和实践性。四是增强课程指导性,设置"教学提示",增加教学和评价案例,强化"如何教"的具体指导。五是细化实施要求,健全课程实施机制,强化课程实施监测和督导要求。

修订完善普通中小学三科统编教材。对标《中共中央关于党的百年奋斗重大成就和历史经验的决议》等中央新精神,及时对三科统编教材有关内容进行修改完善。做好民族地区义务教育三科统编教材使用保障,编写民族地区专用教师教学用书和幼小、小初衔接语文教材,开展系列教材宣讲活动,在11个省份选择65所民族学校作为日常教学观测点,对民族地区教材使用情况进行对口帮扶。全面完成中等职业学校三科统编教材编写和国家教材委员会专家委员会的审核,开展试教试用和审读工作,于2022年秋季学期在起始年级投入使用。

3. 加强教材管理,实现全链条把关

全国教材管理制度网格进一步织密。印发了《中小学少数民族文字教材管理办法》《中小学生课外读物进校园管理办法》《中小学生校外培训材料管理办法(试行)》《国家教材委员会办公室工作规程》等文件,全方位压实教材工作责任,全链条强化教材把关。加大教材审核排查力度,教育部高质量组织完成了256套1192册新编教材审核,217套995册日常修订教材审核。开展"一规划、四办法"落实情况调查,进一步推动地方和高校落细落实国家各项政策要求,10个省级地区成立了省级教材委员会,5个省级地区成立了教材工作领导小组,16个省级教育行政部门成立了教材处,规范教材管理和建设规划。大力推进教材管理信息平台建设,建成并投入使用大中小学教材数据库和教材审核、选用管理、意见征集、课外读物管理等系统,教材管理信息化向全方位、全过程目标迈进。

4. 建立激励保障机制,推动教材建设高质量发展

圆满完成首届全国教材建设奖评选。这是新中国成立以来,我国首次实施全面覆盖教材建设各领域的国家级专门奖励项目,对于树立教材建设标杆和典型、展示教材建设优秀成果、进一步强化编写优秀教材的鲜明导向、鼓励吸引更多优秀人才参与教材建设、引领和推动教材建设高质量发展具有重要意义。同时,系统整理、提炼、推广教材建设各领域体制机制创新,有力促进教材建设创新发展。

积极主动讲好教材故事。教育部与央视合作拍摄播出《统编教材》五集专题纪录片,全面生动反映三科统编教材的主要内容、产生过程和重大意义,电视端收看人次达1.06亿,新媒体端播放量达2607万次,相关微博话题阅读量达4.57亿。在微信公众号上推出《习近平新时代中国特色社会主义思想学生读本》有声阅读66期、三科统编教材中的党史学习专题172条、教材内容宣传解读信息530余条。教材建设是国家事权、教材体现国家意志等观念得到社会公众的普遍支持和拥护。

加强国家教材建设重点研究基地建设。首批11个国家教材建设重点研究基地围绕基地建设与管理、教材重大现实和实践问题开展积极探索,取得了30多份重要研究成果或阶段性成果,支撑和带动效应初步显现。按照强点扩面、注重综合、适度竞争的思路,组织遴选第二批国家教材建设重点研究基地。

(二)深化教育教学改革,推进课堂革命

2021年,教育部建立了12个基础教育综合改革实验区,各实验区均以党委、政府或教育工作领导小组名义印发了创建方案,统筹实施基础教育综合改革,切实发挥实验区的示范引领作用。各类教育从教育的阶段性特征出发,把握教育规律,不断深化教育教学改革,全面提高教育质量。

1. 着力提高课堂教学质量

教育部组建了基础教育教学指导委员会和分学科分领域的28个专委会,明确了教指委工作机制和重点工作任务;聚焦基础教育教学改革面临的重点难点问题,广泛深入基层加强教学指导工作。开展"基础教育精品课"遴选工作,遴选出2422节优质课例作为部级精品课,进一步激发广大教师投身课堂教学改革的积极性创造性。深入实施国家级优秀教学成果推广应用计划,在全国60个示范区推广应用74项基础教育优秀教学成果,切实发挥示范引领和辐射带动作用。

2. 加强线上教育教学

教育部等五部门印发《关于大力加强中小学线上教育教学资源建设与应用的意见》,着力构建互联互通的平台体系、全面覆盖的优质课程资源体系、系统完善的运行保障体系。在原国家中小学网络云平台基础上,教育部进一步推进平台升级建设,研制了《加强国家中小学网络云平台优质教学资源建设与应用推进方案》,着力丰富完善各类优质资源,拓展平台服务功能,更好地落实"双减"文件和基础教育高质量发展需要。截至2021年底,云平台浏览次数60.80亿,访问人次35.03亿。

3. 加快新课程新教材实施

2021年,全国共有26个省份和新疆生产建设兵团实施了普通高中新课程新教材。积极开展中西部七省份"普通高中新课程新教材"巡讲和培训活动,不断提高普通高中新课程新教材实施水平。部署第二批8个实施新课程新教材示范区24个示范校启动建设。组织开展特殊教育新课标培训,制作推出近百个网络视频课程,培训全国盲、聋、培智三类特殊教育学校教师、随班就读教师以及特殊教育教研员共18万人,有效提升了特教课堂教学质量。

(三)深化评价制度改革,形成正确导向

2021年,为贯彻落实习近平总书记在全国教育大会上关于"破五唯"、从根本上解决评价指挥棒问题的重要讲话精神,全面落实《深化新时代教育评价改革总体方案》,国家出台相关政策,引领发展素质教育,构建全面系统的教育质量评价体系。中考改革持续深入,各地推进体育、美育进入评价体系,探索改变"见分不见人"的招生方式。第四批高考综合改革启动,艺术体育类高考招生迎来大变革。

1. 出台指南,系统构建基础教育质量评价体系

2021年教育部陆续出台了《义务教育质量评价指南》《普通高中学校办学质量评价指南》,研制了《幼儿园保育教育质量评估指南》。三个质量评价指南明确提出了评价的指导思想、基本原则和评价指标体系,对评价方式、评价实施、评价结果运用和组织保障等提出了具体要求,全面系统构建起基础教育质量评价体系。

三个指南体现了党和国家对新时代基础教育的质量要求,具有重要意义。一是引领性。引导地方党委政府树立正确的政绩观,切实履行职责;引导中小学校和幼儿园提高办学(园)水平,促进学生德智体美劳全面发展;引导全社会理解支持关心教育,营造良好教育生态。二是针对性。义务教育质量评价分三个层次,在注重做好学校办学质量和学生发展质量评价的同时,强化对县域义务教育质量的整体评价,强化政府责任,推进均衡发展;普通高中办学质量评价以学校办学质量为重点,突出落实新课程新教材和高考综合改革重点任务,深入推进育人方式改革,实施学生综合素质评价、加强学生发展指导等方面评价;幼儿园保教质量评估突出尊重幼儿身心发展特点和学前教育规律,强化保教过程质量评价。三是发展性。充分发挥教育评价的引导、诊断、改进、激励等功能,注重考查学校和幼儿园努力办学和改进提升的程度,改进结果评价、强化过程评价、探索增值评价、健全综合评价,促进办好每一所学校和幼儿园。四是操作性。三个指南明确了评价的实施办法、途径、周期、结果运用等指导性意见,同时,给各地具体操作留出空间,确保有效实施。

2. 持续推进体育美育评价改革和中考综合改革

完善体育评价改革。一是推进中考体育改革。指导各地进一步改进中考体育测试内容和计分办法,科学确定并逐步提高分值。二是构建立体评价体系。实现学校体育工作与学校、教育行政部门、地方政府的政绩考核挂钩,与教师的绩效工资、考核评价挂钩,与学生的综合评价挂钩,全面推进体育、美育进入评价体系,促进学生全面发展。

深化美育评价改革。在美育评价方面,将中小学校美育工作纳入义务教育质量评价监测体系和县域义务教育优质均衡发展督导评估指标体系,实施中小学生艺术素质测评、中小学校艺术教育工作自评和中小学校艺术教育发展年度报告制度。稳步推进艺术类科目纳入中考改革试点。全国已有8个省级单位(江苏、湖南、云南、河南、辽宁、山东、新疆、新疆生产建设兵团)出台了美育中考的相关政策,还有6省(区)的8个地市在推进试点。考试科目主要为音乐和美术。

持续深化中考综合改革。各地中考改革更加重视考查学生的全面发展,探索改变

"见分不见人"的招生方式,破除招生过程中的唯分数论,探索建立初中学业水平考试与综合素质评价相结合的多元招生录取机制。

案例1-13

部分省份深化中考改革

浙江省加强中考命题管理,合理控制考试难度,积极推进中考试卷全省统一命题;全省优质示范普通高中招生名额按不低于60%的比例合理分配到区域内初中学校,缓解升学竞争压力。上海市实行初中毕业、高中阶段学校招生"两考合一",统一为初中学业水平考试。河北省将初中学业水平考试成绩作为学生初中毕业和升学的基本依据,实现"一考多用";实行"全科开考",《义务教育课程方案(2022年版)》所设定的初中阶段国家课程科目均列入学业水平考试范围。

——资料来源:根据网络资料整理

3. 第四批高考综合改革启动,艺术体育类高考招生迎来大变革

2021年9月15日,黑龙江、甘肃、吉林、安徽、江西、贵州、广西7个省份公布了"新高考"改革方案,开启我国第四批高考综合改革。第四批高考综合改革均采用了"3+2+1"模式,其中"3"为语文、数学、外语3门统一高考科目;"1"为首选科目(物理或历史中选择1门);"2"为再选科目(化学、生物、思想政治、地理4门中任选两门)。在录取方式上,各省份都实行"两依据一参考",即依据全国统一高考成绩和普通高中学业水平选择性考试科目成绩,参考学生综合素质评价,进行择优录取,并实行平行志愿投档录取。

2021年9月24日,教育部印发《关于进一步加强和改进普通高等学校艺术类专业考试招生工作的指导意见》,又会同国家体育总局印发《关于进一步完善和规范高校高水平运动队考试招生工作的指导意见》,启动高校艺术类专业和高水平运动队考试招生改革。两个文件的出台,逐渐扭转部分高校艺术专业人才选拔"重专业轻文化"的倾向,意味着抱着"投机"心态想通过艺术或者体育这两条路进入高校,特别是进入名校,已经不再是一条捷径。

(四)深化教师队伍建设改革,提高师资整体水平

2021年,全国教育系统深入贯彻落实《中共中央国务院关于全面深化新时代教师队伍建设改革的意见》,以高质量教师队伍建设为目标,突出抓好教师思想政治与师德师风建设,着力强化教师教育体系,深入推进教师管理改革,不断强化教师待遇保障,加快构建教师队伍建设新格局。

表 1-7　2021 年国家关于教师队伍建设的相关政策

序号	政策文件	主 要 内 容
1	2021 年 1 月 4 日,教育部等六部门《关于加强新时代高校教师队伍建设改革的指导意见》(教师〔2020〕10 号)	准确把握高校教师队伍建设改革的时代要求,落实立德树人根本任务;全面加强党的领导,不断提升教师思想政治素质和师德素养;建设高校教师发展平台,着力提升教师专业素质能力;切实保障高校教师待遇,吸引稳定一流人才从教;完善现代高校教师管理制度,激发教师队伍创新活力
2	2021 年 6 月 24 日,国务院办公厅《关于加快发展保障性租赁住房的意见》(国办发〔2021〕22 号)	首次明确提出加快完善以公租房、保障性租赁住房和共有产权住房为主体的住房保障体系。同时,出台一系列土地、财税、金融等支持政策,尽最大努力帮助新市民、青年教师等缓解住房困难
3	2021 年 7 月 14 日,教育部办公厅《关于开展中小学有偿补课和教师违规收受礼品礼金问题专项整治工作的通知》(教师厅函〔2021〕17 号)	面向全国中小学校和教师开展为期 9 个月的有偿补课和违规收受礼品礼金问题专项整治,进一步规范中小学教师职业行为,营造风清气正的育人环境,促进中小学生健康全面发展
4	2021 年 7 月 26 日,教育部等九部门关于印发《中西部欠发达地区优秀教师定向培养计划》的通知(教师〔2021〕4 号)	依托部属师范大学与高水平地方师范院校,采取定向方式,从 2021 年起,每年为 832 个脱贫县和中西部陆地边境县中小学校培养 1 万名左右本科层次师范生
5	2021 年 12 月 27 日,教育部《关于开展中小学幼儿园校(园)长任期结束综合督导评估工作的意见》(教督〔2021〕3 号)	从总体要求、督导评估对象及重点、组织实施等方面进行了系统设计,对开展中小学幼儿园校(园)长任期结束综合督导评估工作作出具体安排和部署

1. 坚定"中国教育能够培养出大师"的自信

"大师",是 2021 年教育领域的一个高频词。3 月 6 日,习近平总书记在看望并参加全国政协十三届四次会议的医药卫生界、教育界委员联组会时指出,要引导广大教师发扬老一辈教育工作者"捧着一颗心来,不带半根草去"的精神,以赤诚之心、奉献之心、仁爱之心投身教育事业;要在全党全社会大力弘扬尊师重教的社会风尚,推动形成优秀人才竞相从教、广大教师尽展其才、好教师不断涌现的良好局面。4 月 19 日,习近平总书记在清华大学考察时指出,"中国教育是能够培养出大师来的",并对大学教师提出了殷切期待,强调教师要成为大先生,做学生为学、为事、为人的示范,促进学生成长为全面发展的人。9 月 27 日,习近平总书记在中央人才工作会议上强调,我国拥有世界上规模最大的高等教育体系,有各项事业发展的广阔舞台,完全能够源源不断培养造就大批优秀人才,完全能够培养出大师。我们要有这样的决心、这样的自信。

2. 建设高质量教师教育体系

2021年1月,教育部等六部门发布《关于加强新时代高校教师队伍建设改革的指导意见》,聚焦高校教师队伍建设关键领域和重点方面,提出高校教师发展支持系列举措。8月,教育部等九部门印发《中西部欠发达地区优秀教师定向培养计划》(简称"优师计划"),依托部属师范大学与高水平地方师范院校,采取定向方式,每年为832个脱贫县以及中西部陆地边境县培养近万名本科层次师范生。2021年第一次招生,生源质量良好,85所培养院校26个专业招录师范生9530人,之后教育部启动实施了"新时代基础教育强师计划"。11月,教育部发布《中华人民共和国教师法(修订草案)(征求意见稿)》,正式向公众征求意见,明确教师权利义务、待遇保障,提高教师准入门槛、突出师德师风评价标准。此外,北京、上海、广东深圳、江苏常州等地先后探索新的大面积教师轮岗交流政策。

3. 合理配置教师资源

2021年,教育部加大力度支持中西部欠发达地区,全国教师规模不断扩大。当年底,全国教师总数达到1792.97万人,比上年增加60.94万人,增长3.52%。"特岗计划"2021年招聘教师近8万人,实施16年来已为中西部地区乡村学校补充特岗教师103万人。实施"三区"人才支持计划教师专项计划,选派2.1万名教师到边远地区、民族地区和革命老区受援县支教。实施中小学"银龄讲学计划",2018年实施以来,已招募近1万名退休校长教师到农村义务教育阶段学校讲学。2021年面向社会招募4500名退休校长教师,到中西部18个省份和新疆生产建设兵团支教讲学。

(五)深化督导评估改革,确保问责有力

2021年是深入贯彻落实中共中央办公厅、国务院办公厅《关于深化新时代教育督导体制机制改革的意见》(简称《意见》)的关键之年,国务院教育督导委员会办公室持续深化教育督导体制机制改革,扎实开展督政、督学和评估监测各项重点工作,推进重点问题整改和重点任务落实。教育督导改革取得新突破,督导"长牙齿"迈出重要步伐,为进一步促进教育高质量发展、营造教育发展良好生态保驾护航。

1. 建立健全督导问责制度,力促督导"长牙齿"

2021年,国务院教育督导委员会办公室指导督促各省(区、市)结合实际出台本地深化教育督导体制机制改革的实施方案,将《意见》切实转化为各地具体政策措施。同时,扎实推进《教育督导条例》修订工作,组织专家围绕教育督导定义、同级督政、督导工作机制、督学资格准入和退出、教育督导事项、教育督导结果运用等问题开展研究,积极推进修订进程,为教育督导工作提供坚实法律保障。

2021年9月1日,国务院教育督导委员会印发的《教育督导问责办法》(简称《办法》)正式实施,这是新中国首次出台的教育督导问责文件,标志着督导的权威性、有效性从制度上真正确立起来,是我国教育督导制度建设中又一个里程碑。《办法》将问责置于督导体制机制改革中进行整体性、系统性设计,通过明确督导问责的对象、内容、方式和程序,使教育督导问责各方面、各环节工作都有章可依,实现督导问责的规范化,从制度层面保障了问责的权威性和公信力。

2. 推动重点问题整改和重点任务落实

2021年,教育督导在推动政府教育履职、推进"双减""五项管理"等重大政策落地落实、保障义务教育教师工资等方面继续发挥重要指挥棒作用。

将"双减"列为2021年教育督导"一号工程"。通过建立半月通报制度、问题曝光制度,开展专项督促指导,畅通举报渠道,发布风险预警,开展问卷调查等措施,推进"双减"工作落地见效。《2021年责任督学"双减"政策实施情况调查报告》显示,学生睡眠、自主安排、体育锻炼的时间普遍增加,学生学业负担、家庭教育支出负担、家长相应精力负担均有所减轻,学生、教师、家长等利益相关者对"双减"政策大都积极支持。

对"五项管理"进行实地督导。国务院教育督导委员会办公室组织16个督查组对全国30个省(区、市)和新疆生产建设兵团落实"五项管理"情况开展了实地督导(东部地区因疫情除外)发现,绝大多数省份按照"全覆盖、齐步走、抓督查、常态化"要求强力推进落实,"五项管理"规定要求取得了阶段性成效。

持续加强义务教育教师工资督导。教育部多次发布重要提醒,持续传导压力,加强分类指导,紧盯预算落实,要求各省督促所辖县(市、区)逐一建立健全义务教育教师经费保障长效机制和工资收入随当地公务员待遇调整联动机制(简称"两大机制")。截至2021年底,31个省份和新疆生产建设兵团所属2846个县(市、区)基本实现"不低于"目标,"两大机制"均已建立。

3. 扎实做好对省级人民政府履行教育职责评价

《2021年对省级人民政府履行教育职责的评价方案》在评价内容、方式上作了进一步改进。评价内容覆盖全面,共确定9个方面评价重点,主要涉及学校党建、教育投入、教育公平、教育改革、教师队伍、安全稳定等方面。与前几年相比,2021年评价工作的统筹力度更大,重点更加突出,问题导向更加鲜明。评价方式突出强调了"三个结合",即明察与暗访相结合、定量与定性相结合、线上与线下相结合,力求为省级政府履行教育职责进行"精准画像"。

六、强化依法治教,促进教育治理水平提升

2021年,我国未成年人保护工作进入崭新阶段,迈向了更高水平。教育部颁布的《未成年人学校保护规定》开始施行,家庭、学校、社会、政府司法等保护体系协同发力,

全社会未成年人保护的意识不断提升。在教育治理上强调义务教育的公益性与公平性,规范民办义务教育的发展,"公参民"退出历史舞台。中小学招生入学改革稳步推进,"公民同招"在基层落地,进一步完善随迁子女就学机制,加强了普通高中招生管理工作,规范招生秩序。

（一）加强未成年人保护

保护未成年人是全社会的职责,也是学校的法定义务。近年来,学校未成年人保护中仍然存在着对保护职责认识不全面、相关制度可操作性不强等问题,迫切需要系统整合现有制度,构建新时代未成年人学校保护的制度体系。2021年6月1日,新修订的《中华人民共和国未成年人保护法》和《中华人民共和国预防未成年人犯罪法》开始施行,这标志着国家再次以法律的名义为新时代未成年人的健康成长保驾护航。

1. 第一次就未成年人学校保护制定专门规章

作为教育部第一次就未成年人学校保护制定的专门规章《未成年人学校保护规定》(简称《规定》)于2021年9月1日起实施。《规定》重点围绕"谁来保护""保护什么""如何保护"等问题,系统构建了未成年人学校保护的制度体系。针对学生欺凌、校园性侵害等社会关注度高、对学生合法权益损害重大的问题构建了专项保护制度,完善了相应的防治工作机制,对学校开展未成年人保护工作提供了可行的操作指南,比如针对校园欺凌,《规定》提出了一系列防控要求,包括预防欺凌教育、预防机制、欺凌制止、欺凌处置等。

2. 落实教育惩戒权

教师不敢管、不愿管、不会管学生的问题长期困扰着基层学校。从2021年3月1日起实施的《中小学教育惩戒规则(试行)》就教育惩戒的概念进行了定义,概括式列举了教育惩戒的措施,在为学校和教师提供指导的同时,也给学校制定相关的校规校纪留下了一定的自主空间。

3. 加强网络游戏管理

青少年沉迷网络游戏影响身心健康,也是社会关注的热点问题。2021年10月,教育部等六部门联合印发《关于进一步加强预防中小学生沉迷网络游戏管理工作的通知》,从内容建设、时段时长、学校管理、家校协同和部门监管等方面提出了明确要求,对于做好预防学生沉迷网络游戏工作,具有很强的针对性和可操作性。中小学生上网时间大幅减少,沉迷网络游戏现象得到有效遏制。

（二）加强义务教育阶段民办学校规范管理

2021年,为加强党对义务教育的全面领导,坚持社会主义办学方向,落实政府责任,加强分类指导,营造良好教育生态,促进学生全面发展、健康成长,教育部发布了一系列关于民办教育的政策文件,强调了义务教育的公益性与公平性,规范了民办义务教育发展,"公参民"办学退出历史舞台。

1.《民办教育促进法实施条例》对民办教育办学行为作出明确规范

2021年全国共有民办学校18.57万所,占全国各级各类学校总数的35.08%;在校生5628.76万人,占各级各类在校生总数的19.34%。民办学校涵盖了从学前教育到高等教育、从非学历教育到学历教育、从普通教育到职业教育的各个层次和类型。民办教育已经成为教育事业的重要组成部分,是促进教育改革的重要力量。但由于发展速度迅猛、监管机制不健全,特别是在资本的强力介入之下,民办教育存在一定问题和潜在风险。继2016年11月修订的《中华人民共和国民办教育促进法》颁布实施后,2021年4月7日,国务院公布了修订后的《中华人民共和国民办教育促进法实施条例》(以下简称《条例》),自2021年9月1日起施行。

《条例》进一步完善民办学校的设立制度。一是规范地方政府、公办学校参与办学的行为。地方人民政府不得利用国有企业、公办教育资源举办或者参与举办实施义务教育的民办学校;实施义务教育的公办学校不得举办或参与举办民办学校,其他公办学校不得举办或者参与举办营利性民办学校;公办学校举办或者参与举办民办学校,不得仅以品牌输出方式参与办学,举办或者参与举办非营利性民办学校,不得以管理费等方式取得或者变相取得办学收益。二是规范通过资本运作控制非营利性学校进行获利的行为。同时举办或者实际控制多所民办学校的,不得改变所举办或者实际控制的非营利性民办学校的性质,直接或者间接取得办学收益;也不得滥用市场支配地位,排除、限制竞争。任何社会组织和个人不得通过兼并收购、协议控制等方式控制实施义务教育的民办学校、实施学前教育的非营利性民办学校。三是完善举办者变更机制。民办学校举办者变更的,应当签订变更协议,但不得涉及学校的法人财产,不得影响学校发展,不得损害师生权益;现有民办学校的举办者变更的,可以根据其依法享有的合法权益与继任举办者协议约定变更收益。

《条例》进一步规范民办学校的运行和管理。一是规范招生行为。民办学校可以在审批机关核定的办学规模内,自主确定招生标准和方式,与公办学校同期招生;实施义务教育的民办学校应当在审批机关管辖的区域内招生,纳入审批机关所在地统一管理;实施普通高中教育的民办学校应当主要在学校所在设区的市范围内招生。实施义务教育的民办学校不得提前招生。二是规范利用互联网技术在线办学的行为。利用互联网技术在线实施教育活动的民办学校应当取得相应的办学许可,依法建立并落实互联网安全管理制度和安全保护技术措施。三是完善民办学校收费管理机制。民办学校应当考虑经济效益与社会效益,合理确定收费项目和标准。对公办学校参与举办、使用国有资产或者接受政府生均经费补助的非营利性民办学校,省级人民政府可以对其收费制定最高限价。四是完善民办学校关联交易监管机制。实施义务教育的民办学校不得与利益关联方进行交易,其他民办学校应当建立利益关联方交易的信息披露制度。有关部门应当加强对非营利性民办学校与利益关联方签订协议的监管,按年度对关联交易进行审查。

湖北部分市(州)规范民办义务教育发展

武汉市委教育工作领导小组印发《规范民办义务教育发展工作实施方案》,以理顺12所义务教育"公参民"学校办学体制为重点,通过"两增一减"方式调整义务教育公民办结构,现有民办义务教育在校生约7万人、占比约4.2%。十堰市开展民办义务教育发展专项治理,通过政府购买民办义务教育学位16707个,民办义务教育在校生占比降至4.5%;统筹制定辖区内公办、民办义务教育学校招生政策,实行公、民同招,招生秩序明显规范。咸宁市按照"市级统筹、以县为主,一县一案、一校一策"的原则,规范民办义务教育发展,全市民办义务教育学校在校生占比4.83%,各县(市、区)均控制在5%以内。

——资料来源:根据湖北省市(州)政府履行教育职责情况自评报告整理

2. 强化民办义务教育规范管理

近些年,民办教育领域出现了一些不规范行为,比如民办教育形成一种规模化商业模式,通过与资本市场、房地产市场结合来营利;公办学校参与举办民办学校,利用公办教育资源和学校优质品牌,采用民办学校收费机制,导致产权不明、国有资产流失、招生掐尖等问题,带来民办择校热,严重影响教育生态平衡,加剧了家长的焦虑,加重了学生的课业负担;一些地方民办小学、初中占比偏高,违背义务教育免费、公益属性,损害义务教育公平性,增加了老百姓的教育支出负担。

2021年5月16日,中共中央办公厅、国务院办公厅印发《关于规范民办义务教育发展的意见》(简称《意见》),要求加强分类指导,落实政府责任,确保义务教育学位主要由公办学校提供或通过政府购买学位方式提供,原则上不得审批设立新的民办义务教育学校(含民办九年一贯制学校、十二年一贯制学校和完全中学)。2021年5月31日,中央教育工作领导小组秘书组、教育部在北京召开规范民办义务教育专项工作推进会,指出义务教育是国家事权和国家职责,依法由国家举办,要严格控制民办义务教育增量,逐步消化存量,办好办强公办义务教育。

《意见》的出台可谓是正本清源,促进公办、民办学校各归其位。上海宝山区率先提出"民办义务教育在校生总数严格控制在5%以内"。广东、湖南、江苏、四川等省陆续发文,将民办义务教育学校学生数调减到5%以下,而且原则上不再审批新的义务教育民办学校。河南林州市为实现到2022年全市民办义务教育在校生规模占比控制在5%以内,全面启动规范民办义务教育专项工作,对民办义务教育阶段学校招生规模进行了压缩。

3. "公参民"逐步退出历史舞台

近年来公办学校(含其附属学校、校办企业、学校基金会、学校工会等附属机构,下同)通过举办或者参与举办民办义务教育学校(含十二年一贯制学校、九年一贯制学校、完全中学,以下统称"公参民"学校)的"公参民"办学模式引发了许多矛盾和问题。一方面,稀释了公办学校本身的品牌资源,加剧教育焦虑,由此衍生出社会问题;另一方面,公办学校参与举办的民办学校,利用公办学校的优质品牌,采用民办学校的收费机制,对公办学校和民办学校都造成了不公平竞争,扰乱了教育秩序。

国家从法律和制度层面对"公参民"办学进行规范。2021年5月14日,国务院发布的《中华人民共和国民办教育促进法实施条例》明确规定,实施义务教育的公办学校不得举办或者参与举办民办学校,也不得转为民办学校;除了职业教育公办校外,其他公办学校不得举办或者参与举办营利性民办学校。5月16日,中共中央办公厅、国务院办公厅印发《关于规范民办义务教育发展的意见》明确要求,公办学校单独举办、公办学校与地方政府及相关机构合作举办的民办义务教育学校,应引导其从民办转为公办;公办学校与其他社会组织、个人合作举办的民办义务教育学校,须和公办学校彻底剥离,实行"六独立"后,可继续举办。7月8日,教育部、中央编办等八部门印发《关于规范公办学校举办或者参与举办民办义务教育学校的通知》,明确了三类"公参民"学校的范围,除对公办学校与其他社会组织、个人合作举办的"公参民"学校,办学条件符合"六独立"要求或办学条件不符合"六独立"要求,但限期可整改到位的可继续办民办学校外,其余所涉"公参民"学校均要通过不同形式转为公办校或停止办学。同时,对公有教育资源的使用作出全面规范,按照"一省一方案,力争用两年左右时间理顺体制,实现平稳过渡"。两年内,"公参民"的民办学校将逐步退出历史舞台。

"公参民"转制在多地推开。随着一系列配套政策的落地,国家对民办学校的监管越来越细、越来越规范。规范民办义务教育,强化了政府主体责任,促进了教育公平,全面提升了义务教育质量。在规范民办教育的同时,推进了公办教育进一步改革发展,营造良好教育生态,切实落实党的教育方针,回应人民群众的新期待。

(三)加强招生入学管理

"公民同招"政策的落地推动了义务教育回归公平起点。2021年,各地进一步巩固落实义务教育免试就近入学和"公民同招"政策,引导学校从"抢好生源"向"教好学生"转变。

1. 就近入学,同步招生

2021年3月,天津市委、市政府印发《关于深化教育教学改革全面提高义务教育质量的若干措施》,提出深入推进义务教育学校免试就近入学,严禁以各类考试、竞赛、培训成绩或证书证明等作为招生依据,不得以面试、评测等名义选拔学生。民办义务教育学校招生纳入审批地统一管理,与公办学校同步招生;报名人数超过招生计划的,采取随机派位方式确定学生入学。

2021年5月,江苏省教育厅发布《关于做好2021年中小学招生入学工作的通知》,要求义务教育阶段公办学校要严格按照就近入学要求,根据划定的学区招收学生。全面实行公办民办中小学同步招生,做到公办民办学校招生时间一致,同步登记报名、同步招生录取、同步注册学籍。同时规定,不得通过笔试、面试、评测等方式招生,禁止以各类竞赛证书、竞赛成绩或考级证明等作为招生依据。

2. 属地管理,社会监督

各地"公民同招"举措中都提出,民办义务教育学校招生纳入审批地统管理,强调属地管理原则,明确组织适龄儿童入学是政府行为,公办、民办义务教育招生入学工作由地市或县级教育行政部门统一组织实施,学校不得自行组织报名。

北京市各区发布义务教育阶段招生细则,对民办学校的监管、单校和多校相结合的划片入学方式、学位分派方式、公办寄宿学校的招生等作出具体规定。重庆市教委公布2021年中小学招生入学政策,明确公办、民办义务教育学校同步招生。

"公民同招"改革取得一定成效。2021年秋季学期,全国36个大中城市公办义务教育学校免试就近入学比例超过99%,民办义务教育招录比降至1.4∶1,民办择校热大幅降温。这意味着,公办和民办学校今后的发展将会从"生源竞争"走向"质量竞争",最终倒逼并促进民办教育实现内涵发展和特色发展。"公民同招"意味着义务教育阶段幼升小和小升初入学格局发生重大变化,同时也标志着公办和民办学校进入公平办学、相互促进的良性发展时代。这一政策弱化了家庭的择校动机,减少了学校间的差距,将使区域间的教育资源分配更加均衡,促进义务教育的均衡和高质量发展,使得学生公平享有优质的义务教育。

3. 改革随迁子女就学机制

保障随迁子女在流入地平等接受义务教育,事关教育公平和人民群众切身利益,也是适应我国城镇化发展战略、促进社会公平的迫切要求。2021年10月13日,针对"关于让外来务工者随迁子女都能公平享受九年义务教育的建议",教育部在入学政策方面答复称,从2021年起各地均不得要求家长提供计划生育、超龄入学、户籍地无人监护等证明材料,精简不必要的证明材料,鼓励有条件的地方仅凭居住证入学。

着力扩大资源供给,推进就读公办。强调各地要完善政府购买学位管理办法,优先将随迁子女占比较高的民办义务教育学校纳入政府购买学位范围,建立随迁子女入学状况工作台账,督促部分地方提高随迁子女在公办学校或政府购买民办学校学位就读比例。教育部印发《关于督促进一步做好进城务工人员随迁子女就学工作的通知》,要求各地各校加强教育关爱和人文关怀,建立健全随迁子女关爱帮扶机制,在教育教学、日常管理和评优评先中一视同仁、平等对待,并强调要加强学籍管理,切实做好随迁子女控辍保学工作。2021年,全国义务教育进城务工人员随迁子女在公办学校就读和享受政府购买学位比例占比为90.9%,比2020年提高5.1个百分点。

部分省份优化随迁子女入学政策

广东省完善以居住证为主要依据的随迁子女入学政策,坚持以公办学校(包括政府购买服务)为主安排随迁子女就学,简化入学流程和证明要求,确保符合条件的随迁子女能够应入尽入。2021年,全省随迁子女公办学校(含政府购买民办学校学位)就读比例达87.27%,全省九年义务教育巩固率保持在95%以上。河南省要求义务教育阶段招生使用河南省义务教育招生服务平台,保障随迁子女"应入尽入"。江苏省昆山市通过创新教师编制"周转池"制度、组建教育集团、实施民办教育奖补政策等措施,实现外来务工人员子女就读"基本兜底"的同时,让他们和本地学生共享优质均衡教育。

——资料来源:根据网络资料整理

4. 加强普通高中招生管理

规范普通高中招生秩序是我国建设高质量基础教育体系和落实教育系统全面从严治党的重要任务。2021年,教育部对公办民办普通高中同步招生工作作出部署,明确了属地招生、公民同招等要求,坚决遏制违规跨区域掐尖招生行为,确保招生改革工作平稳有序推进。各地结合当地情况出台了相应措施。从各地反映情况看,2021年中小学招生改革工作进展顺利、总体平稳。

(四)加强家庭教育

2021年,对家庭教育而言,无疑是史上最强的政策年。这一年,党和国家推出的相关政策密度之大、力度之强、影响之深,可圈可点。家庭保护、家风建设、家庭教育成为"不断提高人民群众的获得感、幸福感、安全感"的题中要义,而且所有的政策都彰显了"最有利于未成年人"的儿童权利原则。

表1-8 2021年国家关于家庭教育的相关政策

序号	政策文件	主要内容
1	2021年6月1日,新修订的《中华人民共和国未成年人保护法》施行	将"家庭保护"放在首位,并细化了家庭监护职责,新增"听取未成年人的意见"等原则,明确规定了父母的监护职责。新增"政府保护""网络保护"两个专章,并在"网络保护"专章对家长提出了要求

续表

序号	政策文件	主要内容
2	2021年6月1日,新修订的《中华人民共和国预防未成年人犯罪法》施行	未成年人的父母或者其他监护人对未成年人的预防犯罪教育负有直接责任,应当依法履行监护职责,树立优良家风,培养未成年人良好品行;发现未成年人心理或者行为异常的,应当及时了解情况并进行教育、引导和劝诫,不得拒绝或者怠于履行监护职责
3	2021年7月20日,中共中央、国务院印发《关于优化生育政策促进人口长期均衡发展的决定》	将配套支持措施和三孩生育政策作为一个整体组合提出,将婚嫁、生育、养育、教育一体考虑,部署了提高优生优育服务水平、发展普惠托育服务体系、降低生育养育教育成本等三大类十个方面配套支持措施
4	2021年7月21日,中宣部、中央文明办、中央纪委机关、中组部、国家监委、教育部、全国妇联印发《关于进一步加强家庭家教家风建设的实施意见》	加强习近平总书记关于注重家庭家教家风建设重要论述的学习宣传。以社会主义核心价值观引领家庭家教家风建设,升华爱国爱家的家国情怀、建设相亲相爱的家庭关系、弘扬向上向善的家庭美德、体现共建共享的家庭追求
5	2021年7月24日,中共中央办公厅、国务院办公厅《关于进一步减轻义务教育阶段学生作业负担和校外培训负担的意见》(中办发〔2021〕40号)	明确家校社协同责任,鼓励家长引导学生放学回家后从事力所能及的家务劳动,开展适宜的体育锻炼,开展阅读和文艺等多种活动
6	2021年8月30日,国家新闻出版署《关于进一步严格管理切实防止未成年人沉迷网络游戏的通知》(国新出发〔2021〕14号)	积极引导家庭、学校等社会各方面营造有利于未成年人健康成长的良好环境,依法履行未成年人监护职责,加强未成年人网络素养教育,严格执行未成年人使用网络游戏时段时长规定,引导未成年人形成良好的网络使用习惯,防止未成年人沉迷网络游戏
7	2021年9月27日,国务院印发《中国儿童发展纲要(2021—2030年)》	在新增的"儿童与家庭"领域,提出立德树人、保障儿童权利、监护人责任、培养好家风、增强亲子互动、基本建成覆盖城乡的家庭教育指导服务体系、基本形成支持家庭生育养育教育的法律法规政策体系、提升家庭领域理论和实践研究水平等八项主要目标

续表

序号	政策文件	主要内容
8	2021年9月30日,国家发改委等20多家部委联合印发《关于推进儿童友好城市建设的指导意见》(发改社会〔2021〕1380号)	深入实施家家幸福安康工程,建设文明家庭、实施科学家教、传承优良家风。构建学校家庭社会协同育人体系,加强家庭教育指导服务,增强家庭监护责任意识和能力,建立良好亲子关系,培养儿童良好思想品行和生活习惯
9	2021年10月23日,十三届全国人大常委会第三十一次会议通过《中华人民共和国家庭教育促进法》	自2022年1月1日起实施。未成年人的父母或者其他监护人负责实施家庭教育。国家和社会为家庭教育提供指导、支持和服务。提出家庭教育必须遵循科学的方法,规定了家长教育子女的行为准则
10	2021年10月29日,中国共产党第十九届中央委员会第五次全体会议通过《中共中央关于制定国民经济和社会发展第十四个五年规划和二〇三五年远景目标的建议》	以建设文明家庭、实施科学家教、传承优良家风为重点,加强家园、家校协作,推动教师家访制度化、常态化;在中小学、幼儿园和社区中建设家长学校、家长委员会,普及家庭教育知识,推广家庭教育经验;发挥共青团、少先队、妇联、科协、关工委等组织的育人作用,形成学校、家庭、社会协同育人合力
11	2021年11月13日,北京师范大学和中国儿童中心联合发布《家庭教育指导者专业标准(试行)》和《家庭教育指导者专业素养与专业能力基础课程》	从专业伦理与道德、专业理念、专业知识、专业能力四个维度,明确了新时代合格的家庭教育指导者应该具备的专业素养与专业能力,意味着我国家庭教育指导服务工作在规范化和专业化道路上迈出了重要的实质性步伐
12	2021年12月6日,教育部办公厅关于学习宣传贯彻《中华人民共和国家庭教育促进法》的通知(教基厅函〔2021〕46号)	各地各校要将学习宣传贯彻家庭教育促进法与贯彻落实习近平总书记关于家庭教育重要论述相结合,与深化基础教育改革发展相结合,面向家长重点宣传,加强学校指导服务,不断提高家庭教育指导服务水平

1.《习近平关于注重家庭家教家风建设论述摘编》出版发行

党的十八大以来,习近平总书记围绕注重家庭、注重家教、注重家风建设发表的一系列重要论述,立意高远,内涵丰富,思想深刻,对于动员社会各界广泛参与家庭文明建设,努力使千千万万个家庭成为国家发展、民族进步、社会和谐的重要基点,把实现个人梦、家庭梦融入国家梦、民族梦之中,汇聚起全面建设社会主义现代化国家、实现中华民族伟大复兴中国梦的磅礴力量,具有十分重要的意义。2021年5月,由中共中央党史和文献研究院编辑的《习近平关于注重家庭家教家风建设论述摘编》印发。《论述摘编》分7个专题,共计107段论述,摘自习近平总书记2012年11月15日至2020年12月28日期间的报告、讲话、谈话、说明、答问等60多篇重要文献。这些论述立意高远、内涵丰富、思想深刻,丰富了习近平新时代中国特色社会主义思想的科学内涵,为新时代家庭家教家风建设提供了根本遵循。

2. 《中华人民共和国家庭教育促进法》颁布

2021年,酝酿十年的家庭教育立法终于实现。2021年10月23日,十三届全国人大常委会第三十一次会议通过了《中华人民共和国家庭教育促进法》(简称"家庭教育促进法"),于2022年1月1日起实施。家庭教育促进法是我国围绕教育实施主体出台的第一部教育法,正式以法律的形式重新定义家庭教育,将家庭教育由传统"家事"上升为重要"国事",新时代家庭教育由此开启新的篇章。这部法律为父母承担家庭教育主体责任赋能,帮助父母依法履责成为更好地教育者,标志着中国家庭教育发展进入历史新阶段,促进家庭教育成为全体社会成员共同的使命担当。

3. 家庭教育热点难点问题得到有力回应

国家新闻出版署印发文件,严防未成年人沉迷网络游戏,"三孩"政策提出降低生育、养育、教育成本,提高家庭发展能力,意在破解"不愿生""生不起""养不起"的难题。尤其是中办、国办出台力度空前的"双减"政策,更是引发专家学者关于"双减"给了孩子哪些发展空间、"双减"到位尚需做好哪些"加法""双减"将如何更新家庭学习格局、"双减"时代家庭教育观有哪些优化新路径,以及"双减"后家庭教育如何正确补位、将面临哪些转变、家长该如何远离焦虑等话题的热议。

4. 家庭教育指导服务的专业需求和人才队伍建设令人瞩目

2021年伊始,中国教育学会家庭教育专业委员会举办"2021年家校合作经验交流会",回顾抗疫之年的家校合作,教育部基础教育教学指导委员会成立了家庭教育专业委员会。参与全国高校家庭教育学科建设的高校从2020年的20余所增加到近百所。北京师范大学与中国儿童中心联合发布家庭教育指导者专业标准(试行)和基础课程,迈出家庭教育指导服务工作规范化和专业化的重要步伐。教育部关工委、首都师范大学与中国教育电视台联合推出12期"家校共育,立德树人"家庭教育公开课,观看者达1100万人次。

表 1-9　2021 年与家庭教育相关的学术交流活动

序号	活动名称	活动情况
1	2021年1月16日,中国教育学会家庭教育专业委员会举办"2021年家校合作经验交流会"	自2015年起,中国教育学会家庭教育专业委员会每年主办一届家校合作经验交流会。2021年家校合作经验交流会首次采取线上直播的方式,由中国教育学会家庭教育专业委员会与中国教育报刊社联合主办,当日总观看量超过45万。会上,专家学者与河南省洛阳市瀍河回族区、福建省厦门市同安区、苏州市科技城实验小学等各地教育部门的代表围绕"抗疫之年家校合作:困惑、探索和思考"这一主题,深入反思抗疫背景下家校合作面临的挑战,分享创新理念与丰富实践
2	2021年1月27日,教育部基础教育教学指导委员会首次成立家庭教育专业委员会,此后发布10个全国家校社协同推进家庭教育实践案例,交流推广《家庭教育指导手册》使用经验	2021年1月,教育部公布25个基础教育教学指导委员会委员名单,首次成立家庭教育专业委员会。11月,"家教委"发布了全国各地家校社协同推进家庭教育的"十张答卷",既有上海、深圳、浙江等发达地区的典型经验,也有四川、新疆等西部地区的实践探索;既有教育行政主管部门和科研单位的经验总结,也有来自中小学幼儿园一线的具体做法
3	2021年5月9日,第二届全国高校家庭教育学科建设研讨会在南京师范大学举办	参会高校从第一届的20余所增加到近百所,60所高校和科研院所的学者提交了论文。围绕家庭教育学科建设的核心主题,会议推进了家庭教育研究的新进展,涌现了一大批家庭教育研究的学术新秀
4	2021年11月21日,第六届中国家庭学科研讨会暨家庭建设论坛举行	论坛由中华女子学院主办,聚焦新时代如何推进家庭家教家风建设。专家们认为,要加强新时代家庭家教家风建设研究,提高专业性、系统性、针对性,发挥妇联组织的独特作用,推动家庭工作更好地发展
5	2021年11月22日,全国人大常委会在京举行家庭教育促进法实施座谈会	深入学习贯彻习近平总书记关于注重家庭家教家风建设的重要论述,培育和践行社会主义核心价值观,推动家庭教育促进法的宣传普及和贯彻实施,为促进未成年人健康成长、增进家庭幸福和社会和谐作出应有贡献
6	2021年11月28日,中央宣传部、中央文明办、全国妇联在浙江召开加强家庭家教家风建设工作推进会	强化政治自觉和行动自觉,以社会主义核心价值观为统领,深化家庭文明建设,坚持立德树人根本任务,加强家庭教育指导服务,合力推动家庭家教家风建设工作取得新成效

5. 发挥社区在家庭教育中的作用

各地因地制宜发挥社区教育优势,挖掘社会教育资源,辅助家庭教育。比如,成立社区家庭教育指导服务中心,积极给家庭教育专业研究人员提供支持,在研究人员与广大家长之间建立起双向互补、相互促进的有机联系;开展家庭教育经验分享会活动,为广大家长提供沟通交流的平台,引导家长就共同面临的现实问题展开交流与讨论,逐步在社区内形成人人重视家庭教育的良好氛围;及时掌握社区内家庭教育开展状况,重点关注矛盾频发家庭以及留守儿童家庭遇到的教育问题,让每一个孩子都能感受到帮助。

案例1-16

浙江:成立社区家庭教育指导服务中心

浙江省依托浙江开放大学成立社区家庭教育指导服务中心,通过统筹整合全省开放大学、社区教育机构及其他工作资源和力量,构建省、市、县(市、区)、街道(乡镇)四级家庭教育指导服务工作体系。中心致力于线上线下相结合,组织全省社区教育体系开展家庭教育活动和服务。线下,以家庭家教家风建设为主要教育内容,深化社区教育进农村文化礼堂活动,构筑乡村立德树人的新阵地,培育社区家庭教育品牌;线上,推进各地各部门家庭教育相关网上学习平台互联互通,通过"浙学通"和终身教育学分银行系统,构建城乡社区家庭教育学习成果认证转换机制。

——资料来源:中国教育报 2021-11-10

2021年中国教育政策的制定和施行,背后是基于经济发展的现实、当时社会的特点、国际格局的变化以及教育发展的内在规律,还源于当时教育所处的新环境、新时代对教育的新要求,是在党中央的坚强领导之下所做的重大决策部署,以更好地落实立德树人根本任务,努力培养担当民族复兴大任的时代新人。

参考文献:

[1] 中国教育报刊社基础教育中心,中国教育报刊社数据中心.2021年中国基础教育年度报告[D]. 人民教育,2022(3-4):6-62.
[2] 纪秀君,焦以璇,欧媚,高众.2021,中国教育勇毅前行[N].中国教育报,2021-12-31(2).
[3] 别敦荣,贺祖斌.2021中国高等教育十大关键词[N].中国教育报,2022-01-03(3).

(本节执笔人:朱爱国)

第二节 2021年湖北教育政策的基本内容

2021年是"十四五"开局之年,湖北的教育政策以贯彻落实国家教育决策部署、谋划"十四五"教育发展为重点,在建设教育强省、推进各类教育高质量发展方面进行了系统设计,在保安全、保健康、保运转、促发展、提质量等方面进行了精心部署,既保证了国家的决策部署在湖北得到不折不扣地落实,又以鲜明的荆楚特色向全国提供了湖北方案、湖北样本。

表 1-10 2021年湖北出台的主要教育政策文件

序号	政 策 文 件	主 要 内 容
1	1月6日,省人民政府办公厅《关于印发加快全省医学教育创新发展实施方案的通知》(鄂政办发〔2021〕2号)	到2025年,力争现有高水平医学院建成世界一流医学院,建设一批错位办学、特色鲜明、优势突出的本科层次高质量发展医学院(校)。到2030年,建成具有中国特色、湖北优势的更高水平的医学人才培养体系
2	1月9日,省人民政府办公厅《关于做好2021年高考模拟演练工作的通知》(鄂政办电〔2021〕1号)	高考模拟考试时间为1月23日至25日。各级教育行政部门、考试机构和考点学校要严格按照高考实战标准,精心组织安排,做到标准一致、流程一致、环节一致,加强试卷管理、考场管理、队伍管理,确保安全平稳
3	1月29日,省教育厅办公室、省市场监管局办公室《关于进一步做好全省中小学生校服选用工作的通知》(鄂教基办〔2021〕1号)	明确校服选用采购责任主体,规范校服选用采购行为,认真做好校服选用采购备案工作。校服选用组织要严格落实校服选用采购流程和质量标准,建立公平公正、公开透明的市场竞争环境
4	1月29日,省教育厅办公室关于印发《全省教育领域金融风险隐患大排查工作方案》的通知(鄂教财办函〔2021〕2号)	按照"坚定、可控、有序、适度"的总体要求,在常规风险摸查的基础上,高度关注新冠肺炎疫情带来的新增风险隐患,坚持问题导向、目标导向和效果导向,全面摸清教育领域金融风险底数,有效做好风险防范处置工作,力争将风险化解在萌芽状态,切实维护学校师生安全和社会稳定
5	2月19日,省教育厅办公室《关于做好2021年中小学幼儿园安全管理工作的通知》(鄂教基办函〔2021〕5号)	共10条。进一步提高政治站位,健全校园内部管理,加强校园周边综合治理,落实校车安全管理要求,开展学生欺凌防治行动,推进防溺水综合治理,深化网络环境专项治理,加强安全教育工作,推动家长落实监护责任

续表

序号	政策文件	主 要 内 容
6	2月22日,省教育厅、省委组织部等八个部门《关于加快和扩大新时代湖北教育对外开放的若干措施》(鄂教外〔2021〕1号)	提出了改进涉外办学、培养具有全球视野的国际化人才、搭建"一带一路"合作平台等20条具体举措,加快和扩大湖北教育对外开放
7	2月26日,省教育关于印发《中小学防范校园欺凌(暴力)专项治理行动》的通知(鄂教基函〔2021〕7号)	明确了八项治理任务。通过深入开展防范中小学生欺凌(暴力)专项治理行动,切实加强中小学生思想品德教育、法治教育和心理健康教育,集中查处通报一批情节恶劣、社会影响大的恶性事件,织牢联动网络,健全长效机制,建设平安校园、和谐校园,促进学生健康快乐成长
8	3月2日,省教育厅《关于开展党史学习教育的实施方案》(鄂教工委〔2021〕2号)	紧紧围绕学懂弄通做实党的创新理论,坚持学习党史与学习新中国史、改革开放史、社会主义发展史相贯通,做到学史明理、学史增信、学史崇德、学史力行,引导广大党员、干部增强"四个意识"、坚定"四个自信"、做到"两个维护",不断提高政治判断力、政治领悟力、政治执行力
9	3月2日,省人民政府办公厅关于印发《2021年全省学校安全专项治理工作方案》的通知(鄂政办电〔2021〕5号)	明确了九个治理重点:校园安全工作的组织保障问题,校园"七防工程""三个100%"建设问题,学校周边治安重点防控问题,学生交通安全保障问题,防溺水综合治理问题,防范处置校园欺凌和暴力问题,校园及周边环境整治问题,学校安全事故处置机制问题
10	3月17日,省教育厅《关于开展"一市两校双基地创新驱动工程"合作项目申报工作的通知》(鄂教科函〔2021〕4号)	统筹高校科技力量,通过市校携手、产教融合,为每个市州对接至少两所高校,每所高校精准匹配科技创新和智力服务两类基地,为市州支柱产业发展提供科技、智力和人才支持,着力解决产业发展中的关键核心技术问题、产业发展战略问题和人才问题,推进支柱产业健康发展
11	3月18日,省教育厅《关于实施"湖北高校本科教学质量年专项行动计划"的通知》(鄂教高函〔2021〕4号)	明确了6项重点任务。力争经过一年努力,本科高校人才培养的中心地位和本科教学的基础地位更加凸显,学生学习成效和教师育人能力明显增强,协同育人、"互联网+教育"、教育质量保障等机制更加健全,高质量本科教育教学体系更加完善

续表

序号	政策文件	主要内容
12	4月7日,省财政厅、省教育厅《关于进一步加强省属本科高校国有资产管理有关事项的通知》(鄂财资发〔2021〕3号)	落实高校国有资产管理主体责任,加强资产配置管理,规范资产出租、出借管理,扩大高校资产处置权限,强化国有资产监督检查
13	4月21日,省教育厅关于转发教育部《高等学校法治工作测评指标》的通知(鄂教政法办〔2021〕3号)	共设立了8个一级指标、36项二级指标、81项三级指标。推动高校以编制实施有效文件清单、学校权责清单、法律风险清单、年度普法责任清单等"四项清单"为抓手,提升学校依法治理水平
14	4月23日,省教育厅办公室《关于做好2021年教育系统防灾减灾救灾工作的通知》(鄂教发办函〔2021〕4号)	要求不断提高思想认识,提升校舍安全水平,抓好防汛救灾工作,推进地质灾害防治,加强消防安全管理,开展宣传教育活动
15	4月27日,省教育厅关于印发《推进新时代湖北研究生教育高质量发展措施》的通知(鄂教研〔2021〕1号)	从提升思想政治工作成效、调整优化学科专业结构、加快高精尖缺人才培养、推进科教融合产教融合、加强导师队伍建设、锤炼优良作风学风等10个方面提出了35条具体措施
16	4月27日,省发展和改革委员会、省教育厅、省经济和信息化厅等八部门关于印发《湖北省建设产教融合型企业实施细则(试行)》的通知(鄂发改社会〔2021〕124号)	共六章18条。明确了建设培育条件、建设实施程序、支持与组合式激励、管理与退出机制。规定:纳入产教融合型企业建设培育范围的试点企业,兴办职业教育的投资符合条件的投资,按规定投资额的30%比例抵免当年应缴教育费附加和地方教育附加
17	5月7日,省教育厅、省财政厅《关于湖北省高水平高职院校和专业群建设计划实施方案的通知》(鄂教职成〔2021〕1号)	明确10项重点任务。重点支持建设一批引领改革、对接产业、支撑发展、特色鲜明、省内领先的职业院校和专业群,促进教育链、人才链与产业链、创新链有机衔接。到2024年,基本建成20所左右省级高水平高职院校、60个左右省级高水平高职专业群
18	5月8日,省语委关于转发《省级语言文字工作报告制度(试行)》的通知(鄂语委函〔2021〕1号)	共七条。要求各地要严格按照要求,及时向省语委报告语言文字工作重大事项,从2021年起,每年底向省语委报告书面年度报告,明确了报告的内容、形式和规范要求

续表

序号	政策文件	主要内容
19	5月17日,省教育厅办公室《关于开展全省学生"学宪法 讲宪法"系列活动的通知》(鄂教政法办函〔2021〕4号)	从2021年5月至12月,在全省大中小学中开展青少年学生宪法法治知识竞赛、青少年学生"学宪法 讲宪法"演讲比赛、"宪法卫士"网上学习和考试活动、国家宪法日"宪法晨读""我与宪法"微视频征集等系列活动
20	5月31日,省教育厅、省市场监督管理局、省卫生健康委员会关于印发《进一步巩固和加强全省中小学校食堂管理工作基础专项行动实施方案》的通知(鄂教后勤〔2021〕1号)	通过"三抓三提"筑牢基础,对标《湖北省中小学校健康食堂标准》,补齐短板,提升水平,取得"可检验、可评判、可感知"成果,严防、严管、严控校园食品安全风险,不断提高广大师生和家长获得感、幸福感、安全感
21	6月2日,省人力资源和社会保障厅、省教育厅《关于进一步深化我省高等学校教师职称制度改革的通知》(鄂人社发〔2021〕18号)	完善职称层级和岗位设置,自主科学制定职称评价标准,畅通重点人才发展绿色通道,建立特殊专业教师单独评审体系,推动评聘有效衔接,完善信用和惩戒机制
22	6月6日,省教育厅《关于实施荆楚美丽校园建设行动的通知》(鄂教后勤〔2021〕2号)	明确了六个方面建设内容:开展生态文明教育,强化美丽校园意识;加强校园文化建设,厚植美丽校园底蕴;践行绿色低碳理念,夯实美丽校园基础;落实节能环保措施,营造美丽校园环境;提升卫生健康水平,丰富美丽校园元素;推进绿色科技创新,增强美丽校园功能
23	6月7日,省人民政府学位委员会关于印发《湖北省2020—2025年学位授权点周期性合格评估实施细则》的通知(鄂学位〔2021〕1号)	明确了评估对象、范围、原则、方式、内容、程序、要求。学位授权点周期性合格评估每6年进行一轮次。2020—2025年周期性合格评估范围为:2013年以前获得授权的博士、硕士学位授权点和2013—2015年获得授权且专项合格评估结果达到合格的博士、硕士学位授权点
24	6月8日,省教育厅办公室《关于进一步加强中小学安全有关工作的紧急通知》(鄂教基办函〔2021〕11号)	进一步提高思想认识,加强防溺水教育和联防联控,加强心理健康教育与疏导,抓好校园综合安全工作,压实校园安全工作责任
25	6月11日,省教育厅、省公安厅关于印发《湖北省高等学校安全保卫工作细则》的通知(鄂教综治〔2021〕1号)	共六章27条。实行"党政同责、一岗双责、失职追责"的领导管理体制,遵循"单位负责、预防为主、依靠师生、突出重点"的原则,明确了高校安全保卫工作的主要任务、保卫人员的工作职责、应急处理措施、奖惩要求

续表

序号	政策文件	主要内容
26	6月27日,省政府办公厅关于印发《湖北省教育厅贯彻落实〈深化新时代教育评价改革总体方案〉任务分工方案、工作清单和负面清单》的通知(鄂教办函〔2021〕14号)	提出工作清单75条、负面清单27条。要求教育系统、各有关单位强化责任担当,明确改革的重点领域、关键环节和主攻方向,找准推进路径、工作方法和有力抓手,抓紧开展专项清理整治,完善配套政策,确保各项改革任务落地见效
27	6月29日,省人民政府学位委员会《关于公布2021年普通高校新增学士学位授权专业名单的通知》(鄂学位函〔2021〕3号)	全省新增144个学士学位授权专业,向9所高校的13个专业反馈了专家整改意见并督促其整改
28	7月7日,省教育厅关于印发《百校联百县——高校服务乡村振兴科技支撑行动计划(2021—2025年)》的通知(鄂教科〔2021〕1号)	开展扎实的科研实践,依托科技创新发展特色产业,努力实现"联系一批合作伙伴、服务一批农业经营主体、转化一批农业科技成果、扶强一批优势特色产业、提高一批乡村人居环境、提升一批乡村文明水平、培养一批农村实用人才、树立一批科技服务典型"的总目标
29	7月12日,省教育厅办公室、省财政厅办公室《关于做好2021年银龄讲学计划有关实施工作的通知》(鄂教师办函〔2021〕19号)	招募计划560人。面向全国进行,招募对象以退休的校长、教研员、特级教师、骨干教师为主,年龄一般在65岁(含)以下,政治可靠、师德高尚、爱岗敬业、业务精良;身体健康、甘于奉献、不怕吃苦、作风扎实
30	7月13日,省教育厅关于印发《湖北省推进幼小科学衔接工作实施方案》的通知(鄂教幼高〔2021〕1号)	坚持儿童为本、双向衔接、系统推进、规范管理的基本原则,落实幼儿园入学准备教育和小学入学适应教育,实现幼儿园与小学科学衔接,建立幼小协同长效机制,促进儿童德智体美劳全面发展和身心健康成长
31	8月2日,省教育厅关于印发《全省中小学校食堂服务保障学生不到位问题专项整治工作方案》的通知(鄂教后勤〔2021〕3号)	明确整治目标、对象、内容、步骤及工作要求。强化学校责任意识、规范意识和服务意识,坚决纠正侵害学生利益的不正之风,进一步提升学校食堂服务保障能力和水平

续表

序号	政策文件	主要内容
32	8月2日,省人民政府学位委员会《关于做好我省2021年度博士硕士学位授权学科和专业学位授权类别动态调整工作的通知》(鄂学位函〔2021〕4号)	优先增列国家重大战略需求和我省产业布局相关领域的学位授权点,撤销一批社会需求不足、招生就业困难、建设水平不高、培养质量较差的学位授权点。2021年撤销硕士点1个,增列集成电路与科学与工程等博士点7个、硕士点1个
33	8月6日,省人民政府教育督导室、省教育厅《关于巩固拓展教育脱贫攻坚成果持续做好控辍保学工作的通知》(鄂教督室发〔2021〕3号)	强化"政府一条线、教育系统一条线"的双线多级包保责任制,推动控辍保学动态清零向常态化动态清零转变。健全专项行动机制、坚持监测月报机制、落实分类指导要求、综合施策提升控辍质量、强化督导问责机制
34	8月13日,省教育厅、省委编办、省财政厅、省人社厅《关于进一步加强新时代中小学教师队伍建设管理的若干意见》(鄂教师〔2021〕1号)	落实"以县为主"管理体制,优化乡村学校布局,创新中小学教师编制管理机制,全面推行"县管校聘"管理改革,完善中小学教师补充机制,推进城乡学校优质资源共享,扩大银龄讲学计划实施范围,加强教师人文关怀
35	8月18日,省教育厅、省委编办、省财政厅、省人社厅关于印发《湖北省教师教育综合改革实验区创建工作实施方案》的通知(鄂教师〔2021〕2号)	确定了黄石、黄冈、光谷等3个实验区为首批湖北省教师教育综合改革实验区,明确了实验区建设目标、任务、措施和责任分工
36	8月22日,省政府办公厅关于印发《湖北省加强新时代语言文字工作的实施意见》的通知(鄂教办发〔2021〕37号)	明确到2025年普通话普及率达到85%的目标,提出了推广普及国家通用语言文字、提高语言文字基础能力、增强国家语言文字服务能力、推进荆楚语言文化传承保护等政策措施
37	8月24日,省委办公厅、省政府办公厅《关于进一步减轻义务教育阶段学生作业负担和校外培训负担的通知》(鄂办发〔2021〕21号)	坚持"学生为本、回应关切、依法治理、标本兼治、政府主导、多方联动、统筹推进、稳步实施"的原则,全面提高教育教学质量、切实减轻学生过重作业负担、全面提高课后服务水平、严格规范校外培训行为,使学生的作业负担和校外培训负担1年内有效减轻、3年内成效显著

续表

序号	政策文件	主要内容
38	8月25日,省教育厅《关于公布"十四五"湖北省高等学校优势特色学科(群)建设名单的通知》(鄂教研函〔2021〕5号)	"十四五"期间,每年投入资金1亿元,建设省级优势特色学科(群)134个,培育学科(群)16个,构建"双一流"建设学科、省级优势特色学科(群)、校级重点学科三级学科建设体系
39	8月25日,省教育厅《关于公布2021年湖北省研究生工作站建设名单的通知》(鄂教研函〔2021〕6号)	安排补助经费1000万元,支持全省28所研究生培养高校与企事业单位联合建设198个省级研究生工作站,着力提升研究生的实践能力和创新能力,推进产学研用深度融合,加速科技成果转化,推动高校融入经济社会发展主战场
40	8月26日,省教育厅等七部门关于印发《2021年湖北省高职扩招专项工作方案》的通知(鄂教职成〔2021〕2号)	明确了总体思路、工作任务、步骤及时间安排。要求深化教育教学改革,加强学生(学籍)管理,落实投入保障政策,切实改善办学条件,加强招生监督与协调,做好疫情防控
41	8月30日,省教育厅《关于加强和改进新时代基础教育教研工作的实施意见》(鄂教科研〔2021〕2号)	完善教研机构及其职能职责,切实加强教研员队伍建设,加强关键环节和重点问题研究,创新教研工作体制机制,完善教研保障措施
42	8月30日,省教育厅等八部门关于印发《湖北省"万个公办幼儿园学位扩充"实事项目实施方案》的通知(鄂教幼高〔2021〕2号)	通过加快新建、改扩建一批公办幼儿园,规范城镇小区配套幼儿园建设,在村小开设附属园、附属班等方式,不断扩大公办学前教育资源
43	8月31日,省教育厅等四部门《关于进一步做好义务教育学校课后服务工作的通知》(鄂教基〔2021〕1号)	义务教育学校"一校一案"全部开展课后服务,课后服务结束时间原则上不早于下午6:00。各学校采用"1+X"方式(即作业辅导+拓展活动)丰富课后服务内容,提高服务质量
44	9月3日,省教育厅《关于加强义务教育学校考试管理的通知》(鄂教基办函〔2021〕16号)	对规范学校考试秩序,提高学校考试质量,降低学生考试压力作出明确规定。要求加强统筹谋划,严格监督检查,健全评价机制

续表

序号	政策文件	主 要 内 容
45	9月17日,省教育厅等十部门关于印发《湖北省激发中小学办学活力工作实施方案》的通知(鄂教基〔2021〕2号)	部署保证教育教学自主权、扩大人事工作自主权等13项重点任务,在参照国家八部门推动的基础上,将共青团、科协纳入责任单位,明确责任分工,协同推进落实
46	9月20日,省纪委机关、省委教育工委、省教育厅党组《关于推进清廉学校建设的实施意见》(鄂教工委〔2021〕7号)	提出清廉学校建设十个方面的重点任务及操作性强的具体措施:坚定正确政治方向、落实管党治党责任、完善学校治理体系、营造良好政治生态、规范重点领域管理、不断优化校园服务、大力弘扬严实作风、坚持正确用人导向、推进全员崇廉尚廉、建设清廉校园文化
47	9月20日,省教育厅办公室《关于切实加强全省校园安全工作的紧急通知》(鄂教办函〔2021〕13号)	全力保障全省师生安全,维护社会大局稳定,为建党百年营造良好氛围。压实安全工作责任,开展安全知识教育;强化各类安全管理,排查消除各类隐患;做好值班值守,提升应急处置能力
48	9月24日,省教育厅、省发展和改革委、财政厅、省乡村振兴局《关于推进巩固拓展教育脱贫攻坚成果同乡村振兴有效衔接工作的通知》(鄂教财〔2021〕1号)	从巩固义务教育有保障成果、提升乡村教育发展水平、拓展乡村振兴智力服务3个方面提出11项重点工作措施,拓展乡村振兴智力服务,志智双扶,育人为本,努力推进振兴乡村教育和教育振兴乡村良性循环
49	10月1日,省人民政府办公厅印发《关于实施"才聚荆楚"工程促进高校毕业生就业创业若干措施》的通知(鄂政办发〔2021〕44号)	共20条。推行先落户后就业。对毕业5年内的高校毕业生到企业就业或自主创业并按规定缴纳社会保险费的,各地财政可给予租房和生活补贴。增加优质岗位供给,扩大企业吸纳规模,稳定政策性岗位,优化就业创业服务
50	11月8日,省教育厅《关于在全省高校建立校方责任保险工作制度的通知》(鄂教综治函〔2021〕2号)	明确了校方责任保险的内涵、享受的对象及范围、缴费标准、经费来源、理赔范围和标准、投保程序。探索建立多元化学校安全事故损害赔偿机制,进一步完善学校安全防范工作体系
51	11月19日,省教育厅《关于开展学校燃气安全专项整治的通知》(鄂教后勤〔2021〕4号)	督促各地各学校对照5项排查内容和燃气使用安全有关工作要求,认真开展燃气安全专项整治,发现问题及时整改

续表

序号	政策文件	主要内容
52	11月22日,省教育厅等七部门关于贯彻落实《义务教育质量评价指南》的通知(鄂教基〔2021〕3号)	全面贯彻党的教育方针,坚持社会主义办学方向,遵循学生成长规律和教育规律,加快建立以发展素质教育为导向的义务教育质量评价体系,强化评价结果运用,健全立德树人落实机制,构建德智体美劳全面培养教育体系,引领深化教育教学改革,全面提高义务教育质量
53	11月23日,省人民政府关于印发《湖北省教育事业发展"十四五"规划》的通知(鄂政发〔2021〕32号)	明确了"十四五"时期全省教育事业发展的指导思想、目标任务和实施路径。到2025年,高质量教育体系基本建成,教育现代化取得突破性进展,走在建设教育强省和人力资源强省前列,为2035年总体实现教育现代化、率先全面建成教育强省奠定坚实基础
54	11月25日,省教育厅、省发改委、省经信厅、省科技厅、省财政厅、省农业农村厅《关于调整优化高等教育学科专业设置布局服务湖北建成中部地区崛起重要战略支点的通知》(鄂教研〔2021〕2号)	服务国家战略和湖北"51020"现代产业体系,以高等教育学科专业结构调整优化为抓手,着力提升高等学校服务湖北高质量发展能力
55	12月8日,省教育厅、省财政厅、省市场监督管理局、省卫生健康委员会《关于进一步加强中小学校食堂管理工作的通知》(鄂教后勤〔2021〕5号)	进一步加强中小学校食堂财务管理,规范中小学校食堂物资采购,强化中小学校食堂食品安全与营养健康,落实中小学校食堂经营管理要求,提升中小学校食堂保障能力
56	12月10日,省教育厅、省财政厅关于印发《湖北省优质中等职业学校和优质专业建设计划实施方案》的通知(鄂教职成〔2021〕3号)	启动省级中职"双优计划",计划到2025年,基本建成50所以上优质中等职业学校和90个以上优质专业。提出了全面提升党建水平、落实立德树人根本任务、强化专业和课程建设、深化产教融合校企合作等十项重点任务
57	12月17日,省教育厅等九部门关于印发《湖北省脱贫地区优秀教师定向培养计划实施办法》的通知(鄂教师〔2021〕3号)	从2021年起,每年在全省普通本科招生计划中专门安排500名左右的优秀教师定向培养专项计划,由省属高等学校师范类专业承担招生及培养任务,采取在校学习期间免除学费、免缴住宿费并补助生活费的方式,面向脱贫县中小学校定向培养一批优秀教师

续表

序号	政策文件	主要内容
58	12月30日,省教育厅办公室《关于做好教育系统冬春火灾防控工作的通知》(鄂教发办函〔2021〕13号)	紧盯消防安全重点,加强消防设施维护,做好聚集活动管理,强化建筑工地安全,加强厨房烟道和燃气安全管理,加强消防宣传教育
59	12月31日,省委办公厅、省政府办公厅印发《关于全面加强和改进新时代学校体育工作的若干措施》的通知(鄂办发〔2021〕39号)	提出了明确学校体育工作目标任务、加强学校体育课程建设、完善竞赛和培养体系、优化学校体育评价机制、健全体质健康测试制度、推进体育教育深度融合、加强体育师资队伍建设、改善学校体育工作条件等十条措施
60	12月31日,省委办公厅、省政府办公厅印发《关于全面加强和改进新时代学校美育工作的若干措施》的通知(鄂办发〔2021〕39号)	提出了明确学校美育工作目标任务、加强学校美育课程建设、弘扬中华优秀传统文化、开展普及性艺术实践活动、推进学校美育评价改革、建立美育工作帮扶机制、培育建设美育特色学校、加强美育师资队伍建设等十条措施
61	12月31日,省体育局、省教育厅《关于深化体教融合促进青少年健康发展的实施意见》(鄂体〔2021〕69号)	共八部分28条。要求加强学校体育工作,完善青少年体育赛事体系,加强体育传统特色学校和高水平运动队建设,深化体校改革,规范社会体育组织,加强体育教师和教练员队伍建设,强化政策保障,加强组织实施,体现赛事共办、师资共享、人才共育、政策共融

一、健全"十四五"教育发展规划体系

2021年是"十四五"开局之年,科学编制湖北教育事业发展"十四五"规划,对加快推进教育现代化、建设教育强省、办好人民满意的教育具有重要意义。经过多方调研、反复修改、征询论证,11月23日,省人民政府印发了《湖北省教育事业发展"十四五"规划》(简称《规划》),明确了"十四五"时期湖北教育的发展蓝图和2035年远景目标,成为今后5年乃至更长一段时期湖北教育改革发展的行动指南。《规划》提出了"十四五"阶段性目标和2035年远景目标:到2025年,高质量教育体系基本建成,教育现代化取得突破性进展,走在建设教育强省和人力资源强省前列;到2035年,总体实现教育现代化,率先全面建成教育强省。

确定"教育强省"建设目标,体现了湖北教育战略目标的连续性。2010年,湖北省委、省政府印发《湖北省中长期教育改革和发展规划纲要(2011—2020年)》提出,"到2015年,基本建成教育强省。到2020年基本实现教育现代化,基本形成学习型社会,

进入教育强省和人力资源强省前列"。2011年,《湖北省教育事业发展"十二五"规划》提出,"十二五"时期,湖北省教育发展的总体目标:举办更高水平的普及教育,发展更加丰富的优质教育,推进更为满意的公平教育,构建更具活力的教育体制,建立更加健全的终身教育,提供更有成效的社会服务,全面推进教育现代化建设,基本建成教育强省。2016年,《湖北省教育事业发展"十三五"规划》提出:"率先基本实现教育现代化,打造湖北教育升级版,走在教育强省和人力资源强省前列"。2019年,《湖北教育现代化2035》提出:"到2022年,教育现代化取得重要进展,走在教育强省和人力资源强省前列"。2021年,《湖北省教育事业发展"十四五"规划》提出:"到2035年率先全面建成教育强省"。从"基本建成"到"走在前列"到"率先全面建成",湖北教育强省的目标是系统谋划、梯次推进的,通过三个"五年规划"的压茬推进,"一张蓝图绘到底",一任接着一任干,进至2035年率先建成教育强省。

在"十四五"规划总体框架下,湖北在重点领域研制了相应的专门规划,形成"1+N"的规划体系,即1个总体规划加上若干个专题规划(计划)。比如,在基础教育领域,研制了"三段一类"四个重大项目计划,即"十四五"时期学前教育发展提升行动计划、县域义务教育优质均衡发展行动计划、县域普通高中发展提升行动计划、特殊教育发展提升行动计划;在职业教育领域,省教育厅、省财政厅先后印发了《湖北省高水平高职院校和专业群建设计划》《湖北省优质中等职业学校和优质专业建设计划》;在高等教育领域,省教育厅印发了《湖北高校本科教学质量年专项行动计划》《百校联百县——高校服务乡村振兴科技支撑行动计划(2021—2025年)》《"一市两校双基地"建设计划》。同时,各地各高校也编制了本地本校"十四五"规划,形成了全省发展目标上下贯通、政策协调一致的教育规划体系。

二、健全各类教育协调发展体系

省委专题会两次研究高等教育和职业教育发展,出台高等教育强省"1+N"政策体系,提出优化提升武汉城市圈高等教育、培育提升"宜荆荆恩""襄十随神"高等教育南北两翼等具体举措。省教育厅会同有关部门开展高等教育和职业教育发展专题研究,就调整优化高等教育学科专业设置和布局、高水平高职院校和专业群建设出台实施方案,制定推进现代职业教育高质量发展和高等教育强省建设实施意见。2021年4月,省教育厅印发《推进新时代湖北研究生教育高质量发展措施》;6月,省教育厅、省发改委、省科技厅、省财政厅、省人社厅印发《关于部属高校对口支持省属重点高校一流学科建设的通知》;8月,省教育厅、省发改委、省经信厅、省科技厅、省财政厅、省农业农村厅印发《关于调整优化高等教育学科专业设置布局服务湖北建成中部地区崛起重要战略支点的通知》。2022年3月,省人民政府印发《关于推动现代职业教育高质量发展的实施意见》;6月,省委、省人民政府印发《关于全面推进高等教育强省建设的意见》。一系列政策措施相继推出,对建设高等教育强省作出全面部署,推动高教优势转化为人才优势、创新优势和发展优势。

完善语言文字工作政策体系。2021年2月,省政府印发《湖北省加强新时代语言文字工作的实施意见》。这是新时代湖北加强语言文字工作的指导性文件,明确了管理体制,建立了语言文字工作报告制度。省教育厅在多轮征求意见、专题协商的基础上,制发了贯彻落实全国和全省语言文字会议精神厅内分工方案;组织力量编制了《湖北省语言文字事业"十四五"发展规划》。

三、健全人才培养体系

加强和改进体育、美育工作。12月31日,省委办公厅、省政府办公厅印发《关于全面加强和改进新时代学校体育工作的若干措施》和《关于全面加强和改进新时代学校美育工作的若干措施》,分别提出了加强和改进体育、美育工作的十条意见。同月,省体育局、省教育厅印发《关于深化体教融合促进青少年健康发展的实施意见》,提出赛事共办、师资共享、人才共育、政策共融,开展体教融合示范县(市)建设。

强化学生近视防控。省教育厅等单位印发了《湖北省综合防控儿童青少年近视工作评议考核办法(试行)》,建立对各市州政府近视防控工作评议考核制度,对90分以下的4个市州政府分管同志进行约谈。联合省儿童青少年近视防治中心,对全省1184所中小学幼儿园近43万学生进行视力检查。监测结果显示:湖北中小学幼儿园总体近视率50.57%,总体情况好于2020年。开发建设湖北省儿童青少年视力筛查大数据平台,着力构建覆盖省、市、县、校的四级近视防控链,逐步实现视力健康数据存储、管理、分析和智能计算等功能,为开展视力不良和近视监测预警提供服务。

持续推进校园足球。遴选足球特色学校和试点县(区),落实一名足球教师、一片足球场,面向全体学生每周一节足球课,以及要有活动有竞赛有经费等基本要求,布局99所全国特色学校、3个试点县、1个满天星训练营。对每所特色学校安排启动资金10万元,要求特色学校突出重点,抓好面向人人的足球教学,组织课余训练和校内联赛,营造良好的足球环境。研究制定了校园足球联赛和夏令营活动规程,制定最佳阵容选拔办法,组织大中小学13个组别联赛夏令营活动,遴选推荐300余名优秀营员和教练员参加全国活动。

四、健全教育治理体系

全面推进依法治教。省教育厅提请省人大常委会将《湖北省中小学管理条例》列入省人大常委会2022年立法计划,提请省政府将《湖北省教育督导规定》《湖北省教学成果奖励办法》(修订)列入省政府2022年立法规划;先后对5部教育类地方性法规、2部教育类政府规章、57件教育类省政府规范性文件、21件冠"经省政府同意"的规范性文件,进行"涉优化营商环境问题"集中清理;根据省委、省人大常委会、省政府的统一部署,开展涉及民法典、长江大保护、公共卫生体系建设、计划生育等教育类地方性法规清理工作。省教育厅转发了《教育部关于进一步加强高等学校法治工作的意见》,推动各高校以编制实施有效文件清单、学校权责清单、法律风险清单、年度普法责任清单等"四项清单"为抓手,提升学校依法治理水平。

加强教育督导评估。省政府印发《教育督导委员会成员单位工作职责(试行)》,有10个市(州)以市委办公室、市政府办公室名义出台了深化教育督导体制机制改革的实施方案或若干措施。省人民政府教育督导室印发《关于开展2021年对市州级人民政府履行教育职责评价工作的通知》,开展对市州政府履行教育职责评价工作。各市(州)指导所辖县(市、区)依据县情、教情,组织编制了县域义务教育优质均衡发展督导评估工作规划。省教育厅重点对"双减""中小学五项管理""县域义务教育优质均衡发展""县域学前教育普及普惠"等进行专项督导评估,并有序开展义务教育质量监测。

守牢安全底线。2021年省教育厅印发最多的文件是安全,而且大都与多部门联合发文。从总体要求来看,省人民政府办公厅印发《2021年全省学校安全专项治理工作方案》,省教育厅办公室印发《关于切实加强全省校园安全工作的紧急通知》《关于做好2021年教育系统防灾减灾救灾工作的通知》《关于进一步加强中小学安全有关工作的紧急通知》;从重点领域来看,省公安厅、省教育厅印发《关于建立高校政治安全协作机制的通知》,省教育厅印发《关于做好2021年全国"两会"保障期、春季开学和全年维护高校稳定工作的通知》《关于在全省高校建立校方责任保险工作制度的通知》,省教育厅办公室印发《关于做好2021年中小学幼儿园安全管理工作的通知》;从重要事项来看,省教育厅、省市场监督管理局、省卫生健康委员会印发《进一步巩固和加强全省中小学校食堂管理工作基础专项行动实施方案》,省教育厅印发《全省中小学校食堂服务保障学生不到位问题专项整治工作方案》《关于进一步加强校车安全管理工作的通知》《关于开展学校燃气安全专项整治的通知》《学生饮用奶进校后服务保障操作指南(试行)》《中小学防范校园欺凌(暴力)专项治理行动》,省教育厅办公室印发《关于做好教育系统冬春火灾防控工作的通知》《全省教育领域金融风险隐患大排查工作方案》等,涉及学校安全工作的方方面面,反复强调,警钟长鸣。

五、健全基础保障体系

着力提高教育经费使用效益。进一步完善了从学前教育到高等教育的生均财政拨款制度体系。先后修订印发《学前教育补助资金管理办法》《特殊教育补助资金管理办法》《义务教育综合奖补资金管理办法》《普通高中引导奖补资金管理办法》等4个专项资金管理办法,进一步调整完善了资金分配因素和管理要求,组织完成对下转移支付项目绩效自评全覆盖,开展了中职引导奖补资金专项审计、义务教育保障机制、义务教育能力提升、学前教育扩大资源等重点项目绩效评价,进一步规范了基础教育财务管理,确保了教育经费使用规范、安全、快捷、高效。

精心谋划教师队伍建设改革。6月,省人力资源和社会保障厅、省教育厅印发《关于进一步深化我省高等学校教师职称制度改革的通知》,要求完善职称层级和岗位设置,自主科学制定职称评价标准,畅通重点人才发展绿色通道,建立特殊专业教师单独评审体系,推动评聘有效衔接,完善信用和惩戒机制。7月,省教育厅办公室、省财政厅办公室印发《关于做好2021年银龄讲学计划有关实施工作的通知》,计划面向全国招募560名离退休教师到农村中小学任教。8月,省教育厅、省委编办、省财政厅、省人社厅印发《关于进一步加强新时代中小学教师队伍建设管理的若干意见》,要求落实"以县为主"管理体制,优化乡村学校布局,创新中小学教师编制管理机制,全面推行"县管校聘"管理改革,完善中小学教师补充机制,推进城乡学校优质资源共享;同月,省教育厅、省委编办、省财政厅、省人社厅印发《湖北省教师教育综合改革实验区创建工作实施方案》,确定了黄石、黄冈、光谷3个实验区为首批湖北省教师教育综合改革实验区,明确了实验区建设目标、任务、措施和责任分工。12月,省教育厅等九部门印发《湖北省脱贫地区优秀教师定向培养计划实施办法》,决定从2021年起,每年在全省普通本科招生计划中专门安排500名左右的优秀教师定向培养专项计划,由省属高等学校师范类专业承担招生及培养任务,采取在校学习期间免除学费、免缴住宿费并补助生活费的方式,面向脱贫县中小学校定向培养一批优秀教师。

强化教育教学质量保障。1月,省人民政府办公厅印发《关于做好2021年高考模拟演练工作的通知》,要求各级教育行政部门、考试机构和考点学校严格按照高考实战标准,精心组织安排,做到标准一致、流程一致、环节一致,加强试卷管理、考场管理、队伍管理、保密管理,确保安全平稳。3月,省教育厅印发《关于实施"湖北高校本科教学质量年专项行动计划"的通知》,明确了6项重点任务。8月,省教育厅印发《关于加强和改进新时代基础教育教研工作的实施意见》,要求完善教研机构及其职能职责,切实加强教研员队伍建设,加强关键环节和重点问题研究,创新教研工作体制机制,完善教研保障措施,切实发挥教研工作的专业支撑作用。9月,省教育厅印发《关于加强义务教育学校考试管理的通知》,对规范学校考试秩序,提高学校考试质量,降低学生考试压力作出明确规定。11月,省教育厅等七部门印发贯彻落实《义务教育质量评价指南》的通知,切实扭转不科学的教育评价导向,全面深化义务教育教育教学改革,促进义务教育内涵发展和质量提升。

参考文献:

[1] 省人民政府关于印发湖北省教育事业发展"十四五"规划的通知[EB/OL].湖北省人民政府官网,2021-11-23.http://www.xytvu.cn/info/1013/2127.htm.

[2] 湖北省教育厅编.《2021年湖北省教育厅各处室及直属单位总结》[C].教育厅内部印制.

(本节执笔人:朱爱国)

第三节 2021年湖北教育政策执行的总体效果

2021年,湖北教育系统全面贯彻落实党中央决策部署和省委省政府工作要求,坚持守正创新、开拓进取,扎实工作、担当作为,推动全省教育改革发展各项工作持续取得长足进步。教育总体发展水平稳居全国第一方阵,教育面貌发生格局性变化。湖北教育总体实现了从"有学上"到"上好学",从"学有所教"到"学有优教",从"大起来"到"强起来"的历史性转变,整体由"全面普及"进入"整体提质"的新阶段。

一、党的建设呈现新气象

1. 领导体制不断健全

省委办公厅印发《关于进一步明确高校党建工作责任的通知》,省教育厅、省委编办印发《关于在市州设立党委教育工委的通知》,省、市、县三级党委教育工作领导小组及秘书组全面建立,民办普通本科高校党委书记选派实现全覆盖,12所高校党组织领导关系和38所高校党组织管理关系及时规范,职责清晰、规范有序、运行高效的工作格局有效形成。落实高校教师党支部书记职务职级"双线"晋升、工作量纳入学院薪酬体系计算等激励政策,"双带头人"担任教师党支部书记比例达98.5%,高知化、年轻化、专业化的良好态势有效形成;落实高校院(系)1-2名组织员配备要求,新增专职组织员802人;加大从高知群体中发展党员的力度,实行教师党员发展计划单列,建立健全高校领导班子成员、部门主要负责同志联系专家、青年教师制度,全省高校副高级职称以上教师党员占全体教师66.2%。全面加强中小学、幼儿园、民办学校党的建设,党对教育的全面领导在职能配置上更加科学、在体制机制上更加完善、在运行管理上更加高效,中央教育工作领导小组秘书组简报刊发了湖北经验。

2. 主题教育取得实效

制定了教育系统党史学习教育实施方案,召开了全省教育系统党史学习教育动员会,通过"集中宣讲""校园巡讲""网络巡讲"等,指导各地、各高校开展专题学习,推进"四史"宣传教育。广泛开展"从小学党史,永远跟党走"和"少年工匠心向党,青春奋进新时代"主题教育活动,广大青少年学生听党话、感党恩、跟党走的意识更加坚定。举办全省第三届青少年学生学习党史知识网络竞答活动,82.6万余名师生参与,获评"全省争做中国好网民"工程奖。组织专题培训,培训4978名高校基层党组织书记、4527名思政课教师、1000名高校辅导员(心理健康教师)、800名高校哲学社科骨干。开展"网上重走长征路——党史故事高校接力讲述活动",77所高校相继推出党史故事短视频,新华社推送5个,全网播放量2000万余次。扎实推进"我为群众办实事"活动,新增公办幼儿园学位6.9万个,定向培养1532名"村医计划"学生,5名烈士子女得到中高考加分优录政策关爱。

3. 意识形态平稳安全

湖北省委把高校意识形态工作纳入巡视巡察工作要求,积极配合做好中央意识形态专项巡视,组织开展意识形态专项检查及整改工作。省教育厅印发《高校党建思政工作极简手册》,制定《中心组学习讲座论坛报告会研讨会管理指导卡》,加强对意识形态工作落实的具体指导;及时分析研判意识形态领域风险,把握重要节点师生思想动态;指导高校防范化解突出风险,加强学生安全防范教育和心理健康疏导工作,坚决捍卫网上意识形态安全;组织高校党委书记抓党建述职评议,把思政工作、意识形态工作纳入考核重要内容。各高校建立校外报告人准入制度,加强讲座、论坛、报告会、研讨会、涉外活动管理;加强学生社团尤其是马克思主义理论社团管理,建立完善学校所有网站、信息平台审核管理制度,加强师生网络公众号等自媒体管理,高校成为坚持和信仰马克思主义的重要阵地。

4. 政治生态清新明朗

落实中央第六轮巡视湖北反馈意见涉及教育内容整改,35所省属高校党委中有31所完成换届工作。2所中管高校、15所省属高校抓实巡视整改任务。33所省属高校配合做好新一轮省委巡视工作。印发《关于推进清廉学校建设的实施意见》,出台"清廉学校"建设十条硬措施,扎实开展党风廉政建设宣教月活动,党纪政纪法纪教育深入人心,教育系统持续保持风清气正的良好政治生态,党的旗帜在校园高高飘扬。

二、发展水平迈上新台阶

1. 学前教育由基本普及进入普惠发展的新阶段

2021年全省共有幼儿园9527所,其中公办2700所、民办6827所;在园幼儿1785349人,其中公办715865人、民办1069484人;学前三年毛入园率89%,比全国平均水平高0.9个百分点;普惠园覆盖率83.2%,比全国平均水平高0.2个百分点。"十三五"以来,全省新建、改扩建公办幼儿园1627所,奖补普惠性民办园7969所(次);实施"万个公办幼儿园学位扩充"项目,新增学前教育公办学位6.9万个,有效缓解了"入公办园难、入民办园贵"问题。

2. 义务教育由基本均衡进入优质均衡的新阶段

2021年全省共有义务教育学校7483所,其中小学5322所、初中2161所;在校生5604056人,其中小学3832002人、初中1772054人;专任教师360208人,其中小学219343人、初中140865人;学龄人口入学率,小学和初中都是100%。适龄残疾儿童义务教育入学安置率超过95%,进城务工人员随迁子女96%以上在流入地公办学校就读。推进义务教育薄弱环节改善与能力提升,城乡学校办学条件差距明显缩小,义务教育大班额比例控制在3.88%,达到国家控制目标。

3. 普通高中教育由全面普及进入多样化发展的新阶段

2021年全省有普通高中548所,在校生2717061人,专任教师71973人;高中阶段教育毛入学率92.3%,高于全国0.7个百分点。高考综合改革全面实施,"新高考"首考平稳落地。普通高中大班额比例三年下降22个百分点。有序推进选课走班、生涯规划和综合素质评价,组织开展学校学生发展指导教师培训、高中教师新课程新高考省级培训,普通高中教学组织形态和育人方式呈多样化发展态势。

4. 职业教育由规模扩张进入提质培优的新阶段

2021年全省有职业学校431所,其中高等职业院校62所、中等职业学校369所(含技工学校106所),高职和中职学校数量分别居全国第9位、第11位,居中部地区第4位、第6位,学校数占全国比重分别为4.21%、3.42%,基本形成了每个市(州)和大的行业至少办有1所高职院校、每个市州重点建设2-3所中职学校、每个县(市)重点建设1所职教中心的办学格局。在校生1165447人,其中中职441214人、高职高专724233人,百万产业后备大军已成方阵。专任教师45740人,其中中职22322人、高职23418人。推进"1+X"证书改革试点,全省206所职业院校和应用型本科院校参与,共开设各类职业技能培训项目2800多个,其中涉及X证书项目1018个。

湖北工程职业学院深化产教融合校企合作

湖北工程职业学院牵头成立湖北省工业互联网产业技术研究院、湖北工业互联网产教融合创新发展联盟,推动职业教育产教融合创新发展,为企业提供科技创新和技术服务。联盟重点融汇"政、校、行、企"多方资源联合,构建工业互联网产业创新生态,建设市级模具工业互联网平台。首期服务58家企业上云,为38家企业提供智能化诊断服务。

——资料来源:2021年湖北省高等职业教育质量年度报告

5. 高等教育由大众化教育进入普及化发展的新阶段

具体表现在三个方面。一是数量规模居全国前列。2021年,湖北有普通高等学校130所(居全国第6位),其中,部委属院校8所、地方院校122所,本科高校68所、高职高专学校62所;在校生1699723人(居全国第7位),其中,部委属院校198994人、地方院校1500729人,本科学生975490人、高职高专学生724233人;专任教师90996人,其中,部委属院校19543人、地方院校71453人,本科高校67578人、高职院校23418人。高等教育毛入学率72.8%,比全国平均水平高15个百分点。从高校分布看,武汉有普通高校83所,是除北京外全国普通高校数量最多的城市;在汉学科部委属高校8所,位居全国城市并列第3(北京36所、上海10所、南京8所);在校研究生

18.27万人,位居全国城市第3(北京44.70万人、上海23.33万人);在校本专科生110.56万人,也位居全国城市第3(广州141.26万人、郑州127.40万人)。二是学科实力居第一方阵。在汉部属高校32个学科入选国家第二轮"双一流"建设学科,居全国第4。全省81名"两院"院士中,54人在高校(省属高校3人,其中江汉大学2人、武汉纺织大学1人);2021年湖北8人新入选"两院"院士,其中高校6人,武汉纺织大学徐卫林教授入选中国工程院院士,实现省属本科高校自主培养院士零的突破。全省高校博士、硕士学位授予单位分别达到17所和29所,博士点、硕士点分别达到235个和723个,博士、硕士招生数以及研究生总数居全国第4位。三是科技贡献居行业第一。湖北十大新型智库中,8个由高校牵头建设。在2021年11月3日举行的2020年度国家科学技术奖励大会上,湖北共获得国家科学技术奖励一、二等奖9项(国家自然科学奖:二等奖2项、国家技术发明奖:二等奖1项、国家科技进步奖:一等奖2项、二等奖4项),其中高校主持完成8项,获奖数量位列全国前5位,高校科技创新、基础研究、产业创新平台和社科智库产生了一批服务国家战略和湖北发展的标志性成果。

三、立德树人开创新局面

1. 德育一体化落实机制逐步完善

深入落实《中小学德育工作指南》,组织开展"一校一案"德育工作典型案例选树、中小学班主任基本功和思政课教师教学基本功展示交流等活动,中小学德育的吸引力、感染力不断增强。深化思想解惑促成长、心理解压促健康、学习解困促提升、生活解难促信心、就业解忧促发展等"五帮五促"工作,编印《育时代新人——湖北高校"五帮五促"案例集》。坚持育心与育德相结合,构建教育教学、实践活动、咨询服务、预防干预、平台保障"五位一体"的心理健康教育工作新模式,推进高校心理健康教育示范中心、达标中心标准化建设扩面提质。高校深入开展党的创新理论校园线上线下巡讲,实施党的教育方针贯彻落实专项行动,把党的创新理论思想伟力传递给每一名干部、每一名师生。

2. 育人工作体系不断健全

省委办公厅、省政府办公厅印发加强和改进新时代学校体育、美育工作和深化体教融合3个实施意见,大中小思政课一体化建设迈出实质性步伐。30所马克思主义学院得到重点建设,"高校马克思主义中青年理论家培育工程"和"青年马克思主义者培养工程"深入实施;2所高校在思政课建设上手拉手全国两个省份,1名高校教师获评全国道德模范,1名高校辅导员获评"年度人物",3名大学生获评"2021年最美大学生"和"大学生年度人物"。青少年校园足球被授予全国唯一的省级改革试验区,18个市县被认定为全国中小学劳动教育实验区、国家研学实践基(营)地。

3. 育人课程资源深度挖掘

培育"新时代中国"思政选修课程体系,推出华中科技大学"百年中国"、华中师范大学"教育强国"、中国地质大学"地理中国"、华中农业大学"耕读中国"、武汉纺织大学"尚美中国"、武汉铁路职院"速度中国"、湖北经济学院"领航中国"等近40门思政金课。2名教师获全国思政课教学展示特等奖（全国共33名），2名学生获全国大学生讲思政课一等奖（全国共16名）。讲好抗疫故事，2020年以来，荆楚大地有53万名师生、34家高校附属医院投身抗疫，130所高校纷纷将抗疫故事编成《听他们说》系列思政读本，讲好抗疫"大思政课"。教育部编发简报介绍湖北讲好抗疫"大思政课"经验，湖北"上好'大思政课'"入选教育部2021年度"开局项目"。组织开展"同上一堂四史大课""网上党史故事接力讲述""党史知识网络竞答"等活动。广大师生听党话、感党恩、跟党走，小我融入大我，精神面貌昂扬向上。

四、教育质量实现新提升

1. 课程教材建设推出精品

成立了湖北省教材委员会，建立完善省级教材专家库。中小学校统编三科教材、普通高中新教材、《习近平新时代中国特色社会主义思想学生读本》全面使用。实施一流本科专业"双万计划"，立项建设省级一流本科专业建设点310个，推荐省属高校申报国家级一流本科专业建设点397个；实施一流本科课程"双万计划"，认定746门省级一流本科课程，省属高校306门课程参评国家级一流本科课程；开展课程思政示范项目建设，认定104项省级课程思政示范项目、19项示范课程，2个教学研究示范中心评为教育部课程思政示范项目；23本本科高校教材获批首届全国优秀教材奖，1名高校教师获"全国教材建设先进个人"。武汉大学等编写的《伟大抗疫精神》《中国共产党革命精神》《新时代科学家精神》三门本科素质教育选修课程在楚课联盟上线。

2. 教育教学改革结出硕果

健全教研工作体系，加强教学工作指导，深入开展"基础教育精品课"评选、"湖北好课堂"展评等活动，促进信息技术与教育教学融合应用，总结推广了一批基础教育信息化应用案例，扩大优质教育资源共享。遴选推荐湖北职业技术学院、湖北城市建设职业技术学院等8所高职院校获批第二批国家级示范性职业教育集团（联盟）培育单位，全省累计达到15个，居全国第6位。参加全国第十四届学生运动会，中学组女子足球代表队首次获得冠军，大学组女子篮球代表队首次获得亚军，中学组男子足球代表队首次获得季军，获奖运动员数、奖牌总数再创新高。在全国推进中小学"五项管理"视频会上，湖北作学生体质健康管理经验交流。

3. 教育质量保障体系逐步完善

印发湖北教育评价工作清单和负面清单，部署开展义务教育质量评价，着力构建以发展素质教育为导向的基础教育质量评价体系。从教育质量监测结果看，基础教育质量逐年稳步提高,各地各校更加注重内涵建设和全面育人。着力构建国家、省、校三级职业教育专业教学标准体系,引导职业院校加强课程标准建设,2021年启动14个专业173门课程标准研制工作。指导高校完善质量监督保障体系,做好教学基本状态数据常态监测和填报,湖北提交的本科教学质量分析报告获得教育部高度评价。

五、教育改革取得新进展

1. 招生考试改革稳中有进

义务教育免试就近入学全覆盖基本实现,2021年全省完成126万义务教育学生招生入学工作,较2020年同期增加6万人。中小学"公民同招"全面推行,大中城市民办学校招生实行电脑随机录取。高考综合改革全面实施,"新高考"首考平稳落地,高考综合改革"3+1+2"模式得到各界广泛认可。继续推进和完善技能高考制度、特殊专业单独招生制度、高职(专科)升入本科高校制度、五年制高等职业教育制度、高职和应用型本科联合培养制度,逐步形成完整的职业教育人才培养体系。2021年,全省有9.7万名中职毕业生进入高等学校学习,占中职毕业生总数的80.2%。

2. 办学体制改革难中有成

全面规范民办义务教育办学行为,合理控制民办义务教育在校生规模,清理"公参民"学校,部分民办学校或更名、或停办、或转公办,部分民办学校纳入"政府购买学位"范围,"义务教育政府办"得到落实,义务教育公益属性得到维护。城镇小区配套园全面治理,家校社协同育人机制逐步形成,学校办学活力不断增强。全省参与学区化、集团化办学的义务教育学校达到6978所,占比87.06%,完成占比超过70%的目标任务。采取专家评审、入校督导方式,指导全省40所高校163家企业进行校企改革,基本完成了湖北高校所属企业体制改革工作。

3. 对外交流工作紧中有序

成功举办"2021年华侨华人创业发展洽谈会国际教育专场"活动及"中法非""中美"等系列教育人文交流活动,14对国内外院校签署合作协议。评审选定省属高校37项世界著名科学家来鄂讲学计划及4项武汉论坛项目。完成2021—2022学年湖北省外国留学生奖学金评审工作,遴选21所高校的31个奖学金项目,资助金额1000万元。有序开展港澳台交流,2021年有16所高校招收2194名港澳台学生,其中香港821人、澳门592人、台湾781人;14所高校聘用142名港澳台教师,其中香港21人、澳门2人、台湾119人。来鄂留学在校生超过2万人,出国(境)研修交流8.5万人次,湖北已成为外国学生来华留学主要目的地之一。

六、教育保障发挥新作用

1. 教育投入稳中有增

督促地方政府全面落实教育费投入主体责任,在财政收支平衡压力增大的情况下,教育经费投入稳步增加。2021年,全省一般公共预算教育投入1210.74亿元,较上年增加31.74亿元,增幅2.7%。其中,中央投入141.25亿元,较上年增长6.8亿元;省本级投入158.77亿元,较上年增长47.96亿元。

2. 办学条件持续改善

实施义务教育薄弱环节改善与能力提升、普通高中办学条件改善、学前教育扩大资源、现代职业教育质量提升等重点项目,通过加强规划引领、备案管理、进度督办、绩效评价等方式,推进项目落实落地,学校办学条件显著改善。2021年,全省共落实中央和省中小学项目建设资金45.98亿元,比2020年增长1.77亿元,支持全省1247所农村中小学校舍维修,改造校舍147.65万 m^2;67所普通高中学校纳入建设范围,改造校舍27.62万平方米,建设体育运动场17.75万平方米,购置教学仪器设备设施0.66亿元。截至2021年底,开工校舍17.5万平方米、运动场11.91万平方米,完成设备购置2434万元。湖北大学等23所高校纳入"十四五"教育强国推进工程支持范围,争取中央预算内投资20亿元。深入推进中小学校(幼儿园)厕所革命,统筹各类改厕资金1.03亿元,建设面积5.88万平方米,全面完成584所学校(幼儿园)改厕任务。

3. 师资结构明显优化

全面实施"县管校聘"管理改革,覆盖全省96%以上的县(市、区)。加强农村中小学教师补充交流,2021年通过省级统一考试平台补充中小学教师8044人,加上各地自主招聘,全省全年累计补充编内教师13266名,农村义务教育学校师资紧缺问题有效缓解。继续实施"三区人才支持计划"教师专项,选派700名城镇教师到农村地区支教。继续实施"银龄讲学计划",面向脱贫地区招募国家银龄讲学计划教师560人和湖北省银龄讲学计划教师499人。统筹实施"国培计划"中西部骨干项目、湖北省中小学教师素质提升工程、信息技术应用能力提升工程2.0三大教师培训项目,培训教师约17万人次(含线上线下)。实施省级"优师计划",为28个定向脱贫县中小学校定向培养420名优秀教师。全省20人被授予省首届"杰出人才奖",其中高校8人。

4. 教育信息化提质升级

所有中小学(含教学点)实现光纤宽带网络全覆盖,实现班班通网络教学。疫情期间,"智慧课堂""翻转课堂"发挥重要作用,实现网上按时开学、停课不停学。研制了《湖北省信息化条件下学生评价试点方案》《湖北省数字校园应用服务信息系统展示平台建设方案》,华中师范大学信息化与基础教育均衡发展省部共建协同创新中心服务湖北教学点网校建设成效显著。推动教育数据决策系统建设,编制完成湖北省基础教育信息化发展评价报告、全省中小学校大班额分析报告、全省教师队伍建设综合评估报告,助力提高教育决策科学化水平。实施教学应用实践共同体项目,湖北累计5个项目入选教育部建设名单,数量居全国第1位。学生信息素养提升实践活动中,湖北综合排名全国第2位。

七、教育治理彰显新活力

1. "双减"工作开局平稳

省委办公厅、省政府办公厅印发《关于进一步减轻义务教育阶段学生作业负担和校外培训负担的通知》，列出了47条"双减"工作任务清单。全面停止审批新的中小学学科类培训机构和面向学龄前儿童的校外培训机构，全省压减校外培训机构4324家，压减率92.47%。课后托管服务实现全覆盖，全省4169所学校开展课后服务，参加学生389.71万人，参与率94.78%；参加教师24.86万人，参与率95%。学生的作业总量和时长得到有效调控，考试、睡眠、手机、读物、体质、网络等方面管理全面加强，学校教育主阵地作用得到强化，教育生态明显改善，人民群众急难愁盼问题有效缓解，学生全面发展的氛围更加浓厚。

2. 教育督导权威更加突显

教育督导体制机制改革深入推进，成立了新一届省政府教育督导委员会，明确了省政府教育督导委员会成员单位工作职责，各级教育督导机构逐步健全，督政、督学、评估监测"三位一体"教育督导体系基本形成。承接了国家对湖北省政府履行教育职责评价工作，开展了对市（州）政府履行教育职责评价工作，督促各市（州）政府开展对所辖县（市、区）政府履行教育职责评价工作，"国家对省""省对市""市对县"的政府履行教育职责评价机制全面建立，"督"的权威和"导"的作用逐步彰显。组织开展了县域义务教育优质均衡发展督导评估、学前教育普及普惠县督导评估调研和试点；对"双减""五项管理"、校园安全等重点工作进行了专项督导；组成31个高校指导督导组和9个中小学幼儿园指导督导组，持续开展开学重点督查和学期常态督查，督查单位实现教育系统全覆盖。

案例1-18

湖北4地入选全国义务教育优质均衡先行创建县

日前，教育部公布了义务教育优质均衡先行创建县（市、区、旗）名单。在各省遴选推荐的基础上，教育部确定了北京市东城区等135个义务教育优质均衡先行创建县（市、区、旗），其中，湖北有4地上榜。这4地分别是：武汉市武昌区、宜昌市西陵区、宜昌市远安县、恩施土家族苗族自治州鹤峰县。

——资料来源：湖北日报 2022-04-29

3. 校园安全稳定持续向好

《湖北省学校安全条例》《湖北省家庭教育促进条例》经省人大审议通过，正式实施。《生命安全教育》《心理健康教育》地方课程全面开设。平安校园"七防工程"全面加强,中小学、幼儿园安全防范"四个100%"建设基本完成。省教育厅在学期、假期动态发布各个学段《安全责任告知》《安全温馨提示》,形成制度性安排和长效机制。"抗疫抗灾"取得积极成效和阶段性成果,校园没有发生聚集性感染,实现开学安全顺利、教学秩序正常、高考中考平稳,全省中小学、幼儿园保持总体安全稳定,为全省、全国大局稳定作出了积极贡献。

八、教育服务完成新使命

1. 创新驱动彰显高校担当

2021年,高校积极参与东湖科学城、光谷科创大走廊和湖北实验室等区域创新战略布局和高能级创新平台建设,首批7个湖北实验室中3个依托高校建设,第二批2个湖北实验室均以高校为主建设;新增国家重点实验室2个,总数达到20个(部属高校16个、省属高校4个),居全国第4位。9所高校获批11个省部共建协同创新中心(部属高校5个、省属高校6个)。

2021年,围绕湖北"光芯屏端网"等十大重点产业布局,新设专业点160个。扎实推进"百校联百县——高校服务乡村振兴科技支撑行动计划",着力解决乡村振兴中的技术、规划、策略、人才等方面的问题,全省101所高校与104个县市确定支持项目1502个,为乡村振兴提供科技支撑。扎实推进"一市两校双基地"建设计划,确定高校服务市(州)产学研合作项目192项。大力推进产教融合,确定武汉市等5个省级产教融合试点城市、42个产教融合企业、3个产教融合平台。

案例1-19

武汉交通职业学院建设产业学院服务区域产业发展

武汉交通职业学院推进"校、政、行、企、军"多方合作,以产业和区域经济发展需求为导向,探索多元化办学模式,创新办学体制机制,牵头组建长江经济带物流职业教育协同发展联盟,成立长江港航物流联盟人才专业委员会,建立智慧制造产业学院、智慧船运产业学院和新一代信息技术产业学院,提升了人才培养与产业发展契合度。

——资料来源:2021年湖北省高等职业教育质量年度报告

2. 人才培养厚植发展沃土

2021年,全省普通高校向社会输送毕业生47万人,毕业生去向落实率88.5%,比2020年提升5.51个百分点,高出全国平均水平,呈现总体稳定、稳中向好态势,其中毕业生留鄂就业创业超过60%。鼓励大学生自主创业,全省109所高校建立大学生创新创业俱乐部、59所高校设立创业学院;建立"湖北大学生就业创业导师库",一线授课、指导教师比例达80%;设立"湖北大学生就业创业研究项目",每年立项课题30个;实施"湖北省大学生创业扶持项目",扶持项目1100余个,涵盖16个市州、82所高校。加强招生计划统筹管理,2021年,省属高校博士生招生计划首次突破600人,同比增长15.2%;全日制硕士生招生计划首次突破2万人,同比增长10.2%;省属高校普通本科计划18.39万人,比2020年增加3200人,增量计划全部投放省内招生;"专升本"计划4.39万,比2020年增长5.3%;高职招生26.9万人,超额完成国家确定的25万人招生任务。组织完成第十二批"百人计划",引进海外高层次人才119人;实施楚天学者计划,确定209名人选;评定"湖北名师工作室"51个;选聘"湖北产业教授"100名。东京奥运会和我国第十四届全运会,湖北代表团获得金银铜牌选手中近八成来自高校,高校为湖北拔尖人才的培养作出了突出贡献。

湖北工业职业技术学院积极服务绿松石产业

　　湖北十堰是全球绿松石产量最大,也是最集中的生产加工和销售集散地。绿松石行业从业人员20余万,年交易额达数十亿元,但专业技术人才缺乏。2019年5月,湖北工业职业技术学院成立绿松石产业学院,聘请绿松石产业的行业专家和技术能手对学生系统化地传授绿松石相关知识和技术工艺。学校引进了国际工艺美术大师、非遗(绿松石雕刻)技能传承师陈志民团队,签订合作协议,组建"大师工作室",助力本校教师转型发展,传承雕刻技艺。绿松石学院的学生毕业后可以拿到全国认可的毕业证书,可向绿松石产业的多个方向发展,如绿松石鉴定师、设计师、工艺师等。如果通过相应的专业考试,还能拿到国家珠宝玉石质量监督检验中心颁发的相应职业技能证书。绿松石学院成立不久,就有北京、上海、广州、福州等城市的绿松石企业来寻求合作。首届141名学员学生顺利毕业,深受用人单位青睐。

　　　　　　　　　　——资料来源:根据湖北工业职业技术学院调研材料整理

3. 教育脱贫攻坚全面胜利

　　扎实做好控辍保学工作,全年劝返义务教育阶段辍学学生133人,建档立卡家庭义务教育失学辍学动态清零成果持续巩固;九年义务教育巩固率达到98.3%,适龄残疾儿童义务教育入学安置率超过95%;43.2万名进城务工人员随迁子女在流入地学校就读,实现"应入尽入"。落实义务教育资助资金5.75亿元,资助学生59.5万人,贫困家庭学生实现"应助尽助"。支持脱贫地区县级职教中心35所,投入资金2.1亿元。加强农村人才培训培养,完成国家专项计划和地方专项计划5535人,"一村多名大学生"计划 3300 人、"政校行企联合培养技术技能型人才"培养一线劳动者计划 1800 人、"大学生乡村医生"定向培养计划 1532 人、湖北籍脱贫户子女法院雇员制书记员专项计划 100 人。实施"励耕计划",资助贫困教师 2900 人,60% 用于全省 37 个脱贫县,资助金额达 1800 余万元,改善了一批家庭经济困难教师的工作和生活环境。

案例 1-21

黄冈职业技术学院依托公共实训基地助力革命老区振兴

为促进革命老区就业转移,培养技能人才,黄冈市政府于 2016 年布局建设了以技能培训、创业培训、企业事业单位实习实训于一体的大别山创业中心公共实训基地,依托国家"双高"建设学校——黄冈职业技术学院运营,现设智能制造中心、汽车检测维修中心、现代农业中心、康复医疗中心、职业教育"双师"发展中心和思政课实践教学中心等 6 个中心,开设现代农业、机械加工产业、电子信息产业、建筑产业、职教师资培训、新时代文明实践等 12 种功能实训项目、75 个实训科目。面向新型职业农民、转岗人员、脱贫人口、城镇失业人员、退役军人、高校毕业生开展技能培养培训,年培训人员 34000 人次,带动 1200 名贫困人口脱贫,人均年增收 5000 元以上;同时通过校企共建实训基地 461 个,开办订单班 8 个,年培训企业亟需高技能人才 1200 人左右。

——资料来源:人民网-湖北频道 2022-05-26

参考文献:
[1] 湖北省教育厅编.《2021 年湖北省教育事业发展统计快报》[C].教育厅内部印制.
[2] 湖北省教育厅编.《2021 年湖北省教育经费统计简报》[C].教育厅内部印制.
[3] 湖北省教育厅编.《2021 年湖北省教育厅各处室及直属单位总结》[C].教育厅内部印制.

(本节执笔人:朱爱国)

第四节　推进湖北教育高质量发展的策略建议

站在"两个一百年"的历史交汇点上,湖北教育实现了"十四五"良好开局。面向未来,要紧紧围绕"建设全国构建新发展格局先行区"的战略定位,瞄准"2035 年率先建成教育强省"的战略目标,积极落实国家和省已经出台的一系列政策文件,按照"保持总量、注重质量,优化结构、强化特色"的工作思路,坚持稳中求进的工作总基调,全面贯彻党的教育方针,重点聚焦教育发展短板,全面深化教育综合改革,着力促进教育公平、调整教育结构、提高教育质量,推动湖北教育强省建设不断取得新的进展。

一、把握大局大势,不断优化教育发展思路

中华民族伟大复兴的战略全局和世界百年未有之大变局,构成了我国进入新发展阶段的宏大背景。谋划未来一定阶段湖北教育发展蓝图和政策举措,要站在服务战略全局和应对百年变局的高度,观照湖北"建设全国构建新发展格局先行区"的目标定位,多维度、全方位地把握教育改革发展面临的新形势,谋划教育发展思路和方式的优化转型。

1. 国际格局大变革需要湖北教育积极应对

当今世界百年变局和世纪疫情交织叠加,政治、经济、文化、科技等正在发生广泛而深刻的变革,对教育提出了一系列新的要求。一是世界经济全球化进程不可逆转,教育为赢得国际经济竞争新优势提供原动力。只有发展世界一流的教育,培养一大批国际化人才,才能在广泛的国际合作中创造新机遇,在激烈的国际竞争中建立新优势,为推动更可持续的经济全球化提出中国方案、作出中国贡献。二是世界政治制度博弈和价值观较量日趋激烈,教育成为大国博弈的重要领域。一方面,中国教育的国际竞争力不断增强。据《中国教育国际竞争力指数(2021 版)》显示,中国已经成为世界最大的留学生生源国,世界第二大留学目的国,亚洲最大的留学目的国。另一方面,随着中国日益走近世界舞台中央,教育成为以美国为首的西方国家对我国进行政治打压、人才竞争、意识形态渗透、争夺青少年的重要方面。只有大力发展中国特色社会主义教育、增强民族精神的独立性,才能在风云激荡、复杂多变的世界中保持战略定力,不为各种利益所动、各种思潮所蔽、各种言论所惑,始终保持我们的道路自信、理论自信、制度自信、文化自信。三是世界科技革命和产业变革深度演进,教育成为科技创新的策源地。教育只有在科技创新中不断释放创造力,才能紧紧抓住新一轮科技产业革命的历史机遇,奋力实现弯道超车,实现我国科技由追随者向并行者直至领跑者的历史性转变,实现关键核心技术自主创新,掌握事关未来国际竞争格局的颠覆性高科技领域话语权,造就更多优秀的人才,在国际竞争中作出教育的新贡献。特别是常态化的疫情防控对经济社会发展的冲击明显,国际形势的不稳定性不确定性不断增加,世界

教育格局也因国际环境变化而发生相应变化,要做好较长时间应对外部环境变化的思想准备和工作准备,以确定性工作有效应对不确定的风险挑战。

2. 国内发展大环境需要湖北教育积极跟进

党的十八大以来,面对世情国情的深刻变化,在以习近平同志为核心的党中央坚强领导下,全国各族人民高举中国特色社会主义伟大旗帜,坚持稳中求进工作总基调,我国经济社会发展取得辉煌成就,中国经济总量稳居世界第二,为教育的可持续发展提供了坚实的支撑,也为教育事业高质量发展创造了良好环境。一是党中央将教育地位和作用提升到"国之大计、党之大计"的高度,出台了一系列重大教育文件,实施了一系列重大教育战略,推进了一系列重大教育改革,开启了加快教育现代化、建设教育强国的新征程。二是经过中国共产党成立100余年、新中国成立70余年、改革开放40余年的发展,我国经济实力和综合国力显著增强,为教育事业发展提供了有力的保障;但面临的困难和问题依然严峻复杂,仍处于21世纪以来经济发展最困难的时期,经济对教育的支撑能力有限。长期形成的不平衡不充分的发展格局,以及地区之间、部门之间和阶层之间的利益结构,增加了教育统筹发展的难度。三是人民群众对教育事业非常关心和重视,对优质教育需求更加强烈,不仅要求"有学上",更要求"上好学""个性化""多选择",为我国教育事业发展创造了巨大空间。四是经过多年的探索和发展,为今后的教育改革发展积累了宝贵经验、奠定了坚实基础,但教育改革的系统性整体性协同性仍然有待加强,必须以更加专业的眼光来看待教育改革,以解除对教育改革的不合理肘掣;在高度重视自上而下的教育改革的同时,也要注重自下而上的教育改革。五是我国不断扩大对外开放,为开展教育国际交流与合作提供了良好的外部环境,但中国教育要走进世界舞台中央,仍然会遭遇许多障碍,竞争对手多,压力更大。

3. 湖北战略大布局需要湖北教育积极作为

湖北省第十二次党代会作出了"建设全国构建新发展格局先行区",加快"建成支点、走在前列、谱写新篇"的战略部署。实现战略目标,关键在人才,基础在教育。要持续发挥教育在推进高质量发展中的先导作用,以教育的高质量发展助推经济、社会、文化、生态等各个领域的高质量发展。一是培养更多创新人才和高素质人才。湖北要建成全国重要的人才中心和创新高地,离不开高校的人才支撑。近年来,高校毕业生60%以上留在湖北,既是高校努力的结果,也是湖北经济社会发展的需要。当前,湖北"十四五"经济社会发展规划和"51020"现代产业集群已经明确,部(委)属院校要立足服务国家战略、全力支持湖北发展,省属高校要全力服务湖北、做出全国影响。从新一轮国家"双一流"新增学科看,主要围绕基础学科或国家需求领域,高校在学科布局上要有预见性,超前对接国家需要、湖北需要、经济发展需要和人民群众生产生活需要,着力在突出特色、优化结构上下更大功夫。二是增强高校科技创新的源头供给。当前,湖北正处于转变发展方式、优化经济结构、转换增长动力的攻关期,迫切需要强化基础研究和原始创新,需要在关键核心"卡脖子"技术上取得突破,高校要努力成为增强发展新动能的策源地,主动对接服务国家战略和湖北高质量发展需要,瞄准人工智能、生命健康、生物育种、光芯屏端网等前沿领域,组建体系化、任务型创新联合体,加强原创性、引领性科技联合攻关,破解"卡脖子"问题,推动"临门一脚"关键技术产业化。已组建的湖北实验室,整合了高校和企业资源,有高校牵头,也有企业牵头,要聚焦需求方向和领域,集中进行攻关转化。三是深化校地合作、产教融合、协同发展。2020年以来,湖北打赢了阻击新冠肺炎疫情的历史性大战,扛住了疫后恢复重振的历史性大考,夺取了决胜全面小康的历史性胜利,经济总量重回全国第7,首次闯入"5万亿俱乐部",标志着湖北疫后重振取得决定性成果,经济发展重回"主赛道",发展势头很好。这背后是教育、科技给予的强劲支撑。省第十二次党代会提出建设教育强省、科技强省,迫切需要各地各高校主动作为,特别是要与所在市(州)密切配合、校地共建、协同发展,力争成为湖北科教强省建设的主力军、区域创新体系建设的排头兵、增强发展新动能的策源地。

4. 教育自身大难题需要湖北教育积极破解

在迈向教育现代化的新征程上,有很多挑战要面对,有很多难题需要解决,有些难题是多年的"顽瘴痼疾",有些难题是随着改革和形势发展产生的。一是谨防"双减"反弹问题。"双减"之后的第一年高考,从媒体反映来看,数学题比较难;中职分流,家长比较焦虑。这样,"双减"之后,培训机构对学科类培训的强烈需求会有反弹,要防止培训机构"爆雷""跑路"。还要防止群众有这种焦虑和需求之后,有些停办的校外培训机构改头换面、隐形变异,比如说以家教或者是保姆等方式重新出现。落实"双减"是个持久的系统工程,既要注重提升课堂教学水平、作业布置水平,又要把课后管理校内服务做得很贴心。同时还要通过督导部门跟踪监督,加大对隐形变异的校外培训机构的专项整治。二是规范民办义务教育发展问题。根据中央办公厅、国务院办公厅《关于规范民办义务教育发展的意见》,各地相继推出"民办义务教育招生人数应控制在当地在校生人数的5%以内"的政策目标,引发了一些舆情。要全面、准确把握中央关于规范民办义务教育发展的精神,通过扩建公办学校、增加公办学位,推进政府购买服务等方式落实好"义务教育政府办"责任,让人民群众获得免费而优质的义务教育。对"公参民"学校要综合施策、疏堵结合。三是高校意识形态管控问题。当前,一些西方国家对我国实施意识形态渗透,高校成为境外敌对势力争夺阵地、青年、人心的主战场,应该格外警惕。还有特殊群体问题,包括在内地的新疆学生、西藏学生,还有一些留学生、家庭经济困难的学生,学业就业困难、有心理问题的学生,还有一些进城务工人员的随迁子女,都有可能被人利用,被人煽动。四是舆情应对不当引发的风险问题。全媒体时代,每个人都是信息的传播者,随时随地都可以就相关问题发表意见。教育与民生息息相关,舆情处理不当,就有可能引发舆情风暴,呈现出"一边倒"的态势,造成负面影响。五是校园常态化疫情防控问题。国内疫情呈现多点散发、多地频发态势,常态化防控和应急管控交替,疫情、舆情交织在一起,风险叠加。部分高校封控时间相对较长,给学生带来很大的压力和焦虑,相应的考研、就业都受到影响。有人吐嘈,"青春才几年,疫情占三年",无休止的网课,无休止的封校,让学生心理变得越来越脆弱,越来越敏感,有些负面情绪在逐渐积累,需要引起高度重视。

应对这些形势的变化,当前和今后一个时期,湖北推进教育高质量发展总体上需要实现"五个转变":一是发展重点由注重规模扩张向更加注重结构优化转变。总体来说,湖北教育体系的主体框架已经确立,拓展规模的任务基本完成。必须把推动高质量发展作为中心任务,把优化教育结构作为主要着力点,推动教育区域结构、类型结构、学科结构等要素的调整和优化。二是发展方式由注重刚性保障向更加注重弹性供给转变。大力倡导适合的教育理念,更多提供与个性需求相适应的弹性教育供给和发展性教育政策供给。三是发展要求由注重达标考核向更加注重特色发展转变。既要抓达标示范,保基本、守底线、统一要求,更要加强特色和品牌建设,以特色形成比较优势,提升竞争力、影响力。四是发展取向由注重学校建设向更加注重师生成长转变。坚决扭转不科学的人才评价导向,根据教育发展规律和人才成长规律,积极探索富有特色和符合规律的办学之路,通过科学化、个性化的课程体系,多元化、系统化的评价方式,全面发展素质教育,努力构建师生协同发展的育人格局。五是评价标准由注重水平高低向更加注重人民满意转变。把满足人民群众接受良好教育的需求作为推进教育现代化的出发点和落脚点,构建更加科学的教育评价体系,着力解决人民群众最关心最直接最现实的教育问题,使教育更有温度,服务更为贴心,促进教育发展成果更多更公平惠及全体人民。

二、聚焦短板弱项,促进各类教育整体提质

当前,各级各类教育发展还存在一些不尽如人意、不全满意的地方,与人民群众"上好学"的期望值还有很大差距。要坚持以人民为中心发展教育,抓住人民群众最关心、最直接、最现实的利益问题,聚焦突出问题,紧盯薄弱环节,扩大优质资源供给,加快补齐教育短板,发展更加公平而有质量的教育,真正让教育发展成果普惠于民、受益终生。

1. 全面提高学前教育"两个占比"

中共中央、国务院印发的《关于学前教育深化改革规范发展的若干意见》(2018年),明确要求"到2020年,全国学前三年毛入园率达到85%,普惠性幼儿园覆盖率(公办园和普惠性民办园在园幼儿占比)达到80%"。国家九部门印发的《"十四五"学前教育发展提升行动计划》(2021年)明确要求"到2025年,全国学前三年毛入园率达到90%以上,普惠性幼儿园覆盖率达到85%以上,公办园在园幼儿占比达到50%以上"。从总体上看,截至2021年底,湖北普惠性幼儿园覆盖率为83.2%,基本能达到国家要求;但是公办园在园幼儿占比为40.1%,距离国家要求还有近10个百分点的差距;从县城看,全省有22个县(市、区)普惠性幼儿园覆盖率尚未达到80%,近60%

的县(市、区)公办园在园幼儿占比低于50%。

提高学前教育普及普惠水平,全面提高学前教育"两个占比",要进一步强化和落实政府主体责任,千方百计推进学前教育"扩资源、调结构、建机制、提质量"。一是优化县域学前教育布局。结合出生人口变化、乡村振兴和城镇化发展趋势,借实施强县工程的契机,及时调整居住社区人口配套学位标准,完善农村学前教育资源布局,建立起以普惠性幼儿园为主的城乡学前教育公共服务网络。二是提高公办园在园幼儿占比。结合省政府为民办实事"万个公办幼儿园学位扩充"项目,对照目标要求,落实财政补助、划拨方式供地、减免税费租金等政策,鼓励支持国有企事业单位、街道、农村集体等举办公办幼儿园。进一步落实城镇小区配套建设幼儿园,确保前期纳入治理的项目按计划完成整改。三是完善学前教育保障机制。按照省定标准全面落实公办园生均公用经费标准(500元)、普惠性民办园生均补助标准(200元),做好公办幼儿园事业单位登记。研究解决公办幼儿园教师编制问题,多途径提高幼儿园教师的工资待遇,稳定幼儿园教师队伍,整体提高教师专业素质,提高科学保教水平。

2. 全面消除基础教育大班额

国务院《关于统筹推进县域内城乡义务教育一体化改革发展的若干意见》(2016)明确要求"实施消除大班额计划,到2020年基本消除56人以上大班额"。国家九部委印发的《"十四五"县域普通高中发展提升行动计划》(2021年)明确要求"到2025年全面消除56人及以上大班额"。湖北省教育厅等七部门印发的《湖北省消除普通高中大班额专项规划(2020—2023年)》(2021年)明确要求,"到2023年基本消除普通高中大班额"。也就是说,按照中央和省政府部署要求,2020年基本消除义务教育大班额(控制在5%以内),2023年基本消除普通高中大班额,2025年全面消除普通高中大班额。近年来,在省委省政府的大力推动下,各地加大化解大班额的工作力度,截至2021年底,全省义务教育大班额占比为3.88%,达到国家要求;但部分市(州)、县(市、区)义务教育大班额占比仍然偏高;全省普通高中大班额占比为15.91%,部分市(州)普通高中大班额比例居高不下,补齐普通高中缺口、化解大班额的任务仍然艰巨。

消除大班额,创造良好学习环境,事关青少年的健康成长。各地要结合实际,多措并举,综合施策,确保起始年级不出现大班额,从源头上遏制新的大班额,长效防范大班额反弹。一是完善工作机制。各市(州)、县(市、区)政府要加强领导,建立相关部门参与的联席会议制度,"一地一案""一校一策",建立任务台账,明确时间表、路线图,确保如期完成工作目标。加强起始年级大班额监测通报,已达标的地区确保无反弹、真达标,尚未达标的地区要坚决防范出现新的大班额现象。二是扩充优质教育资源。各市(州)、县(市、区)要结合城镇化发展进程、三孩政策落地等实际,建立生源变化动态监测机制,科学规划并动态优化城乡学校布局结构,分年度、分区域建设公办义务教育学校,使公办学位供给有效满足人民群众"有学上"的需求。科学推进学校标准化建设,全面改善薄弱学校基本办学条件。严格落实免试就近入学和"公民同招"政策,健全"两为主、两纳入、以居住证为主要依据"的进城务工人员随迁子女入学政策,巩固控辍保学动态清零成果,落实精准资助政策,做到应助尽助。三是健全教师补充机制。严格依照条件标准及时补充中小学教师,针对部分紧缺学科教师、符合条件的优秀人才,灵活教师招聘机制,拓宽教师招聘渠道,扩大学校选人用人自主权。落实国家政策要求,持续实施省级"银龄讲学计划",招募一批身体健康、教学经验丰富、有工作热情的离退休教师,补充到学校教育教学一线。

3. 全面推进县域义务教育"教联体"建设

推进"教联体"建设是经济社会特别是教育发展到一定阶段实现城乡一体化发展的路径抉择,是新阶段推进县域义务教育优质均衡发展、实现城乡基本公共教育服务均等化的重要举措,是从区域突破到整体提升教育质量的重要方式,是推进强县工程、助力乡村振兴、共同缔造美好生活的重要行动。经过多年努力,湖北基础教育,整体上由"全面普及"进入"全面提质"的新阶段。当前,如何推动县域义务教育优质均衡、推进城乡义务教育一体化发展,实现城乡基本公共教育服务均等化,是一个重大的时代命题。以县城为单位,系统谋划、分步实施,并以一个个教育联合发展共同体为单元,分块布局、梯次推进,一个个单元优质均衡了,一个县也就整体优质均衡了。教育优质均衡了,经济社会高质量发展就有了坚实的支撑,就能助力乡村振兴,实现县域的整体发展和全面提升。"教联体"建设就是在这种大背景下应运而生的。

推进县域义务教育"教联体"建设:一是完善管理体制。按照"省级统筹、以县为主、县镇共管、社会参与"的管理体制,以政府搭建平台为依托,协同社区、学校、社会组织等多方力量,整合多种资源,链接多元主体,共同参与,建立章程制、议事制、共享制、督导制等工作制度,形成党建联建、特色联创、资源联享、教师联聘等运行机制,体现共谋、共建、共治、共管、共评、共享。二是探索合适模式。比如,建立"融合型教联体",就是一所优质学校与一两所薄弱学校或新建学校全面重组,融合成一个法人单位,实行"师资同盘、教学同步、培训同频、文化同系、考核一体"的管理模式,实现一体化发展;建立"共建型教联体",就是由一所城镇核心校牵头,各成员校实行"资源共享、管理共进、教学共研、文化共生、考核捆绑"的管理模式;建立"协作型教联体",即一所城镇学校与一所或若干所乡镇学校结成联盟,不打破原有学校各自的人事、管理体制,通过线上线下多种形式的项目协作,由核心校对成员校在业务上给予引领、指导和帮扶,实行"愿景协同、机制协同、研训协同、教学协同、项目评估"的协作模式。各地可结合实际,探索富有特色、务实管理的模式。三是明确推进路径。坚持以典型为借鉴,以试点来铺开,在全省范围布局一批试点,在总结试点经验的基础上,全省整体推进、全面铺开。坚持以政策为牵引,以项目来撬动。比如,实施义务教育薄弱环节改善与能力提升计划,新建改扩建一批中小学校。坚持以改革为动力,以保障来支撑。深化基础教育体制机制改革,建立政府、学校、教师、学生、家长、社会共谋学校发展,共享发展成果的现代学校治理体系;深化中小学教师"县管校聘"管理改革,促进城乡、校际教师合理流动;设立"教育强县"奖补专项资金,根据督导评估结果,予以奖励。

案例1-22

武穴市积极探索多种联合办学模式

近年来,武穴市合理配置教育资源,打通了学校之间以强带弱、"抱团"发展的制度通道,推动了城乡义务教育一体化发展。一是以"名校＋郊校"的模式推进"集团化"办学。组织实验小学、武师附小、实验二小等省内知名学校分别兼并几所城郊薄弱学校,组建教育集团。学校的公用经费预算到集团,教师编制和岗位核定到集团,教学资源配置安排到集团,实行统管统用,统筹调配。二是以"城校＋乡校"的模式推行"联校制"改革。组织城镇优质学校与农村学校组成"联校",坚持"领导互派、教师互用、教学互助、教研互动",建立"1＋1"责任帮扶关系,带动城乡教育整体提升。三是以"镇校＋村校"的模式推行"学区制"管理。以乡镇中心学校为单位,由镇中、镇小分别管理片区初中、村小或教学点,实行一套班子、一份计划、一张课表、一套制度、一个标准管理。学区内经费统管统用,教师统聘统用,教学效果同标评价,教学活动同步开展,教师工会福利、课后服务报酬大体相当,推动学区内学校各有特色的"齐步走"。

——资料来源:黄冈市教育局2021年工作总结 2022-01-18

4. 全面推进县域普通高中办学水平提升

县域普通高中(县、县级市举办的普通高中,简称"县中")教育是连接义务教育和高等教育的桥梁,是促进人力资源开发的重要环节,寄托着广大农村学生对接受更好教育的美好期盼。办好县中对巩固提高高中阶段教育普及水平、带动县域义务教育优质均衡发展、满足高等教育对优质生源的需求、促进地方经济社会发展都具有重大意义。党的十八大以来,国家通过实施普通高中改造计划、高中阶段教育普及攻坚计划、推进普通高中育人方式改革等措施,县中办学资源得到显著扩大、质量得到很大提升。但是,一些地方县中发展还存在生源和教师流失严重、基础条件相对薄弱、教育质量有待提高等突出问题。特别是随着"新高考"选课走班的实施,县中办学资源不足问题更加突出,"县中塌陷"现象更加明显。"县中塌陷"现象从表面上看是县中问题,实质上是整个基础教育的优质均衡问题,迫切需要加大发展力度,整体提升县中办学水平。

发展提升县域普通高中是新时代国家的重要政策导向。今后一段时期要大力实施《"十四五"县域普通高中发展提升行动计划》,大力推动县域普通高中教育质量提升,整体提升县中办学水平。一是深化考试招生制度改革。强化市(州)主体责任,全面落实县域内公办、民办普通高中同步招生和属地招生政策,杜绝违规跨区域掐尖招生,防止县域普通高中生源过度流失。加快建立"职教高考"制度,完善"文化素质＋职业技能"考试招生办法,巩固职业教育类型定位。二是加强县域普通高中教师队伍建设。规范教师跨区域流动,严禁发达地区、城区学校到薄弱地区、县域普通高中抢挖优秀校长和教师,严禁公办学校在职教师在民办学校任教。三是深化普通高中育人方式改革。坚持以"新标准、新格局"引领高中学校特色多样优质办学,推动普通高中教育从"分层发展"向"分类发展"转变;实现国家统编三科教材使用全覆盖,以"新课程、新教材"推动高中课堂教学品质持续提升;深化高考综合改革,以"新高考、新评价"撬动高中学生全面发展,探索基于"全员导师制"的学生发展指导模式,常态实施分层走班教学。建设一批具有鲜明特色、教育质量过硬的县域普通高中。

5. 全面深化中等职业教育资源整合

2006年以来,湖北先后实施三期中等职业学校重点建设规划,加快资源整合。从2015年起,湖北省政府将省直10余所中等职业学校通过合并、划转等方式进行整合,省直部门和高等学校、在汉省示范以上高职不再举办中等职业教育。同时,积极通过财政奖补资金安排和重大基本建设项目引领,推动县级整合职教资源,将技工学校并入中职学校,各类职业技能培训资源整合到县级职教中心。到2018年除神农架林区外,基本形成了每个市(州)和大的行业至少办有1所高职院校、每个市州重点建设2-3所中职学校、每个县(市)重点建设1所职教中心的办学格局。到2021年,教育部门管理的中等职业学校总数从2010年的413所调整到263所。但总体上看,省内中职学校的区域布局还很不均衡,武汉、鄂州数量偏多(武汉作为省会城市和超大城市,其学校布点较多有其历史渊源和区位特征);综合实力还不强,湖北现有国家示范中职学校43所,仅占中职学校数的16.3%;办学条件急需改善,同普通高中相比,县级与大中城市举办的中职学校相比,在办学条件、办学质量、综合实力等方面差距较大。

要改变这种现状:一是理顺管理体制。将中职学校(含技工学校)的院校设置、招生等工作进行统一规范管理,各县市区整合各类技能、培训、成人等学校,建设县级综合职教中心,实行一套体系运行,多块牌子对上承接。二是优化布局和资源整合。通过撤销、合并、转型、托管、土地置换、集团办学等措施,整合空、小、散、弱学校,优化中职教育的布局结构。三要大力提升基础建设能力。扎实推进中职办学条件达标工程,确保2023年学校教学条件基本达标,2025年全面达标。积极实施"优质中职学校和专业建设计划",通过3-5年时间,集中力量建成一批国家级和省级优质中职学校,建设一批品牌专业,示范带动中职教育质量整体提升。通过多方努力,确保每个市州(除武汉市)集中办好2-3所中职学校,每个县(市、区)集中办好1所符合标准、设施完善、功能齐全的公办职业教育中心(含技工学校)。

随着新职业教育法的实施,国家对中职教育、普通教育"大体相当"和"普职分流"政策进行了相应调整,湖北中职教育又处于一个新的历史拐点,必须转变观念,积极应对。一是提升职业教育层次结构重心。在打通职业教育体系通道、为更多中职毕业生提供升学发展路径的前提下,推动职业教育体系内部的主体向专科、本科层次转移,为经济社会转型升级输送更多中高端技术技能人才。二是中职教育定位从就业导向转向"就业和升学并重",走多样化发展之路,使其既为高等职业教育输送具有基础职业能力和基本文化素养的合格生源,又为社会培养基础性技术技能人才,还为不同禀赋学生提供多样化成才通道,让中职学生"就业有能力、升学有优势、发展有通道",让职业教育"有学头、有盼头、有奔头"。三是职普教育由强制分流转向协调发展。各地应从教育和经济社会发展需求,从人民群众对职业教育的接受度出发,在普通高中和职业高中招生比例方面不搞一刀切,不作"硬杠杠",从"一刀切式的刚性分流"转向"因地制宜的柔性分流"。推行从"普职二轨分流"转向高中阶段教育多类型分流,强化综合高中教育,支持普通高中教育实施校内分流,探索高三与高等职业院校合作办学。提高"普职分流"重心,从"初中后"转向"高中后"。

6. 稳步发展职业本科教育

发展职业本科教育是适应我国产业转型升级、完善现代职业教育体系的迫切要求,是提升职业教育吸引力、激发职业院校办学活力的重要突破口,旨在培养高层次职业技能型人才,为高等教育分类体系提供新的教育类型。在国家一系列政策的导向和推动下,截至2022年3月,全国已批准设立的职业本科学校32所,而湖北尚无一所职业本科院校,技术技能人才培养体系缺少重要一环,这与湖北高等职业教育在全国第一方阵(总体排名约7-10位)的地位不相匹配。

表1-11 2021年湖北与全国及部分省份职业学校发展状况对比

地区	高职学校数	中职学校数	每万人口高职学校数	每万人口中职学校数	高职校均规模	中职校均规模
湖北	62	263	0.011	0.046	9595	1676
全国	1423	7686	0.010	0.055	9000	1582
东部	502	2365	0.009	0.042	9205	1780
中部	399	2331	0.011	0.064	9531	1547
西部	404	2247	0.011	0.059	8902	1689
东北	118	743	0.012	0.075	6671	741
浙江	49	245	0.008	0.038	8950	2213
江苏	90	206	0.011	0.024	8158	3017
湖南	74	487	0.011	0.073	8902	1376
江西	58	327	0.013	0.072	9774	1179
安徽	74	328	0.012	0.054	7585	2289
陕西	38	230	0.010	0.058	11283	1120

说明:以上学校数据来源于全国教育事业统计,人口数据来源于第七次全国人口普查。

稳步发展职业本科教育,实现职业技术大学"零"的突破,应作为湖北推进现代职业教育高质量发展的一场攻坚战。一是将"双高"中的高水平高职院校升格为职业本科层次高校。根据教育部有关规划,计划将2019年教育部首次遴选的56所中国特色高水平高职学校建设单位升格为职业大学,作为发展职业本科教育的主渠道,发挥示范引领作用。目前,湖北进入国家"双高"建设计划的高职院校有8所,应积极创造条件,以优质高职院校为基础,组建若干所本科层次职业院校。二是推进独立学院与高职院校合并转设。目前,湖北仍然有独立学院13所,其中有社会投资方的3所,没有社会投资方"校 口校"性质的10所。根据政策要求和实际情况,可将有社会投资方举办的独立学院转设为民办普通本科高校;将没有社会投资方的部分独立学院与省管优质高职院校合并组建本科层次职业技术大学,实施本科层次职业教育。三是继续推动普通本科高校转型发展。新建本科院校经过多年的发展,已具备了转型发展的基础,只要走好、走稳职普融通之路,办成更高水平、更高质量的应用型高校就会成为现实。目前,湖北60所省属本科高校,有23所在推进转型试点。今后应加大力度推动50%以上省属本科院校转型为应用型高校,开展职业本科教育。四是支持优质专科高职学校中产教深度融合、办学特色鲜明、培养质量较高的专业开展职业本科教育。湖北现有10所国家级优质高等职业院校,可推动其部分优质特色专业办职业本科教育。

7. 全面提升省属高校综合实力

湖北是名副其实的高教大省,办学规模全国排第6位,综合实力全国排第4位,但存在一些结构性矛盾和问题,主要表现在:高校区域布局不尽合理,与"一主引领、两翼驱动、全域协同"的区域发展布局要求不相适应;部分高校多校区办学资源闲置与发展空间受限问题并存;高等教育对外开放程度不高,没有独立法人资格的中外合作办学机构;高校学科专业设置与产业需求契合度不高,教育与经济社会发展深度融合不够等。尤其是省属高校整体实力不够强,在国家第一轮和第二轮"双一流"建设名单中,湖北仍没有一所省属高校入围(全国有47所省属高校进入)。

提高湖北高等教育的整体水平、建设高等教育强省,必须采取集中力量攻关的方式,重点扶持1-2所有优势、有竞争力的省属高校进入"国家队"。深入实施应用型本科高校"双特色"建设工程,重点建设一批办学特色鲜明的高水平、示范性应用型高校,打造一批服务湖北战略新兴产业和重点产业需求的优势特色专业集群,实现特色化、非均衡发展。深入实施高水平本科教育建设工程,统筹推进"强基计划""基础学科拔尖学生培养计划2.0""六卓越一拔尖计划2.0"和"荆楚卓越人才"协同育人计划、一流本科专业建设"双万计划"及一流本科课程建设"双万计划",建设一流专业、一流课程、一流本科教育。深入实施体音美医师等专业性院校提升工程,支持建成一批特色鲜明、优势突出、在全国具有一流地位的省属医学院校、师范院校和体音美等专业性院校,推进体育学、美术学、音乐与舞蹈学、中医学等学科跨入国家A类学科。大力发展研究生教育,扩大理工农医类专业学位硕士研究生招生规模,支持高校与市州、大型企业合作,建设一批国家和省级产教融合研究生联合培养基地。高标准规划建设长江新区大学城。通过"筑高峰""冲一流""强特色",努力形成高原敦实、高峰迭起、特色突出的高等教育发展新格局,全面提升高等教育核心竞争力、综合实力和影响力。

三、强化保证保障,确保教育持续健康发展

1. 完善党对教育工作的全面领导

坚持党对教育事业的全面领导,是坚持和把握教育工作正确政治导向和办学方向的基本保障,是中国特色社会主义教育的根本特征,是推动教育改革发展的坚实基础。各级党委政府要把教育改革发展纳入重要议事日程,党政分管领导要责任上肩、深入抓、抓具体,教育等职能部门要履行职责、发挥作用,确保政令畅通、落实到位。高校要严格落实《关于进一步明确高校党建工作责任的通知》,全面压实各方面的责任,推动党的组织和党的工作有形有效覆盖;高校党委要把政治领导贯穿到办学治校的全领域全过程,形成高校党委统一领导、党政分工合作、部门协调运行的工作机制;选派的民办高校党委书记,要切实履行政府督导专员责任。中小学要贯彻落实《中共中央办公厅关于建立中小学校党组织领导的校长负责制的意见(试行)》,建立健全中小学校党组织统一领导、党政分工合作、协调运行的工作机制,履行好中小学校党组织把方向、管大局、作决策、抓班子、带队伍、保落实的领导职责,保证党的教育方针政策不折不扣贯彻到学校工作各方面、各环节。

严格落实意识形态工作责任制。夯实工作责任,高校党委、主要领导、分管领导、具体部门和院系具体负责人要主动担责、善于担责,旗帜鲜明、敢于亮剑。强化阵地管理,紧盯重要敏感时间节点,加强研判预判,加强"三坛(团)一堂"(讲坛、论坛、社团和课堂)"三微一端"(微信、微博、微视频和客户端)"三平台一网"(报刊出版、广播电视、宣传栏窗和网站)管理,落实"一会一报""一事一报"制度,把各类阵地守住守好。坚持校外报告人准入制度,提升"微舆情"发现力、研判力、处置力。加强网络管理,把学校、学院、班级、学生社团创办的网站社区、微公众号以及各类自媒体、在线课程、在线平台等纳入管理范围,做到网下管什么、网上就管什么,线上线下两手抓、两手都要硬。继续加强平安校园"七防工程"建设,继续推进校园安全专项治理。常态化抓好疫情精准防控,加大对学生关心关爱和心理疏导力度,确保师生身心安全。

坚决扛起管党治党的政治责任。贯彻落实《中国共产党普通高等学校基层组织工作条例》,着力从学校、院系、班级、宿舍等强化基层党组织政治功能,创建一批示范高校、标杆院系和先进党支部,发挥党员先锋模范作用,真正把党员身份亮出来、把先进标尺立起来、把先锋形象树起来。始终坚持自我革命,长期坚持"严"的主基调,坚定不移推进全面从严治党,大力推进清廉学校建设,净化学校政治生态,打造廉洁办学、勤政理教的教书育人环境。继续深化巡视整改各项工作,对学校存在的共性问题、反复出现的问题,着力从制度层面、体制机制上加以研究解决。

2. 促进学生德智体美劳全面发展

新时代党的教育方针突出强调"德智体美劳"全面发展，集中体现了党对教育事业的根本定位与时代要求。"五育"并举构成教育的统一整体，各有侧重、相互联系、相互渗透。长期以来，我们不同程度地存在"长于智、疏于德、弱于体、少于美、缺于劳"问题，要遵循教育规律和人才成长规律，把"五育"并举贯穿到教育工作各领域、各环节，真正让学生全面发展、德才兼备。

继续擦亮"五个思政"工作品牌。"五个思政"是湖北首创，形成了全国品牌，在全国多次交流，实践证明富有成效，要进一步巩固深化。创新发展"学生思政"，聚焦学生成长成才，深化"五帮五促"和"一站式"学生社区综合管理模式改革，做实一线学生工作。创新发展"教师思政"，加强师德师风建设，有针对性地加强对教师的政治引领、教育引导、日常管理，提高思想政治素质，努力打造一支"四有好教师"队伍。创新发展"课程思政"，结合疫情防控、党史学习教育，结合湖北红色资源，讲好抗疫大思政课，打造一批思政金课，编写一系列教材读本。创新发展"学科思政"，大力加强高校马克思主义学院和马克思主义理论学科建设，推动构建中国特色哲学社会科学，加强对新时代中国特色社会主义重大现实问题的研究，为加快构建中国特色哲学社会科学作出湖北贡献；特别是要围绕贯彻落实党的二十大精神，在马克思主义中国化方面进行探索和研究，产出一批标志性成果。创新发展"环境思政"，抓好网络育人，发挥网络正面教育引导作用，大力加强网络文化建设，优化网络空间，打造一批高质量的网络思政成果，提高师生网络媒介素养。

着力健全立德树人落实机制。统筹推进大中小学思政课一体化建设，注重学段衔接和知行统一，增强思政课的思想性、理论性和亲和力、针对性。推动高校新时代马克思主义建设工程重点教材使用，实施中小学三科统编教材"铸魂工程"。推动课程思政全覆盖，与思政课程、课外实践教育和课内专业教育相衔接，使各类课程与思政课同向同行，形成协同效应。制定推进大中小学思想政治教育一体化建设的指导意见，形成纵向衔接、分层递进、螺旋上升的思想政治教育工作体系。建立健全全员全过程全方位育人机制，把立德树人贯通于学科体系、教学体系、教材体系、管理体系建设之中。强化育人组织保障，在配齐配强高校辅导员、思政课教师、心理健康教师和高校党务工作者的基础上抓好素质提升，落实思政课教师、辅导员、党务工作者晋升通道、职称评审等政策要求。扩大育人资源供给，善用"大思政课"，用好思政金课、百年党史、师生抗疫等鲜活素材，发挥身边大学生"群星效应"，强化典型引领教育。

加强和改进学校体美劳教育。深化体教融合，按照"教会、勤练、常赛"的要求，完善"健康知识＋基本运动技能＋专项运动技能"教学模式，使每位学生熟练掌握至少1项终身受益的运动技能。落实学生健康体检，开展学生体质健康监测评价，强化评价结果应用。实施"美育浸润计划"，推进"高雅艺术进校园""戏剧进校园"，普及戏曲教育，帮助每位学生掌握1-2项艺术特长，全面实施中小学生艺术素质测评制度。推动大中小学全面开设劳动教育必修课程,落实中小学每周不少于1课时、职业院校不少于16学时、普通高等学校本科阶段不少于32学时的要求;开足开好中小学综合实践活动课程、通用技术课程;建设一批示范性劳动教育实践基地和实验区,将劳动素养纳入学生综合素质评价内容。加强学校卫生与健康教育,巩固深化疫情防控成果,深入实施健康校园行动,广泛开展校园爱国卫生运动,培养学生健康观念、知识和能力。

3. 提升教育基础保障能力

确保教育经费投入"两个只增不减"。教育经费"两个只增不减",是把教育作为支撑国家长远发展的基础性、战略性投资,是落实教育事业优先发展的重要政策措施。近年来,尽管受新冠肺炎疫情、减税降费等因素影响,各级财政收支平衡压力凸显。省委、省政府依然坚持优先保障民生支出,省级层面实现了教育经费"两个只增不减",但部分县(市、区)2021年教育经费却"不增反降"。各地要进一步提高政治站位,杜绝"等、靠、要"思想,主动扛起落实"两个只增不减"的政治责任。一是强化政府投入责任。加大财政统筹协调力度,调整优化支出结构,通过压缩一般性支出、回收存量资金再安排等方式,新增财力向教育倾斜,不断增加财政对教育事业的投入,实现教育投入长期稳定发展。二是建立多元投入机制。深化财政教育投入机制、社会教育投入机制、培养成本分担机制等方面改革,充分发挥财政教育经费引导作用,多措并举鼓励社会加大教育投入,不断增加教育经费总量。三是加强资金监督管理。建立健全教育财务制度、预算绩效、经费监管体系,加强对教育资金分配、拨付和使用等环节的监督检查,确保教育经费投入使用管理安全规范有效。

建设高素质、专业化、创新型教师队伍。教师是立教之本、兴教之源。必须持续加强师德师风建设,突出全员全方位全过程师德养成,推动师德师风建设常态化、长效化。进一步创新中小学教师管理机制,挖潜调剂各类事业编制资源,合理使用核减收回的待分配事业编制,优先用于补充中小学校。进一步完善中小学教师补充机制,按照"退一补一"原则,及时足额补充中小学教师。尽可能减轻学校升学考核压力,避免中小学教师长期超负荷工作。完善高校教师考核评价机制,坚决克服"五唯"现象,把老师从应付各种考核中解脱出来。实施好国家职业院校教师素质提高计划,完成职业院校校长、专业带头人、专业骨干教师和中职转岗教师、管理人员培训,进一步加强"双师型"教师队伍建设。强化尊师重教,提升教师地位,拓宽教师职业发展空间,激发教师后期发展动力,增强教师荣誉感归属感。优化从教环境,让教师轻松愉快工作,健康幸福生活。

发挥教育信息化的重要支撑作用。互联网、大数据、人工智能、5G技术的发展,正在改变着人类获取知识的方式和渠道。信息技术与教育教学深度融合是大势所趋。特别是疫情防控期间,各级各类学校能够"停课不停教、停课不停学",最大限度减少疫情对教育教学工作的影响,教育信息化建设功不可没,但是,当前教育信息化建设的水平、基础、使用都还不同程度地存在短板和弱项。应按照湖北省第十二次党代会提出的"打造全国数字经济发展高地"的目标,围绕数字湖北建设总体要求,把教育信息化作为重大战略来布局谋划,推动教育模式变革,把数字资源的静态势能转化为教育改革的强大动能,以此来支撑引领教育现代化和教育强省建设。一是实施教育数字化转型三年行动计划,通过建设教育数字底座和大数据中心、改善学校信息化基础设施环境、构建信息化应用服务体系、建设教联体支撑平台、建设智能化考试系统等工作,推进教育数字转型和智能升级,以数字化提升教育公共服务能力和水平。二是推广智慧教育公共服务平台应用。引导广大家长和学生,把课余时间和精力从校外培训机构转移到各级智慧教育公共服务平台上来,既满足学生日常多样化学习需求,也减轻学生家庭经济负担。三是大力开展教师信息化培训工作。探索信息技术助推教师管理优化、教师教育改革、教育教学方法创新、教育精准帮扶的新路径和新模式,推进人工智能助推教师队伍建设,提高信息技术课程开设质量,提升师生信息素养,进一步挖掘和发挥教师在信息技术与教育融合中的作用。

4. 推进教育治理体系和治理能力现代化

拧紧依法治教"总闸刀"。完成《湖北省中小学管理条例》《湖北省教育督导规定》《湖北省教学成果奖励办法》(修订)等教育立法,进一步建立健全教育地方法规、规章和制度体系。不断提升各类学校治理法治化水平,构建系统完备的学校规章制度体系,全面推进中小学章程建设,基本实现"一校一章程";积极推动高等学校章程修订完善和章程执行,形成以章程为核心,规范统一、分类科学、层次清晰、运行高效的学校规章制度体系。落实师生权益保护机制,完善教师、学生申诉的规则与程序,畅通校内权利救济渠道。落实教育系统"八五"普法规划,强化青少年学生法治教育,发挥好课堂、教材的主阵地作用,创新教育形式和方法,持续开展"学宪法、讲宪法"系列活动,开展宪法宣传周、宪法晨读等活动,提升青少年普法的针对性和有效性。开展中小学教师网络法治教育培训,督促各地各校配齐配强法治课教师、法治辅导员队伍,完善法治副校长制度,健全青少年参与法治实践机制。

筑牢校园安全"防火墙"。一是进一步健全校园安全管理制度。各级政府、部门和学校要切实履行好属地管理责任,加强对学校安全工作的领导。要发挥好平安建设、校园安全生产专委会等工作机制作用,落实行业指导和监管责任。健全安全稳定工作责任体系,完善校园安全风险防控体系,深入排查学校及周边安全隐患。二是进一步强化重点领域薄弱环节工作。常态化抓好预防溺水、食品卫生、交通和校车安全、消防安全等管理,强化校园欺凌、心理健康、网络沉迷等热点难点问题治理。加强学校安全基础设施建设,推进中小学幼儿园"四个100%"建设达标。推动家长落实看管监护责任,严防离校期间出现监管真空。从严从紧从实抓好校园疫情防控各个环节,封堵漏洞、补齐短板,筑牢校园疫情防控安全网,严防校园聚集性疫情发生,切实做到守土有责、守土尽责。三是进一步改进工作作风。夯实责任体系,做到定人员、定岗位、定任务、定要求,人人肩上有担子、项项工作有落实。准确识变、科学应变、主动求变,真抓实干、常抓严管,绝不允许出现形式主义和官僚主义,决不能打折扣、做选择、搞变通,以更扎实的作风、更务实的举措做好师生服务工作。

推动教育督导"长牙齿"。教育督导制度,是我国教育法确立的一项基本教育制度。各地要切实加强教育督导工作,构建全面覆盖、运转高效、结果权威、问责有力的教育督导工作体系。一是强化政府职责。教育督导是政府法定职能,教育督导工作要切实增强督导的严肃性、权威性,充分发挥教育督导委员会成员单位作用,解决教育部门一家"唱独角戏"问题,做到"千斤重担众人挑、各家单位有指标"。二是聚焦重点督导任务。建立健全各级人民政府履行教育职责的督导评估制度,紧盯中央重大教育决策部署,动态调整评价指标,常态化开展督导评估,将考核评价结果作为对领导干部进行考核、任免、奖惩的重要依据。开展县域义务教育优质均衡发展和学前教育普及普惠发展督导评估,对于指标达标符合申报条件的地区,要积极组织申报验收工作,发挥示范引领作用。三是建设高素质督学队伍。创新督学队伍聘用和管理模式,通过分类选聘的方式,组建多层次的责任督学队伍体系,提高督学的专业化水平。

组织社会力量"大合唱"。充分发挥群团组织作用,进一步完善教代会制度建设,畅通教职工参与治理、建言献策的路径渠道,充分发挥教代会的民主管理和民主监督作用。支持工会积极开展丰富多彩的文体活动,打造健康文明、昂扬向上、全员参与的职工文化。加强共青团和学生会工作,深化共青团改革,提升共青团的引领力、组织力、服务力。支持关心下一代工作委员会开展工作,关心离退休老同志身心健康,发挥离退休老同志咨政建言作用。加强校友会工作,发挥广大校友在学校改革发展中的重要作用。要充分发挥家长委员会的作用,密切家校联系,完善家访制度,开展以"家校共育、让孩子健康成长"为主题的家庭教育宣传活动,形成家校育人合力。要鼓励"热心人"投身教育、支持教育,充分发挥企业及社区等能工巧匠、文化能人、非遗传承人在教育方面的引领辅导作用,吸引一批企业家、专家、学者等社会知名人士以各种方式反哺教育,发挥各类学术组织和智库的专业支撑作用。

参考文献:

[1] 葛道凯.在新起点上推进现代化教育强省建设[J].群众,2021(09):11-12.
[2] 薛海平等.变革重塑·2021年中国教育观察(三)[N].中国教育报,2021-12-31(01).
[3] 怀进鹏.加快建设教育强国[N].人民日报,2022-12-21(09).

(本节执笔人:朱爱国)

第二章 发挥思政教育的引擎作用

教育是国之大计、党之大计。培养什么人、怎样培养人、为谁培养人，是教育的根本问题，也是重要的时代命题。必须加强党对教育事业的全面领导，全面贯彻党的教育方针，全面落实立德树人根本任务；必须坚持用社会主义核心价值观铸魂育人，完善思想政治工作体系，推进大中小学思想政治教育一体化建设，有效引导广大教师在多样化多元化社会思潮和变革中坚持正确的政治方向和价值取向，努力培养德智体美劳全面发展的社会主义建设者和接班人，培养堪当民族复兴大任的时代新人，为社会主义现代化强国建设提供可靠的人才保证。

第一节 立德树人教育思想的形成和发展

中华民族作为礼仪之邦，一直十分重视社会道德规范的建立、个人德性的养成，推崇以德治国、以理服人。中国共产党自觉继承和发展了中华优秀传统文化基因，在革命战争年代和社会主义建设时期的不同阶段，都对社会道德规范的建立和学校德育工作提出了明确的要求。中国特色社会主义进入新时代，中国共产党进一步发展了立德树人教育思想，明确"立德树人是教育的根本任务"，进一步指明了人才的培养方向和路径。

一、立德树人教育思想是对中华优秀文化的赓续和发展

立德树人教育思想在中华民族数千年文明史中源远流长。《春秋·左传·襄公二十四年》云："太上有立德，其次有立功，其次有立言，虽久不废，此之谓不朽。"显而易见，"立德"位处"立功""立言"之前，居于首位。《大学》开篇即道："大学之道，在明明德，在亲民，在止于至善。"意思是，大学的宗旨，首先在于弘扬光明正大的品质。我国古代教育家孔子十分重视学生的品德教育，要求把道德修养放在首位。他曾对家境贫寒但是品行高尚、积极向上的学生颜回发出由衷的赞叹："贤哉，回也！一箪食，一瓢饮，在陋巷，人不堪其忧，回也不改其乐。贤哉，回也！"从此，颜回成为我国历史上第一个有德、励志、奋斗的典范。唐代文学家、思想家韩愈在《师说》中说："师者，所以传道

授业解惑也。"大意是说,教师的职责首先是传授做人的道理,其次才是传授学业,解释疑难。所有这些表述,集中体现了一个核心内涵:作为一个人,德性是最重要的;作为培养人的教育过程,培养人的良好品德是第一位的,是最重要的任务。

我国古代先贤圣哲还从治理、建设国家的角度,论述了德性养成的重要性。孔子提出:"为政以德,譬如北辰,居其所而众星共之。"意思是说,依靠道德治理国家,就像北极星受到众星拱卫一样,受到广大百姓的拥护。《左传》云:"德,国家之基也。有基无坏,无亦是务乎!"大意是,道德教化是国家的基础,基础牢固才不至于亡国,难道不应该这么做吗?这些表述表明,个人德性养成和道德教育影响甚至决定着国家发展和稳定,意义重大,必须高度重视。

实际上,中华传统文化中有关重视德性养成的论述连篇累牍,浩如烟海,成为中华文明的核心内容之一。中国共产党在自觉继承和发展中华优秀传统文化基因的基础上,提出立德树人教育思想,既体现了对历史的传承超越,也体现了对社会现实的准确把握,具有重要的战略意义。

二、改革开放以来立德树人教育思想的历史演进

改革开放以来,我国在政治、经济、文化、教育等领域取得了令人瞩目的成就,学校德育思想与理念也得到不断完善。特别是党的十八大报告首次提出"把立德树人作为教育的根本任务",党的十九大报告提出"落实立德树人根本任务",党的二十大报告强调"育人的根本在于立德",将学校德育的历史地位提高到崭新的高度。因此,回顾立德树人教育思想的发展历程,对于深刻领会立德树人教育思想的深刻内涵,深入开展立德树人教育实践,具有十分重要的意义。纵观改革开放以来的发展历程,我国立德树人教育思想大致经历了以下四个阶段。

1. 1979—1989 年:立德树人教育思想的重建与探索

这是我国立德树人教育思想重新确立,德育与思想政治教育重新得到重视的时期。具体表现为:一是社会发展局面趋于稳定,德育与思想政治教育工作涅槃重生。1981 年 6 月,中共十一届六中全会《关于建国以来党的若干历史问题的决议》提出:"坚持德智体全面发展、又红又专"的教育方针,成为思想政治教育政策的指南。教育部先后出台了《小学思想品德课大纲》《小学德育纲要》《中学德育大纲》等重要文件,为学校德育工作、思想政治教育工作提供了政策保障。二是西方错误思潮蔓延,德育与思想政治教育工作以抵御错误思想侵蚀为主。改革开放后涌入的一些西方错误思潮,极大地威胁着社会主义现代化建设事业,以抵御错误思想侵蚀为主的德育与思想政治教育政策应运而生。1980 年 4 月,教育部、共青团中央《关于加强高等学校思想政治工作的意见》指出:"自觉抵制各种剥削阶级思想的侵蚀和腐朽生活方式的影响,确立正确的政治方向和为人民服务的思想。"同年,中宣部、教育部等多部门印发《关于在青少年教育工作中各有关部门的职责和分工试行意见》提出,要"了解各种非无产阶级意

识形态侵蚀毒害青少年的情况,及时向党委反映,并提出具体的宣传工作意见"。

2. 1990—1999 年:立德树人教育思想的改进与完善

这是立德树人教育思想逐步系统化、德育与思想政治教育工作稳步发展的阶段。其主要特征:一是市场经济初步建立,德育与思想政治教育政策初步形成体系。1992年,党的十四大确立了社会主义市场经济体系,随之而来的是纷繁多样的思想观念与价值观的碰撞,意识形态领域亟须正确价值观念的引导。这一时期,教育行政部门审时度势,制定了一系列适应社会主义发展新时期的德育与思想政治教育政策,《小学德育纲要》(1993 年)、《中学德育大纲》和《普通高校德育大纲》(1995 年)、《中小学德育工作规程》(1998 年)相继出台,对不同阶段学校德育工作的目标、内容、实施途径、教育原则以及评价方法等诸多方面做了明确、具体的阐述和要求。二是素质教育全面推进,社会各方积极响应。1993 年,中共中央、国务院印发《中国教育改革和发展纲要》,首次提出"实施素质教育"。1999 年中共中央、国务院颁布《关于深化教育改革全面推进素质教育的决定》提出:"实施素质教育,必须把德育、智育、体育、美育等有机地统一在教育活动的各个环节中,学校教育不仅要抓好智育,更要重视德育。"德育工作地位逐步突出。

3. 2000—2009 年:立德树人教育思想的丰富与整合

这是立德树人教育思想适应和谐社会需求,不断创新,汲取和纳入新生力量的时期。具体表现为:一是网络德育纳入体系,思想政治教育实践焕发魅力。2000 年以来,党和国家相继发布了《关于加强高等学校思想政治教育进网络工作的若干意见》(2000 年)、《关于在高校中推广中南大学开展网络思想政治工作做法的通知》(2003 年)、《关于进一步加强和改进大学生思想政治教育的意见》(2005 年)等重要文件,突出强调了思想政治教育进网络的重要性。二是强调创新德育工作载体。中共中央办公厅、国务院办公厅《关于适应新形势进一步加强和改进中小学德育工作的意见》(2000 年)明确要求:"把丰富多彩的教育活动作为德育工作的重要载体。"中共中央、国务院颁布《关于进一步加强和改进未成年人思想道德建设的若干意见》(2004 年)、《关于进一步加强和改进大学生思想政治教育的意见》(2021 年)都明确提出要深入开展社会实践。三是政府部门通力协作,家庭社会共同配合。2000 年,中共中央办公厅、国务院办公厅《关于适应新形势进一步加强和改进中小学德育工作的意见》明确提出:"全社会共同努力,各部门通力协作,保障青少年健康成长"。2004-2005年,党和国家相继颁发了《关于进一步加强和改进未成年人思想道德建设的若干意见》《关于进一步改进和加强大学生思想政治教育的意见》以及《关于整体规划大中小学德育体系的意见》,三个《意见》都强调营造有利于德育、思想政治教育的社会氛围,净化社会环境,家庭、学校、社会联合发力,推进德育与思想政治教育工作大发展、大繁荣。

4. 2010年以来:立德树人教育思想的创新与深化

这一时期,立德树人明确提出,德育与思想政治教育内容更加丰富、要求更加具体、措施更加灵活、地位空前提高。具体表现在:一是立德树人任务明确,德育与思想政治教育地位空前提高。2010年,《国家中长期教育改革和发展规划纲要(2010—2020年)》明确提出,坚持德育为先,立德树人。2012年,党的十八大报告首次提出"把立德树人作为教育的根本任务"。2013年,《中共中央关于深化改革若干重大问题的决定》强调,深化教育领域综合改革,必须坚持立德树人。2015年,"立德树人"写进了《中华人民共和国教育法》。二是德育与思想政治教育海纳百川,通时合变。这一时期的德育与思想政治教育,在传统的爱国主义教育、劳动教育、法制教育、优秀传统文化教育等基础上,增加了生态文明教育的具体要求,尤其强调理想信念教育和心理健康教育的重要性,强调要把立德树人融入思想道德教育、文化知识教育、社会实践教育各环节,贯穿基础教育、职业教育、高等教育各领域。

表 2-1　党的十八大以来立德树人教育思想的发展演进

年份	相 关 论 述
2012	11月8日,党的十八大报告提出,把立德树人作为教育根本任务,培养德智体美全面发展的社会主义建设者和接班人
2013	11月12日,中国共产党第十八届中央委员会第三次全体会议通过《中共中央关于全面深化改革若干重大问题的决定》,提出深化教育领域综合改革,全面贯彻党的教有方针,坚持立德树人
2014	3月30日,教育部印发《关于全面深化课程改革 落实立德树人根本任务的意见》,强调要准确把握全面深化课程改革的总体要求,着力推进关键领域和主要环节改革,切实加强课程改革的组织保障
2015	《国家教育事业发展"十三五"规划》明确提出"全面落实立德树人根本任务";《中华人民共和国教育法》明确提出"教育应当坚持立德树人"
2016	9月18日,教育部印发《关于进一步推进高中阶段学校考试招生制度改革的指导意见》,强调要坚持育人为本,促进学生德智体美全面发展,培养兴趣爱好,为学生进一步发展打好基础
2017	9月24日,中央办公厅、国务院办公厅印发《关于深化教育体制机制改革的意见》,提出健全立德树人系统化落实机制
2017	10月18日,党的十九大报告指出,要全面贯彻党的教有方针,落实立德树人根本任务,发展素质教育,推进教育公平,培养德智体美全面发展的社会主义建设者和接班人

续表

年份	相 关 论 述
2018	3月5日,教育部印发《关于全面落实研究生导师立德树人职责的意见》,强调要全面贯彻党的教育方针,把立德树人作为研究生导师的首要职责,努力造就一支有理想信念、道德情操、扎实学识、仁爱之心的研究生导师队伍
	11月7日,中共中央、国务院印发《关于学前教育深化改革规范发展的若干意见》强调,加强党对学前教育工作的领导,确保党的教育方针在学前教育领域深入贯彻,确保立德树人根本任务落实到位,确保学前教育始终沿着正确方向发展,推进学前教育普及普惠安全优质发展
2019	6月11日,国务院办公厅印发《关于新时代推进普通高中育人方式改革的指导意见》明确提出,坚持把立德树人融入思想道德教育、文化知识教育、社会实践教育各环节
	6月23日,中共中央、国务院印发《关于深化教育教学改革全面提高义务教育质量的意见》强调,落实立德树人根本任务,健全立德树人落实机制
	8月14日,中共中央办公厅、国务院办公厅印发《关于深化新时代学校思想政治理论课改革创新的若干意见》强调,教育是国之大计、党之大计,承担着立德树人的根本任务。思政课是落实立德树人根本任务的关键课程,发挥着不可替代的作用
2019	10月27日,中共中央、国务院印发《新时代公民道德建设实施纲要》提出,把立德树人贯穿学校教育全过程,筑牢理想信念之基,培育和践行社会主义核心价值观,传承中华传统文化,弘扬民族精神和时代精神
2020	10月13日,中共中央、国务院印发《深化新时代教育评价改革总体方案》要求,完善立德树人体制机制,推进落实立德树人根本任务,坚持把立德树人成效作为根本标准
2021	3月1日,教育部等六部门印发《义务教育质量评价指南》要求,加快建立以发展素质教育为导向的义务教育质量评价体系,强化评价结果运用,健全立德树人落实机制,构建德智体美劳全面培养教育体系
	7月24日,中共中央办公厅、国务院办公厅印发《关于进一步减轻义务教育阶段学生作业负担和校外培训负担的意见》要求,全面贯彻党的教育方针,落实立德树人根本任务,着眼建设高质量教育体系,深化校外培训机构治理,构建教育良好生态
2022	7月25日,教育部等十部门印发《全面推进"大思政课"建设的工作方案》强调,坚持以习近平新时代中国特色社会主义思想为指导,聚焦立德树人根本任务,推动用党的创新理论铸魂育人,不断增强针对性、提高有效性,实现入脑入心
	10月16日,党的二十大报告提出,办好人民满意的教育,全面贯彻党的教育方针,落实立德树人根本任务,培养德智体美劳全面发展的社会主义建设者和接班人,加快建设高质量教育体系,发展素质教育,促进教育公平

三、新时代立德树人教育思想的主要内涵和体系建构

党的十八大以来,我国经济建设突飞猛进,中国特色社会主义进入新时代,社会主要矛盾转变为人民群众日益增长的美好生活需要与不平衡不充分发展之间的矛盾,以习近平同志为核心的中国共产党带领全国人民开始了追求民族复兴的伟大征程。2021年,我国全面建成小康社会,正在向全面建设社会主义现代化强国的新征程迈进。马克思主义经典理论告诉我们,经济基础决定上层建筑,经济发展对人的素质,特别是文化素质、思想道德素质提出了更高的要求,我国社会主要矛盾中"不平衡不充分的发展"包括了国民素质"不平衡不充分的发展"。因此,为了适应经济社会发展的需要,必须依靠教育,大力提高国民的思想道德素养。在中国特色社会主义新时代,立德树人教育思想有了新的时代内涵,这些内涵主要体现在习近平总书记关于立德树人的重要论述上。

党的十八大以来,习近平总书记对立德树人十分重视,多次做出深刻阐述,全面开启了立德树人教育思想发展新篇章。2014年5月4日,习近平总书记同北京大学师生代表座谈时指出,全国高等院校要走在教育改革前列,紧紧围绕立德树人的根本任务,加快构建充满活力、富有效率、更加开放、有利于学校科学发展的体制机制,当好教育改革排头兵;同年9月9日,习近平总书记同北京师范大学师生代表座谈时强调,好老师应该懂得,选择当老师就选择了责任,就要尽到教书育人、立德树人的责任,并把这种责任体现到平凡、普通、细微的教学管理之中。2016年12月7日,习近平总书记在全国高校思想政治工作会议上强调,要坚持把立德树人作为中心环节,把思想政治工作贯穿教育教学全过程,实现全程育人、全方位育人,努力开创我国高等教育事业发展新局面。2018年5月2日,习近平总书记在北京大学师生座谈会上指出,人无德不立,育人的根本在于立德;同年9月10日,习近平总书记在全国教育大会上讲话指出,要深化教育体制改革,健全立德树人落实机制,扭转不科学的教育评价导向,坚决克服唯分数、唯升学、唯文凭、唯论文、唯帽子的顽瘴痼疾,从根本上解决教育评价指挥棒问题。2021年4月19日,习近平总书记在清华大学考察时强调,广大青年要肩负历史使命,坚定前进信心,立大志、明大德、成大才、担大任,努力成为堪当民族复兴重任的时代新人。2022年3月30日,习近平总书记参加首都义务植树活动时叮嘱孩子们,要德智体美劳全面发展,努力成长为党和人民需要的有用之才。习近平总书记提出的这些新理论、新思想、新观点,既与党的教育方针一脉相承,又进一步阐释了立德树人在新时代教育中的地位和作用,是对立德树人教育思想的进一步深化和完善,是新时代落实立德树人根本任务的根本遵循。

在习近平新时代中国特色社会主义思想指引下,中国共产党立德树人教育思想不断发展,初步形成了完整的思想体系。在教育目的上,对于"树什么人"越来越明确,要求"为党育人,为国育才",即培养德智体美劳全面发展的、能够担当民族复兴大任的社

会主义建设者和接班人;在教育内容上,解决了"立什么德"的问题,形成了共产主义理想信念、爱国主义情怀、法治意识、科学精神、社会公德、品德修养六大方面的教育内容;在教育方式上,对于"如何立德树人"指明了路径,不仅要发挥学校育人的主渠道、主阵地作用,发挥家庭育人的奠基性作用,还要发挥社会育人、网络育人的重要作用,形成各种教育方式协同育人机制。中国共产党立德树人教育思想体系的形成和发展,为我国各级各类教育开展立德树人实践提供了根本遵循。教育系统要始终坚持从政治上看教育,不忘立德树人初心,勇担为党育人、为国育才使命。推进党的创新理论进教材进课程进头脑,用马克思主义中国化最新成果铸魂育人。深化新时代学校思想政治理论课改革创新,统筹推进大中小学思政课一体化建设,将社会主义核心价值观融入育人全过程,让广大青少年学生奏响"请党放心、强国有我"的时代强音,展现出昂扬向上的精神风貌和听党话、跟党走的坚定决心。

参考文献:

[1] 言宏,涂郁子.五大机制推进立德树人真正落实[N].浙江教育报,2021-04-28(03).
[2] 张宁娟.健全立德树人落实机制[N].中国教育报,2020-09-30(4).
[3] 冯建军.构建立德树人的系统化落实机制[J].国家教育行政学院学报,2019(04):8-18+46.

(本节执笔人:丁丹,张爱国)

第二节 加强中小学德育工作

中小学德育工作是社会主义精神文明建设的奠基工程,是提高全民族思想道德素质的基础性教育,是培养造就合格公民的重要手段,对促进学生全面发展起着重要决定性作用。改革开放以来特别是党的十八大以来,国家出台了一系列加强中小学德育工作的政策文件,湖北坚持"与时俱进办教育,以德为先育英才",创造性贯彻落实国家德育工作政策,不断加强和改进中小学德育工作,构建新时代中小学德育工作新格局,打造了湖北德育"新样板",让真理之光照亮了青少年学生的成长之路。

一、国家关于中小学德育工作的主要政策举措

改革开放以来,我国德育政策既有包含在国家宏观教育政策中、作为顶层设计的一个重要组成部分,也有综合反映德育改革与发展的总体方略的纲领性政策,还有针对德育改革与发展中的重大问题的专门政策。这三种德育政策在不同历史阶段发挥着不同的作用。作为国家宏观设计中的德育政策,主要对德育改革与发展起到重要引领作用;作为综合性德育政策,主要是全面反映德育改革与发展的总体要求与路径;作为针对性较强的专门德育政策,主要是突破性解决重大现实问题。

1. 从"四有新人"目标到"立德树人"定位:国家宏观教育政策中的德育方略

纵观改革开放以来我国宏观教育政策的发展历程,最先明确德育具有重要地位的政策文本主要有三个:一是1985年5月27日颁布的《中共中央关于教育体制改革的决定》,要求"所有这些人才,都应该有理想、有道德、有文化、有纪律"。二是1986年9月28日发布的《关于社会主义精神文明建设指导方针的决议》,明确了"培育有理想、有道德、有文化、有纪律的社会主义公民"。三是1993年2月13日发布的《中国教育改革和发展纲要》,要求"培养有理想、有道德、有文化、有纪律的社会主义新人"。特别是"四有新人"的提出,进一步明确了中小学德育工作的目标指向。

在提出"四有新人"目标的基础上,国家宏观教育政策对于学校德育工作始终高度关注,持续在一些重大政策中强调其重要性及目标指向。1998年12月24日,国务院批转教育部《面向21世纪教育振兴行动计划》指出:"加强和改进学校的德育工作。继续加强爱国主义、集体主义、社会主义理想教育,遵纪守法和社会公德教育,进行中华民族优秀传统和革命传统教育,实施劳动技能教育以及心理健康教育,培养学生具有良好的道德、健康的心理和高尚的情操"。1999年6月13日,中共中央、国务院发布《关于深化教育改革全面推进素质教育的决定》强调:"进一步改进德育工作的方式方法,寓德育于各学科教学之中,加强学校德育与学生生活和社会实践的联系,讲究实际效果,克服形式主义倾向。"2001年5月29日,国务院颁发《关于基础教育改革与发

展的决定》,明确了小学、初中和高中三个不同学段的德育目标。2004年3月3日,国务院发布《2003—2007年教育振兴行动计划》,将学校德育工作列为"新世纪素质教育工程"的重点着力领域。

2010年以来国家宏观教育政策涉及德育改革与发展的指导思想愈发凸显新时代"立德树人"的重要价值。2010年7月29日,中共中央国务院颁布《国家中长期教育改革和发展规划纲要(2010—2020年)》提出,坚持立德树人,把社会主义核心价值体系融入国民教育全过程。2012年,党的十八大报告强调:"全面贯彻党的教育方针,坚持教育为社会主义现代化建设服务、为人民服务,把立德树人作为教育的根本任务,培养德智体美全面发展的社会主义建设者和接班人。"2017年,党的十九大报告强调:"全面贯彻党的教育方针,落实立德树人根本任务,发展素质育,推进教育公平,培养德智体美全面发展的社会主义建设者和接班人。"2022年,党的二十大报告强调:"全面贯彻党的教育方针,落实立德树人根本任务,培养德智体美劳全面发展的社会主义建设者和接班人"。从党的十八大到党的二十大,党的纲领性报告连续强调"落实立德树人根本任务",足见其重要性和战略意义。

2. 从《中小学生守则》到《中小学德育工作指南》:指向实际应用的德育政策

改革开放以来,我国应用性、操作性强的德育政策,当推《中小学生守则》系列文本,因其是将学生道德发展作为最终旨归,对其日常行为规范作出明确引领的操作性文本。事实上,若以1952年首个《小学生守则》发布算起,改革开放以前,我国《中小学生守则》已有1952年、1955年、1963年等数个版本。改革开放以来,《中小学生守则》及《中(小)学生日常行为规范》又经历了1979年、1981年、1988年、1991年、1994年、2004年、2015年等数版。2004年,《小学生守则》和《中学生守则》合并为《中小学生守则》,《小学生日常行为规范》《中学生日常行为规范》的内容也有调整和补充。2015年,《中小学生守则(2015年修订)》颁布,从个人与国家、个人与社会、个人与他人、个人与自然之间的关系等角度对中小学生日常行为再次作出规范。

需要特别指出的是,试行于1988年、后经修订分别于1993年3月26日和1995年2月27日正式颁布的《小学德育纲要》和《中学德育大纲》是改革开放以来我国中小学德育工作最为重要的指导性文件之一,使我国中小学德育工作不断走向科学化、序列化和制度化,对于中小学德育工作起到了不可替代的指导作用。直到2017年8月17日《中小学德育工作指南》的发布,我国中小学德育工作进入了一个全新阶段。

根据《中小学德育工作指南》的要求,中小学德育工作主要围绕"1456"进行:"1"是构建一个德育工作体系,着力构建方向正确、内容完善、学段衔接、载体丰富、常态开展的德育工作体系,不断完善中小学德育工作的长效机制,促进德育工作的专业化、规范化、实效化。"4"是围绕四个阶段设计教育目标,即按照小学低年级段、小学中高年级段、初中学段、高中学段四个阶段,分层次设计教育目标,既强调针对性,又突出有机衔接和逐级递进。"5"是开展五项教育活动。即理想信念教育、社会主义核心价值观教育、中华优秀传统文化教育、生态文明教育和心理健康教育。"6"是明确六大实施途径,即通过课程育人、文化育人、活动育人、实践育人、管理育人与协同育人完成德育任务。

3. 从"三全育人"到"防治校园欺凌和暴力":指向解决现实问题的德育政策

为更好应对和突破性地解决德育改革与发展中出现的重大现实问题,不同的历史发展阶段,国家出台了很多针对性强的德育政策。这些德育政策的基本指向是德育主体、德育途径、德育内容三个维度,对于推动中小学德育改革与发展拥有更为强大的现实解释力和解决力。

从德育主体来看。一是针对师德建设发布的政策。教育部 2000 年 8 月 15 日的《关于加强中小学教师职业道德建设的若干意见》、2005 年 1 月 13 日的《关于进一步加强和改进师德建设的意见》、2013 年 9 月 2 日的《关于建立健全中小学师德建设长效机制的意见》等,均对中小学教师职业道德作出基本要求。二是针对班主任工作发布的政策。2009 年 8 月 24 日,教育部印发《中小学班主任工作规定》,强调中小学生日常思想道德教育的主要实施者是班主任,要切实加强班主任队伍建设,坚持育人为本、德育为先。

从德育途径来看。一是针对"显性学科德育"发布的政策。1989 年 11 月 8 日,国家教委印发《关于在中小学语文、历史、地理等学科教学中加强思想政治教育与国情教育的意见》,使学科德育工作得到加强;2007 年 12 月 17 日,教育部印发《初中思想品德课、高中思想政治课贯彻党的十七大精神的指导意见》强调,要抓住课堂教学、社会实践、校园文化和教师尤其是班主任队伍的建设等关键环节,认真做好中小学学习贯彻党的十七大精神的工作;2014 年 3 月 30 日,教育部印发《关于全面深化课程改革落实立德树人根本任务的意见》强调:"改进学科教学的育人功能";2019 年 6 月 23 日,中共中央、国务院印发《关于深化教育教学改革全面提高义务教育质量的意见》,从全面提高教育质量的角度,要求"构建德智体美劳全面培养的教育体系"。二是针对"隐性校园文化"发布的政策。2006 年 4 月 25 日,教育部印发《关于大力加强中小学校园文化建设的通知》强调:"全面开展校风、教风、学风建设;组织开展形式多样的校园文化活动;重视校园绿化、美化和人文环境建设";2006 年 11 月 17 日,教育部印发《关于在全国中小学开展创建和谐校园的意见》指出:"注重校园文化建设,提高校园文明水平";2015 年 9 月 22 日,教育部印发《关于深入开展文明校园创建活动的实施意见》提出:"充分发挥广大师生参与文明校园创建的积极性,把学校建成培养中国特色社会主义建设者和接班人的坚强阵地"。

从德育内容来看。改革开放以来,国家特别重视对广大青少年进行爱国主义教育,爱国主义教育是各类教育的主旋律。1983 年,中共中央宣传部、中共中央书记处研究室印发《关于加强爱国主义宣传教育的意见》,打破了改革开放初期没有专门的爱国主义教育政策的局面,奠定了改革开放后爱国主义教育思想及其政策的基础。1994年,中共中央印发《爱国主义教育实施纲要》;2019年,中共中央、国务院印发《新时代爱国主义教育实施纲要》,对爱国主义教育的基本原则、主要内容、实施对象、氛围营造、典型宣传等进行了全面部署。此外,国家多个文件就开展爱国主义教育专题活动进行了具体安排。比如,《关于以我国政府恢复对澳门行使主权为主题,在大中小学生中深入开展爱国主义教育活动的通知》(1998年)、《关于围绕庆祝新中国成立60周年深入开展群众性爱国主义教育活动的意见》(2009年)、《关于在全国各级各类学校深入开展"爱学习、爱劳动、爱祖国"教育的意见》(2013年)、《关于在广大知识分子中深入开展"弘扬爱国奋斗精神、建功立业新时代"活动的通知》(2018年)、《关于在中小学组织开展"从小学党史永远跟党走"主题教育活动的通知》(2021年)等,都是国家结合形势对爱国主义教育作出部署,有鲜明的时代特色。同时,国家针对性较强的德育政策还指向了毒品预防教育、法制(法治)教育、民族精神教育、文明礼仪教育、心理健康教育、网络道德教育、时事教育、劳动教育、防治校园欺凌和暴力、节粮教育等。

总之,改革开放以来我国中小学德育政策积极适应时代发展,注重理论知识支撑,着力解决现实问题。在指导思想上,愈发明晰"立德树人"的根本性地位;在决策过程中,愈发注重多元主体广泛参与;在政策执行上,愈发强调"本土生成"的实施思路,为培养德智体美劳全面发展的社会主义建设者和接班人提供了根本遵循和行动指南。

二、湖北中小学德育工作的主要政策及施行效果

改革开放以来特别是党的十八大以来,湖北全面贯彻党的教育方针,认真落实《中小学德育工作指南》《新时代爱国主义教育实施纲要》等文件,紧紧抓住德育常规管理、创新驱动、主题教育、社区德育、德育评价、课程建设、队伍建设、德育科研等关键环节,创新活动载体,丰富德育形式,不断增强中小学德育工作的科学性、针对性和实效性,培养了一大批德才兼备的社会主义建设者和接班人。

1. 多维度探索德育工作新模式

各地以创新为武器,积极探索德育工作新模式,取得了一系列突破和成效。比如,武汉市实施有效德育建设工程,积极探索德育工作新模式。其基本思路是:整体规划中小学德育,构建并实施中小学有效德育目标、内容、路径、评价及推进体系,落实全程育人、全员育人、全方位育人目标,通过德育课程化、任务项目化、项目课题化等方式,将德育研究与行政推动、试点探索与全面推进相结合。德育目标体系聚焦培养学生"爱的情感、雅的言行、新的意识、善的品质、美的志趣"五大核心素养,德育内容体系突出年级递进、学段衔接的教育序列,德育路径体系重在"行为规范、班级建设、课程融合、实践体验、全员合力、三位一体"六大育人项目建设,德育推进体系强调多维度、立体式协同推进,德育评价体系实行教育行政部门德育等级评价、学校德育星级评价和学生道德发展水平评价,形成了生动有效的育人格局。

案例2-1

部分学校积极创建各具特色的德育模式

武汉市解放中学引导学生开展走进现代农业、走进现代企业、走进军营、走进现代企业、走进社区等"八大走进"活动,让学生在自主参与中体验成长;开发以"穿好衣、理好发、背好包、走好路、说好话、上好课、写好字、做好操、扫好地、交好友"为核心内容的"十好课程",让学生在自主选择中培育责任。荆州市沙市区努力探索震撼心灵、感动生命、高效美善的魅力德育模式,组织编写了《生态体验式道德价值观教育活动课程》,打造蕴含核心素养的"四名工程"(名人、名著、名诗、名曲)"经典诵读""诗意大课间"等高品质区域德育经典品牌。京山县以"爱鸟爱自然,做个环保人"观鸟摄鸟活动为切入点,以课堂教学、校园文化、生态实践活动为载体,努力践行生态道德教育,提升学生品质,带动每个家庭,影响整个社会。

——资料来源:根据各地德育工作总结材料整理

湖北省教育厅高度重视促进学校教育、家庭教育、社会教育紧密结合,大力推行"社区德育模式",提高德育整体效益。2003年以来,湖北省教科院(所)组织近200个实验学校开展社区德育理论与实践研究,出版专著《社区德育策略》,并取得了良好的实践效果。2012年,省教育厅印发《关于开展中小学德育"五项专题"研究与实验的通知》,组织开展大型德育实践研究活动,将"社区德育模式构建研究"纳入其中,进一步推动了社区德育模式在湖北各地的蓬勃发展。

 案例2-2

部分县市和学校探索社区德育模式

红安县开发红色资源,建立革命传统教育基地,目前有260多个省内外机关团体及大专院校、部队院校在红安挂牌建立"革命传统教育基地"。安陆市充分利用地域文化资源,创造性地开展校园文化建设,紫金路小学"汉东书院的传说"入选省级非物质文化遗产名录,烟店镇中《弘扬李白文化,促进内涵发展》被省教育厅评为优秀德育案例。宜昌市点军区围绕"培育阳光大气学生品质,打造城乡统筹教育新区"目标,以成就学生、服务家长、发展学校为出发点,努力构建家庭教育、社会教育、学校教育"三育人"网络,创建了具有点军特色的学校社区共建模式。

——资料来源:根据各地德育工作总结材料整理

2. 多领域开发德育课程资源

德育课程是德育的重要载体,是开展德育活动的基本依据,对于规范德育行为、提高德育实效具有不可替代的作用。湖北高度重视德育课程的意义和作用,在全面落实国家课程的前提下,积极开发地域和校本课程资源,加强地方德育课程和校本德育课程建设,有效推动了全省中小学德育工作。

部分地区和学校探索具有地方特色的德育课程

宜昌市挖掘水电、巴楚等特色文化资源,开发《长在宜昌》系列地方课程。宜昌市桃花岭小学编写针对不同年级教学的校本教材《国风楚韵》,通过读、写、说、唱、画、演等形式,把学生引上诗情画意的精神之旅。

麻城市研发了独具特色的"乡土乡情"研学旅行课程,按科学、人文、艺术三个领域的内容,设计了15个微主题,每个微主题包括活动背景、目的、准备、对象、过程、检测、绩效评价、拓展提升等内容。

沙市大赛巷小学开设校本课程《美少年成长》,组织教师编写了《舞之恋》《楚之韵》《绿色家园》等20本校本教材,将具体目标分解为覆盖核心素养的十大美少年称号,形成了美少年成长的目标体系。

十堰市东风50学校以培育"自信(内在)、善行(外在)、幸福(统一)"的少年为育人目标,提炼了以"博、体、雅、趣、情"为核心素养的五条主线,进行课程设计与开发,形成了"五礼"仪式课程和"六节"活动课程。

——资料来源:根据各地德育工作总结材料整理

3. 多形式加强德育队伍建设

湖北各地教育行政部门和学校高度重视德育队伍,特别是班主任队伍建设。省教育厅注重加强省级德育骨干教师培训,依托"国培计划"培训平台,采取集中培训的方式,对中小学德育校长、班主任、生命安全和心理健康教育教师、少先队辅导员进行专项培训,助推德育队伍专业化成长。省教科院(所)自2008年起举办了六届湖北省中小学德育专家讲坛,邀请全国知名德育专家授课,每期培训600—900人。省教育学会中小学德育专业委员会、学校教育心理学专业委员会,湖北省中小学学校文化研究会、湖北省心理学会等群团组织,每年举办学术年会和学术论坛,开展德育学术研讨和经验交流,对于帮助教师树立先进教育理念、提高教育效能发挥了积极作用。

部分学校和县市切实加强德育队伍建设

蕲春一中制订德育工作岗位职责条例,分别对各科室和教职工规定了各自的德育职责,强化"全员德育"意识,使"人人都是德育工作者"的目标在校园得到实现;同时,建立系统的学习培训制度,采取集体培训、年级组指导、个别带教等方式,对班主任的师德、能力、工作艺术等进行针对性的培训。

宜昌市夷陵中学实行学生成长导师制,所有专任教师都成为学生的成长导师,都承担育人责任,学生可以自由选择成长导师,形成师生"一对一"教育模式;西陵区东方红小学通过"杏坛先锋"宣讲团讲出班主任智慧;伍家岗区实验小学开展卓雅讲坛活动,让全体老师有交流平台。

潜江市建立班主任表彰奖励制度,努力打造以"功勋班主任""十佳班主任"和"优秀班主任"为代表的优秀教师团队,营造了"人人争当班主任,人人争当优秀班主任"的良好氛围。

——资料来源:根据各地德育工作总结材料整理

4. 多举措加强校园文化特色品牌建设

2014年11月,省教育厅印发《关于进一步加强中小学校园文化建设的指导意见》,要求按照"一校一品"的原则,培育一批在全国有影响的校园文化建设特色校、示范区,探索形成校园文化建设的长效机制。全省各地教育行政部门和学校充分利用区域和校本资源优势,打造富有特色、效果良好、影响较大、社会认可度较高的德育实施模式,形成学校德育特色和文化品牌,有效促进了学校发展。全省各地涌现出了一大批学校文化建设的先进典型,许多地方"一校一品"格局初步形成。

部分地市推进"一校一品"校园文化建设

孝感市出台指导意见,从学校科学发展、优化管理、孝德教育、文化浸润等方面进行谋划,努力在全市青少年学生中形成知孝、行孝、扬孝、向上、向善的良好氛围,以孝德教育引领学生成长。宜昌市以"六好校园"系列创建,推动校园文明水平提高,全市初步形成"一校一品·一校一特"校园文化格局。襄阳市积极推进中小学"一校一品、一校多品"创建,以文化之长,补资源之短,以学校个性化发展助力教育均衡,提升区域教育整体发展水平。

——资料来源:根据各地德育工作总结材料整理

表 2-2　湖北省部分学校德育特色品牌

区域	学校	特色	区域	学校	特色
武汉市洪山区	广埠屯小学	雅行教育	襄阳市襄城区	襄阳七中	社团文化
	街道口小学	尚美教育		二十三中	和文化
	武珞路小学	生命德育		新集中学	农耕文化
	鲁巷实验小学	兴趣德育		三十六中	修身文化
	洪山实验外国语学校	体验教育	保康县	歇马镇梅花小学	梅文化
	卓刀泉中学和平校区	和·融教育		两峪乡中心学校	根文化
	洪山高中	雷锋文化		店垭镇万寿小学	竹文化
潜江市	市二实小	和雅教育		温泉小学	健康教育
	园林一小	生命教育		理工中专	尊重教育
	王场小学	奥运文化		实验中学	孝雅教育
	周矶逸夫小学	家文化		实验小学和草盘镇小学	儒雅教育
	杨市黄脑小学	竹文化			
黄石市	下陆小学	孝道文化	英山县	南河中学	欣赏教育
	有色小学	书香文化		长冲中学	和雅教育
	马泉寺小学	象棋文化		北流水小学	和谐教育
	铁山三小	书法文化		红山中学	感恩教育
	中山小学	阅读文化和民俗体育文化		金铺镇中学	阳光教育
				雷店中学	幸福教育
	广场路小学	"尚真"文化		白石坳小学	尚美教育
	十八中	感恩励志文化		莲花小学	扬长教育
	十七中	幸福教育		孔坊中学	尚爱教育
	二十一中	"三生"教育		二程中学	和合教育
	十六中	自主教育	蕲春县	南征中学	"孝"文化
	龚家巷小学	礼仪文化		张体学中学	"红"文化
	磁湖小学	绿润文化		横车中学	"雅"文化
	民主街小学	爱的教育		横车中心小学	"乐"文化
	湖滨路小学	艺术特色		县实验小学	"荷"文化
	阳新三中	国学教育		县第二实验小学	"正"文化
襄阳市襄城区	荆州街小学	楹联文化		实验中学	"诗词"文化
	昭明小学	红色文化		毓华中学	"励志"文化
	二十五中	创新文化		胡风中学	"责任"文化

5. 多途径开展社会主义核心价值观教育

自 2012 年以来,全省中小学积极探索社会主义核心价值观教育的具体方法和有效路径,努力将社会主义核心价值观教育融入课堂教学主渠道、融入校园文化、融入学校管理、融入社会实践活动、融入地方课程和校本课程。省委宣传部、省教育厅、省广播电视台印发《关于在全省中小学开展"朝读经典·践行社会主义核心价值观"教育活动的通知》,倡导全省幼儿园开展"起点阅读",中小学开展"朝读经典"活动,把中华优秀传统文化教育作为培育和践行社会主义核心价值观的重要措施和手段。全省中小学每周安排不少于 3 个朝读时间,每次不少于 20 分钟,让学生诵读经典,每两周安排一个课时,为学生讲解经典。大力开展"中华优秀传统文化进校园"教育活动,深入开展创建中华优秀传统文化艺术传承学校活动,让各种传统艺术形式进校园、进课堂,取得了良好的教育效果。

案例2-6

部分地区和学校积极开展经典诵读和传承活动

武汉市武昌区每天早上安排 20 分钟诵读时间,每天中午安排 20 分钟习字时间,推进"晨诵经典、亲近母语"工程。黄冈市开展"中华诵·东坡诗词"经典诵读活动,全市中小学校利用晨读、课外活动时间,每周安排不少于 1 学时的活动时间开展东坡诗词经典诵读活动。宜昌市桃花岭小学通过订制"古典诗词银行储蓄卡",举办"四月桃花诗词节",竞选"诗词秀才、举人、状元"等形式,激励学生诵读、背诵古典诗词。襄阳市昭明小学开展戏曲进校园活动,编写了校本教材《京腔京韵润昭明》,并纳入教学计划,落实课时。仙桃市第三实验小学组织编写《沔阳民歌》《沔阳雕花剪纸》《沔阳花鼓戏》等校本教材,学校课题成果被评为"第五届全国教育科学研究优秀成果特等奖"。

——资料来源:根据各地德育工作总结材料整理

6. 多层次推进爱国主义教育读书活动

为落实立德树人目标,引导青少年树立正确的世界观、人生观、价值观,湖北每年由省全民阅读办公室、团省委、省教育厅等单位联合组织开展面向广大青少年学生的爱国主义读书活动。每届读书活动都根据社会发展形势和学生成长需要确定一个主题,针对不同年龄段的青少年,分别编写小学低年级、小学中高年级、中学生和青年读本。与读书活动相配合,还有形式多样、丰富多彩的征文、演讲、才艺表演、劳动技能竞赛和夏令营等活动,深受广大青少年学生的欢迎。截至 2021 年,全省爱国主义读书活动举办了22届,其中,第21届读书活动(2020年)的主题是"新时代爱国卫生运动与传染病防治",第22届读书活动(2021年)的主题是"与爱同行,护航成长",都体现了鲜明的时代性,每届都有数百万学生参加。

7. 多渠道加强中小学生心理健康教育

2014年1月,湖北省教育厅印发《关于在全省中小学开设生命安全教育、心理健康教育课程的通知》,在全省中小学全面开设心理健康课程,按照每两周1个课时的要求,义务教育学段在地方课程计划课时中安排,高中学段在综合实践课和校本课课时中安排。2014年10月,省教育厅印发《关于加强中小学生命安全教育心理健康教育课程管理工作的通知》,就开课基本要求、教育活动方式、教师队伍建设、课程系统研究和课程跟踪评价提出具体要求,保障心理健康教育课程的开课质量。2020年初,为有效开展新冠肺炎疫情防控,省委教育工委、省教育厅印发《关于针对新型冠状病毒感染的肺炎疫情开通心理健康支持热线和网络心理辅导服务的通知》,要求组织全省高校心理健康教育专家,开展网络辅导服务。教育部华中师范大学心理援助热线平台开通,汇聚1200多所高校和相关机构的心理咨询师4000多人,为广大学生及其家长提供心理援助服务。同时,全省中小学按照省教育厅提出的"统一要求、全面推进、典型示范、逐步提升"的策略,积极创新心理健康教育模式,取得良好效果。

> **案例2-7**
>
> **部分地市结合实际推进心理健康教育**
>
> 武汉市分四批评定心理健康教育合格学校289所、第一批示范学校58所,建立市、区、校三级联动机制,成立市中小学心理健康教育发展中心,建立中小学心理健康教育服务平台,实现对相关对象的集成化、专业化服务。天门市实施心理健康教育"三三模式":一是行政推动,构建以行政主导、中心指导、学会引导为内容的"三导式"运行机制;二是上下联动,创建包含"校领导小组——专兼职心理教师——心育委员"的"三级"工作平台,建立全方位、立体式心理健康教育网络和心理危机预警、干预机制;三是依托阵地建设、活动开展、课题研究三个载体,关注学生个性差异,提升心理健康品质。宜昌市出台《中小学心理健康咨询室建设评估标准》《中小学心理健康教育指导意见》等文件,加强专职心理健康教师配备,城区高中实现心理健康教师专职化;编写《中小学心理健康教育百问》读本,开展中小学生和教师心理健康状况筛查,全市有3所学校入选全国心理健康教育特色学校。
>
> ——资料来源:根据各地德育工作总结材料整理

8. 多层级组织研学旅行教育实践活动

湖北省教育厅于2017年9月印发《湖北省中小学生研学旅行试点实施意见》，确定武汉、麻城、荆门、宜昌、荆州、黄冈、孝感、鄂州等8个地区为省级研学旅行试点地区，要求试点地区和学校将研学旅行纳入中小学教育教学计划，做到有课时、有师资、进课表。根据省教育厅要求，各地教育行政部门和学校积极开发课程，建设基地，组织学生走出课堂，用行走的方式感受知识、理解世界，促进书本知识与实践活动的深度融合，达到"知行合一"目的，全面提高学生的核心素养。

部分地区组织开展研学旅行教育实践活动

宜昌市成立全市中小学生研学实践教育指导中心，遴选确定了37个研学旅行基地、15家挂牌旅行社，做到了资质健全、课程丰富、服务规范、设施齐全、安全有序。孝感市开展"孝德文化"研学之旅，建立了紫湖孝文化研学基地，开展"知孝懂孝""孝心孝行""崇孝评孝"等主题突出的孝文化活动，形成浓厚的孝文化教育氛围。红安县做大做强"红色研学"品牌，全县集中力量新建了1处高标准的中小学生研学实践教育营地，开发了7条红色研学线路、60多门研学课程，接待省内外中小学生40余万人次，获批"全国中小学生研学实践教育基地"。

——资料来源：根据各地德育工作总结材料整理

9. 多角度推进德育课题研究

省教育厅每年通过在教育科学规划课题和社会科学研究基金立项中安排一定数量的德育研究项目，组织开展德育科研，为领导决策服务，为中小学德育实践服务，提高德育工作的针对性、科学性和有效性，发挥了重要的引领和推动作用。2012年4月，省教育厅印发《关于启动和推进中小学德育"五项专题"研究与实验工作的通知》，由省教科院(所)牵头，以"行政推动、科研引领、区域推进、学校实施"的方式在全省组织开展"社会主义核心价值体系融入中小学教育全过程研究""学校文化建设的内容与途径研究""中小学生心理健康教育的机制与模式研究""社区德育模式构建研究"和"中小学德育工作考评估策略研究"，来自71个县(市、区)的484个单位承担课题研究任务，对解决德育工作的实际问题、优化教育过程、提高德育实效作出了积极贡献。"五项专题"研究项目在有效促进学校内涵式发展的基础上，创建德育特色品牌，孵化和造就了一批全国和省级德育先进典型和优秀案例。

湖北省中小学德育"五项专题"研究结硕果

自2012年以来,在湖北省中小学德育"五项专题"研究与实验课题学校中形成了一批全国和省级德育先进典型和优秀案例。武汉市楚才中学等6所课题学校入选全国中小学德育工作典型经验名单和"一校一案"落实《中小学德育工作指南》典型案例;31所课题学校入选湖北省中小学德育工作典型经验名单和"一校一案"落实《中小学德育工作指南》典型案例。

——资料来源:根据教育部和湖北省教育厅文件整理

三、加强和改进湖北中小学德育工作的策略建议

落实立德树人根本任务,必须明确"落实什么"和"如何落实"。"落实什么"指向立德树人的目标和内容,"如何落实"指向立德树人的机制和方式。只有明确"落实什么",才能保证"如何落实"不偏离目标。进入新时代,因应新形势,湖北必须全面贯彻落实党中央的决策部署,结合湖北实际,以培育社会主义核心价值观为核心,以坚持"五育"并举、促进学生全面发展为目标,全面落实立德树人根本任务,着力培养堪当民族复兴大任的时代新人。

1. 丰富德育内容,促进学生全面发展

强化价值引领,凝聚向上向好的精神力量。一是引导学生树立坚定正确的政治信念。加强宣传教育,引导学生深入了解中国革命史、中国共产党史、改革开放史和社会主义发展史,深刻领会中国共产党的初心和使命,领会实现中华民族伟大复兴是中华民族近代以来最伟大的梦想,培养学生对党的政治认同、情感认同、价值认同,牢固树立为共产主义远大理想和中国特色社会主义共同理想而奋斗的信念和信心。二是大力培育和践行社会主义核心价值观。将社会主义核心价值观教育融入课堂教学主渠道,融入校园文化,融入学校管理工作,融入共青团、少先队活动,融入社会实践活动,融入地方课程和校本课程,努力培养有品质、品格、品味的人。三是对学生进行价值教育。引导学生学会仰望星空,思考生命的意义、学习的价值、人生的责任,帮助学生形成正确的世界观、人生观和价值观,培育胸怀气度、责任担当,成为有格局的人。

开展中华优秀传统文化教育,弘扬、培育民族精神。一是大力培育民族精神。将中华优秀传统文化教育与社会主义核心价值观教育相结合,帮助学生把握中华优秀传统文化的精髓,致力于培植学生的文化自信和民族自豪感。二是深入推进经典诵读活动。常态化推进幼儿园"起点阅读"、中小学"朝读经典"主题教育活动,开展"同声诵经典"校园展演活动,实现全域全覆盖。三是整合优质资源。优化传统文化教育环境,大力推进传统文化进校园活动,认真组织实施戏曲进校园、非遗传承进校园等活动。四是组织实施

孝德教育等专题教育活动。组织开展以"知孝理、讲孝德、践孝行"为主题的孝德教育系列活动。重视家风家训教育,组织开展"讲家训、写家书、传家风"主题教育活动。

开展生态文明教育,推广健康低碳的生活方式。一是树立生态文明意识。将生态文明与可持续发展教育融入学科教学,通过开展生态科普知识竞赛、专题讲座、兴趣小组等活动,向学生普及生态文明知识,引导学生树立尊重自然、顺应自然、保护自然的发展理念,形成可持续发展观。二是推进生态教育实践。构建和谐生态校园,让学生在建设、共享卫生、美丽的校园环境的过程中,强化积极情感体验。开展节粮节水节电教育活动,推动实行垃圾分类,倡导绿色消费,让生态文明意识转化为环保实际行动,让学生逐步养成文明行为与健康的生活方式。

扎实开展心理健康教育,培养健康积极的心理品质。一是多种途径开展心理健康教育。通过开设心理健康活动课、依托心理辅导室进行个别与团体辅导、在学校和班级教育教学活动中融合渗透等途径开展心理健康教育,培养学生积极的心态和良好的个性心理品质。二是加强心理健康教育师资队伍建设。每所学校至少配备一名专职或兼职心理健康教育教师,逐步配齐心理健康教育专职教师,推动心理健康教育专业化发展。三是加强中小学校心理健康教育检查和督导评估,确保心理健康教育开足课时、教材实现全覆盖、教师配备到位、效果良好。

2. 拓展德育路径,实现全方位育人

加强学校文化建设,落实以文化人。一是树立德育为首的学校文化观。完善办学顶层设计,确定体现学校特点和办学理念的校徽、校训、校规、校歌、校旗,凸显学校的精神文化。二是营造体现时代特征和学校特色的育人氛围。深入开展"美丽校园"建设,加强学校图书馆、阅览室、荣誉室、陈列室、校史室以及公示栏、展示窗、显示屏、广播站、电视台、校园网等设施建设,进一步丰富校园文化载体。三是推进德育特色品牌创建。按照"一校一品"的要求,培育一批在全国有影响的学校文化建设特色校、示范区。四是强化班级教育。充分发挥班主任和科任教师的主观能动性和创造性,共建班级共同体,共营班级文化,共创班级生态,促进学生个性化发展。

强化德育主渠道,将德育融入学科教学全过程。一是上好中小学思想政治教育理论课。充分发挥课堂教学主阵地、主渠道作用,创新实施启发式、讨论式、探究式、体验式、趣味式等教学方式。深化课堂教学改革,讲好德育故事,用好信息技术及慕课、微课等教育手段,增强课堂感染力,建设魅力课堂。二是提升学科德育融合水平。落实课程融合,在教材和活动方案中实现德育与学科教学内容的有机结合;落实课堂融合,让学生认识、理解学科教学内容中的道德内涵和人文价值,营造民主、平等、公平、和谐、活泼的课堂氛围,让课堂成为教师和学生共同的道德实践场所;落实日常融合,在师生的日常学习过程中学习和体现道德精神。三是重视德育课程建设。在全面落实国家课程的基础上,统筹安排地方和学校课程,加强法治教育、廉洁教育、反邪教育、文明礼仪教育、环境教育、心理健康教育、劳动教育、传统文化教育、毒品预防教育、影视教育等专题教育课程建设,打造富有湖北特色的德育课程矩阵。

坚持活动育人,提高学生的综合素养。一是利用节假日、纪念日开展教育活动。增强传统节日的体验感和文化感,集中开展爱党爱国、民族团结、热爱劳动、尊师重教、爱护环境等主题教育活动。二是开展仪式教育活动。严格中小学升挂国旗制度,严格入团、入队举行仪式活动的制度,倡导举办入学仪式、毕业仪式、成人仪式等有特殊意义的仪式活动。三是开展校园节(会)活动。学校每学年至少举办一次科技节、艺术节、运动会、读书会,培养学生兴趣爱好,充实、丰富学生校园生活。四是开展社团活动。根据学生不同的年龄阶段,指导和帮助学生组建体育、艺术、科普、环保、志愿服务等各类学生社团,通过开展丰富多彩的社团活动,激发学生的兴趣爱好,培养学生的能力特长。五是开展专题教育活动。继续开展"爱国主义教育读书活动""少年传承中华传统美德"主题教育活动、"圆梦蒲公英"暑期主题活动,确保少先队活动时间。

创新实践育人,培养学生的责任意识和实践能力。一是利用各种校外教育场所开展主题实践。利用爱国主义教育基地、公益性文化设施、公共机构、企事业单位、各类校外活动场所、专题教育社会实践基地等资源,开展不同主题的实践活动。二是加强劳动实践。引导学生积极开展自我服务劳动,积极参与力所能及的家务劳动、校内劳动和校内外公益劳动,帮助学生了解劳动的意义和价值,懂得劳动最美丽,劳动者最光荣,培养学生勤劳节俭、坚忍不拔、勇于创新的劳动品质,养成热爱劳动的习惯。三是开展研学旅行教育实践活动。将集体旅行与探究性学习相结合,培养学生的自理能力、创新精神和实践能力。以互联网为基础建立服务平台,对全省的社会实践及研学旅行资源进行统筹,遴选推广典型线路,实现资源共享,增强教育效益。

推行社区德育模式,提高教育整体效益。一是利用社区德育资源开展主题教育活动。如利用社区中的红色资源,对学生进行爱国主义教育;从社区名人资源和文化资源入手,对学生进行热爱家乡、热爱本土民族的教育;利用社区小康社会建设的丰富资源,对学生进行热爱社会主义、热爱中国共产党的教育。二是加强学校社区共建。建立并实施社区德育资源共享制度,相关社区主体互相提供教育场所,安排教育人员,以无偿共享、有偿共享、优惠共享、优先共享等方式实现教育资源共享,实现学校教育与社会教育之间的沟通和协调。三是强化家校合作。建立健全家校联系制度,搭建家校联系网络平台,组织开展"家长体验日""家长授课日"等活动,实现"开门办学",接受社会和家庭的监督,共同营造良好的育人氛围。

3. 加强德育管理,落实全程育人

完善德育评价制度,建立德育工作刚性约束机制。一是实施星级德育学校考核评估制度。省一级制定星级德育学校考核评估指标体系和实施方案,评选德育达标学校和德育示范学校。二是实施效能化学生品德评价制度。实行发展性评价,将过程性评价与终结性评价相结合,开展动态评估,鼓励正向发展,推动学生不断进步;实行多元化评价,从不同角度,全面考察、评价学生的发展状态,促进学生的个性化发展;实行有

效性评价,将学生品德评价纳入学生综合素质评价体系,切实增强学生评价的刚性约束作用。三是强化榜样示范。开展德育"百优"创建活动。每两年评选100所德育示范学校(含学校文化建设示范学校、学校社区共建示范学校、实践育人示范学校和心理健康教育示范学校)和100节德育示范课(含思想政治教育理论课示范课、班队会活动示范课)。在此基础上评选德育精品案例,进行网络展播,推广先进经验。

实施"互联网+德育",打造数字德育工程。建立湖北省中小学德育网,打造集教育行政、科研和群团组织功能于一体的全省性德育工作平台。建立网络德育课程资源库,存储、整合、展示中小学德育课程资源,包括优质课资源和参考资料、主题班会优质课、主题教育序列活动、心理健康教育等德育课程资源。建立学生、老师和家长互动平台,包括班级主页、班级QQ、班级论坛和网上家长学校等,占领网络德育阵地。建立德育专家资源库,形成学校、教师与德育专家之间的互动平台。建立全省学生道德素质数据库,为效能化德育评价提供信息及技术支持。

4. 加强德育队伍建设,促进全员育人

加强师德师风建设,提高教师的关键职业能力。一是开展师德养成教育。依靠师范教育、职后培训和教师自我教育等途径,开展教师养成教育,培育良好的师德师风。二是坚持"以德为先"标准。严把教师准入关,按照"以德为先"的要求规范教师聘用工作。建立教师信用档案,将教师信用记录作为师德考核的重要依据。完善考核制度,把师德表现列为评先评优的首要条件,对师德出现严重问题的教师实行"一票否决制"。三是加强教师心理健康工作。开展教师心理咨询和辅导,帮助教师提高情绪管理和心理自我调节能力,克服消极心理,培育积极心理。

实行全员导师制,打造全员育人模式。所有教师,包括科任教师、班主任、部门负责人、校长、副校长都成为学生的成长导师,对学生的思想品德、学习方法、心理成长、社会交往、特长培养、生涯规划等方面予以关注和指导,形成齐抓共管的教育工作新机制。开展中小学班主任基本功展示交流活动,促进班主任专业化发展。通过"育人故事""带班方略""主题班会"等方面的技能展示,发现典型,选树先进,形成榜样激励,促进班主任队伍的整体提升。

强化表彰激励机制,提升德育队伍内生动力。定期表彰和奖励师德典型和德育工作先进个人。每两年评选一次省级"十佳班主任""优秀班主任"和"德育先进工作者",并对获奖人员给予奖励。各市(州)、县(市、区)可以自行评选相应层级的师德典型和德育工作先进个人,并予以奖励。加强名班主任工作室建设,以省级"十佳班主任"为主持人,建立名班主任工作室。各市(州)、县(市、区)可以自行开展相应层级的名班主任工作室建设。

5. 完善德育保障条件,确保德育有效实施

加强组织领导,建立良好教育生态。各级教育行政部门要积极争取党委、政府支持,把学校德育工作列入重要议事日程,每年召开一到两次专门会议,研究学校德育工作,制定加强德育工作的措施和办法。学校要建立党组织领导、校长负责、群团组织参与、家庭社会联动的德育工作机制,发挥学校党组织政治核心作用,切实加强对学校德育工作的领导。加强部门协调,各部门组织、指导中小学开展德育活动,必须事先商教育行政部门同意,避免频繁开展活动,减轻学校负担,保证学校工作有序进行。

健全制度机制,维护师生合法权益。制定规范的教育惩戒制度,确保教师能够采用必要的、恰当的惩戒手段。建立公安、司法部门及时介入机制,坚决制止"校闹"现象。建立政府主导的责任与风险分担机制,确立政府、学校、教育管理部门、学生及其家庭和社会保险机构等责任主体,共同分担学生意外伤害事故责任与风险,合理减轻当事家庭的损失和伤害,减轻和克服对学校的干扰和冲击。

加大德育经费投入,加强德育基础建设。各级教育行政部门和中小学校要将德育工作经费纳入年度预算,支持中小学生的社会实践和有益身心健康的文体活动、开展表彰宣传德育先进典型、加强德育研究。实行德育干部、班主任和思政课教师轮训制度,按照3年一个周期,对中小学德育副校长、政教主任等德育干部,对班主任、思政课教师和心理健康教育教师进行分级轮流培训。

坚持德育研究培训一体化,加强德育科研引领。依托省、市(州)、县(市)教育科研机构成立学校德育研究与指导中心,开展大中小学德育的研究和指导工作,实现德育管理专业化。依靠高校和相关学术团体开展德育研究和决策咨询活动,通过召开学术年会、举办德育工作论坛及评选优秀德育论文、优秀教育案例等活动,引导、鼓励广大教育工作者探索德育规律,积极创造求新。大力开展中小学校本德育研究,提高教育过程的科学性和有效性。

参考文献:

[1] 冯铁山,詹万生.整体建构学校德育体系与中小学德育课程改革[J].教育科学研究,2005(05):47-50.

[2] 谢春风.理解和把握大中小幼一体化德育体系建设的时代特征[J].北京教育(普教版),2020(12):14-16.

[3] 林丹,王静,白秋晶.改革开放以来我国中小学德育政策分析:内容、特点与走向[J].教育科学研究,2021(02):50-56.

[4] 李彩彦.改革开放以来爱国主义教育政策文本分析[J].高教论坛,2021(7):115-121.

(本节执笔人:张爱国)

第三节 加强高校党建与思政工作

党的十八大以来,湖北坚持以习近平新时代中国特色社会主义思想为指导,切实加强和改进党对高校的领导,突出思想引领,夯实党建基础,强化思政实效,为高等教育高质量发展注入"源头活水",激发了蓬勃活力。

一、党和国家关于高校党建与思政工作的主要政策举措

高度重视高校党建和思政工作是十八大以来一个十分鲜明的特点。党中央始终强调要坚持党对教育工作的全面领导,坚持社会主义办学方向,坚持马克思主义指导地位,坚持不懈用习近平新时代中国特色社会主义思想铸魂育人,切实加强高校党的建设和思想政治工作,努力培养德智体美劳全面发展的社会主义建设者和接班人,培养堪当民族复兴大任的时代新人。

1. 高度重视,周密部署

召开了一系列重要会议。2016年12月7—8日,全国高校思想政治工作会议召开,习近平总书记出席会议并作重要讲话,强调高校思想政治工作根本在于做人的工作,中心环节在于立德树人,核心在于提高人才培养能力。2018年9月10日,习近平总书记在全国教育大会上指出,教育必须把培养社会主义建设者和接班人作为根本任务,加强党对教育工作的全面领导是办好教育的根本保证。2019年3月18日,习近平总书记主持召开学校思想政治理论课教师座谈会并发表重要讲话时强调,我们党立志于中华民族千秋伟业,必须培养一代又一代拥护中国共产党领导和我国社会主义制度、立志为中国特色社会主义事业奋斗终生的有用人才。中组部、中宣部和中共教育部党组定期召开全国高校党的建设工作会议,教育部每年召开一次高校思想政治工作会议。2022年度高校思想政治工作视频会强调要把握和运用党的百年奋斗历史经验,全面加强党的领导,切实增强战略策略能力,不断提高政治判断力、政治领悟力、政治执行力。

出台了一系列重要政策。2014年10月15日,中共中央办公厅印发《关于坚持和完善普通高等学校党委领导下的校长负责制的实施意见》,要求坚持高校党委的领导核心地位,保证校长依法行使职权,建立健全党委统一领导、党政分工合作、协调运行的工作机制。2016年12月29日,中共中央办公厅印发《关于加强民办学校党的建设工作的意见》,要求各级党委(党组)按照全面从严治党要求,加强党对民办学校的领导,确保民办学校按照党的要求办学立校、教书育人。2017年2月27日,中共中央、国务院印发《关于加强和改进新形势下高校思想政治工作的意见》,强调要发挥哲学社会科学育人功能,加强对课堂教学和各类思想文化阵地的建设管

理,加强教师队伍和专门力量建设,推进高校思想政治工作改革创新。2021年7月12日,中共中央、国务院印发《关于新时代加强和改进思想政治工作的意见》,要求坚持稳中求进工作总基调,自觉承担起举旗帜、聚民心、育新人、兴文化、展形象的职责使命,把思想政治工作作为治党治国的重要方式,着力固根基、扬优势、补短板、强弱项,提高科学化规范化制度化水平。从公办高校到民办高校,从党建到思政,中央与时俱进地进行系统谋划、全面部署、具体落实。

开展了一系列创建活动。比如,开展"党建质量年""支部建设年"活动,推进新时代高校党建"示范创建"和"质量创优",实行高校党委、院系党组织、基层党支部三级联创等。2018年5月22日,中共教育部党组印发《关于高校党组织"对标争先"建设计划的实施意见》,全国高校轰轰烈烈开展"对标争先"活动,有效解决了高校基层党组织"中梗阻""最后一公里"的问题。2019年9月2日,中共教育部党组印发《"新时代高校思想政治理论课创优行动"工作方案》,把建设一支高素质的思政课教师队伍作为关键,以高水准教材为遵循,以高水平教学资源为支撑,以高质量示范课堂为抓手,以高效率工作机制为保障,以高标准教学质量为目标,深入推进思路创优、师资创优、教材创优、教法创优、机制创优、环境创优,全面提升思政课质量和水平。2022年5月27日,中共中央宣传部、教育部印发《面向2035高校哲学社会科学高质量发展行动计划》,强调以育人育才为中心、体系构建为主线、能力提升为重点、深化改革为动力,推进中国特色学科体系、学术体系、话语体系建设,为加快构建中国特色哲学社会科学、服务国家重大战略需求、用中国理论解决中国问题作出更大贡献。

2. 强化管理,重在建设

着力加强标准建设。2017年2月28日,教育部党组印发《普通高等学校学生党建工作标准》,围绕加强高校学生党建工作的要求,从组织领导、教育培养、发展党员、党员管理、作用发挥和条件保障等六个方面作出了规定。2017年8月1日,教育部党组印发《关于加强新形势下高校教师党支部建设的意见》,就推进高校教师党支部建设的制度化、规范化、科学化提出了系列举措。2021年4月22日,中共中央印发了修订后的《中国共产党普通高等学校基层组织工作条例》,对高校基层党组织工作作出全面规范。2021年11月30日,教育部印发《高等学校思想政治理论课建设标准(2021年本)》,从组织管理、教学管理、队伍管理、学科建设等方面进行了全面修订,体现了深入贯彻"大思政课"理念,更加突出党的领导,更加强调形成合力,更加突出课程群建设。这些政策文件明确了高校学生党建工作标准、教师党支部建设标准、基层组织工作规范、思政课建设标准,为加强高校党建和思政工作提供了重要指引。

着力加强队伍建设。2015年7月23日,中共中央组织部、中共中央宣传部、教育部印发《关于领导干部上讲台开展思想政治教育的意见》,要求各省(区、市)党政领导班子成员每学期至少上一次讲台;每所高校的学生每学期至少听1次地市级以上领导干部的报告或形势与政策课。2015年9月9日,中共中央宣传部、中共教育部党组印发《关于加强和改进高校宣传思想工作队伍建设的意见》,明确了加强和改进高校宣传思想工作队伍建设的重要意义、总体要求、重点任务、保障措施,为推动高校宣传思想工作质量提升和创新发展提供坚强有力的组织保证。2017年9月21日,教育部颁布《普通高等学校辅导员队伍建设规定》,对高校辅导员的主要工作职责、配备与选聘、发展与培训、管理与考核作出明确规定。2018年5月22日,中共教育部党组印发《关于高校教师党支部书记"双带头人"培育工程的实施意见》,就培育高校教师党支部书记党建带头人、学术带头人明确了总体要求、培育任务和工作要求。2020年1月16日,教育部颁布《新时代高等学校思想政治理论课教师队伍建设规定》,对高校思政课教师的地位与作用、职责与要求、配备与选聘、培养与培训、考核与评价、保障与管理做出明确规定。这些政策文件对高校思政工作的党务干部队伍、宣传思想工作队伍、辅导员队伍、思政课教师队伍等建设提出了明确要求。

着力加强课堂阵地建设。2018年4月12日,教育部印发《新时代高校思想政治理论课教学工作基本要求》,坚持全流程管理,贯穿思想政治理论课课前、课中、课后各环节;坚持规范化建设,不断健全思想政治理论课教学工作制度;坚持增强获得感,促进思想政治理论课教学有虚有实、有棱有角、有情有义、有滋有味。2019年8月14日,中共中央办公厅、国务院办公厅印发《关于深化新时代学校思想政治理论课改革创新的若干意见》强调,要坚持党对思政课建设的全面领导,坚持思政课建设与党的创新理论武装同步推进,坚持守正和创新相统一,坚持思政课在课程体系中的政治引领和价值引领作用,坚持培养高素质专业化思政课教师队伍,坚持问题导向和目标导向相结合。2020年12月18日,中央宣传部、教育部印发《新时代学校思想政治理论课改革创新实施方案》,提出了思政课改革创新的基本要求:把握新时代,推进一体化,突出创新性,增强针对性,注重统筹性。2022年7月25日,教育部等十部门印发《全面推进"大思政课"建设的工作方案》,要求建设"大课堂"、搭建"大平台"、建好"大师资",建设全国高校思政课教研系统,设立一批实践教学基地,推出一批优质教学资源,做优一批品牌示范活动,教育引导学生成为堪当民族复兴重任的时代新人。这些政策文件就思政课教学工作的基本要求、改革创新等提出了建设性举措。

3. 提升质量,突出效果

完善机制。2014年10月17日,中共教育部党组、共青团中央印发《关于在各级各类学校推动培育和践行社会主义核心价值观长效机制建设的意见》,就深入持久、扎实细致地推进社会主义核心价值观培育践行工作提出了系列举措,要求推动社会主义核心价值观融入教育教学、融入社会实践、融入文化育人、融入制度建设。2020年4月22日,教育部等八部门印发《关于加快构建高校思想政治工作体系的意见》,系统规划了包括理论武装体系、学科教学体系、日常教育体系、管理服务体系、安全稳定体系、队伍建设体系、评估督导体系等在内的七个子体系。2022年4月1日,教育部等五部门印发《关于加强普通高等学校在线开放课程教学管理的若干意见》,强调要制定本校在线开放课程教学管理办法,规范课程选用、教学、评价、督导和学分认定等管理制度,将在线开放课程纳入日常教学管理,做到线上与线下课程同管理、同要求。这些政策文件从高校思政工作的体系建设、长效机制、教学管理等方面提出了明确要求。

推进党的创新理论"三进"。2015年1月19日,中共中央办公厅、国务院办公厅印发《关于进一步加强和改进新形势下高校宣传思想工作的意见》,推动中国特色社会主义理论体系进教材进课堂进头脑。2021年7月21日,国家教材委员会印发《习近平新时代中国特色社会主义思想进课程教材指南》,就习近平新时代中国特色社会主义思想落实到课程教材中,"进什么""如何进""怎么教"作了统筹设计和系统安排。2022年2月19日,教育部印发《新时代马克思主义理论研究和建设工程教育部重点教材建设推进方案》,要求聚焦7大重点任务,以深入推进习近平新时代中国特色社会主义思想进教材为主线,系统推进马克思主义理论学科专业课程教材建设,完善一批专科、本科、研究生相关学科专业基础课程、核心课程、公共课程教材,着力建设适应新时代新要求、体现中国特色的高水平原创性教材。这些政策文件就中国特色社会主义理论体系、习近平新时代中国特色社会主义思想"三进"工作提出了明确要求。

明确工作路径。2017年12月4日,中共教育部党组印发《高校思想政治工作质量提升工程实施纲要》,就提升高校思想政治工作质量提出了10项基本任务,要求充分发挥课程、科研、实践、文化、网络、心理、管理、服务、资助、组织等方面工作的育人功能,挖掘育人要素,完善育人机制,优化评价激励,强化实施保障,切实构建"十大"育人体系。2020年5月28日,教育部印发《高等学校课程思政建设指导纲要》,并于6月8日组织召开了"全面推进高等学校课程思政建设工作视频会议",对高校课程思政建设"干什么、怎么干、谁来干"进行全面部署,明确了课程思政建设的目标要求、内容体系、工作思路,提出了构建课堂教学体系、抓好课堂教学建设、推进工作落地落实的具体举措和要求,把课程思政从课程要求转化为政策实施表和路线图。2021年9月21日,中共中央办公厅印发《关于加强新时代马克思主义学院建设的意见》,要求扎实推动马克思主义学院内涵式发展,强化马克思主义学院建设政策支撑机制,切实加强党对马克思主义学院建设的领导。2022年5月27日,中共中央宣传部、教育部印发《面向2035高校哲学社会科学高质量发展行动计划》,对高校哲学社会科学事业高质量发展作出中长期规划。这些政策文件明确了高校思政工作质量提升、课程思政建设、马克思主义学院建设的主要路径。

表 2-3　党的十八大以来国家层面关于高校党建和思政工作的主要政策

类别	政策文件	主要内容
总体部署	2014年10月15日,中共中央办公厅《关于坚持和完善普通高等学校党委领导下的校长负责制的实施意见》(中办发〔2014〕55号)	明确了党委和校长的职责任务。要求坚持高校党委的领导核心地位,正确处理党委领导和校长负责的关系,认真贯彻执行民主集中制,完善协调运行的工作机制
	2015年1月19日,中共中央办公厅、国务院办公厅印发《关于进一步加强和改进新形势下高校宣传思想工作的意见》	统一使用马克思主义理论研究和建设工程重点教材,把统一使用工程重点教材纳入相关专业人才培养方案和教学计划,把工程重点教材使用情况作为教学评估的重要内容
	2016年12月29日,中共中央办公厅印发《关于加强民办学校党的建设工作的意见(试行)》的通知(中办发〔2016〕78号)	加强党对民办学校的领导。加大民办学校党组织组建力度,理顺党组织隶属关系,健全党组织参与决策和监督机制,充分发挥党组织政治核心作用。选好管好民办学校党组织书记,从严做好发展党员和党员教育管理工作,提高党性觉悟和素质能力,充分发挥广大党员先锋模范作用
	2017年2月27日,中共中央、国务院印发《关于加强和改进新形势下高校思想政治工作的意见》	明确了加强和改进新形势下高校思想政治工作的重要意义和总体要求;提出了强化思想理论教育和价值引领、发挥哲学社会科学育人功能、加强对课堂教学和各类思想文化阵地的建设管理、加强教师队伍和专门力量建设、推进高校思想政治工作改革创新、加强和改善党对高校的领导等举措
	2020年4月22日,教育部等八部门《关于加快构建高校思想政治工作体系的意见》(教思政〔2020〕1号)	健全立德树人体制机制,把立德树人融入思想道德、文化知识、社会实践教育各环节,贯通学科体系、教学体系、教材体系、管理体系,加快构建目标明确、内容完善、标准健全、运行科学、保障有力、成效显著的高校思想政治工作体系
	2021年7月12日,中共中央、国务院印发《关于新时代加强和改进思想政治工作的意见》	加强学校思想政治工作,加快构建学校思想政治工作体系,实施时代新人培育工程,完善青少年信念教育齐抓共管机制,培养德智体美劳全面发展的社会主义建设者和接班人
活动创建	2018年5月22日,教育部党组《关于高校党组织"对标争先"建设计划的实施意见》(教党〔2018〕25号)	明确了创建的总体要求、主要任务、方法步骤、组织领导

续表

类别	政策文件	主要内容
活动创建	2019年9月2日,中共教育部党组关于印发《"新时代高校思想政治理论课创优行动"工作方案》的通知(教党函〔2019〕90号)	提出25条创优举措,深入推进"六大创优":思路创优、师资创优、教材创优、教法创优、机制创优、环境创优。进一步完善顶层设计、优化工作格局、加大精准施策力度,全面提升思政课质量和水平
活动创建	2022年5月27日,中共中央宣传部、教育部印发《面向2035高校哲学社会科学高质量发展行动计划》	把三大体系建设作为核心任务。学科体系建设方面,着力优化学科专业布局,建强基础学科,强化优势特色学科,促进新兴学科,传承创新冷门绝学;学术体系建设方面,传承发展中华优秀传统文化,扎根中国推进理论创新;话语体系建设方面,实施高校哲学社会科学话语体系创新行动,增强中国学术话语的时代性、鲜活性
标准建设	2017年2月28日,教育部党组关于印发《普通高等学校学生党建工作标准》的通知(教党〔2017〕8号)	围绕加强高校学生党建工作的要求,从组织领导、教育培养、发展党员、党员管理、作用发挥和条件保障等六个方面作出了规定
标准建设	2017年8月1日,中共教育部党组《关于加强新形势下高校教师党支部建设的意见》(教党〔2017〕41号)	充分发挥党支部的主体作用,突出抓好党支部教师思想政治工作,切实优化党支部设置,严格规范党支部各项党的组织生活制度,选优配强党支部书记,着力做好党支部在青年教师中发展党员工作,切实加强对高校教师党支部建设工作的领导
标准建设	2021年4月22日,中共中央印发《中国共产党普通高等学校基层组织工作条例》	共十章39条。明确了高校党组织工作应当遵循的原则,就组织设置及主要职责、党员队伍建设、干部和人才工作、思想政治工作、领导和保障提出了规范性要求
标准建设	2021年11月30日,教育部关于印发《高等学校思想政治理论课建设标准(2021年本)》的通知(教社科〔2021〕2号)	从组织管理、教学管理、队伍管理、学科建设等方面进行了全面修订,提出了9项核心指标、14项重点指标、18项基本指标
队伍建设	2015年7月23日,中共中央组织部、中共中央宣传部、教育部《关于领导干部上讲台开展思想政治教育的意见》(教思政〔2015〕4号)	省级领导干部每学期至少上一次讲台,保证每所高校的学生每学期至少听1次地市级以上领导干部的报告或形势与政策课

续表

类别	政策文件	主要内容
队伍建设	2015年9月9日,中共中央宣传部、中共教育部党组《关于加强和改进高校宣传思想工作队伍建设的意见》(教党〔2015〕31号)	以加强思想理论建设为根本,以配齐建强队伍为重点,以提高工作能力为核心,以改革完善激励机制为保障,努力建设一支信念坚定、数量充足、结构合理、能力突出、勇于担当的高素质宣传思想工作队伍
	2017年9月21日,教育部颁布《普通高等学校辅导员队伍建设规定》(中华人民共和国教育部令第43号)	共六章22条。对辅导员的内涵、职责、配备与选聘、基本条件、发展与培训、管理与考核作出明确规定
	2018年5月22日,中共教育部党组《关于高校教师党支部书记"双带头人"培育工程的实施意见》(教党〔2018〕26号)	力争在2020年底前,基本实现"双带头人"支部书记选拔方式全覆盖,使教师党支部书记普遍成为"双带头人"。高校教师党支部书记履职尽责、培养培育、管理监督、激励保障、示范带动等机制更加健全,党支部建设质量显著提升,党支部主体作用有效发挥,党支部书记"头雁效应"有力彰显
	2019年4月17日,教育部关于印发《普通高等学校思想政治理论课教师队伍培养规划(2019—2023年)》的通知(教社科函〔2019〕10号)	提出了"三项计划",切实加强新时代高校思政课教师队伍的培养:一是"专题理论轮训计划";二是"示范培训计划";三是"项目资助计划"
	2020年1月16日,教育部颁布《新时代高等学校思想政治理论课教师队伍建设规定》(中华人民共和国教育部令第46号)	共七章28条。对高校思政课教师的地位与作用、职责与要求、配备与选聘、培养与培训、考核与评价、保障与管理作出明确规定
思政课建设	2018年4月12日,教育部关于印发《新时代高校思想政治理论课教学工作基本要求》的通知(教社科〔2018〕2号)	思想政治理论课各门课程应有序衔接,原则上本科生先学习"基础"课、"纲要"课,再学习"原理"课、"概论"课;专科生先学习"基础"课,再学习"概论"课;本专科生每学期必修"形势与政策"课。积极推行100人以下的中班教学,大力提倡中班教学、小班研讨的教学模式,逐步消除大班额现象
	2019年8月14日,中共中央办公厅、国务院办公厅印发《关于深化新时代学校思想政治理论课改革创新的若干意见》	就完善思政课课程教材体系、加快壮大学校思政课教师队伍、加大思政课教师激励力度等方面作出了顶层设计与整体规划

续表

类别	政策文件	主要内容
思政课建设	2020年5月28日,教育部关于印发《高等学校课程思政建设指导纲要》的通知(教高〔2020〕3号)	就如何把思想政治教育贯穿人才培养体系、全面推进高校课程思政建设、发挥好每门课程的育人作用、提高高校人才培养质量明确了指导性意见
	2020年12月18日,中共中央宣传部、教育部关于印发《新时代学校思想政治理论课改革创新实施方案》的通知(教材〔2020〕6号)	就建设课程目标体系、课程体系、课程内容、教材体系等方面提出了明确要求,强调要加强领导,组织好教学,培训好教师,使用好教材
	2022年7月25日,教育部等十部门关于印发《全面推进"大思政课"建设的工作方案》的通知(教社科〔2022〕3号)	围绕突出主渠道建设、强化实践育人、大力推进思政教育信息化、加强队伍建设、拓展工作格局等七个方面提出了22条举措,为全面推进"大思政课"建设提供了科学指引
质量提升	2014年10月17日,中共教育部党组、共青团中央《关于在各级各类学校推动培育和践行社会主义核心价值观长效机制建设的意见》(教党〔2014〕40号)	明确了推动培育和践行社会主义核心价值观长效机制建设的重要意义、指导思想和主要原则,要求推动社会主义核心价值观融入教育教学、融入社会实践、融入文化育人、融入制度建设,加强组织领导,推进社会主义核心价值观在各级各类学校中培育和践行
	2017年12月4日,中共教育部党组关于印发《高校思想政治工作质量提升工程实施纲要》的通知(教党〔2017〕62号)	以立德树人为根本,以理想信念教育为核心,以社会主义核心价值观为引领,以全面提高人才培养能力为关键,强化基础、突出重点、建立规范、落实责任,一体化构建内容完善、标准健全、运行科学、保障有力、成效显著的高校思想政治工作质量体系,形成全员全过程全方位育人格局
	2021年7月21日,国家教材委员会关于印发《习近平新时代中国特色社会主义思想进课程教材指南》的通知(国教材〔2021〕2号)	坚持系统安排,实现全面覆盖,结合学科特点,注重适宜实效,确保习近平新时代中国特色社会主义思想进课程教材的整体布局与分科安排科学有序,学科学段环节全面覆盖,思想内涵充分阐释,学习要求循序渐进,全面提升课程教材铸魂育人功能
	2021年9月21日,中共中央办公厅印发《关于加强新时代马克思主义学院建设的意见》	把马克思主义中国化最新成果的教学和研究作为重中之重,进一步明确职责使命,推动内涵式发展,强化政策保障,着力打造马克思主义理论教育教学、研究宣传和人才培养的坚强阵地

续表

类别	政策文件	主要内容
质量提升	2022年2月19日,教育部关于印发《新时代马克思主义理论研究和建设工程教育部重点教材建设推进方案》的通知(教材〔2022〕1号)	明确新时代教育部马工程重点教材建设的目标,即用5年时间,重点建设200种左右精品教材,形成以马克思主义为指导、体现中国特色的高校哲学社会科学教材系列
	2022年4月1日,教育部等五部门《关于加强普通高等学校在线开放课程教学管理的若干意见》(教高〔2022〕1号)	从强化高校主体责任、提升教师教学质量、严格学生学习和考试纪律、加强平台监督管理、开展联合治理等六个方面提出了22条举措

二、湖北高校党建与思政工作的主要政策及施行效果

党的十八大以来,湖北始终坚持以习近平新时代中国特色社会主义思想为指导,以"大宣讲大督查大调研"为抓手,以政治建设为统领,以"五个思政"为动力,以组织建设为保障,以安全稳定为目标,全面加强高校党的建设,积极开展思想政治工作改革与创新,推动了党建和高校事业发展互融互促。

(一)坚持和加强党对高校的全面领导

1. 用习近平新时代中国特色社会主义思想铸魂育人

切实抓好习近平新时代中国特色社会主义思想"三进"工作,构建"三全育人"工作体系。2021年省领导先后44次到高校作形势政策报告。组织高校针对不同专业、不同学科特点和师生需求,深入开展习近平新时代中国特色社会主义思想线上线下巡讲。举办湖北省高校思政课教师学习习近平新时代中国特色社会主义思想专题研修班3期,分别由湖北经济学院、湖北工业大学、华中农业大学承办,来自省内高校的700多名思政课教师通过主题报告、经验介绍、示范教学、学工案例、典型案例、思政大课、集体备课、小组研讨等形式,围绕强化理论学习、办好思政教育关键课程、加强思政课教师队伍建设等方面开展研讨和交流,共研新思想,共话新教改。

2. 深入开展党史学习教育活动

全省各高校通过召开动员大会,成立领导小组和工作机构,研究制定学习教育方案和"我为群众办实事"实践活动清单,分阶段有序推进党史学习教育,达到了学史明理、学史增信、学史崇德、学史力行的目的。

加强专题学习。2021年,全省高校党委常委会学习1111次;党委理论学习中心组开展党史学习教育专题学习968次,举办读书班680期;党委领导班子讲党课1543

次。组织"集中宣讲""校园巡讲""网络巡讲",一大批党员、教师、辅导员、学生成为党史讲述人。开展"网上重走长征路"接力讲述活动,77所高校相继推出党史故事短视频,新华社推送5个,全网播放量超过2000万次。

办好民生实事。2021年,全省高校办实事21401项,解决人民群众"急难愁盼"问题74313项,受益人数达593万人次。依靠科技创新,服务经济社会发展,如武汉大学承接湖北省级重大疫情救治基地;华中科技大学领衔组建光谷实验室;武汉纺织大学团队研制火星探测器密封装置,助力"天问一号"登陆火星。

注重引领示范。高校有效发挥人才、学科和智库引领作用,举办系列论坛研讨会,确定80个重点选题,组织143项思政课专项研究、1105项哲学社会科学研究,推出一批精品力作,华中师范大学出版了《为了人民的利益——中国共产党经济工作100年》等经典著作。

"百年大党与中国道路"国际学术研讨会在武汉大学举行

  本次会议旨在深入研究马克思主义及其时代化发展、总结中国共产党全面领导和长期执政的历史经验、挖掘中国共产党治国理政的高超智慧、促进中国特色社会主义话语体系的国际传播。来自中国、俄罗斯、英国、美国、德国、希腊、韩国、越南等国家的近百名中外专家学者通过线上与线下结合的方式参会,2.4万余人通过网络观看了会议直播。武汉大学党委副书记沈壮海教授、南开大学副校长王新生教授、英国社会科学院院士马丁·阿尔布劳、中央党校党建部副主任祝灵君教授、越南社会科学翰林院原副院长范文德教授等近30位中外专家学者,围绕"中国共产党百年奋斗的历程、成就与经验""中国共产党的成功之道""未来世界中的中国地位""中国共产党的世界贡献""中国式现代化新道路的世界意蕴""全过程人民民主的创新性与价值""马克思主义政党理论的新发展"等议题展开了深入探讨与交流。

——资料来源:湖北日报2021-11-22

3. 扎实推进高校基层党建工作

各高校高度重视基层党组织建设,强化党建责任,突出党员教育,创新党建平台,不断增强支部战斗堡垒作用和党员先锋模范带头作用。

积极落实高校党建责任制。中共湖北省教育厅党组印发高校党委全委会、常委会、校长办公会和院系党组织会议、党政联席会议5项议事规则,指导、督促全省高校修订完善相关制度;印发《关于进一步明确高校党建工作责任的通知》,全面理顺高校党组织领导和管理关系,使党对高校的全面领导在职能配置上更加科学、在体制机制上更加完善、在运行管理上更加高效。各高校分层次、分类别建立党建责任清单,压实党委书记第一责任人责任和班子成员"一岗双责",推动党建纵深延伸,不断开创党建工作新局面,促进基层党建全面进步。

  案例2-11

湖北大学层层压实管党治党责任

湖北大学坚持建强上层,压实学校领导班子责任,强化班子成员"一岗双责",实现了"年度工作项目化、落实措施具体化、重要目标数字化";筑牢中层,压实二级党组织责任,建立并落实了二级单位"党务工作月例会"制度和机关处室支部书记由处长担任等制度,较好地克服了党建工作"中梗阻"问题;夯实基层,压实基层党支部责任,实行党支部纪检委员配备全覆盖,支部书记培训全覆盖,学员组织关系清理全覆盖,全面落实了"三会一课"制度。

——资料来源:湖北省高校党建和思想政治工作大调研大督查报告

积极加强基层党组织建设。出台湖北高校党支部规范化建设标准30条、民办高校党建工作重点任务20条、"清廉学校"建设10条、深化高校纪检监察体制改革10条,开展高校教师、学生、机关、流动党员分类管理试点。确保哪里有学校事业发展,哪里就有党员,哪里就有党的基层组织,实现党的基层组织全覆盖。落实教师党支部书记职务职级"双线"晋升、工作量纳入学院薪酬体系计算等激励政策,"双带头人"担任教师党支部书记比例达98.5%;加大从高知群体中发展党员的力度,实行教师党员发展计划单列,全省高校副高级职称以上教师党员占全体教师66.2%,高知化、年轻化、专业化的良好态势不断发展。落实院(系)组织员配备要求,新增专职组织员802人。通过师生结合、专业联合、跨年级整合等方式,优化设置学生党支部5068个。

积极开展品牌创建工作。近年来,湖北在全省高校范围内培育、遴选和打造了一大批样板党支部,鼓励对标先进、争创一流,有力推动全省高校基层党建的科学化、规范化和标准化。截至2021年底,湖北培育全国党建示范高校1所、标杆院系13个、样板党支部121个。其中2021年,8个院系、34个支部通过第一批"全国党建工作标杆院系""全国样板党支部"验收,5个教师党支部、5个研究生党支部、9名研究生党员分别获得第二批高校"双带头人"教师党支部书记工作室建设单位、全国高校"百个研究生样板党支部"和"百名研究生党员标兵"等荣誉。认真落实庆祝中国共产党成立100周年工作要求,开展"两优一先"评选表彰工作,1名党员和1个基层党组织被中央授予"全国优秀共产党员""全国先进基层党组织"荣誉称号,10个优秀共产党员、10个优秀党务工作者、13个先进基层党组织获省委表彰,形成了对标先进、争当先进的浓厚氛围。

部分高校创建党建工作品牌

武汉职业技术学院推出"匠心中国"思政创新品牌"高职样本",构建"党建+"模式,开展月月"小卡单"、年年"争创先"、院院"树精品"、处处"建品牌"活动,保证党建工作规定动作不走样、自选动作有创新。其中,"'卡单式'管理见真效"获全省高校党建工作案例优秀奖,连续10年选树"感动武职人物""武职好人"等典型人物600余人。武汉交通职业学院每年设立30万元党建工作发展基金,支持基层党组织创建党建工作品牌。武汉东湖学院实施"一院一品"工程,培育"红色微博""党员大讲坛""双语党课""党员示范寝室""大学生党员创新创业梦工厂"等各具特色的党建工作品牌。

——资料来源:根据高校网站报道整理

(二)全面深化高校思想政治教育工作

早在2017年,湖北在全国首倡首推学生思政、教师思政、课程思政、学科思政、环境思政等"五个思政",历经四年多的实践与探索,在理论和实践两个层面都取得了显著成效,全省大学生思想政治教育工作全面深化。

1. 聚力学生思政,提升学生思想政治素养

统筹协调疫情防控和教育教学工作。全省各高校压实一线学生工作,动态研判开学筹备、学生返校、暑期放假等时间节点的学生活动特征和思想动态,把解决思想问题与实际问题结合起来,在学生管理服务中加强思政教育。各高校完善"完全线下""线下+线上""完全线上"等三种模式,做到线上线下教学有序转换,对因疫情影响无法线下上课的学生组织线上教学,及时指导化解学生焦虑情绪。

抓紧抓实学生管理引导。各高校精准精细掌握学生动态,把握重要时间节点,进行大数据分析,指导每一名辅导员、班主任联系每一名学生,逐一掌握行程轨迹、健康状况,动态摸清校内外、省内外、境内外不同地域学生底数和思想状况,对留校学生、实习实训学生、返乡学生等不同群体有针对性地做好工作;在属地统筹下对相关人员实施健康管理,切实加强学生的思想引导和心理疏导,集中开展新生心理普查和老生重点人群筛查,摸排心理风险。

用心用情关爱服务学生。深化思想解惑促成长、心理解压促健康、学习解困促提升、生活解难促信心、就业解忧促发展等"五帮五促"工作。坚持育心与育德相结合,构建教育教学、实践活动、咨询服务、预防干预、平台保障"五位一体"的心理健康教育工作新模式,推进高校心理健康教育示范中心、达标中心标准化建设扩面提质。充分发挥省高校心理健康专家委员会和专家服务队的作用,点对点做好学生的关心关爱和帮扶。

案例2-13

湖北高校心理健康专家服务队获好评

2020年初面对突如其来的新冠疫情,湖北高校组建心理健康专家服务队,开通4007-027-520心理热线,80余所高校近400名心理健康专家不间断为需要帮助的民众和广大师生提供心理支持。专家服务队以敬业奉献和专业贡献赢得了社会各界高度肯定,形成了"心理抗疫·专家行动"工作品牌,被称为"坚守云端的护心使者",获评"荆楚好老师"荣誉称号。2021年2月,专家服务队"心理抗疫"工作被中央网信办评为"2020年网络公益助力疫情防控优秀案例"。

——资料来源:楚天都市报 2021-03-26

2. 聚力教师思政,树立良好师德师风

强化师德典型引领。组织开展"师德师风建设年"活动,构建教育宣传、典型示范、倡议承诺、考核奖惩相结合的长效机制。2021年,持续培育宣传优秀师生典型,省级表彰"荆楚好老师"30人(团队),1名高校教师获评"全国道德模范",1名辅导员获评"高校辅导员年度人物",2名思政课教师获得全国教学展示比赛特等奖,1名大学生获评"2021年最美大学生"称号,2名大学生获评"大学生年度人物"称号。

推进评价方式改革。首次组织全省高校辅导员一线工作综合测评,动态掌握辅导员一线工作状况。对40所高校辅导员开展集中测试,测试结果点对点向高校反馈。修订完善全省辅导员大赛赛制,倡导"俯下身子做实事、抬起头来讲故事",推动辅导员提升一线育人实效。注重学工课题项目的实践导向,重点支持实效性好、操作性强、推广度高的项目,不断探索大学生思想政治工作的方式方法。

提升育人能力素养。加强思想政治教育队伍配备和培训工作,重点加强高校专职思政课教师配备工作。优化培训模式,采取案例式、交互式、沉浸式等培训方式,2021年累计培训高校辅导员、思政课教师、心理健康教育教师等骨干11305人次。分类制定高校思政队伍培训指引、意识形态工作指引、学生工作品牌培育指引、学生心理健康服务指引、思政课教师教学展示指引等五类专项指引,在试点基础上进行全面推广。

3. 聚力课程思政,扩大协同育人效应

加强课程体系建设。深入推动全省高校构建新时代本科素质教育选修课程体系,发挥马克思主义学院、新闻学院共建优势,致力建设"伟大抗疫精神""中国共产党革命精神""新时代科学家精神"等省级选修课程。深入挖掘不同专业、不同课程中蕴含的思想政治教育资源,推动思政课程与课程思政协同发力,打造了一批省级示范项目。

全面推进课程思政建设。2021年7月,湖北省教育厅公布了2021年省级课程思政示范项目名单,全省各高校围绕全面提高人才培养能力核心点,寓价值观引导于知识传授和能力培养之中,全面推进课程思政建设,促使课程思政的理念形成广泛共识,

广大教师开展课程思政建设的意识和能力全面提升,协同推进课程思政建设的体制机制基本健全。

武汉城市学院举办课程思政建设课例教学竞赛

为了推动课程思政建设,落实教书育人、全程育人目标,2022年6月,武汉城市学院举办了"立德树人——课程建设课例教学竞赛"决赛,由各学院选拔的20多位学科专业课教师参加了决赛,评审小组由来自省教育厅、湖北第二师范学院、湖北省教育科学研究院等单位的5位专家组成。经过角逐,有2位老师获得一等奖,4位老师获得二等奖,6位老师获得三等奖,9位老师获得优胜奖,为推进课程思政建设提供了示范借鉴。

——资料来源:武汉城市学院官网 2022-6-26

充分发挥抗疫"大思政课"育人作用。省教育厅结合党史学习教育,以"伟大抗疫精神"课程为开端,深入挖掘素质教育选修课程所蕴含的思想政治教育元素和所承载的思想政治教育功能,重点打造一批以伟大抗疫精神、中国共产党革命精神、新时代科学家精神等为主题的省级素质教育选修课,编写了"听他们说"系列抗疫思政读本,本科素质教育选修课程"伟大抗疫精神"面向全省大学生开讲。

4. 聚力学科思政,丰富马克思主义学科内涵

加强马克思主义学院建设。从2018年起,湖北开展重点马克思主义学院和示范思想政治理论课教学基地建设,确定10家重点马克思主义学院和21所高校(单位)的马克思主义学院(思政课部)为湖北省示范思想政治理论课教学基地。到2021年,共建设32所高校重点马克思主义学院和示范思政课教学基地。加强高校思政工作中心、高校辅导员培训研修基地、高校思政课集体备课中心等学科平台建设,提升思政课教学平台支撑,示范牵引学科建设,为推进高校"双一流"建设贡献力量。

湖北举行重点马克思主义学院院长论坛

2021年12月15日,"学习贯彻党的十九届六中全会精神——湖北省重点马克思主义学院院长论坛"在中国地质大学(武汉)举行。中共中央党校(国家行政学院)一级教授韩庆祥在论坛上作主旨报告。省委宣传部有关负责人在讲话中强调,各高校要在深学上下功夫,在宣讲上作示范,在研究阐释方面作贡献,努力建设马院特色品牌。

——资料来源:湖北日报 2021-12-20

加强骨干人才培养。继续实施全省高等学校马克思主义中青年理论家培育计划，2021年培育第七批"高校马克思主义中青年理论家培育计划"骨干41人，培训800名高校哲学社会科学骨干人才。

培育思政课程品牌。培育"新时代中国"思政选修课程体系，充分发挥课堂教学主渠道作用，善用青年学生听得懂、听得进的话语宣讲党的创新理论，推出华中科技大学"百年中国"、华中师范大学"教育强国"、华中农业大学"耕读中国"、湖北经济学院"领航中国"、武汉纺织大学"尚美中国"、武汉铁路职业技术学院"速度中国"等40多门具有时代风味、荆楚范式、校本特色的思政金课。

5. 聚力环境思政，营造良好育人氛围

广泛开展实践活动。持续开展"青春告白祖国""小我融入大我 青春献给祖国""奋斗的我 最美的国""听他们说"等品牌工作，挖掘身边鲜活思政素材，汇编系列思政读本，推动"身边人讲身边事，身边事教育身边人"，发挥先进典型群体的"示范效应"。2021年，1名大学生获评"2021年最美大学生"称号，2名大学生获评"大学生年度人物"称号。

加强校园文化建设。在学校广泛开展爱国卫生运动，引导学生强化公共卫生意识，提升健康素养，加强美丽校园建设，开展系列艺术展演巡演活动。深入开展2021—2023年全国文明校园先进学校创建工作，不断提升各高校大学精神内涵。

强化网络媒体功能。对高校舆情实行24小时监测，线上线下两手抓，及时分析研判，健全第一时间联动协调处置机制。推进"好网民工程"和"重点思政公众号建设工程"，湖北省教育厅微信公众号和高校12个公众号成功入选中宣部、教育部全国高校重点思政类公众号。

（三）全面保障高校安全稳定

1. 坚决维护政治安全

夯实政治责任。省教育厅加强对高校意识形态工作落实的具体指导，建立动态分析、定期报告制度，及时分析研判意识形态领域风险，把握重要节点师生思想动态，重点加强工作措施。落实把意识形态工作纳入巡视巡察工作要求，积极配合做好中央意识形态专项巡视，做好省委意识形态专项检查及整改工作，统筹指导党组织关系归口管理的30所高校做好意识形态专项检查及整改工作。

强化阵地建管。全省各高校都建立了校外报告人准入制度，加强讲座、论坛、报告会、研讨会、涉外活动管理。加强学生社团尤其是马克思主义理论社团管理，建立完善学校所有网站、信息平台审核管理制度，加强师生网络公众号等自媒体管理。依托新疆驻湖北教育工作组，发挥高校少数民族专职辅导员作用，组织涉恐安全隐患专项排查整治行动，指导学校配合公安部门做好"三股势力"向内地学校渗透防范工作。

2. 夯实学校安全

扎实推进学校安全专项治理。2021年，各高校围绕安全组织保障、安防建设、环境整治等方面开展了为期半年的学校安全专项治理,共排查出各类隐患1759起,完成整改1635起,整改率93%。全面开展风险隐患排查整治,坚持落实每月一汇总、一督办、一报告制度,即每个月汇总一次安全整治工作进展情况,督办一次隐患整改落实情况,向省安委办报送一次月度工作总体情况。

认真落实学校安全教育"三个一"活动。举办一场安全宣传咨询日活动,组织一期防溺水安全专项教育,开展一次校园安全应急演练,有效提高了师生的安全意识和自救互救能力。省教育厅专门制作电视专题片《生命重于泰山——学习习近平总书记关于安全生产重要论述》光盘,寄发各市州教育行政部门和各高校,要求各地各高校深入学习,强化安全生产责任意识;修订发布高校三个版本的《安全责任告知》《安全温馨提示》,指导高校落实各项具体要求。

不断完善学校综合安防体系。省教育厅、省公安厅出台了《湖北省高等学校安全保卫工作细则》《湖北省高等学校安防系统建设指导规范(试行)》等文件,指导高校精细精准做好安全工作;印发《关于在全省高校建立校方责任保险工作制度的通知》,探索建立多元化学校安全事故损害赔偿机制,进一步完善学校安全防范工作体系;制定平安建设联系点三年工作计划,确定公办学校加强视频监控更换升级并联网工程、3D互动安全教学智能云平台项目、校门防冲撞阻挡装置建设等三个项目建设,采用项目化推进的方式巩固提升学校安全基础保障。

3. 抓好国家安全工作

组织全省师生同上一堂国家安全教育课。组织全省师生通过中国大学生在线视频号、快手、B站、抖音等直播平台,错峰观看公开课"树立总体国家安全观,以实际行动维护和塑造国家安全"。结合公开课内容,组织开展主题班会、党日活动、专题讲座等宣传教育活动,营造国家安全教育氛围。组织全省大学生在线参观"湖北省国家安全教育云基地"。

举办安全知识竞赛、培训。举办"首届全省高校大学生国家安全知识竞赛",共有57万名大学生参与,以学习《国家安全法》《反间谍法》为重点,提升了广大学生国家安全意识,推动总体国家安全观入脑入心。举办"湖北省高校安全稳定培训班",全省130所高校安全稳定工作部门负责人参加培训,提升高校一线工作人员国家安全意识和素养,提高处置高校突发事件的能力。

妥善处置教育领域涉国家安全相关事件。各高校完善应急指挥机制,按照现场有力处置、舆情有效引导、信息精准报送"三管齐下"原则,处置涉国家安全相关事件。敏感节点和重要保障期,省教育厅积极会同政法、公安等部门,下沉高校、一线指导,确保了高校的总体平安稳定。

三、加强和改进湖北高校党建与思政工作的策略建议

坚持为党育人、为国育才,在实现第二个百年奋斗目标的新征程上,按照"质量党

建、精准思政、积极维稳、系统推进"的总体思路,深入构建高质量的高校党建工作体系,全面推进高校思想政治工作守正创新,用心用情用力写好湖北高校党建和思想政治工作高质量发展的新篇章,为党和人民赓续红色血脉、争取更大光荣。

1. 坚持和加强党对高校的全面领导,构建高质量的高校党建工作体系

进一步加强政治建设。以政治建设为统领,提升高校党员干部师生的政治判断力、政治领悟力、政治执行力,推动高校领导干部常态化深入基层联系师生,确保党的领导纵到底、横到边、全覆盖。

进一步完善体制机制。指导和推动高校完善党委领导下的校长负责制,完善党委全委会、常委会和校长办公会议事规则,规范议事内容、决策程序、决议执行办法,提高决策质量和执行效率;健全党的组织体系、制度体系和工作机制,把党的领导落实到办学治校全过程各方面,确保党的教育方针和党中央决策部署始终得到贯彻落实。指导各地各高校贯彻落实全面从严治党主体责任制、基层党建工作责任制、意识形态工作责任制,把党对高校全面领导的制度优势持续转化为治理效能,更好地担负起培养社会主义建设者和接班人的光荣职责。

进一步夯实基层基础。出台《高校组织员工作管理办法(试行)》,督促指导全省高校专职组织员配备达80%,专兼职组织员全覆盖,明确组织员职责任务,完善保障与作用发挥机制,推进专业化发展。深化"双带头人"培育工程,推进"双带头人"担任教师党支部书记配备全覆盖、培训全覆盖、高校落实激励保障措施全覆盖,培育第三批全国高校"双带头人"教师党支部书记工作室和全国"百个研究生样板党支部",总结一批组织、宣传、凝聚、服务师生方面的优秀工作法、典型案例。深入开展高校党建示范创建和质量创优工作,推动民办高校党建工作各项重点任务落实,切实发挥基层党组织战斗堡垒作用和党员先锋模范作用。

2. 着眼培养担当民族复兴大任的时代新人,开创高校思想政治工作新格局

持续强化理论武装。加强党的二十大精神宣讲,进一步深化用习近平新时代中国特色社会主义思想铸魂育人,大力加强理想信念教育、爱国主义教育和社会主义核心价值观教育,引导广大学生树立为党为国为人民永久奋斗、赤诚奉献的坚定理想,努力在真刀真枪的实干中成就一番事业。用好"建党精神""抗疫精神"等"大思政课",教育引导广大青年学生弘扬光荣传统、赓续红色血脉。

持续完善思政工作体系。全面落实中共中央、国务院《关于新时代加强和改进思想政治工作的意见》,推进"三全育人""五个思政"综合改革,打造升级版"时代新人培育工程"。深入贯彻落实《深化新时代教育评价改革总体方案》要求,深化"五帮五促"工作,培育建设一批一线育人课题项目,宣传表彰一批一线关爱服务学生典型,讲好一线育人故事,加快专职思政工作队伍配备,做好辅导员、思政课教师、心理健康教师的培训提升工作,精准精细做好一线学生工作。

持续加强和改进思政工作。把思想政治工作贯通于学科体系、教学体系、教材体系、管理体系建设之中,找准课程教学切入点,深入构建网上网下同心圆,持续强化制度、队伍和环境保障,不断建立健全全员全程全方位育人体制机制。全力推进"大思政课",引领广大学生与新时代同向同行,促进广大学生立大志、明大德、成大才、担大任,引导广大学生把"请党放心、强国有我"的铮铮誓言转化为实际行动。

持续加强网络思政教育。深入贯彻落实中央办公厅、国务院办公厅《关于加强网络文明建设的意见》,发挥第三方网站在提升高校思想政治工作质量方面的作用,打造一批高质量的网络思政教育产品和成果,提升高校思政新媒体作用,壮大网上主流宣传阵地,增强正面宣传吸引力和有效性。举办大学生网络文化节和高校网络教育优秀作品推选展示活动。提升大学生网络素养,加强辅导员网络思政能力提升培训,提高网络治理能力。

3. 践行以人民为中心的发展思想,为师生营造良好的生存发展空间

积极破解"难事"。聚焦师生"急难愁盼"问题,着力干实事、解难事、谋大事、创新事、长本事。深化"一站式"学生社区综合管理模式改革,切实增强学生社区基层党组织的政治功能和组织力,打通服务师生"最后一公里",架起联通师生的"连心桥"。重视文化浸润,倡导自我管理,构建学生成长支持系统,为学生送上解决实际问题的"及时雨",为学生营造温暖安稳的"避风港"。

积极疏解"心事"。加强高校心理健康课程和心理健康中心规范化建设,培育一批心理健康教育和心理咨询辅导服务优秀案例,发挥心理健康专家服务队作用,用好"4007-027-520"心理热线,及时发现并解决好苗头问题。加强学生身心发展规律研究,加强心理健康课程建设和师资队伍建设,做实做优专业支撑,着力培育学生的积极心理品质,不断增强学校、家庭和社会教育的合力,促进学生身心健康、和谐发展。

积极化解"急事"。注重解决影响辅导员队伍专业化发展的突出问题,用心、用情、用力推进辅导员队伍专业化、职业化建设,注重人文关怀,健全激励机制,进一步畅通晋升发展通道,增强辅导员的职业认同感和荣誉感,使他们工作有条件、干事有平台、待遇有保障、发展有空间,当好立德树人的"大先生"和"筑梦人"。

参考文献:

[1] 魏士强.学深悟透"七一"重要讲话精神 推动高校党建和思想政治工作高质量发展[N].中国教育报,2021-08-11(01).

[2] 王鹏.坚定政治信仰 培育时代新人——高校党建和思想政治工作进展成效综述[EB/OL].新华社官网,2021-08-16(03).

[3] 董祥瑞.后疫情时代高校思政课教学路向调整探析[J].理论观察,2022(09):34-39.

(本节执笔人:丁丹)

第四节 推进大中小幼一体化德育体系建设

以社会主义核心价值观为引领,促进大中小幼德育体系的一体化建设,是落实立德树人根本任务的重要举措。2017年,中共中央办公厅、国务院办公厅《关于深化教育体制机制改革的意见》提出:"健全立德树人系统化落实机制,构建以社会主义核心价值观为引领的大中小幼一体化德育体系。"对大中小幼一体化德育体系建设提出了明确的政策引领和实践指导。必须通过构建大中小幼一体化德育体系,建立各学段德育目标、内容、方法、途径、评价等德育要素衔接和协同的机制,整体提升大中小幼一体化育人功能。

一、国家关于德育体系建设的政策演进及主要精神

党的十八大以来,我国不断加强和改进未成年人思想道德建设和学校德育工作,努力把社会主义核心价值观融入课堂教学、社会实践、校园文化、学校管理之中,着力开发德育资源、突出实践环节、营造文化氛围,全面加强学校德育体系建设,形成了学校、家庭、社会密切协作的大德育网络。

1. 整体构建德育体系和德育课程

早在20世纪80年代初期,德育理论工作者就提出了整体构建德育体系与德育课程的思路,受到了党和国家的高度重视。整体构建学校德育体系呈现由理论向实践转化、由分学段落实向整体推进发展的特点。1994年8月,中共中央印发《关于进一步加强和改进学校德育工作的若干意见》,首次明确提出"整体规划学校德育体系",强调德育工作是一项系统工程,其建设应遵循整体性原则、层次性原则和相关性原则,为学校德育体系的构建明确了方向。

20世纪90年代中期以后,国家逐渐重视德育体系学科建设,不断完善理论架构,丰富学科体系,提升理论水平。有关研究运用系统科学的方法,以德育的目标、内容、途径、方法、管理、评价六个分系统为纬,以大、中、小学德育工作三个子系统为经,将学校德育体系的内容进行归类,构建了时间上呈现全程性、空间上突出全面性的学校德育体系,并将理论体系与学校德育课程改革实践相结合,构建了主要由德育途径、德育方式与方法、德育管理与评价系统构成的"结果验证"与"过程体验"辩证统一的操作机制。

2005年7月,教育部印发《关于整体规划大中小学德育体系的意见》,对不同层面德育内容进行整体性、系统性设计。"整体构建德育体系"不再仅仅局限于经验性研究,而是在理论层面进行重建,德育体系及学科建设水平得到进一步提升。2010年7月,中共中央、国务院颁布《国家中长期教育改革和发展规划纲要(2010-2020年)》,将"构建大中小学有效衔接的德育体系"作为中长期教育改革发展的重要目标和任务,不同学段的德

育内容及划分层级更加细化。整体构建德育体系既保证了德育过程中整体要素结构的完整性和连续性,也凸显了大中小学德育的层次性和渐进性。

2000年12月,中共中央办公厅、国务院办公厅《关于适应新形势进一步加强和改进中小学德育工作的意见》强调,要"努力构建适应二十一世纪发展需要的中小学德育课程体系"。2011年5月,教育部启动"整体规划大中小学德育课程项目",开启了整体规划大中小学德育课程研究的新阶段。2017年8月,教育部印发《中小学德育工作指南》,强调要严格落实德育课程。经过多年的探索,整体规划德育课程取得了重要进展。

2. 系统推进大中小幼一体化德育体系建设

《中小学德育工作指南》根据学生年龄特点和认知水平设计了四个学段的德育目标:小学低年级侧重"养成基本文明行为习惯";小学中高年级侧重"初步形成规则意识和民主法治观念";初中学段侧重"引导国家认同和培养公民意识";高中学段侧重"学习运用马克思主义基本观点和方法观察问题,初步形成正确的世界观、人生观和价值观"。2017年9月,中共中央办公厅、国务院办公厅印发《关于深化教育体制机制改革的意见》,强调构建以社会主义核心价值观为引领的大中小幼一体化德育体系,针对不同年龄段的学生,科学定位德育目标,合理设计德育内容、途径、方法,使德育层层深入、有机衔接,推进社会主义核心价值观内化于心、外化于行。

表2-4 党的十八大以来国家层面关于德育体系建设的主要政策

序号	政策文件	主要内容
1	2014年3月30日,教育部《关于全面深化课程改革落实立德树人根本任务的意见》(教基二〔2014〕4号)	坚持系统设计,整合利用各种资源,统筹协调各方力量,实现全科育人、全程育人、全员育人。基本建成高校、中小学各学段上下贯通、有机衔接、相互协调、科学合理的课程教材体系。进一步明确各学段各自教育功能定位,理顺各学段的育人目标,使其依次递进、有序过渡
2	2014年4月1日,教育部《关于培育和践行社会主义核心价值观进一步加强中小学德育工作的意见》(教基一〔2014〕4号)	从加强中小学德育的基础环节、改进中小学德育的关键载体、夯实中小学德育的基本保障等三个方面提出了13条具体举措,培育和践行社会主义核心价值观,进一步增强中小学德育的时代性、规律性和实效性
3	2014年10月17日,中共教育部党组、共青团中央《关于在各级各类学校推动培育和践行社会主义核心价值观长效机制建设的意见》(教党〔2014〕40号)	推动社会主义核心价值观融入教育教学、融入社会实践、融入文化育人、融入制度建设。把社会主义核心价值观纳入国民教育全过程,落实到教育教学和管理服务各环节,覆盖到所有学校和受教育者,形成培育和践行社会主义核心价值观工作长效机制,使广大师生自觉将社会主义核心价值观内化于心、外化于行

续表

序号	政策文件	主要内容
4	2017年8月17日,教育部关于印发《中小学德育工作指南》的通知(教基〔2017〕8号)	将课程育人作为德育工作的重要途径,把中小学德育内容细化渗透到各学科教学目标中,并根据不同学科、不同地域、不同民族的特点,因时制宜、因地制宜,对学生进行价值观、人生观方面潜移默化的引导
5	2017年9月24日,中共中央办公厅、国务院办公厅印发《关于深化教育体制机制改革的意见》	构建以社会主义核心价值观为引领的大中小幼一体化德育体系
6	2019年8月14日,中共中央办公厅、国务院办公厅印发《关于深化新时代学校思想政治理论课改革创新的若干意见》	遵循学生认知规律设计课程内容,体现不同学段特点,研究生阶段重在开展探究性学习,本专科阶段重在开展理论性学习,高中阶段重在开展常识性学习,初中阶段重在开展体验性学习,小学阶段重在开展启蒙性学习
7	2020年12月18日,中共中央宣传部、教育部关于印发《新时代学校思想政治理论课改革创新实施方案》的通知(教材〔2020〕6号)	建立纵向各学段层层递进、横向各课程密切配合、必修课选修课相互协调的课程教材体系,实现课程目标、课程设置、课程教材内容的有效贯通。按照循序渐进、螺旋上升的原则,立足于思政课的政治属性,对大中小学思政课课程目标进行一体化设计
8	2021年7月12日,中共中央、国务院印发《关于新时代加强和改进思想政治工作的意见》	加强学校思想政治工作,加快构建学校思想政治工作体系,实施时代新人培育工程,完善青少年理想信念教育齐抓共管机制,培养德智体美劳全面发展的社会主义建设者和接班人
9	2022年7月25日,教育部等十部门关于印发《全面推进"大思政课"建设的工作方案》的通知(教社科〔2022〕3号)	深入推进大中小学思政课一体化建设。支持各地建设一批一体化基地,鼓励高校积极开展与中小学思政课共建。各地教育部门加强引导和协调,建立大中小学师资培育、听课评课、教研交流、集体备课等常态化工作机制
10	2022年12月27日,教育部办公厅《关于开展大中小学思政课一体化共同体建设的通知》(教社科函〔2022〕49号)	在省级层面打造一批理论与实践相结合的创新性、研究型工作平台,努力形成一套工作机制,孵化一批品牌活动,打造一批示范"金课",产出一批优质课程资源,形成一批高水平教学研究成果,提供一批高质量智库咨政报告,培养一支优秀师资队伍

党的十九大以来,全国各地对大中小幼德育一体化工作高度重视,掀起了推进大中小幼一体化德育体系建设的热潮,其主要特点是行政推动、科研引领。2018年11月,北京市成立了学校德育研究会,组织开展《北京市大中小幼一体化德育体系建设研究》;2021年8月,北京市委教育工委、市教委印发《北京市大中小幼一体化德育体系建设指导纲要》,明确了一体化德育的总体要求、工作目标和重点任务。辽宁省委教育工委、省教育厅依托辽宁教育学院,成立大中小学思想政治教育一体化建设研究中心,采取"项目研究+试点实践+特色打造"模式,推动大中小学思想政治教育一体化建设。福建省委教育工委、省教育厅出台了《关于整体推进大中小学德育一体化建设的实施意见》,着力推进道德认知、行为养成、实践体悟一体化,不断提高针对性、实效性和吸引力、感染力,更好地促进青少年学生健康成长。

3. 推进"三全育人",树立大德育观

"三全育人"是在"三育人"的基础上发展而来的。1950年,全国教育工会第一次代表大会提出"教书育人、管理育人、服务育人"的"三育人"思想。20世纪80年代以来,为应对改革开放带来的思想政治问题,强化教育教学的实效性,教育系统逐步形成了"教师教书育人,干部管理育人,职工服务育人"的育人共识。这一阶段,"三育人"旨在引导学校全面贯彻国家教育方针,把握教育规律,全面实施素质教育。2004年,中共中央、国务院印发《关于进一步加强和改进大学生思想政治教育的意见》,第一次正式提出"全员育人、全方位育人、全过程育人"的"三全育人"方针。2017年,教育部印发《中小学德育工作指南》,要求"大力促进德育工作专业化、规范化、实效化,努力形成全员育人、全程育人、全方位育人的德育工作格局"。"三全育人"成为推进大中小幼一体化德育体系建设的重要途径和手段。

从"三育人"到"三全育人",是一脉相承又不断丰富和发展的。其一,"三全育人"的育人主体各司其职,同心同德,形成"全员"育人共享机制;其二,对中小学德育和高校思想政治教育工作做出明确规定,从拓宽德育和思想政治教育工作覆盖面、增强德育和思想政治工作时空延展性入手,将德育工作贯穿学生成才成人的始终,打造"全过程"育人协同机制;其三,强调育人策略因时而变,"全方位"育人得到落实。由少到多的全成员参与、由线到环的全时段衔接、由点到面的全领域覆盖,体现了育人目标的清晰化、育人时限的终身化、育人手段的系统化。

"三全育人"在某种意义上讲是在政策层面对大德育观的具体表达。"大德育观"不仅是指在现代德育理念的基础上整体地理解"德育",更是一种基于现代德育理念的系统构建。"大德育"的主要特点:一是教育人员的广泛性。从事德育工作的人员不仅是德育和思政课教师,而是包括广大教师、家长及任何一个正直的社会公民,是全员参与的德育。二是教育内容的可塑性。小到一言一行,大到世界观、人生观、价值观、职业道德、对民族对国家的责任感等,是全方位的德育。三是教育形式的多样性。德育不只是存在于课堂,而是覆盖所有的教学活动,覆盖所有的教育管理活动,覆盖所有学生的成长经历,是全过程的德育。2022年7月,教育部等十部门印发《全面推进"大思政课"建设的工作方案》提出,树立"大思政"观念,充分调动全社会力量和资源,建设"大课堂"、搭建"大平台"、建好"大师资",深入推进大中小学思政课一体化建设。

二、湖北中小学德育体系建设的主要政策及施行效果

湖北高度重视大中小幼一体化德育体系建设工作,积极开展理论与实践探索,取得了一定的成效。

1. 教育行政部门积极推动大中小幼一体化德育体系建设

2018年,湖北省教育厅成立湖北省学校思想政治理论课教学指导委员会,负责指导、推动全省大中小学思政课一体化建设。2021年,省教育厅在教育改革专项课题中设置"大中小幼一体化德育体系建设实践研究"专题,以课题研究推动教育实践。2022年,省教育厅在年度工作要点中明确要求在全省范围内推动大中小幼一体化德育体系建设。宜昌市印发了《关于推进全市大中小学思政课一体化教学的实施方案》,统筹推进全市大中小学思政课一体化教学改革创新。

2. 教育科研机构和有关高校积极开展大中小幼德育一体化建设理论研究

2012年,华中师范大学杜时忠教授主持开展"全面加强学校德育体系建设研究",取得了重要成果。2018年,华中师范大学秦在东教授主持教育部重大项目《大中小学思政课一体化建设的衔接机理研究》,探讨构建大中小学一体化管理机制,加强一体化思政课教师队伍建设,加强纵向有效衔接、横向有机协同。2020年以来,湖北省教育科学研究院组织开展"湖北省大中小学一体化德育体系建设实践研究"和"湖北省中小学思政课一体化建设研究",提出了"教书育人一体化""学科人文一体化""内容方法一体化""目标手段一体化""学校社区一体化""师生发展一体化""研究培训一体化"等思路,以课题研究推动大中小学思政课一体化建设实践。

3. 大中小学积极开展德育一体化建设实践探索

2019年5月,湖北省首家"大中小学思政课一体化建设研究中心"在武昌理工学院揭牌成立,江夏区7个单位被授予"大中小学思政课一体化建设研究基地"。2019年10月,宜昌市教科院举办宜昌市第一届中小学思政课教研节,通过专家报告、现场观摩、课堂教学展示、课题成果交流等形式,汇聚各学段思政课教师,探讨如何加强大中小学思政课有效衔接,如何提高思政课教学质量。2019年12月,十堰市教科院与汉江师范学院联合举行新时代大中小学思政课协同创新学术研讨会,形成一批思政课建设创新成果,并发布《十堰市大中小学思想政治理论课协同创新宣言》。此外,湖北工业大学马克思主义学院在红安县祠堂口小学、红安一中等学校挂牌建立思政课教学实践基地,推进大中小学思政课一体化建设;华中师范大学马克思主义学院与全国各

地的中小学对接,开设"思政云课堂",依托"同课异构 协同共研"思政课教学创新联盟开展活动,共有4千多名教师参与其中。

湖北工业大学举办大中小学思政课一体化建设学术报告会

2021年12月11日,湖北工业大学马克思主义学院举办大中小学思政课一体化建设研讨暨学术报告会,邀请武汉地区大中小学思政课教育教学专家共同探讨推进思政课一体化建设。湖北省教育科学研究院研究员张爱国作了题为《大中小学思政课一体化建设的初心与使命》主旨报告。华中师范大学马克思主义学院副院长李芳、武昌理工学院马克思主义学院副院长曾晓辉、武汉三中副校长张才清、武汉市解放中学副校长吴又存、广埠屯小学湖工分校书记宋卫华,分别作了精彩发言。

——资料来源:湖北高校思政网 2021-12-20

三、加强和改进大中小幼一体化德育体系建设的策略建议

经过多年的探索和发展,湖北学校德育工作取得显著成效。但面对新形势新任务新挑战,学校德育工作还存在不相适应的一面,主要是大中小幼德育的整体性与阶段性还未能充分体现,德育整体效益较低,不能有效适应儿童成长和社会发展的需要。今后要科学定位德育目标,合理设计德育内容、途径、方法,使德育层层深入、有机衔接,形成科学的大中小幼一体化德育体系。

1. 确立大中小幼一体化德育体系建设的基本遵循

在大中小幼一体化德育体系建设过程中必须遵循以下基本原则。一是教书育人一体化原则。将立德树人作为首要任务,科学整合教育教学过程中的各种品德教育要素,在向学生传授知识和技能的同时,强化良好品德、健全人格和创新能力等核心素养的培养。二是科学人文一体化原则。充分利用学科教学中的道德教育和人文教育的要素和契机,依托课程和课堂,实现科学教育与人文教育的内在融合、自然融合和深度融合。三是目标手段一体化原则。建立有效的德育约束机制、激励机制、导向机制和保障机制,不断丰富教育手段、改进德育方法,确保学校和教师的教育权利,实施有效德育。四是师生发展一体化原则。努力为教师营造良好的生存和发展空间,确保教师具有健康、积极心态,充分发挥教师的积极性、主动性、创造性,以教师的良好发展引领学生健康成长。五是学校社区一体化原则。坚持学校教育、家庭教育和社会教育相结合,充分挖掘、整合和利用各种社区教育资源实施学校德育,使儿童青少年思想品德教育由单一渠道、固定时空向全方位、立体化转化,形成教育合力,提高教育的整体效益。

2. 明晰大中小幼一体化德育体系建设的基本内容

以提高育人实效为目标,以形成全程育人合力为手段,统筹各学段教育目标的一致性、教育理念的贯通性、教育内容的整体性、教学方法的有效性以及教育过程的协调性,构建纵向衔接、横向联合、螺旋上升、整体高效的大中小幼一体化德育体系。一是构建目标体系。运用系统论、协同论等先进理论,整体构建年级德育目标衔接递进、学段德育目标各有侧重和总体德育目标一以贯之的大中小幼一体化德育目标体系。二是构建内容体系。统筹安排思想教育、政治教育、道德教育、法纪教育和心理健康教育等内容在各学段的分布和落实。注重不同学段相同、相似主题教育内容的层层递进、有机衔接和循环强化。三是构建方法体系。着重探讨德育方法创新及德育途径的拓展,如探索惩戒教育、家校合作和班会活动等教育形式在不同学段的有效运用。四是构建保障体系。从教育理念、制度文化、队伍建设、评价体系等方面,构建大中小幼一体化德育保障体系,为大中小幼一体化德育体系建设提供有效支撑。

3. 创新大中小幼一体化德育体系建设的工作机制

大中小幼一体化德育体系建设是一项全局性、综合性的浩大工程,需要协调和利用多种教育资源,多方配合,统筹安排。一是加强领导。大中小幼一体化德育体系建设涉及高等教育、基础教育和职业教育等各类教育,涉及大中小幼各级学校,必须由主要领导挂帅,协调各方面力量,调配各种资源。二是成立机构。依托教育行政部门(或教育科研机构,或高等学校)成立专门机构,负责组织、指导全省大中小幼一体化德育体系建设工作。三是开展实践研究。按照"行政推动、科研引领、学校实施、区域推进、分步实施"的思路和方式开展大中小幼一体化德育体系建设实践探索,实现教育科研、行政和学校"三位一体",发挥协作优势,提升问题解决能力。四是整合利用区域教育资源。在高校和一定地域之间,在各级各类学校之间,从学校文化、师资、场所、设施和管理等方面实行综合协调、整合利用,充分发挥各自的德育功能,形成教育合力。

参考文献:

[1] 谭富德.构建"大德育"体系 化育"大写的人"——新形势下加强学生德育工作的有益尝试[J].中国校外教育,2018(05):15-16.

[2] 杨志成.新时代大中小幼一体化德育体系建设的根本遵循[J].北京教育(普教版),2019(07):69-70.

[3] 谢春风.理解和把握大中小幼一体化德育体系建设的时代特征[J].北京教育(普教版),2020(12):14-16.

[4] 汪翠萍."三全"育人的历史发展、现有成就与深入路向[J].内蒙古师范大学学报(教育科学版),2022(04):20-25.

(本节执笔人:张爱国,丁丹)

第三章 夯实基础教育的基础地位

2021年,国家在基础教育领域聚焦提高质量问题,围绕学前教育普及普惠、义务教育"双减"、县城普通高中发展提升等短板弱项和难点,出台了一系列重大文件,推出了一系列重要举措,在推动高质量发展方面取得了重要突破,充分彰显了基础教育在国民教育体系中的基础性、先导性地位。湖北积极抓好国家政策贯彻落实,结合实际出台了一系列举措,补短板、强弱项、激活力,落实"五育"并举,提高质量水平,进一步夯实了基础教育的"基础"地位。

第一节 推进学前教育普惠优质发展

人生百年,立于幼学。学前教育关系亿万儿童健康成长,关系千家万户的幸福和谐,关系国家发展和民族未来。2021年,湖北积极贯彻落实中央关于加快发展学前教育的一系列重大决策部署和相关政策,努力扩建公办园、积极扶持普惠民办园、推动城镇住宅小区配建幼儿园,着力提升学前教育"两个占比",构建广覆盖、保基本、有质量的学前教育公共服务体系,不断满足人民群众"幼有所育、学有所教"的美好期望,"入公办园难、入民办园贵"的问题得到了一定程度的缓解。

表 3-1 2021年国家关于学前教育的有关政策

序号	政策文件	主要内容
1	1月21日,教育部办公厅《关于做好2021年中小学幼儿园安全管理工作的通知》(教基厅函〔2021〕4号)	进一步健全校园安全管理制度,进一步加强校园周边综合治理,进一步落实校车安全管理要求,进一步开展学生欺凌防治行动,进一步深化网络环境专项治理,进一步加强安全教育工作,进一步推动家长落实监护责任
2	3月29日,教育部办公厅《关于开展2021年全国学前教育宣传月活动的通知》(教基厅函〔2021〕10号)	聚焦学前教育十年砥砺奋进之路,系统回顾学前教育普及普惠发展的重大成果、辉煌成就,全面展现新时代学前教育深化改革规范发展的新面貌

续表

序号	政策文件	主要内容
3	3月31日,教育部《关于大力推进幼儿园与小学科学衔接的指导意见》(教基〔2021〕4号)	全面推进幼儿园和小学实施入学准备和入学适应教育,减缓衔接坡度,帮助儿童顺利实现从幼儿园到小学的过渡。以县(区)为单位确立一批幼小衔接实验区,遴选确定一批试点小学和幼儿园,先行试点,分层推进
4	5月13日,教育部、财政部《关于实施中小学幼儿园教师国家级培训计划(2021—2025年)的通知》(教师函〔2021〕4号)	聚焦素养提升,更新标准引领下的内容体系,突出教师核心素养培养。推进重点改革,完善高质量精准化的培训机制,完善教师自主发展机制。强化能力建设,健全教师发展支持服务体系,打造高水平教师培训机构
5	5月26日,教育部办公厅关于印发《学前、小学、中学等不同学段近视防控指引》的通知(教体艺厅函〔2021〕24号)	明确了不同学段儿童青少年近视防控要点,着力提高儿童青少年用眼行为改进率和近视防控知识知晓率
6	6月16日,教育部办公厅、住房和城乡建设部办公厅《关于加强城镇小区配套幼儿园校舍安全管理工作的通知》(教基厅函〔2021〕26号)	切实加强城镇小区配套幼儿园校舍安全管理,防止因房屋工程质量安全等原因造成恶性安全事故发生,维护广大师生员工生命安全和正常的教育教学活动,全面开展安全排查,严格质量安全监管,建立长效保障机制
7	6月25日,教育部办公厅《关于开展2021年全国足球特色幼儿园创建工作的通知》(教体艺厅函〔2021〕29号)	牢固树立健康第一的教育理念,将创建工作作为各地校园足球推广普及体系的重要内容,引导幼儿园广泛开展幼儿足球活动,促进幼儿身心健康全面发展,培养德智体美劳全面发展的社会主义建设者和接班人
8	7月21日,教育部办公厅《关于实施学前儿童普通话教育"童语同音"计划的通知》(教语用厅函〔2021〕3号)	2021年秋季学期起,未使用国家通用语言文字开展保教活动的民族地区、农村地区幼儿园全部使用国家通用语言文字开展保教活动,为幼儿营造良好的普通话教育环境,为进入义务教育阶段学习奠定良好语言基础
9	12月14日,教育部等九部门印发《"十四五"学前教育发展提升行动计划》(教基〔2021〕8号)	进一步提高学前教育普及普惠水平,到2025年,全国学前三年毛入园率达到90%以上,普惠性幼儿园覆盖率达到85%以上,公办园在园幼儿占比达到50%以上。覆盖城乡、布局合理、公益普惠的学前教育公共服务体系进一步健全

一、2021年国家关于学前教育的主要政策精神

1. 强化顶层设计

2021年12月14日,教育部等九部门印发《"十四五"学前教育发展提升行动计划》,就进一步推进学前教育普及普惠安全优质发展进行了总体谋划,明确了学前教育发展提升的总体要求、重点任务、政策措施和组织实施等内容,提出了三个方面的具体目标:全国学前三年毛入园率达到90%以上,普惠性幼儿园覆盖率达到85%以上,公办园在园幼儿占比达到50%以上;普惠性学前教育保障机制进一步完善;幼儿园保教质量全面提高,幼儿园与小学科学衔接机制基本形成。

2. 着力提升保教质量

3月29日,教育部办公厅发布《关于开展2021年全国学前教育宣传月活动的通知》,提出要全面展现新时代学前教育深化改革规范发展的新面貌。通过讲好学前教育故事,突出人民群众的获得感、突出教师和家长教育观念的转变、突出幼儿的健康成长,以小见大反映学前教育改革发展成效。3月31日,教育部印发《关于大力推进幼儿园与小学科学衔接的指导意见》,从身心、生活、社会和学习等四个方面明确了双向衔接的重点内容和实施路径,促进幼儿园做好入学准备、小学做好入学适应,减缓衔接坡度,帮助儿童顺利实现从幼儿园到小学的过渡;要求各省(区、市)以县(区)为单位确立一批幼小衔接实验区,遴选确定一批试点小学和幼儿园,先行试点,分层推进,2021年秋季学期启动幼小衔接试点,2022年秋季学期全面铺开。深入实施"安吉游戏"推广计划,切实转变教师观念和行为、促进幼儿在快乐的童年生活中获得有益身心的学习和发展经验。

3. 全面加强师资建设

5月13日,教育部、财政部印发《中小学幼儿园教师国家级培训计划(2021—2025年)》,提出推进以教师自主学习、系统提升、持续发展为导向的"国培计划"改革,实行分层分类精准培训,建立教师自主发展机制,探索教师自主选学等模式,推进人工智能与教师培训融合发展。完善教师专业发展支持服务体系,加强市县教师发展机构专业化建设,健全项目区县、高校、中小学校和幼儿园协同发展机制,加强教师培训者队伍专业化建设,健全教师发展评价、培训综合评价机制,全面推进教师培训提质增效。12月14日,教育部等九部门印发《"十四五"学前教育发展提升行动计划》,要求各地及时补充公办园教职工,严禁"有编不补"、长期使用代课教师;民办园按照配备标准配足配齐教职工。在待遇上,要求统筹工资收入政策、经费支出渠道,落实公办园教师工资待遇保障政策,确保教师工资及时足额发放、同工同酬;公办园中保育、安保、食堂等服务纳入政府购买服务范围,所需资金从地方财政预算中统筹安排;民办园要参照公办园教职工工资收入水平,合理确定相应教职工的工资收入。

案例3-1

部分地区灵活解决幼儿教师缺编问题

浙江省杭州市萧山区按"每班一个公办、一个合同制教师"的标准给公办园配备教师,并明确公办园教师工资收入对标义务教育阶段,与中小学教师同步、同幅增长。江苏省苏州市多个县级市及市辖区从2016年开始招录"备案制"幼儿教师,这些"备案制"教师在工资待遇、评职称和专业成长等方面,与在编教师已基本做到无差别化实施。贵州省凯里市购买服务教师岗位享受"四同"政策,即编内外幼师在招聘程序、招聘标准、工资待遇、晋职晋级上统一标准,合同制教师月收入从以前的2000多元增长到7000多元。

——资料来源:中国教育报 2021-03-29

4. 补齐普惠性资源短板

教育部等九部门印发《"十四五"学前教育发展提升行动计划》,要求各地持续增加普惠性资源供给:一是优化普惠性资源布局。各地要适应"三孩"政策实施需要,及时修订和调整居住社区人口配套学位标准,配建与居住区人口规模相适应的幼儿园。二是推动普惠性资源扩容增效。为集中解决农村地区、城市新增人口和流动人口集中地区入园需求,各地要实施幼儿园扩容提质项目,新建改扩建一批公办幼儿园,鼓励支持国有企事业单位、军队、高校、街道、农村集体举办公办幼儿园,积极扶持民办园提供普惠性服务,多渠道增加普惠性资源供给,逐步消除大班额,防止出现新的无证园。三是开展城镇小区配套园治理"回头看"。巩固治理成果,保障城镇地区普惠性资源供给的主渠道,为满足幼儿就近就便入园提供基本保证。

案例3-2

深圳立法保障儿童就近入读普惠性幼儿园

《深圳经济特区学前教育条例》提出,保障三周岁到小学前的深圳户籍和符合条件的非深户籍学前儿童就近入读普惠性幼儿园。幼儿园原则上实行免试就近入园制度,除健康检查外,招生、编班不得进行任何形式的考试、测评。公共服务配套幼儿园应当办成普惠性幼儿园,其中政府产权幼儿园应当办成公办幼儿园。鼓励社会力量通过招拍挂,获得非公共服务配套幼儿园用地,举办非普惠性幼儿园。将公办幼儿园保育工作人员工资纳入财政保障范围;专职从事特殊教育的保育人员,依法享受特殊教育岗位津贴。

——资料来源:中国教育报 2021-07-10

5. 关注校园安全和幼儿健康发展

1月21日,教育部办公厅发布《关于做好2021年中小学幼儿园安全管理工作的通知》,提出进一步健全校园安全管理制度,进一步加强校园周边综合治理,进一步落实校车安全管理要求,进一步开展学生欺凌防治行动,进一步深化网络环境专项治理,进一步加强安全教育工作,进一步推动家长落实监护责任。6月16日,教育部办公厅、住房和城乡建设部办公厅发布《关于加强城镇小区配套幼儿园校舍安全管理工作的通知》,要求切实加强城镇小区配套幼儿园校舍安全管理,防止因房屋工程质量安全等原因造成恶性安全事故发生,维护广大师生员工生命安全和正常的教育教学活动,强调全面开展安全排查,分类做好整改工作,严格质量安全监管,健全责任追究制度,建立长效保障机制。6月25日,教育部办公厅印发《关于开展2021年全国足球特色幼儿园创建工作的通知》,要求牢固树立健康第一的教育理念,将创建工作作为各地校园足球推广普及体系的重要内容,按照《全国足球特色幼儿园游戏活动指南》要求,引导幼儿园广泛开展幼儿足球活动,促进幼儿身心健康全面发展,培养德智体美劳全面发展的社会主义建设者和接班人。

案例3-3

河南遴选928所省级家园共育试点园

河南省从2018年起,实施"百城千园·家园共育工程",各地从"师、生、家、园、社"五端发力,强化"人、财、物、时、空"五项保障,共同推进科学育儿工作,取得显著成效。全省共遴选出928所省级家园共育试点园,评出454所省级家园共育示范性幼儿园,家园共育工作专业化、信息化、常态化机制已经初步建立。此外,积极组织幼儿园管理督导团、家教知识巡讲团、家委会、志愿者、"五老"等社会力量参与家园共育工作,河南省教育厅关工委成立了由128名省内外知名专家教授和名园长组成的家庭教育讲师团,开展"家教名师中原行"百场公益讲座活动,帮助家长掌握科学的育儿方法。

——资料来源:中国教育报 2021-07-10

二、2021年湖北学前教育的主要政策及施行效果

2021年,湖北着力完善县域学前教育布局规划,构建覆盖城乡、布局合理、以普惠性资源为主体的学前教育公共服务体系。支持县(市、区)新建、改扩建一批公办幼儿园,推进集团化办园、联村办园,鼓励引导社会力量举办普惠性幼儿园,重点扩大农村地区、新增人口集中地区普惠性资源供给。健全普惠性民办幼儿园认定和退出机制,

加强非营利性民办幼儿园收费管理。落实《幼儿园教育指导纲要》，推进科学保教，坚决纠正和预防"小学化"倾向，各项政策措施得到较好贯彻落实。

1. 大力推进公办园建设

省政府将"万个公办幼儿园学位扩充行动"列入省领导领办"十大惠民、四项关爱"实事项目清单内容。省教育厅等八部门印发《湖北省"万个公办幼儿园学位扩充"实事项目实施方案》，通过利用财政资金支持引导地方建设一批、市县财政自筹资金建设一批、城镇小区配套幼儿园举办一批等途径加快推进公办园建设。把"我为群众办实事"实践活动与推动学前教育高质量发展结合起来，聚焦目标任务，发挥好牵头协调作用，统筹各方面资源和资金，通过加快新建、改扩建一批公办幼儿园，规范城镇小区配套幼儿园建设，在村小开设附属园、附属班等方式，不断扩大公办学前教育资源，推动学前教育普及普惠发展。全省 2021—2022 年计划新建、改扩建公办园 722 所，新增公办学位 169734 个。截至 2021 年底，全省公办幼儿园建设项目已投入使用 355 所，新增公办学位 6.9 万个。

案例3-4

咸宁新建改扩建公办幼儿园 45 所

随着社会经济的飞速发展，咸宁城区公办学前教育资源不足显得尤为突出，公办幼儿园"一位难求""超负荷"招生等问题突出。借开展党史学习教育"我为群众办实事"契机，咸宁市推进"万个公办幼儿园学位扩充"重点项目，2021—2022 年计划完成新建改扩建 45 所公办幼儿园，已完工 21 个项目，还有 24 个项目正在紧张施工中。其中，咸宁市直属机关第二幼儿园，项目总投资 5500 万元，占地面积 9902.48 平方米，采用婴幼儿教育一体化模式，办学规模达到 600 个学位；咸宁市交通实验第二幼儿园，预计总投资 5000 万元，项目占地面积约 20000 平方米，开设 32 个班，可招生 1000 名幼儿。

——资料来源：咸宁日报 2022-02-20

2. 积极扶持普惠性民办园发展

普惠性民办幼儿园是指国家机构以外的社会组织或个人，利用非财政性经费举办的条件达标、资质健全、管理规范、面向大众、收费合理、质量较高的民办非营利性幼儿园。2021 年 11 月，省政府印发《湖北省教育事业发展"十四五"规划》，强调健全普惠性民办幼儿园认定和退出机制，加强非营利性民办幼儿园收费管理；12 月，省教育厅等部门印发通知，明确普惠性民办园认定的标准和程序，指导、督促以县为单位制定奖补优惠政策，积极开展认定和奖补工作。同时，制定系列配套性规范管理文件，对办园标准、设立审批、招生、收费等各环节作出规定，将"办园有资质、师资有保障、收费有底线、管理有规范、保教有质量、社会有声誉"作为普惠性民办幼儿园认定标准严格执行。2021年,全省学前教育奖补资金支持普惠性民办幼儿园880所次,惠及幼儿16.6万人。各市、县认真做好营利性幼儿园和非营利性幼儿园分类登记、分类管理、分类扶持工作,完善普惠性民办幼儿园认定和退出机制,采取保障合理用地、以奖代补、政府购买服务、减免租金、培训教师、教研指导、结对帮扶、推动集团化办园等方式,支持普惠性民办幼儿园发展。

  案例3-5

孝感市规范和扶持普惠性民办幼儿园发展

2021年1月,孝感市印发《普惠性民办幼儿园认定及管理办法(试行)》,规定了申请认定普惠性民办幼儿园应具备的基本条件:幼儿园的建设应符合《幼儿园建设标准》,幼儿人均使用面积不低于6.19平方米;办园规模在6个班以上(农村幼儿园规模不得小于3个班),小班一般不超过25人、中班一般不超过30人、大班一般不超过35人;保教费的最高收费标准及最高限价根据幼儿园办园水平评估认定的等级实行阶梯式收费:省级示范园1200元/月、市级示范园1000元/月、一级园800元/月、二级园500元/月、三级园400元/月。经认定的普惠性民办幼儿园,可以享受中央财政支持学前教育发展资金、省级学前教育发展专项资金等补助资金,并按实际在园幼儿人数,可享受每生每年不低于200元的财政补助。各级教育主管部门组织的园长、教师培训中,均对普惠性民办幼儿园优先安排,确保参训人数不少于总人数的30%。同时,还通过结对帮扶、片区教研、派驻公办教师等多种方式帮助普惠性民办幼儿园提升保教质量。

——资料来源:孝感日报 2021-01-09

3. 规范城镇小区配套幼儿园建设及使用

规范城镇小区配套幼儿园建设使用,扩大普惠性学前教育资源供给,事关国家基本公共服务制度体系的健全,是落实立德树人根本任务、完善统筹城乡的民生保障制度,构建以普惠性资源为主体办园体系的奠基工程、民心工程和德政工程。地方政府积极落实《湖北省城镇小区配套幼儿园建设管理办法(试行)》,建立和完善城镇小区配套幼儿园建设和管理机制,全面规范城镇小区配套幼儿园的建设和使用。切实提高政治站位,大都印发了城镇小区配建幼儿园专项治整工作方案,加强系统治理、依法治理、综合治理、源头治理,把握关键环节,依法依规整改,优先举办公办园,视情况委托办成普惠性民办园;指导、督促各地将已经竣工的小区配套幼儿园尽快投入使用。未竣工的尽快完工、及时移交和投入使用;建立教育用地国土资源、规划、教育部门联审联批制度,促进城镇小区配套幼儿园建设与小区建设同步规划、同步设计、同步建设、同步验收、同步交付使用。

案例3-6

宜昌出台住宅小区配套幼儿园新政

2021年12月,宜昌市政府印发《关于进一步加强城镇住宅小区配套幼儿园建设和管理的意见》,要求在本市行政区域内新建商品住宅小区、政府投融资建设保障性住房、老城区(棚户区)改造、新城开发、易地扶贫搬迁原则上均应按照要求配套建设幼儿园。配套幼儿园建设应当与区域人口规模、入园需求相适应,并符合最小办园规模6个班的要求。配套幼儿园由开发建设单位负责建设,建成后无偿移交给所在县市区教育行政部门,并按规定办理幼儿园土地、园舍移交及资产登记手续。县市区教育行政部门代表县市区人民政府接收、管理、使用住宅小区配套幼儿园,统筹安排举办公办幼儿园或者委托举办普惠性民办幼儿园,优先满足本住宅小区居民适龄子女就近入园需求。任何单位和个人不得擅自拆除配套幼儿园或改变配套幼儿园的用途。

——资料来源:新浪新闻 2021-12-27

4. 切实规范办园行为

大力推进幼小科学衔接工作,印发实施方案,指导省级实验区开展试点。指导各地开展第十届学前教育宣传月活动,组织开展第三届全省幼儿园游戏活动优秀案例推荐工作,组建7个省级专家团队实地开展教学视导,督促规范保教行为。2021年6月,省财政厅、教育厅印发《湖北省支持学前教育发展资金管理办法》,规范和加强学前教育发展资金管理,提高资金使用效益。省教育厅印发了2021年幼儿园暑假《安全责任告知》《安全温馨提示》,引导家长认真履行监护责任,确保孩子暑期安全健康;出台《幼儿园寒假安全温馨提示》,制定了幼儿安全事项的工作提示,教育、引导家长陪伴孩子度过一个平安、健康、快乐的假期。

案例3-7

天门市:丰富幼儿课程资源 淬砺幼儿意志品质

天门市深入贯彻幼儿教育游戏化及生活课程化、课程生活化理念,结合茶文化之乡、蒸菜之乡、状元之乡、内陆最大侨乡等地域文化特点,开发了陆羽茶文化、侨乡文化、石家河文化、状元文化、长汀河文化、水乡文化和红色文化等农村课程资源,逐步形成"一园一品一特色"。为培养幼儿意志品质与坚强性格,成立了淬砺教育微论坛,以乡镇中心幼儿园为主体,在乡镇一体化管理的基础上指导各幼儿园学习运用。在每天两小时的户外活动中,幼儿教师都会引导和鼓励幼儿在保证安全的前提下,讲究规律规则,善于合作解决困难,大胆锻炼体能,刻苦磨炼意志,健康身体与心智,培养社会适应能力。

——资料来源:湖北省教育厅官网 2021-05-24

三、大力推进学前教育普惠优质发展的策略建议

湖北学前教育在快速发展的同时，仍然存在一些亟待解决的问题。比如，部分幼儿园办园条件较差，师资队伍不稳定，教育活动"小学化"，办园行为不规范等。要进一步完善相关政策措施，更好地破解学前教育发展中的重点问题和薄弱环节，促进学前教育普惠优质和规范安全发展，不断满足群众日益增长的对优质学前教育的需求。

1. 多途径扩大普惠性资源供给

各地要充分考虑人口变化和城镇化发展趋势，以县为单位制定幼儿园布局规划。逐年安排建设一批普惠性幼儿园，重点扩大农村地区、脱贫攻坚地区普惠性资源。在大力发展公办园的同时，推动各地进一步完善普惠性民办园认定标准、补助标准及扶持政策，通过政府购买服务、综合奖补、减免租金、派驻公办教师、培训教师、教研指导等多种方式，支持普惠性民办园发展。持续把"万个公办幼儿园学位扩充"这件实事办好，从规划入手，让幼儿园成为小区标配，实现"幼有所育"；从服务着手，解决好办园过程中的难点，把教师各项待遇落到实处，实现"幼有善育"；从管理发力，通过公扶民、强带弱、大帮小，培育更多优质幼儿园，实现"幼有优育"。

2. 多渠道扩大财政性经费投入

进一步加大投入力度，完善预算绩效管理制度，适度提高公办幼儿园生均拨款标准和普惠性民办幼儿园补助标准，提高财政支持水平，主要用于扩大普惠性资源、补充配备教师和提高教师待遇，改善办园条件。安排支持学前教育发展专项资金，支持各地扩大普惠性资源。地方各级政府应着力健全学前教育经费投入机制，加强收费管理，规范经费使用，提高经费使用效益。要结合彩票销量形势和彩票公益金筹集情况，统筹研究彩票公益支持教育领域社会公益事业发展政策，适度资助普惠性幼儿园。

3. 多维度促进科学化规范办园

强化对幼儿园教职工资质和配备、收费行为、安全防护、卫生保健、保教质量、经费使用以及财务管理等方面的动态监管，完善年检制度。各地应建立幼儿园基本信息备案及公示制度，充分利用互联网等信息化手段，向社会及时公布并更新幼儿园教职工配备、收费标准、质量评估等方面信息，主动接受社会监督。要落实国家《幼儿园办园行为督导评估办法》，推动各地加强和改进对幼儿园的管理，促进幼儿园规范办园行为，保障幼儿身心健康、快乐成长。督导评估要实现幼儿园、附设幼儿班、幼教点的全覆盖，重点是薄弱幼儿园和未取得办园许可证的幼儿园，做到督导一个都不能少。对优质公办园、公建民营园、普惠民办园和盈利民办园，做好分类管理和指导。

4. 多层次建设高素质幼师队伍

完善教师补充机制。根据学前教育对师资的需求，有计划地招收幼儿教师，在每年教师招聘计划中提升幼师招聘比例。采取定向招生、委托培养等方式，多渠道拓宽

幼儿教师来源，前移幼师培养起点。通过政府购买服务等方式，解决幼师和保育员、保健员短缺问题。

加大师资培训力度。教育主管部门要把幼儿园教师在职继续教育纳入教师素质提升工程，通过"走出去、请进来"等方式，加强对幼儿园教师的师德教育、学历培训、专业培训，壮大名师阵容，推动人才队伍提优提质。鼓励教师进行高学历进修，并给予一定的学费补助。进一步完善幼儿园园长和骨干教师的培训、评比、管理和激励机制，不断提升园长的管理能力和骨干教师的业务水平。继续实施幼师国培项目，将民办园教师纳入培训范围，采取集中面授、网络研修、名园访学等方式，开展师德师风、法律法规、科学保教等多方面培训，推动师范院校与优质幼儿园协同开展园长、教师培训，提高培训实效。

畅通职称评聘通道。完善幼儿园教师职称评聘标准，提高高级职称比例。在职称晋升上给予平等机会，尽快改变目前幼儿园生师比较高、高级职称比例较低，且呈下降趋势的状况，对农村地区应给予倾斜性照顾政策。各级政府要下大力气提高学前教育教师薪酬待遇，缩小其与小学的差距水平，真正让学前教师"留得住、教得好、有尊严"。推动民办园参照当地公办园教师工资收入水平，合理确定教师的工资收入，并依法依规、足项足额为幼儿园教职工缴纳社会保险和住房公积金。

参考文献：

[1] 洪秀敏.党的十九大以来幼儿园教师队伍建设政策的价值维度与实践向度[J].教师发展研究，2022,6(02):25-31.

[2] 幼儿园教师队伍建设探究.2021课程教学与管理研究学术论坛论文集[C].2021:941-945.

[3] 姜勇,庞丽娟.迈向均衡发展的新时期幼儿园教师队伍建设——破解教师队伍建设的三大难点：区域失衡、理用失衡与艺文失衡[J].教师教育研究,2019,31(04):76-84.

（本节执笔人：余彪）

第二节 推进义务教育"双减"落地见效

2021年,"双减"无疑是教育界的年度热词。从校内到校外、从课堂到课下、从学生到老师、从家庭到社会,"双减"政策的落地正深刻地改变着孩子们的学习生活,影响着家庭的收入分配结构,影响着家长的教育理念,影响着社会的价值取向,影响着教育的格局布局,撬动着教育的整体变革。

一、我国减轻学生负担的政策演进及发展趋势

(一)新中国成立以来我国减负政策的演变轨迹

新中国成立以来,我国的教育减负政策,经历了四个主要时期,即以防止身体过劳为重点的减负时期(1949—1976年)、以纠正片面追求升学率为重点的减负时期(1977—1991年)、以取消重点校制度为重点的减负时期(1992—2010年)、以规范校外培训为重点的减负时期(2011年至今)。从1955年教育部颁布新中国第一个减负令《关于减轻中小学生过重负担的指示》,到2021年中共中央办公厅、国务院办公厅印发《关于进一步减轻义务教育阶段学生作业负担和校外培训负担的意见》,我国的教育减负始终在路上。

表 3-2　新中国成立以来国家关于减轻学生负担的相关政策(截至2020年)

序号	政策文件	主要内容
1	1951年8月,政务院《关于改善各级学校学生健康状况的决定》	对学生每日上课与自习时间、睡眠时间、体育娱乐活动或生产劳动时间进行了规定;调整课程内容与任务,改善学习方法;改进体育教学,充实体育娱乐设备;做好学生伙食管理,改善学生伙食和饮水
2	1955年7月1日,教育部《关于减轻中小学生过重负担的指示》	学生负担过重已经成为一个严重的原则性问题,解决这个问题的基本方法是改善教材、提高教师水平、改进学校领导。教师要努力钻研教材和改进教法;学校领导要及时检查与作业相关内容,以保证正确方向
3	1960年5月15日,中共中央、国务院《关于保证学生、教师身体健康和劳逸结合问题的指示》	学生每天的学习时间(包括自习和劳动时间),高校不得超过9小时,中等学校不得超过8小时;每天的睡眠时间,高校学生8小时,中等学校学生8至9小时,小学生9至10小时;控制各种社会活动和会议。改进教学内容和方法;改善伙食管理,保护学生视力;对教师贯彻劳逸结合、大集体小自由的原则,保证教师身心健康

续表

序号	政策文件	主要内容
4	1960年12月21日,中共中央、国务院《关于保证学生、教师身体健康的紧急通知》	立即抓紧治疗学生和教师的疾病,办好学校伙食,保证师生健康
5	1962年6月,教育部、共青团中央书记处《关于最近学生学习负担过重、患病人数增多的情况报告》	批评"高考出题超出中学课程范围,中学教师只好给学生出补充题,增加学生负担""高考出难题、繁题,中学教师害怕学生考不上,只好增加学生负担,学生和家长都埋怨,跟着高考转,给学生出难题"等现象
6	1964年5月4日,中共中央、国务院转批教育部临时党组《关于克服中小学学生负担过重现象和提高教学质量的报告》	在社会和中小学广泛宣传党的教育方针,充分调动广大中小学教师的工作积极性,努力改进教学方法和考试方法,发挥学生的主动性
7	1964年7月14日,教育部《关于调整和精简中小学课程的通知》	减少课程门类和每周上课总时数,注意引导教师改进教学方法,减少不必要的课外作业,总结推广好的教学经验,以便真正减轻学生负担
8	1966年8月,中共中央转发教育部党组《关于减轻学生负担、保证学生健康问题的报告》	严格控制学生每天的活动总量,统一安排上课、自习、劳动、体育、文娱活动、团队活动以及社会活动的时间,同时还对中小学生的睡眠时间提出要求
9	1983年12月31日,教育部《关于全日制普通中学全面贯彻党的教育方针、纠正片面追求升学率倾向的10项规定》	要求学校不能只抓升学,忽视对劳动后备军的培养;只抓考分,忽视德育和体育,忽视基础知识和能力的培养;只抓少数,忽视多数;只抓毕业班,忽视非毕业班;只抓高中,忽视初中
10	1986年1月17日,国家教委、国家出版局和国家工商总局《关于严禁擅自编写、出版、销售学生复习资料的规定》	批评有些部门为了"创收"而大量编写复习参考资料,加重学生学习负担和家长经济负担
11	1986年3月6日,国家教委《关于在普及初中的地方改革初中招生办法的通知》(教中〔1986〕002号)	已经普及初中的地方要积极稳妥地取消初中招生考试,小学毕业生按照就近入学的原则直接升入初中,使学校从片面追求升学率的压力下解脱出来,端正教育思想,减轻学生过重的学习负担

续表

序号	政策文件	主 要 内 容
12	1988年5月11日,国家教育委员会《关于减轻小学生课业负担过重问题的若干规定》	共十条。一年级不留书面课外作业,二、三年级每天课外作业量不超过三十分钟,四年级不超过四十五分钟,五、六年级不超过一小时;不布置机械重复和大量抄写的练习,更不得以做作业作为惩罚学生的手段;学校和班主任老师应负责控制和调节学生每日的课外作业总量
13	1990年2月15日,国家教委《重申贯彻〈关于减轻小学生课业负担过重问题的若干规定〉的通知》	解决小学生课业负担过重问题,关键在于教育部门和学校的干部、教师端正教育思想,遵循客观规律,改进教育教学工作,大力提高教育质量。各地教育行政部门要对当地小学生课业负担情况进行一次全面深入的调查,分析问题形成的原因,提出具体要求和措施
14	1993年3月24日,国家教委《关于减轻义务教育阶段学生过重课业负担、全面提高教育质量的指示》(教基〔1993〕3号)	学校要严格按照国家规定组织教育教学活动;学生必须使用经国家审定的教科书;教师要认真备课、精心授课,因人制宜选择和布置作业
15	1994年11月10日,国家教委《关于全面贯彻教育方针,减轻中小学生过重课业负担的意见》	解决中小学生课业负担过重的问题,关键在于转变教育思想,更新教育观念,根本出路在于改革;提出了8条需要严格执行的规定;必须加强领导,加强管理,严肃纪律
16	1997年10月29日,国家教委《关于当前积极推进中小学实施素质教育的若干意见》(教办〔1997〕29号)	调整课程应本着有利于促进学生全面发展、提高教育质量,有利于促进当地经济建设和社会发展为原则,减少课程分类,减轻学生过重的课业负担,使他们有时间、有条件接触自然、接触社会、参加劳动,丰富生活经验,培养动手操作能力
17	1999年6月13日,中共中央、国务院《关于深化教育改革全面推进素质教育的决定》(中发〔1999〕9号)	减轻中小学生课业负担已成为推行素质教育中刻不容缓的问题,要切实认真加以解决。各级政府都要建立健全减轻学生课业负担的监督检查机制
18	2000年1月3日,教育部《关于在小学减轻学生过重负担的紧急通知》(教基〔2000〕1号)	实行减轻学生过重负担领导责任制,把切实减轻学生过重负担作为考核教育行政部门领导、教研部门领导、校长工作实绩的重要内容。地方各级教育行政部门及教育督导机构要完善减轻学生过重负担的专项督导机制;各级教育行政部门要建立健全减轻学生过重负担的通报制度

续表

序号	政策文件	主要内容
19	2007年4月28日,教育部办公厅《关于不受理义务教育阶段学生参加英语等级考试的通知》(教基厅函〔2007〕31号)	各地教育行政部门和学校不得以各种形式的考试、考核、测试选拔学生,不得将各种竞赛成绩和全国英语等级考试等各种公共考试成绩作为招生依据;全国英语等级考试不面向义务教育阶段学生
20	2010年7月29日,中共中央、国务院关于印发《国家中长期教育改革和发展规划纲要(2010—2020年)》的通知(中发〔2010〕12号)	减轻学生负担是全社会的共同责任,政府、学校、家庭、社会必须共同努力,标本兼治,综合治理
21	2013年3月19日,教育部办公厅《关于开展义务教育阶段学校"减负万里行"活动的通知》(教基一厅函〔2013〕13号)	将作业时间、睡眠时间、锻炼时间作为督导的内容,建立对本行政区域内所有义务教育学校"减负"工作的考评制度,将"减负"工作纳入学校日常管理考核
22	2013年8月22日,教育部印发《小学生减负十条规定》	在入学政策、作业规定、考试要求、补课现象、一科一辅、等级评价、强化监督、体育锻炼时间、保证睡眠等方面提出要求
23	2014年3月14日,教育部办公厅《关于开展义务教育阶段学校"减负万里行·第2季"活动的通知》(教基一厅函〔2014〕13号)	推行初中学业水平考试和综合素质评价,以完成本学段国家规定教育目标为基本标准、以学业水平测试和学生综合素质等为主要指标综合评价学生;改革小学生考试成绩呈现方式,取消"百分制",实行"等级+评语"的评价方式,避免分分计较
24	2014年3月30日,教育部《关于全面深化课程改革 落实立德树人根本任务的意见》(教基二〔2014〕4号)	提出各学段学生发展核心素养体系,要求把核心素养体系作为研究学业质量标准、修订课程方案和课程标准的依据,用于统领课程改革的相关环节
25	2015年10月11日,教育部《关于加强家庭教育工作的指导意见》(教基一〔2015〕10号)	家长要对孩子开展性别教育、媒介素养教育,培养孩子积极的学业态度,与学校配合减轻孩子过重学业负担,指导孩子学会自主选择;切实消除学校"减负"、家长"增负",不问兴趣、盲目报班
26	2017年2月24日,教育部办公厅《关于做好中小学生课后服务工作的指导意见》(教基一厅〔2017〕2号)	科学合理确定课后服务内容形式;提倡对个别学习有困难的学生给予免费辅导帮助;坚决防止将课后服务变相成为集体教学或"补课";鼓励组织学生就近到社区、企事业单位开展社会实践活动

续表

序号	政策文件	主要内容
27	2018年2月13日,教育部办公厅等四部门《关于切实减轻中小学生课外负担 开展校外培训机构专项治理行动的通知》(教基厅〔2018〕3号)	通过开展排查摸底、全面整改、督促检查,对校外培训机构进行专项治理,依法维护学生权益,坚决治理违背教育规律和青少年成长规律的行为,确保中小学生健康成长全面发展
28	2018年3月22日,教育部《关于规范管理面向基础教育领域的竞赛挂牌命名表彰等活动的公告》(教基厅〔2018〕4号)	现有面向基础教育领域开展的竞赛、挂牌、命名及表彰等活动一律按管理权限重新核准。未经核准的,不得再组织开展活动;经批准组织实施的活动,不得以任何理由和条件强行要求学校或学生参加,不得收取活动费、报名费和其他各种名目的费用,不得推销或变相推销相关资料、书籍或商品
29	2018年8月6日,国务院办公厅《关于规范校外培训机构发展的意见》(国办发〔2018〕80号)	按照"依法规范、分类管理、综合施策、协同治理"的原则,构建校外培训机构规范发展的长效机制,形成校内外协同育人的良好局面
30	2018年9月21日,教育部印发《关于面向中小学生的全国性竞赛活动管理办法(试行)》的通知(教基厅〔2018〕9号)	面向中小学生的全国性竞赛活动的组织主体(主办方)应为在中央编办、民政部登记注册的正式机构,必须具有法人资格
31	2018年12月28日,教育部等九部门《关于印发中小学生减负措施的通知》(教基〔2018〕26号)	提出了三十条减负措施。坚持"政府主导、各方参与、综合施策、标本兼治"的基本原则,加强统一部署、统一行动,推进育人方式改革,发展素质教育,规范学校办学行为和校外培训机构发展,扭转不科学的教育评价导向,切实减轻中小学生过重学业负担
32	2019年4月1日,教育部办公厅关于印发《禁止妨碍义务教育实施的若干规定》的通知(教基厅〔2019〕2号)	对机构或个人违法违规导致适龄儿童、少年接受义务教育的行为,坚决予以纠正,依法依规严厉查处问责,切实保障适龄儿童少年接受义务教育
33	2019年4月10日,教育部办公厅《关于公布2019年度面向中小学生的全国性竞赛活动的通知》(教基厅函〔2019〕25号)	确定"全国青少年科技创新大赛"等29项竞赛活动为2019年度面向中小学生开展的全国性竞赛活动。29项"白名单"以外面向中小学生的所谓全国性竞赛活动均不合规,教育部将强化监督检查,对违规举办的严肃处理

续表

序号	政策文件	主要内容
34	2019年6月23日,中共中央、国务院《关于深化教育教学改革 全面提高义务教育质量的意见》(中发〔2019〕26号)	明确提出通过提高质量减负、优化课程减负、规范课外培训减负、科学评价减负、社会协同减负
35	2019年7月12日,教育部等六部门《关于规范校外线上培训的实施意见》(教基函〔2019〕8号)	在2019年12月底前完成对全国校外线上培训及机构的备案排查;2020年12月底前基本建立全国统一、部门协同、上下联动的监管体系
36	2019年9月19日,教育部等十一部门《关于促进在线教育健康发展的指导意见》(教发〔2019〕11号)	采取扩大优质资源供给、构建扶持政策体系、形成多元管理服务格局等措施,促进在线教育健康、规范、有序发展。到2022年,现代信息技术与教育深度融合,在线教育质量不断提升,资源和服务标准体系全面建立,治理体系更加健全
37	2019年12月7日,中共中央办公厅、国务院办公厅《关于减轻中小学教师负担 进一步营造教育教学良好环境的若干意见》(厅字〔2019〕54号)	面向中小学生开展的教育宣传活动,要根据中小学生德智体美劳全面发展的需要,由教育部门整体规划、分类指导、统筹安排进入校园。如中小学课程已有类似内容,可根据实际需要合理融入教学安排,不得重复安排
38	2020年10月13日,中共中央、国务院关于印发《深化新时代教育评价改革总体方案》的通知(中发〔2020〕19号)	坚持以德为先、能力为重、全面发展,坚持面向人人、因材施教、知行合一,坚决改变用分数给学生贴标签的做法,创新德智体美劳过程性评价办法,完善综合素质评价体系

1. 以防止身体过劳为重点的减负政策(1949—1976年)

新中国成立初期,教育领域为配合新中国建设,开展了浩浩荡荡的改造旧教育、建设新教育的实践活动。"生产和教育"是这一时期两件最重要的工作,"全面表现"是当时人们对教育的追求,学生既要在学业上表现好,也要在生产劳动中表现好。由于过多的政治运动和社会活动,加上疫病肆虐,医疗卫生条件差,导致学生身体素质普遍下降,学生健康问题普遍产生。同时,在向苏联学习的过程中,由于对苏联教育理论的迷信,导致了在教育实践中的机械化、教条化倾向,在一定程度上造成了学生的学习负担过重。随着对苏联的教育理论和经验的批判与反思以及对"教育大跃进"经验教训的总结,20 世纪 60 年代的教育工作有了很大改善。提高教育质量成为教育的基本追求,但随之而来的是学生的学业负担有所加重,特别是有些学校把为高一级学校输送新生当作主要目标,出现了片面追求升学率的现象。这个问题引起了毛泽东主席的重视,1950 年 6 月他致信教育部长马叙伦,作出了"要注意健康第一,学习第二"的指示;1951 年 1 月,他再次就学生健康问题致电马叙伦:"提出健康第一,学习第二方针,我以为是正确的。"从此,"健康第一"成为新中国各个时期减轻学生过重负担的指导思想和基本方针。以此为开端,我国教育拉开了减轻学生过重负担的序幕。这一时期的减负措施有:调整学生平时每天学习及其他活动的时间安排,减少或缓教一些课程,删减学生课本中多次重复出现的、不需要学生知道的内容;按照国家发行的教材进行教学,不能因为赶超教学进度而随意给学生增加超过年龄接受的课业任务;减轻课外活动负担,强调学生的活动皆以学校为主要场所,任务围绕着上课学文化进行;改进学校卫生工作,各级学校内设保健委员会,对学生的卫生进行养正教育;注重体育娱乐活动,中学及其以上学历的学校应组织学生在假期进行拉练等集体野外活动练习;改善学生伙食管理办法,在保证基本营养的前提下,对学生吃的喝的进行改进。

2. 以纠正片面追求升学率为重点的减负政策(1977—1991 年)

由于"文化大革命"对教育的严重破坏,"拨乱反正"后人才匮乏的中国急切需要发展教育、培养人才。国家迅速恢复高考制度,高校开始通过统考统招、择优录取的方式选拔人才。高考制度的恢复使读书重新成为人们改变命运的机会,毕业包分配的就业模式强化了人们的上学愿望,人们对教育机会的渴求在这一时期空前强烈。而这一时期我国高等教育处于精英化阶段,高等教育吸纳能力有限,国家高等教育机会供给与人们对教育机会的需求之间形成极大反差,高考出现"千军万马过独木桥"的局面,中小学片面追求升学率问题日趋严重。端正办学思想,纠正片面追求升学率的行为,成为这一时期减负政策的着力点。这一时期的减负措施主要有:除了常规的控制考试次数、减少作业量等外,还在改进教育教学评价、规范教辅类用书和各类竞赛以及对待学困生的方式等方面做出规定。在教育教学评价上,转变片面追求升学率评价倾向,注重学生全面发展,不得按照升学率高低对学校和教师进行奖惩;在教辅类用书上,严格规定种类和数量,必须使用教育部门审定的练习册,学校不得组织学生购买和使用其他名目的教辅材料;在规范各类竞赛上,秉持学生自愿、不影响教学秩序的原则,开展符合学生身心健康发展的竞赛;在帮助学困生方面,采取平等对待、积极帮助的方式,在保证教学质量前提下逐步降低留级率。

3. 以取消重点校为重点的减负政策(1992—2010 年)

这一时期,随着高等教育规模的逐步扩大,由于教育机会缺乏所产生的学生负担得到减轻,学生负担过重问题的诱因发生了变化。从 1996 年起,高校逐渐取消分配制度,"自主择业、双向选择"成为20世纪90年代后期高校毕业生就业的主要方式。当高等教育扩招与高校毕业生自主择业相遇时,高等教育机会供给相对充裕与高校毕业生就业机会提供相对不足的矛盾逐渐凸显出来。这一时期,劳动力市场的竞争压力传递到高等教育规模日益扩大的教育系统内部,人们的直接感受是文凭开始贬值,学历出生在很大程度上决定着学生未来处于主要劳动力市场还是次要劳动力市场。占据优质教育资源、接受高质量教育成为人们普遍的教育追求,择校成为人们追求优质教育的重要方式。这一时期,人们对升学率的追求已经从简单的"能升学"转变为"升好学"。一些学校为了在学生成绩上表现出比较优势,随意增加课时,超纲授课,作业量大,考试频繁,资料泛滥;一些地方向教育部门和学校下达升学指标;社会上各种竞赛、奥校、奥班、读书、评奖等活动名目繁多,尤其是有些竞赛直接与升学和教师奖惩挂钩,增加和变相增加了学生负担。这一时期,减负政策除了关注学校教育教学活动外,也开始关注制度层面重塑。首先,逐步取消重点校制度。义务教育学校发展由重点、非重点逐渐转向特色办学,努力办好每一所中小学。其次,逐步取消留级制度。自1993年起,国家教委要求积极采取有效措施减少留级现象,创造条件在义务教育阶段取消留级制度;1994年,国家教委提出可选择部分地方和学校进行取消留级制度的试验。再次,改革小升初考试制度。小学通过就近入学缓解择校压力。1986年,国家要求已经普及初中教育的地方,从暑假开始取消初中招生考试,准予毕业的小学生可就近直接升入初中。到20世纪90年代中期,我国绝大多数省(市、区)在普及初中教育的地区已经取消初中入学考试,实行划片招生、就近入学。同时,建立健全减负监管制度,通过建立健全领导责任制、专项督导制、通报制度等,加强减负政策执行的监管,保障减负政策有效落地。

4. 以规范校外培训为重点的减负政策(2011年以来)

随着义务教育均衡发展与就近入学政策的不断推进,人们为追求优质教育资源的择校热问题有所缓解。学生的校内负担在减负政策的干预下得到一定程度的缓解。校外培训市场在资本的趋利性驱使下迅速扩张,不同程度地加重了学生课业负担。尤其是新冠疫情以来,线上授课形式使校外培训市场空前扩张,严重破坏了教育的公益性和普惠性,催生了新的教育不公平。校外培训市场的扩张使教育内卷化加剧,校外负担过重问题日益严峻,"校外减负"的必要性和紧迫性进一步凸显,规范校外培训机构,强化学校育人主阵地成为减轻中小学生过重课外负担的关键。这一时期,国家减负政策以规范校外培训机构为抓手,通过校内校外综合治理,解决学生负担过重问题。2018年,国家先后出台了《切实减轻中小学生课外负担开展校外培训机构专项治理行动的通知》《关于规范校外培训机构发展的意见》《关于健全校外培训机构专项治理整改若干工作机制的通知》等文件。2019年,教育部等六部门印发《关于规范校外线上培训的实施意见》。2021年,中共中央办公厅、国务院办公厅印发《关于进一步减轻义务教育阶段学生作业负担和校外培训负担的意见》,从全面压减作业总量和时长、提升课后服务水平、规范校外培训行为、提升教育教学质量等方面,切实减轻学生过重的作业负担和校外培训负担。

这一时期,国家的减负政策,从"一减"到"双减",从社会呼吁到国家意志,从部门倡导到举国推动,从课内到课外,从线下到线上,进行综合治理、精准施策。全面减轻学生过重负担,不仅是对教学方式和目标的纠偏,更是教育观念的大变革、教育内涵的大变化、教育格局的大调整。

(二)新中国成立以来我国减负政策的基本共识

纵观新中国成立以来不同时期的减负政策,可以发现一些基本共识:学生负担过重的主要原因是升学压力长期且普遍存在;减负政策的根本目的是保障学生身心健康发展;核心内容是调整优化学生负担结构;执行主体是教育行政部门和学校。这些基本共识为开展减负工作提供了认知基础。

1. 学生负担过重的主因:升学压力长期且普遍存在

纵观新中国成立以来不同时期的减负政策,学生负担过重主要涉及作业过多、考试过多、心理压力过大等方面,这与学生升学密切相关。对绝大多数学生而言,升学是获得更好工作机会的重要前提条件之一。从升学压力来源看,一方面学生要承受来自作业、考试本身的压力;另一方面还要承受来自学校要求、家长期望、同辈竞争以及自我期待等方面所产生的心理压力。从升学压力存在范围看,一方面升学压力不同程度地普遍存在于各学段、各区域;另一方面升学压力逐渐由校内延伸到校外。从升学压力传递路径看,当高校毕业生就业包分配时,上大学意味着进入就业保险箱,升学压力沿着"高中—初中—小学"的路径进行传递;当高校毕业生就业方式转变为自主择业后,高等教育就业保险箱被打破,升入高层次院校才能在劳动力市场上占据就业竞争优势,升学压力沿着"劳动力市场—高校—高中—初中—小学"的路径进行传递。升学压力的层层下移,让学生较早地承受了升学所带来的负担。

2. 减负政策的根本目的:保障学生身心健康发展

学生身心健康发展是教育发展的底线要求。学生负担过重,不仅严重影响学生身心健康发展,而且影响教育高质量发展,影响人才培养质量。从不同时期国家对学生负担过重问题的政策诱因看:一方面,一系列引起国家和公众广泛关注的因学生负担过重引发的恶性事件,是不同时期减负问题进入政策制定议程的一个重要影响因素;另一方面,身心健康发展情况是学生负担过重的重要观测指标,学生健康达标情况是促使减负政策出台的重要推动力。从减负政策内容看:以学生身心健康发展为根本,保障学生基本的睡眠和休息时间,要求他们进行适当的体育锻炼,是历次减负政策的重要内容。新中国成立初期,在经济发展水平较低、全国普遍贫困的情况下,减负政策主要是从防止学生过度劳累与预防疾病切入,关注学生身体健康;随着经济社会发展水平的提高,减负政策不仅关注学生身体健康,也开始关注心理健康。

3. 减负政策的核心内容:调整优化学生负担结构

新中国成立以来,虽然历次减负政策的具体规定因学生负担过重表现不同而有所不同,但减负政策的核心内容具有一致性,即调整优化学生负担结构。在身体负担方面:通过对学生睡眠时间、学习时间、锻炼时间、作业时间等量的规定,保障学生能够得到充足的睡眠和休息时间,增强学生体质。在智力负担方面:一是优化课程内容,以"少而精"的原则削减课程内容,改变课程内容"繁、难、偏、旧"的情况;二是控制教学内容,教师的教学活动要严格按照课程标准、教学计划的要求进行,不得随意增减;三是改进作业布置,作业难度不得超过教学计划和课标要求、不得布置重复性和惩罚性作业;四是改革考试制度,严控考试次数、考试科目、考试内容范围与难度等。在非智力负担方面:主要是减轻学生心理压力,对待学困生不得歧视、排斥、厌弃,不得单独编班,不得强迫退学、转学或者提前结业;考试成绩不得按学生考分高低排列名次、张榜公布,学业成绩评定实行等级制,取消百分制。此外,通过增加和改进课外活动,丰富学生的学习生活,缓解部分学生对学习的抵触、焦虑等负面情绪。

4. 减负政策的执行主体:教育行政部门与学校

从政策实施路径看,我国减负政策执行遵循的是"自上而下"的路径。在"自上而下"的路径中,政策颁布后,政策执行会随行政层次的降低而不断被具体化。教育行政部门既是减负政策的制定者,也是减负政策的执行者。一方面,教育行政部门是减负政策的主要发文机构。随着对减负问题认识的加深,教育行政部门会单独或联合其他部门出台减负政策,确定下级地方教育行政部门和学校在减负过程中的主要职责。另一方面,教育行政部门又是国家减负政策的执行者,各级教育行政部门会依据减负政策,结合本地实际,加强督导检查,推进减负政策落地。学校是实施减负政策的主阵地,是执行减负政策的最后一公里。学校根据减负政策的具体规定对学校管理、课堂教学、考试安排等工作进行调整和优化。教育行政部门和学校作为减负政策执行主体,其优点是在政策执行上互动方便、协调高效,上级政策很容易传达到下一级或下几级;但也存在地方教育行政部门和学校对减负政策象征性执行、选择性执行、机械化执行或附加执行等问题。此外,以教育行政部门和学校为政策执行主体,是一种管理取向的政策执行,缺乏对家庭和社会等多元利益主体多元诉求的及时关注。

(三)新中国成立以来我国减负政策的发展趋势

纵观七十余年中小学减负政策的历史演进,我国学生负担过重问题在减负政策干预下得到有效缓解,减负工作取得一定成效。未来减负政策要积极推动教育生态由升学导向转向素质导向,学生负担结构从单一结构转向多元结构,政策执行主体从教育内部为主转向内外联合,治理思维从标准化转向差异化。

1. 减负政策教育生态的转变:从升学导向转向素质导向

学生负担过重主要是由于升学压力过大,教育竞争激烈所致。在升学导向的教育生态中,激烈的升学竞争让学习成为一种取胜的手段,学习不再以掌握知识为目标,而是以在名次上胜出为目标。学生学习的外在动机被持续强化,内在动机被持续弱化。虽然减负政策对过重的学生负担有所缓解,但是在升学导向思维下,减负政策既无法从根本上减轻智力负担,也无法从根本上减轻心理负担。要想切实减轻学生的过重负担,必须建立起素质导向的教育生态。高等教育普及化为建立素质导向的教育生态提供了条件,劳动力市场对人才逐渐理性化的要求为建立素质导向的教育生态提供了可能。随着高等教育迈向普及化阶段,在教育机会上高等教育的筛选功能逐渐被弱化。劳动力市场对人才的要求不断务实,对人才的评价更多的是基于个体素质导向,即高校毕业生个体专业素质水平能否与工作岗位匹配成为能否获得就业机会的重要条件。学习竞争压力更多地转移到高等教育阶段专业设置与人才培养质量上,可以为中小学教育评价方式变革提供更大空间。通过改进结果评价、强化过程评价、探索增值评价、健全综合评价,学生不再将学习作为取胜工具,而是致力于以知识掌握、能力提升、素养形成为目标的学习。升学的无序竞争给中小学生带来的不必要的过重负担将在素质导向的教育生态中逐渐减轻。

2. 学生负担结构的转变:从单一结构转向多元结构

在升学压力之下,学生负担过重主要是与教学内容相关的负担过重,教学内容之外的负担过轻,学生负担结构失衡。在现有考试评价体系下,与教学内容相关的负担内部也并不是全都过重,语数外等科目在升学考试中权重较大,学生负担较重;而艺体类和实践类科目在升学考试中权重较小,学生几乎不存在课业负担,甚至把这些科目当成"副课""放松课"。教学内容以外的学生负担主要包括社会能力负担、生活负担以及自然能力负担。学生"高分低能"便是教学内容以外负担过轻的典型表现。现行减负政策更多的是通过减量的方式减轻与教学内容相关的负担,在一定程度上忽视了学生负担结构失衡问题。构建合理的学生负担结构,使学生负担结构从单一结构走向多元结构,是破解学生负担过重问题的关键。一方面,要优化与教学内容相关的负担,科学均衡地安排各科教学活动,保障艺体类课程和实践类课程开齐开足开好,引导学生和家长在教学内容方面合理分配时间和精力。另一方面,适度增加教学内容以外的负担,促进学生全面发展。通过丰富课外活动和寒暑假实践活动,提高学生社会实践能力和社会适应能力。

3. 减负政策执行主体的转变：从内部为主转向内外联合

以往历次减负，主要采取以政府为主的教育管理模式，教育行政部门和学校成为减负政策的执行主体。减负作为一项复杂的系统工程，牵扯到教育行政部门、学校、家庭、学生、社会等多元利益主体。单纯依靠教育行政部门和学校推进减负工作，减负政策往往难以落地，还有可能会遇到家长、社会等多元利益主体的抵制。要努力建立以政府为主导，家庭、学校、社会等多元利益主体共同参与减负政策制定与执行的治理机制，形成多元利益主体共同参与的减负治理局面。一是教育系统内部与其他利益相关主体要在学生负担观上达成共识，避免在减负政策执行中因观念不同而导致政策执行偏差或增加政策执行阻力。二是教育行政部门、学校、家庭和社会要明确自身育人优势，科学划分责任边界，充分履行各自职责，协同发挥育人作用，有效避免各主体在减负过程中育人优势发挥不充分、职责越位、错位或者不到位问题。三是加强多元利益主体的能力建设，防止多元利益主体因能力准备不足与信息不对称导致在学生减负问题上做出错误判断和决策。

4. 减负政策治理思维的转变：从标准化思维转向差异化思维

长期以来，我国中小学减负政策在思维方式上采用的是标准化思维，即通过统一规定学生的作息时间等，达到减轻学生过重负担的目的。在学生负担过重表现比较简单的时期，标准化的减负政策更具操作性，能够在短时间内有效缓解学生过重负担。但是在学生负担过重问题不断复杂化的过程中，标准化减负政策的弊端就逐渐暴露出来。一方面，机械地追求减负指标达成的"泛标准化"做法会影响学校、教师教育教学主动性，把减负达标当成教育政绩而忽视教育教学活动的质量。另一方面，不同学生个体的身体素质、心理素质以及学习能力具有差异性，相同的学习任务对不同学生产生的负担是不同的。因此，减负政策应当从学生素质起点出发，逐渐由标准化治理思维转向差异化治理思维。比如，充分利用"互联网＋"、大数据、人工智能，建立学生学业、发展与教育数据库，监测学生学业表现状态，为学生提供个性化作业与学业指导；建立学生负担监测体系，定期收集学生负担数据，及时掌握学生负担动态，对学校、教师与家长及时进行减负督导与督促。

二、2021年国家"双减"政策的主要精神及成效

义务教育阶段学生的学业负担问题一直为社会各界所广泛关注，我国在不同时期颁布多道"减负令"，也取得了一定成效。然而，教育体系内短视化、功利性问题未能得到根本解决，加上教育体系外的校外培训机构受功利驱使和资本裹挟，侵蚀了义务教育的公益属性，加剧了家长教育焦虑，引起社会强烈反响。2021年，国家审时度势，提出了"双减"政策举措，即减轻学生作业负担和校外培训负担。这是党中央、国务院部署的重大政治任务，是中央关心、群众关切、社会关注的重大民生工程，是落实立德树人根本任务的重大举措。一年来，从中央到地方，坚持校内校外

两翼并进,以系统观念构建良好教育生态,促进学生全面发展和健康成长,开启了"双减"时代。

表 3-3　2021 年国家关于"双减"的相关政策

序号	政策文件	主要内容
1	7月7日,教育部办公厅《关于支持探索开展暑期托管服务的通知》(教基厅函〔2021〕30号)	从鼓励学校积极承担、引导教师志愿参与、坚持学生自愿参加等7个方面提出了要求和举措,为解决学生暑期"看护难"问题,引导和帮助学生度过一个安全、快乐、有意义的假期提供了政策指引
2	7月24日,中共中央办公厅、国务院办公厅《关于进一步减轻义务教育阶段学生作业负担和校外培训负担的意见》(中办发〔2021〕40号)	减轻学生过重作业负担,提升学校课后服务水平,全面规范校外培训行为,提高学校教育质量,扩大义务教育优质资源,提升课堂教学质量,降低考试压力,严肃查处教师校外有偿补课行为
3	8月25日,教育部办公厅关于印发《中小学生校外培训材料管理办法(试行)》的通知(教监管厅函〔2021〕6号)	共6章19条。就校外培训教材的管理职责、编写审核、选用备案、检查监督提出明确要求
4	8月30日,教育部办公厅等三部门《关于将面向义务教育阶段学生的学科类校外培训机构统一登记为非营利性机构的通知》(教监管厅〔2021〕1号)	2021年底前完成面向义务教育阶段学生的学科类校外培训机构统一登记为非营利性机构的行政审批及法人登记工作,培训机构在没有完成非营利性机构登记前,应暂停招生及收费行为
5	9月3日,教育部办公厅《关于坚决查处变相违规开展学科类校外培训问题的通知》(教监管厅函〔2021〕8号)	明确了合规要求和隐形变异的形态,要求建立辨别机制,落实属地管理责任,强化监管执法;推进"互联网+监管",探索将违规培训的机构和个人信息纳入全国信用信息共享平台,实施联合惩戒,坚决防止隐形变异违规培训行为蔓延
6	9月9日,教育部办公厅、人力资源社会保障部办公厅关于印发《校外培训机构从业人员管理办法(试行)》的通知(教监管厅函〔2021〕9号)	提出了从业人员的结构性要求,明确机构专职教学、教研人员原则上不低于机构从业人员总数的50%;面向中小学生、3周岁以上学龄前儿童的线下培训,每班次专职教学人员原则上不低于学生人数的2%、不低于儿童人数的6%;建立校外培训机构从业人员"黑名单"管理制度

续表

序号	政策文件	主要内容
7	9月10日,教育部办公厅等六部门《关于做好现有线上学科类培训机构由备案改为审批工作的通知》(教监管厅〔2021〕2号)	教育部会同相关部门明确线上机构审批设置基本要求,由省级教育行政部门按统一的设置要求,对线上机构实施审批,通过后发放办学许可证,并在同级民政或市场监管部门分别登记为非营利性或营利性法人;面向义务教育阶段学生的学科类线上培训机构,一律登记为非营利性法人
8	9月18日,教育部办公厅《关于推广学校落实"双减"典型案例的通知》(教基厅函〔2021〕37号)	组织遴选了10个典型案例。各地各校要结合实际认真学习借鉴,进一步完善政策措施,积极调动广大局长、校长、教师的积极性、创造性,充分发挥学校教育主阵地作用,确保"双减"要求落地见效
9	10月21日,教育部等六部门《关于加强校外培训机构预收费监管工作的通知》(教监管函〔2021〕2号)	坚持校外培训公益属性,落实培训收费管理政策,坚决遏制过高收费和过度逐利行为;校外培训机构开展培训要全面使用《中小学生校外培训服务合同(示范文本)》,严格执行教育收费公示制度,预收费全部进入本机构培训收费专用账户
10	11月8日,教育部办公厅关于印发《义务教育阶段校外培训项目分类鉴别指南》的通知(教监管厅〔2021〕16号)	明确了鉴别依据,即从培训目的、培训内容、培训方式、评价方式等维度,对培训项目进行综合考量,如符合规定特征,即判定为学科类培训;强调建立分级指导机制、专家鉴别制度,强化行业自律
11	11月25日,教育部办公厅、中国科协办公厅《关于利用科普资源助推"双减"工作的通知》(教基厅函〔2021〕45号)	引进科普资源到校开展课后服务;组织学生到科普教育基地开展实践活动;联合加强学校科学类课程教师培训;发挥科协组织在规范校外培训中的作用;建立健全工作协同推进机制,营造良好教育生态

1. 国家出台一系列"双减"政策

"双减"不仅是一次对"校内减负,校外加负"教育现象的纠偏,更是吹响学校教育强势回归的号角。从中央到地方,以校外培训治理为突破,以教育教学质量提升为抓手,奏响了高质量教育体系建设的进行曲。

中央高位推动。2021年5月21日,中央全面深化改革委员会第十九次会议审议通过《关于进一步减轻义务教育阶段学生作业负担和校外培训负担的意见》(以下简称《意见》)。7月24日,中共中央办公厅、国务院办公厅印发《意见》,对"双减"工作进行系统部署。主要体现:一是目标明确。落实立德树人根本任务,着眼建设高质量基础教育体系,强化学校教育主阵地作用,深化校外培训机构治理,坚决防止侵害群众利益行为，构建教育良好生态，有效缓解家长焦虑情绪，促进学生全面发展、健康成长。二是路径清晰。减轻学生课内作业负担、减轻学生校外培训负担、提升学校教育教学质量。三是时间表、路线图明了。针对学生过重作业负担和校外培训负担、家庭教育支出和家长相应精力负担，要"1年内有效减轻、3年内成效显著"，人民群众教育满意度明显提升。《意见》的出台，一举打破了存在多年的"课内教学＋课外辅导"的教育格局，一场前所未有的"雷霆行动"就此展开。

规范校外培训行为。教育部会同相关部门就规范校外培训行为出台了10多项配套政策。7月28日，教育部办公厅印发《关于进一步明确义务教育阶段校外培训学科类和非学科类范围的通知》，要求各地严格按照国家课程方案和课程标准进行审核把关，加强日常监管和监督检查。8月25日，教育部办公厅印发《中小学生校外培训材料管理办法（试行）》，就校外培训教材的管理职责、编写审核、选用备案、检查监督提出明确要求。8月30日，教育部办公厅、民政部办公厅、市场监管总局办公厅印发《关于将面向义务教育阶段学生的学科类校外培训机构统一登记为非营利性机构的通知》，规定对现有线上和线下面向义务教育阶段学生的学科类校外培训机构统一登记为非营利性机构。9月3日，教育部办公厅《关于坚决查处变相违规开展学科类校外培训问题的通知》，对一些地方出现学科类培训转入"地下"、换个"马甲"逃避监管等隐形变异问题提出整改措施。9月13日，教育部办公厅、人力资源和社会保障部办公厅印发《校外培训机构从业人员管理办法（试行）》。9月16日，教育部办公厅等六部门印发《关于做好现有线上学科类培训机构由备案制改为审批工作的通知》。9月18日，教育部办公厅印发《关于推广学校落实"双减"典型案例的通知》，遴选了10个案例推荐全国学习。10月21日，教育部等六部门印发《关于加强校外培训机构预收费监管工作的通知》。11月8日，教育部办公厅印发《义务教育阶段校外培训项目分类鉴别指南》，等等。一系列政策紧锣密鼓、高位推进、精准发力；各地积极行动，成效明显，社会反响较好。

案例3-8

成立素质教育成长中心：新东方加速培训转型

"双减"政策直接限制了学科类校外培训机构的规模，缩减了其进行课外培训的时长，影响巨大。一时间，不少培训机构纷纷转向。北京新东方成立素质教育成长中心，下设艺术创作学院、人文发展学院、语商素养学院、自然科创空间站、智体运动训练馆、优质父母智慧馆六大板块，专注学生德智体美劳五育目标发展要求，致力于打造优质的一站式现代化素质教育综合体，培养孩子多元能力，塑造全面发展的好少年。

——资料来源：蓝鲸财经 2021-08-07

推进校内减负提质。越是重大任务越要找到小切口。1—5月,教育部先后印发五个专门通知,对中小学生作业、睡眠、手机、读物、体质管理作出规定(简称"五项管理"),营造有利于学生健康成长的环境,解决广大家长急难愁盼问题,为"双减"的深入开展奠定坚实基础。同时,为了把中小学生"课后三点半"的时间更好地使用起来,教育部要求各地各校从实际出发,"一校一案"制订完善课后服务具体实施方案,确保实现义务教育学校全覆盖。教育部提出了"5+2"模式,即学校每周5天都要开展课后服务,每天至少开展2小时,结束时间要与当地正常下班时间相衔接。同时,对家长接孩子还有困难的学生,还应提供延时托管服务。此外,教育部印发《关于支持探索开展暑期托管服务的通知》,明确了暑期托管服务应遵循"学校主动、社会参与、教师志愿、学生自愿、公益普惠"等基本要求,并对服务内容、保障条件等提出明确意见,解决学生暑期"看护难"问题,引导和帮助学生度过一个安全、快乐、有意义的假期。

 案例3-9

部分地区创新课后服务内容与形式

辽宁省沈阳市规定,小学放学后依次开展1小时普惠性课后服务和1小时个性化课后教育,对有特殊需求的学生可提供延时服务。四川省德阳市聘请专业人员,引入志愿者,研发"古蜀探秘""德阳潮扇代代传"等课后服务校本课程300余种。江苏省课后服务一般由本校教师承担,也可争取退休教师、高校优秀学生、体育教练、民间艺人、非物质文化传承人等具备资质的社会专业人员或志愿服务力量。浙江省推进课后服务扩面提质,以放学后托管服务、初中生晚自习服务、免费在线学习服务、暑期托管服务为重点,同时做强做优免费线上学习服务;建设未来社区幸福学堂,免费向学生提供高质量的专题教育资源和覆盖各年级各学科的学习资源;探索成立公益属性的实体化互联网学校,推出以课程服务为主的"四点半课堂"和以答疑解惑为主的"问学名师"等服务。

——资料来源:根据《中国教育报》报道整理

2. "双减"工作取得阶段性成果

学生学习负担明显减轻。第三方调查显示,"双减"实施以来,学生作业总量、时长得到有效控制,作业质量不断提高。87.8%的学生认为作业量明显减少,90%以上的学生能够在规定时间内完成作业,在规定时间内完成书面作业的学生占比由"双减"前的46%提高到2021年的90%以上。中小学体质健康优良率由2016年的26.5%上升至2021年的33%;76.2%的中小学生睡眠时长达到或接近要求,比2020年提升近四成。

课后服务实现全覆盖。课后服务内容逐步丰富,吸引力不断增强,较好满足学生多样化学习需求。在课后服务时间,很多学校不仅指导学生有效完成书面作业,做好答疑辅导,还普遍开展了丰富多彩的科普、体育、文艺、阅读、兴趣小组和社团活动,有力地促进了学生的学习回归校园,为提高学生的综合素质、促进学生全面发展提供了有力支撑,有效解决了家长的"三点半"接孩子难问题。第三方调查显示,自愿参加课后服务的学生比例由2021年春季学期的49.1%提高到秋季学期末的92.2%,88.3%的学生表示喜欢学校的课后服务,85.4%的家长对学校课后服务表示满意。在课后服务中,一些学校根据家长要求,提供了延时托管服务;还有2.1万所学校积极开展了暑期托管服务,有302万多名学生参加了暑期托管。

 案例3-10

天津市明确课后服务收费标准

天津市印发《关于进一步做好义务教育阶段学校课后服务工作的实施意见》,对于课后服务的收费标准作出明确规定:市内六区学校课后服务费原则上按照每生每月不高于180元标准收取,初中学校开设晚自习班原则上按照每生每月不高于100元标准收取;其他区可结合实际参照执行。对经济困难家庭学生参加课后服务,参照学生资助政策予以减免。收取的课后服务费主要用于参与课后服务教职工和相关人员的补助。

——资料来源:中国教育报 2021-09-04

学生学习生活发生重大变化。"双减"之后,操场上运动助威声多了,教室里研讨声多了,校园里歌声多了,亲子间欢笑声多了。节假日中小学生普遍从沉重的课业负担和课外学科培训中解放出来,拥有了更多参加体育艺术活动、阅读、社会实践等时间和机会。据教育部直报平台摸底调查,有92.7%的学校开展了文艺、体育类的活动,88.3%的学校开展了阅读类活动,87.3%的学校开展了科普、兴趣小组和社团活动。

课堂教学积极改进。各地教育部门和教科研机构积极推动教育教学改革,进一步加强学校教学工作指导,建立了一批教学改革示范区、示范校,学校普遍更加重视提高课堂教学质量,完善教学管理规范。调查显示,99%以上的学校建立了教学基本规程,认真执行教学计划,注重强化教学管理、教研备课、教学评价,精准分析学情,改进教学方式方法,提高课堂教学效率;99%以上学校起始年级实行"零起点"教学,注重做好幼小衔接、小初衔接,普遍建立了学习困难学生的帮扶制度;98.7%的教师参与了辅导答疑,保障学生的学业质量。国家义务教育质量监测报告显示,广大学生精神面貌积极向上,八成以上学生学业质量达到中等以上水平。

校外培训明显降温。根据教育部发布的数据,截至2022年9月9日,全国线下校外培训机构已压减95.6%,线上校外培训机构已压减87.1%,其中学科类校外培训机构已压减八成以上;学科类培训机构"营转非""备改审"完成率达100%,政府指导价管理全面落地,预收费全部纳入监管,培训价格平均下降四成以上;培训市场虚火大幅降温,广告基本绝迹,资本大幅撤离培训市场,上市机构全部剥离学科类培训业务,总市值从 2021 年 3 月的 9477 亿下降到当年 12 月的 1128 亿元,中小学学科类校外培训野蛮生长现象得到有效遏制;防止隐形变异和非学科类培训机构治理工作也在深入推进。"双减"政策落地,终结了愈演愈烈的校外补课竞赛,让教育回归良心行业。

案例3-11

浙江"数字化监管"校外培训

浙江省建设"浙里培训"数字化监管平台。依托"教育大脑"工程,提升全省校外培训机构的数字化监管水平。对校外培训机构实施分类管理,教育、文化与旅游、体育、人社、科技等相关行业主管部门分别对学科类、文化艺术类、体育类、职业技能类、科技类等培训机构实施归口管理。建立培训内容备案与监督制度,制定出台校外培训机构培训材料管理办法,严禁超标超前培训。不得开展面向学龄前儿童的线上培训,线上培训机构不得提供和传播"拍照搜题"等不良学习方法,严格控制资本过度涌入培训机构。

——资料来源:中国教育报 2021-09-04

教育观念发生积极转变。"双减"工作的落地落实,进一步促进了校长、教师、家长、社会教育观念的转变,科学的教育观念得到了广泛认同,普遍更加重视学生德智体美劳全面培养,更加关注学生全面素质提高、身心健康发展,发展素质教育更加深入人心。许多家长转变了过去让孩子拼时间、多刷题、盲目报班的行为。据《中国青年报》调查显示,70.3%的家长认为要树立"健康第一"的育儿理念,66.2%的受访家长表示要鼓励多陪伴孩子参加校外体育活动,65.5%的受访家长表示不能再额外给孩子增加课业负担。

3."双减"政策落实有待持续深化

政策执行不够彻底。选择在教育资源和教学质量相对较好的学校学习是学生和家长的共同期盼,而学生的考试成绩仍然是学生升学的重要因素,在当前中考、高考制度不变的前提下,考不上高中的学生要向中职学校分流,使中小学生面临着巨大的升学压力,学校虽然执行了政策,但为了提高学生考试成绩,部分老师在减少作业布置量方面动力不足;部分家长为了提高孩子考试成绩,仍然要求老师多布置作业;部分学生为了提高考试成绩,主动做课外作业。这使得"双减"政策的执行难免会打折扣。

课后服务质量参差不齐。当前大部分学校参与课后服务的人员以学科类教师为主,质量参差不齐,难以满足高质量课后服务的要求;部分学校课后服务师资和硬件设施配置不足。同时,老师在完成正常教学任务后,对课后服务投入时间和精力不足,专业性也有一定差距。特别是农村学校这一问题尤为突出,部分老师兼任多门课程,课后服务专业性不强、服务内容不丰富、服务质量不高等问题普遍存在。此外,课后服务开展时间较短,很多工作处于探索阶段,与学生、家长的期待存在落差。

教师工作的强度和负担有所加重。"双减"政策的实施对学校、学生和家长产生了深刻影响,教师既是此次改革任务的承担者,也是改革带来的压力和后续效应的承受者。随着课后服务的全面实施,教师的工作负担明显增加,教师实际用于备课、读书、研究教育教学的时间少了,许多学校将教研会、政治学习等安排在晚上或者下午六点以后,使得广大教师负担过重。教师的工作时间明显增加,工作强度明显加重,部分地区教师课后服务报酬未能得到充分保障,导致参与课后服务工作的积极性不高。

部分家长焦虑不减。"双减"政策出台以来,中小学生的负担明显减轻,但家长的焦虑并未随着政策的出台而减轻,在某些方面反而有进一步加剧的倾向。部分家长担忧:在作业量减少,小学一二年级甚至没有书面作业、没有纸笔考试的情况下,孩子能不能学好?也有家长担忧:当培训机构被大量取缔,"想给孩子报个班"都难的时候,孩子该如何应对高考?更多的家长选择在非学科类培训上投入,近六成的家长表示参加校外培训的费用基本不变。因而,"双减"政策在缓解家长原有焦虑的同时,也给家长带来了新的焦虑。

校外培训机构监管不够到位。部分地方校外教育培训机构监管存在一定风险和薄弱环节。证照不全,利用节假日、双休日违规开展学科类培训,违规开展隐形变异学科类培训,广告宣传不规范,收费行为不规范,未建立专用账户或预收费未进入专用账户等违规行为依然存在。一些没有证照的培训机构仍在招生和上课,对正规的校外培训机构影响很大。

政策执行机制有待完善。学生过重负担在每一次减负政策出台之后一段时间就会出现反弹现象,这一方面和政策本身的缺陷有关,几乎每一次的减负文件都缺少对不执行减负规定的具体惩罚措施和执行规定的奖励办法;另一方面,执行政策的主体仅为教育部门,局限性比较大。同时,对于减负政策的落实缺乏强有力的监管机制。如作息时间,在建国初期政务院的文件中就提出了具体要求,以后几乎每一次都会再次重申要落实作息制度,还给学生自由的时间和空间,但这一规定时至今日也没有很好地得到落实。

三、湖北推进"双减"的主要政策及施行效果

根据党中央决策部署,湖北把"双减"工作作为一项重要政治任务,按照"积极稳妥、蹄疾步稳"的原则统筹推进,综合施策,总的来看开局良好,成效初显。

1. 省委省政府高位部署推动

省委办公厅、省政府办公厅印发了《关于进一步减轻义务教育阶段学生作业负担和校外培训负担的通知》。省委深改委会议、省政府领导专题会议多次听取和研究"双

"减"工作,省委省政府主要负责同志就"双减"工作提出明确要求。省人民政府教育督导室印发了《关于建立"双减"工作专项督导半月通报制度的通知》,及时发现问题、促进问题整改。省政府牵头建立29个部门参与的专门协调机制,形成了协调机制办公室统筹协调,相关部门密切配合、齐抓共管的工作机制和"立即停、马上办、长期抓"的工作推进格局。

2. 强力推进校外培训治理

全面停止审批新的中小学学科类培训机构和面向学龄前儿童的校外培训机构,落实"大大压减学科类培训机构"的要求,全省压减义务教育学科类培训机构4158家,压减率89.27%。印发《关于做好义务教育学科类培训机构登记为非营利性机构相关工作的通知》和加强预收费监管工作的文件,全省现有义务教育学科类培训机构全部登记为非营利性机构、全部纳入预收费监管。加强校外培训日常监管,重点对周末和节假日开展学科类培训、违规广告、不公平格式条款、卷钱跑路等行为进行严肃查处,一些不良行为得到纠正。

3. 中小学校课后服务"应开尽开"

省教育厅等部门联合印发《关于进一步做好义务教育学校课后服务工作的通知》,对课后服务的对象、时间、内容、方式及经费来源、组织实施作出明确部署,要求各义务教育学校"一校一案"制定课后服务实施方案,确保秋季学期课后服务全覆盖。全省4169所义务教育学校全部开展课后服务,实现了"应开尽开"。

案例3-12

武汉市明确课后服务内容及经费保障

武汉市印发《关于进一步做好义务教育学校课后服务工作的通知》,对全市课后服务时间、内容、方式、保障办法等作出具体安排。在课后服务内容上,要求采用"1+X"模式,提高课后服务质量。"1"是指导学生认真完成作业,帮助学习有困难的学生辅导答疑;"X"是指导学有余力的学生拓展学习空间,开展丰富多彩的科普、文体、艺术、劳动、阅读、兴趣小组及社团活动。初中学校可探索利用课后服务时间,加强课后作业(训练)的针对性、实效性。在经费保障上,课后服务收费坚持家长自愿、非营利性、成本补偿、兼顾家长承受能力的原则,收费标准全市统一为小学130元/生·月、初中110元/生·月,不足部分由同级财政承担,市财政给予适当补助。全市自愿参加课后服务学生约83.03万人,占比92.43%,实现了义务教育学校和有需求的学生全覆盖。

——资料来源:楚天都市报 2021-12-30

4. 加强中小学生"五项管理"

省教育厅就加强作业、睡眠、手机、读物、体质等"五项管理"制定了具体措施,进行部署推进。省政府分管领导深入到学校调研检查,全省3000余名责任督学到校开展常态化督导。全省义务教育学校作业校内公示制度、作业时间控制达标、不给家长布置作业或要求家长批改作业等要求基本落实,学生课后作业负担明显减轻。

案例3-13

江陵县推动"双减"落实落细

江陵县教育局出台了作业公示制度和作业管理细则,以及中小学生课后在校托管服务的实施意见,坚持"五育"并举,通过开展系列丰富多彩的活动,发展学生特长,全县义务教育阶段26所学校的学生回归快乐而又丰富多彩的学习生活。学生们课内作业少了,课外培训少了,发展兴趣爱好的时间多了。一、二年级不布置家庭作业,三至六年级作业总量控制在60分钟左右,课后托管服务以作业辅导为主,通过学校社团中的足球、篮球、合唱、舞蹈、书法等活动,培养学生特长,激发学习兴趣,充满活力的校园景象受到各方点赞。

——资料来源:长江云 2022-01-04

四、持续有效推进湖北"双减"落地的策略建议

"双减"工作具有艰巨性、复杂性、长期性。要按照巩固、深化、防风险的总体思路,聚焦减负、提质、增效的总要求,系统谋划,综合施策。进一步树立科学的教育观,强化对学生德智体美劳全面培养;进一步落实各方职责,强化学校教育的主阵地作用;进一步净化社会教育生态,有效破解人民群众的急难愁盼问题;进一步构建教育高质量发展的新格局,积极推进义务教育优质均衡和城乡一体化发展。

1. 增底气,充分发挥学校教育主阵地作用

提高课堂教学水平。教育部门和学校要把教学工作始终作为核心工作去抓,认真完善分学科教学指南,健全教学管理的长效机制,严格执行教学基本规程,强化教师备课和校本教研,精准分析教情学情,加强学业质量监测,不断提高课堂教学质量,确保学生在校内学足学好。进一步推进课程改革,丰富与自然、社会和生活密切联系的教学内容,激发学生学习兴趣,提升课堂效率,实现应教尽教。

提高作业设计水平。在"压总量、控时间"基本到位的基础上,注重"调结构、提质量",进一步完善作业设计指南,提升教师作业设计水平,切实增强作业的针对性和有效性。建立中小学学科作业班级统筹公开和总量控制制度,鼓励分层布置作业,坚决克服机械、无效作业,杜绝重复性、惩罚性作业,全面压减学生作业总量,控制好学生作业时间。提倡教师布置给学生的作业,教师要提前做一遍。教育科研部门和教育行政部门可举办优质作业设计比赛和展示活动,树立样板,正确引导,推动学校教师不断提高作业设计能力和水平。

提高课后服务水平。中小学课后服务是素质教育的"第二课堂"。要在"全覆盖、广参与"基本实现的基础上,更加重视"强保障、上水平",进一步增强课后服务的吸引力和有效性,满足学生和家长多样化、个性化需求。一是全面覆盖。各地各校应从实际出发,"一校一案"制订完善课后服务具体实施方案,确保实现义务教育所有学校和有需要的学生全覆盖。二是保证时间。全面推行课后服务"5+2"模式,即每周5天,每天2小时;对家长接孩子有困难的学生,应提供延时托管服务。三是提高质量。学校应结合办学特色、学生学习和成长需求,充分调动教师积极性和创造性,积极开发设置多种课后服务项目,切实增强吸引力和有效性;指导教师为学有困难的学生进行个性化辅导,为学有余力的学生进行综合素质拓展,依据学情有效提升学生学业水平。四是拓展服务渠道。探索通过政府购买公共服务的方式,聘请校外培训机构和专业人员为学校提供规范优质的课后服务。积极争取少年宫、青少年活动中心、科技馆、文化馆等人力资源,引进退休教师、社会志愿者和专业人士到校为学生提供专业指导辅导。五是强化保障。完善课后服务经费保障办法,明确相关标准,采取财政补贴、服务性收费或代收费等方式筹措经费。

2. 显锐气,切实加强校外培训机构规范管理

"双减"的难点在于规范校外培训机构,涉及的利益错综复杂,在落实过程中必须讲求方式方法,注重积极稳妥,确保平稳落地,把好事办好。

强化公益引导。不断规范校外培训机构办学资质,积极引导培训机构转型升级,加大对培训机构和校外培训老师审批力度,不再审批新的学科类校外培训机构。积极引导校外培训机构认真贯彻党的教育方针,坚持教育的公益属性,积极发挥师资、技术等方面优势,将培训重心放在学生兴趣培养拓展上,积极为学生提供特色化、差异化培训服务,努力成为学校教育的有益补充。

强化依法监管。制定校外培训教育法,出台校外培训机构监管条例。落实校外培训机构教育培训准入制度,明确校外培训机构提供公共教育服务的专业标准,建立校外培训机构公共教育服务清单。全面推行"黑白名单"、信息公开制度,强化培训机构收费、预收费监管,规范教育广告等营销行为,加强教师资格、培训教材、培训课程、培训秩序等方面的管理。用好和推广校外培训机构监督管理平台,加大对校外培训机构"卷款跑路"行为的防范和打击力度。

强化专项整顿。推动各级党委政府强化主体责任,严肃查处存在不符合资质、管理混乱、借机敛财、虚假宣传、与学校勾连牟利等问题的校外培训机构,决不能让良心的行业变成逐利的产业。加大专项治理力度,确保不超时超段上课、超标超前教学、超项超标收费,防止私教和"一对一"隐形变异违规培训行为反弹回潮,切实让教育回归校园、返璞归真。常态化监管教培机构动态,对可能影响"双减"政策落实的问题做到早发现、早处理。

强化风险防范。落实校外培训预收费监管政策,预防"退费难""卷钱跑路"等问题。做好涉稳风险分析研判和应急处置,加强部门联动,精准精细做好工作。抓好风险应对处置,坚决防止"黑天鹅""灰犀牛"事件发生,确保"双减"工作扎实成效。

3. 顺心气,全面提高教师队伍专业能力

教师是教育的第一资源,减轻作业负担和提高作业质量的关键在于教师的整体水平。要把提高教师队伍素质作为学校减负提质的关键,通过培训、教研、信息化等途径给教师赋能,切实提高教师育德、课堂教学、作业与考试命题设计、实验教学指导、课后服务和家庭教育指导等方面的能力。

完善补充机制,充实师资力量。探索实行教师动态核编制度,补齐补足教师岗位编制,在教师招聘时,设置更多素质教育教师岗位,从源头保障师资力量。加大"全科教师"培养,针对农村中小学,实行教师交流轮岗制度,定期开展城市中小学与农村中小学教师交流,在教联体内实行教师"走教制度",加强教师教学经验交流。

健全制度设计,优化师资配置。国家层面要进一步完善制度设计,让校长、教师合理有效流动,推动教育优质均衡。一方面,应出台义务教育阶段学校教师招聘参考标准,从"师资入口"均衡配置城乡和校际教师资源,避免"城市热、农村冷"的现象长期存在。另一方面,应推进教师入职后区域内流动相关标准的制度化,既保障教育优质均衡,又保护学校和教师的权益。

提高培训质量,提升教师能力。不断提高教师培训的针对性,始终把师德师风建设摆在首位,严禁在职在编中小学教师在外兼职有偿补课、在校外培训机构兼职、诱导学生到校外补课等行为。引导广大中小学教师认真研究课程标准、研究教材、研究学生,设计适量、合理的弹性作业和分层分类作业,用教师的高投入换来学生的轻负担。

净化教育生态,保障教师待遇。切实清理规范影响中小学教育教学活动的各项工作,特别是与教育教学无关的事项,让教师把更多的时间和精力用在作业管理、教学技能改进和教学水平提升上。建立教师"弹性上下班"和"课后服务补助"制度。在教师完成固定的工作时长、规定的工作任务和维持正常教学秩序的前提下,合理安排教师休假,课后服务应设立 AB 岗制度,方便教师应急调整时间。建立健全义务教育教师经费保障长效机制和工资收入随当地公务员待遇调整联动机制,确保义务教育教师平均工资收入水平不低于当地公务员。建立专项资金薪酬和奖励机制,进一步明确规定教师课时补助标准的区间范围,不断调动教师的积极性。

4. 激生气,统筹推进关键领域教育综合改革

"双减"是党中央作出的重大战略决策,看似"小切口",实质上是一项牵一发而动全身的"大改革",不仅解决群众"急难愁盼"的烦心事,而且着力解决的是长期以来社会反响强烈的突出问题。"双减"政策也不是一个孤立的政策,它是我国教育发展改革棋局上的重要一步。从这一步着手,撬动的是基础教育的整体变革,重塑以育人为中心的教育生态。要用系统观念指导"双减",不仅做到配套政策的系统性、全面性、整体性和协调性谋划,还要抓住改革的重点难点,进行深度突破。

统筹推进义务教育优质均衡发展。"双减"政策背后的核心主张就是教育优质均衡,旨在为学生创造更加平等竞争的发展环境,也为构建优质均衡的义务教育服务体系提供了有力的制度保障。要加快构建优质均衡的基本公共教育服务体系,认真做好县域义务教育优质均衡的创建工作,树立更加科学的教育理念,实现更加全面的标准化建设。要建立基础教育结对帮扶机制,推进县域间、城乡间、学校间优质教育资源共享辐射,支持发展集团化办学,加强城乡学校共同体建设。通过进一步缩小义务教育城乡、校际差距,整体提高义务教育标准化建设水平和教育质量,让每个孩子都能享有公平而有质量的教育。

统筹推进考试评价制度改革。学生负担重实质上是不科学的考试评价导致的,只有科学用好考试、评价等手段,才能确保"双减"工作落地见效。因此,要继续通过深化高考综合改革、中考改革和义务教育质量监测,从一次性考试模式调整到以考生成绩加综合素质为主的模式,注重学生过程性成长进步。全面落实《义务教育质量评价指南》,通过结果评价与增值评价、综合评价与特色评价、自我评价与外部评价相结合的方式,科学客观地评价县域义务教育质量、学校办学质量、学生发展质量,坚决克服评价标准中的"唯升学""唯分数"倾向,以评价促进教育观念转变,促进教育教学改革,促进教育质量全面提高。全面实施义务教育和普通高中"公民同招",不得以各类考试、竞赛、培训成绩或证书证明等作为招生依据,不得以面试、评测等名义选拔学生,确保各类学校公平竞争、良性发展。

统筹推进中小学"五项管理"。始终践行以人民为中心的发展思想,聚焦群众"烦心事""揪心事",着力加强手机管理,让学生学习更专心;加强睡眠管理,让学生精力更旺盛;加强作业管理,让学生学业更优异;加强阅读管理,让学生视野更开阔;加强体质管理,让学生身体更强壮。此外,还要加强游戏管理,坚决防止学生沉迷网络,制定学生网络游戏管理办法,加大内容审核力度,确保网络游戏内容符合学生认知规律,有利于身心健康;严格控制游戏时段时长,从技术上防范未成年人沉迷网络游戏;严格校内教育管理,引导中小学生正确认识、科学对待、合理使用网络;加强家校沟通,形成共同预防未成年人游戏沉迷的合力,促进学生健康成长。

5. 聚人气,形成协同减负的良好环境和氛围

"双减"是一项系统工程,涉及各方切身利益,事关社会和谐稳定,要引导社会各界达成共识、形成合力,共同助力"双减"政策实施的可持续性和有效性。

发挥党委政府主导作用。加强党对"双减"工作的全面领导,将"双减"工作列入各级党委政府的重要议事日程,认真谋划研究,加强统筹部署。进一步加强政府统筹,强化部门职责,增强工作合力。组织开展"双减"工作督办,强化市、县属地管理责任,加快推进重点任务落实落地。开展专项治理,对周末、休息日组织学科类培训、超前超纲超时培训和违规变相开展学科类培训等行为进行严肃查处,形成警示震慑。

落实学校主体责任。学校要不断改善资源供给,让学生在校内教育中"吃饱吃好";结合"双减"后学生学习内容和时间的变化,组织开展体育锻炼、学农实践等丰富多彩的课后服务活动,帮助学生开阔视野、陶冶情操、培养爱好,让更多孩子在减负担的同时增长知识、兴趣和能力。

引导家长主动配合。全面加强家校沟通,定期召开以规范办学行为、减轻学生负担、提高教育质量为主题的家长会,减少家长的疑虑和担心,增进家长对"减负"工作的理解和支持,摒弃过度焦虑心态,防止学校"减负"的同时家长"增负"。通过专题教育、主题班队会、载体性活动、签订教师承诺书、致家长一封信等,营造家校协同育人良好氛围。家长要树立适当的教育期望,给孩子一个自由宽松的成长环境,让孩子从培训班、作业堆里解放出来,参加更多意趣盎然的课外实践。

调动社会积极参与。建立多维度社会支持体系,为学生提供多种社会实践场所,加大政府购买服务力度,开发家庭教育课程体系,广泛动员社会力量参与家庭教育培训工作,为孩子规划适合的成才道路。新闻媒体要多层次多角度宣传科学的教育理念,引导家长和社会转变教育观念,努力破除"抢跑文化""超前教育""剧场效应"等功利思想,营造良好社会育人氛围。

参考文献:

[1] 聂凤霞,杜文平.中小学"减负"政策的演变与思考[J].基础教育课程,2022(04):4-13.

[2] 秦玉友,綦文惠.我国中小学减负政策的基本共识与发展趋势[J].人大复印资料《中小学教育》,2022(7):3-10.

[3] 胡畔."双减"这一年 教育正逐渐回归校园本位[N].中国经济时报,2022-08-30.

[4] 樊未晨."双减"撬动基础教育改革大棋局[N].中国青年报,2022-05-25.

[5] 吕玉刚.汲取强大精神力量 走好基础教育新征程[N].中国教育报,2021-08-02.

(本节执笔人:朱爱国)

第三节　推进县域普通高中发展提升

县域普通高中是县域基础教育的龙头，是高中教育的根基，占据了湖北普通高中教育的半壁江山。办好县域普通高中对巩固提高高中阶段教育普及水平、带动县域义务教育优质均衡发展、服务乡村振兴和人才发展战略，具有十分重要的意义。随着2007年湖北全面实现"两基"、2017年湖北义务教育全面实现县域基本均衡，普通高中教育的战略地位进一步突显。特别是党的十八大以来，湖北普通高中教育以课程改革、教学改革和高考综合改革为抓手，进入了加快发展和质量提升的新阶段。

一、我国发展普通高中教育的政策演进及特点

1. 重建规整阶段（1949—1977年）

新中国成立初期，我国在借鉴苏联教育制度的基础上，对旧教育制度进行了改造，按照自上而下的大一统模式，构建了中学教育课程体系和教学体系。1949年9月，《中国人民政治协商会议共同纲领》颁布，明确规定："中华人民共和国的教育方法为理论与实际一致，人民政府应有计划有步骤地改革旧的教育制度、教育内容和教学方法"。这一规定为新中国基础教育政策的制定提供了法规依据。1949年12月，召开了新中国成立后的第一次全国教育工作会议，确定了全国教育工作的总方针，明确提出：新中国的教育是新民主主义的教育，主要任务是提高人民文化水平。根据这一总方针，1950年8月，教育部颁布了《中学暂行教学计划（草案）》，规定在中学阶段共设14门课程，这是新中国成立之后的第一个教育政策文本。1951年颁布了新中国第一个学制文件《关于改革学制的决定》，对高级中学的入学年龄、入学条件以及毕业去向进行了明确。1952年，《中学暂行规程（草案）》正式颁布，形成了我国中学教育政策的基本框架，并制定颁发了《中学教学计划（草案）》，初步建立起了新的中学教育的课程体系和教学体系。1954年，政务院发布《关于改进和发展中学教育的指示》指出："有计划地修订中学教学计划，修订教学大纲和教科书"。1956年3月，教育部颁发了第一套《中学各科教学大纲（修订草案）》，提出了较为全面的中学课程体系。随后几经调整和统一，1963年3月，中共中央颁发《全日制中学暂行工作条例（草案）》，对中学课程设置进行了规范："全日制高级中学设置语文、数学等11门课程，同时，还设一些选修课程。"在这一条例的指引下，教育部制定了新的教学计划和教学大纲。这些文件构成了我国中学教育的政策框架。

1966—1976年的"文革"十年，由于"左倾"思想的影响，中学教育偏离了正常的轨道。特别是1967年中共中央发出《关于中学无产阶级文化大革命的意见》之后，中学教育课程和教学政策导向出现了严重偏失，中学教育不设统一的教学大纲和教学计

划,学校可以课程改革和教学改革的名义,随意改变教学组织形式、教学计划和教学内容,导致中学教育教学无法正常开展。

表 3-4 改革开放前中学教育的主要政策

序号	文件名称	主要内容
1	1949 年 9 月 29 日,《中国人民政治协商会议共同纲领》	有计划、有步骤地实行普及教育,加强中等教育
2	1950 年 8 月,教育部颁发《中学暂行教学计划(草案)》	设置门类齐全的学科课程
3	1951 年 10 月 1 日,政务院《关于改革学制的决定》	高级中学,招收初级中学毕业生或具有同等学力者,入学年龄以十五足岁为标准;毕业后,得经过考试升入高等学校
4	1952 年 3 月,教育部颁发《中学教学计划(草案)》	明确了中学学科课程设置
5	1952 年 3 月 18 日,教育部颁发《中学暂行规程(草案)》	中学应对学生实施智育、德育、体育、美育等全面发展的教育。中学修业年限为六年,分初高两级,各修业三年。两级合设者称中学,单设者称初级中学或高级中学
6	1954 年 6 月 5 日,中央人民政府政务院《关于改进和发展中学教育的指示》	中学教育的发展,是着重发展高级中学,初级中学也要依据可能条件作适当的发展。中学必须贯彻全面发展的教育
7	1956 年,教育部颁布《中学各科教学大纲》	新中国成立以后第一套比较齐全的中学各科教学大纲
8	1958 年 9 月 19 日,中共中央、国务院《关于教育工作指示》	大力发展中等教育
9	1962 年 12 月 21 日,教育部颁发《关于有重点地办好一批全日制中、小学校的通知》	集中力量切实办好一批基础较好的中、小学校,以便尽可能快地提高教育质量,提高教学水平。各地在原定重点中、小学名单的基础上,重新选定办好一批中、小学校,新增重点学校总的数目不宜过多,以便集中力量,尽快把这批学校办好,然后视可能条件,再分期分批地扩大这批中、小学校的数量
10	1963 年 3 月 23 日,中共中央颁布《全日制中学暂行工作条例(草案)》	共八章 50 条。明确了中学教育的任务,是为社会主义建设事业培养劳动后备力量和为高一级学校培养合格的新生

不难看出,统一性是这一时期中学教育政策的鲜明特征。所有的政策均采取自上而下的"大一统"模式,都是在全国统一的中央集权式管理、借鉴苏联课程体系的基础上出台的,主要规定了统一的教学计划、统一的教学大纲和统一的教学内容,为我国中学课程和教学改革提供了政策依据,也为后来的改革奠定了政策基础。

2. 效率优先阶段(1978—1993年)

改革开放初期,中学教育最重要的任务,就是恢复正常的教学秩序。1978年1月,教育部发布《关于办好一批重点中小学试行方案》,提出要办好一批全国重点中学,在经费投入、办学条件、师资队伍、学生来源等方面向重点学校倾斜,推动形成国家级、省级、地级、县级重点学校"层层重点"的格局。1978年2月,教育部颁布《全日制十年制中小学教学计划试行草案》对中学教育进行了新的调整,规定重新统一教学大纲。1980年,教育部《关于分期分批办好重点中学的决定》指出,平均发展所有中学的目标难以实现,要分期分批办好重点中学。1981年,国家教委颁布《全日制六年制重点中学教学计划(修订草案)》,在这一政策的指导下,编写了第六套教材,修订了教学大纲。1983年,教育部印发《关于进一步提高普通中学教育质量的几点意见》,要求适当调整高中教育教学计划和教学内容。至1985年,我国中学课程教学政策基本完成了过渡与重建。1985年,中共中央颁布《关于教育体制改革的决定》指出:"各级各类教育要改革教学内容、教学方法、教学制度,针对现有的弊端,积极进行教学改革的各种实验。"自此开启了中学教学改革新阶段,"素质教育"从教育理念向教育实践推进,教材制度开始从国定制向审定制过渡,课程多样化政策开始酝酿和萌芽。

表 3-5　1978—1993 年中学教育的主要政策

序号	文件名称	主要内容
1	1978年1月11日,教育部颁布《关于办好一批重点中小学的试行方案》	做好重点中小学建设调整长期规划,全国重点中小学形成"小金字塔"结构,并在经费投入、办学条件、师资队伍、学生来源等方面向重点学校倾斜,由此形成国家级、省级、地级、县级重点学校"层层重点"的格局
2	1978年2月12日,教育部颁布《全日制十年制中小学教学计划试行草案》	全日制中小学学制为十年,中学五年,小学五年。中学按初中三年、高中二年分段。统一秋季始业。并对各年级政治课和文化课时间、学工、学农、学军、"兼学"的时间作出规定
3	1978年9月22日,教育部颁布《全日制中学暂行工作条例(试行草案)》	共八章50条。从教学、思想政治教育、教师和学校体制及行政工作等方面对中学教育进行了规范
4	1979年8月31日,教育部颁发《中学生守则(试行草案)》	规定了中学生应该遵守的行为准则和道德规范

续表

序号	文 件 名 称	主 要 内 容
5	1980年10月7日,国务院批转教育部、国家劳动总局《关于中等教育结构改革的报告》	改革普通高中的课程,普通高中要逐步增设职业(技术)教育课,学习科目可由学生自己选择;将部分普通高中改办为职业(技术)学校、职业中学、农业中学
6	1981年4月,教育部印发《全日制六年制重点中学教学计划(试行草案)、全日制五年制中学教学计划(试行草案)的修订意见的通知》(教普〔1981〕10号)	明确了全日制六年制重点中学和全日制五年制中学教学计划,提出"高中二、三年级设选修课",包括"单科性选修"和"分科性选修";规定中学开设劳动技术课
7	1983年8月10日,教育部《关于进一步提高普通中学教育质量的几点意见》(教中〔1983〕11号)	对高中的数学、物理、化学、生物等学科,适当调整内容、降低要求;要注意克服轻视文科的倾向;不要搞高考考什么就只开设什么课程的所谓"文理分科"
8	1984年8月10日,教育部《关于普通中学开设劳动技术教育课的试行意见》	明确了劳动技术教育课开设的目的和意义、遵循的原则、内容和要求、时间和组织安排、成绩考核、培训提高教师、大纲和教材、劳动场地等内容
9	1985年5月27日,中共中央《关于教育体制改革的决定》	我国广大青少年一般应从中学阶段开始分流:初中毕业生一部分升入普通高中,一部分接受高中阶段的职业技术教育
10	1991年7月29日,国家教委关于印发《关于实施〈现行普通高中教学计划的调整意见〉和普通高中毕业会考制度的意见》的通知	在普通高中实施教学计划调整和会考制度,开设选修课
11	1992年1月16日,国家教委关于印发《全国教育事业十年规划和"八五"计划要点》的通知(教计〔1992〕4号)	普通高中现有的总规模原则上稳定,着重提高教育质量。已经普及初中的大城市,普通高中偏小的可以适当发展。普通高中办得过多和经济落后的地区,应适当调减规模,或实行高三分流。抓好升学制度改革,扭转片面追求升学率和偏科现象
12	1993年2月13日,中共中央、国务院印发《中国教育改革和发展纲要》(中发〔1993〕3号)	在保证必要的教育投入和办学条件的前提下,大城市市区和沿海经济发达地区积极普及高中阶段教育。普通高中的办学体制和办学模式要多样化

这一时期,普通高中教育以确立方向和定位为主要任务,以效率优先为主要取向,其政策多被融合于"中小学教育"表述之下,将其作为一个独立教育阶段的政策甚少。

注重效率成为重要的政策导向,优先发展重点校和示范校,办好重点中学成为提高中学教育质量的重要举措。在这一政策的推动下,地方政府也加大了对重点高中的投入,随着人民群众对优质高中教育资源需求日益扩大,不断追逐重点校与重点班,地方政府开始鼓励普通高中凭借自身办学实力筹措经费,"借读费""择校费"成为默认的筹资渠道,而非重点高中因政府支持不足与缺乏市场竞争力,发展愈发艰难。中等教育结构调整开始向职业技术教育倾斜,普通高中学校数量大为缩减。

表 3-6　国家教委年度工作要点中有关重点高中制度形成与推进的政策安排

时间	相 关 政 策
1989 年	研究普通高中的布局和事业规划,提出进一步办好一批具有较高水平的普通高中的意见
1990 年	切实加强高考招生指标到县、招收保送生以及逐步推广会考制度等一系列措施
1991 年	积极完善并推行高中毕业会考制度;指导各地对初中布局和高中阶段教育结构进行调整;总结高中两年后实行分流和在普通初中与高中引入职教因素的改革经验
1992 年	深入研究提出加强重点高中学生思想政治教育的意见
1993 年	研究重点高中端正办学指导思想、全面贯彻教育方针、提高教育质量等有关问题。改革高中阶段教育,完善高中毕业会考制度

3. 规模扩张阶段(1994—2010 年)

1994 年,国务院印发《关于〈中国教育改革和发展纲要〉的实施意见》明确提出,普通高中可根据各地的需要和可能适量发展。这一时期,普及九年义务教育加快推进,初中毕业生对接受高中教育的需求不断增长,普通高中教育开始受到重视并得到发展。我国普通高中教育政策的价值导向经历了从"根据需要适量发展"到"注意城市和经济发达地区的高中教育发展",再到"重视农村地区高中教育"的变迁。同时,聚焦普通高中的性质和地位、农村普通高中发展、推进课程改革等方面,出台了一系列政策,数量普及和入学机会扩大逐渐成为政策重点。

表 3-7　1994—2010 年普通高中发展的主要政策

序号	文 件 名 称	主 要 内 容
1	1994 年 7 月 3 日,国务院关于《中国教育改革和发展纲要》的实施意见	普通高中可根据各地的需要和可能适量发展。到 2000 年普通高中在校生要达到 850 万人左右。每个县要面向全县重点办好一两所中学。全国重点建设 1000 所左右实验性、示范性的高中

续表

序号	文件名称	主要内容
2	1995年3月18日,《中华人民共和国教育法》(中华人民共和国主席令第四十五号公布)	中等及中等以下教育在国务院领导下,由地方人民政府管理
3	1995年6月8日,国家教育委员会《关于大力办好普通高级中学的若干意见》	适应发展普通高中事业规模,积极推进办学体制和办学模式改革,深化教育改革,全面提高教育质量。各级政府和教育行政部门要重视普通高中工作,加强对普通高中工作的领导
4	1996年4月10日,国家教育委员会印发《全国教育事业"九五"计划和2010年发展规划》	适度扩大普通高中教育规模。改革和完善高中毕业生会考和高考制度,减轻学生过重的学习负担,使学生在德、智、体等方面全面发展
5	1998年12月24日,教育部颁布《面向21世纪教育振兴行动计划》	到2010年,在全面实现"两基"目标的基础上,城市和经济发达地区有步骤地普及高中阶段教育,全国人口受教育年限达到发展中国家的先进水平
6	1999年6月13日,中共中央、国务院《关于深化教育改革全面推进素质教育的决定》(中发〔1999〕9号)	积极发展包括普通教育和职业教育在内的高中阶段教育,为初中毕业生提供多种形式的学习机会;在城市和经济发达地区要有步骤地普及高中阶段教育;采取多种形式改革高中阶段学校的招生办法,改革高中会考制度
7	2001年5月29日,国务院《关于基础教育改革与发展的决定》(国发〔2001〕21号)	挖掘现有学校潜力并鼓励有条件的地区实行完全中学的高、初中分离,扩大高中规模;保持普通高中与中等职业学校的合理比例,促进协调发展;鼓励发展普通教育与职业教育沟通的高级中学
8	2001年6月8日,教育部关于印发《基础教育课程改革纲要(试行)》的通知(教基〔2001〕17号)	普通高中课程标准应有一定的层次性和选择性,并开设选修课程,以利于学生获得更多的选择和发展的机会,为培养学生的生存能力、实践能力和创造能力打下良好的基础
9	2001年7月26日,教育部关于印发《全国教育事业"十五"规划》的通知(教发〔2001〕33号)	鼓励有条件的地区实行完全中学的高、初中分离,鼓励发展普通教育与职业教育沟通的高级中学
10	2003年3月31日,教育部关于印发《普通高中课程方案(实验)》和《语文等十五个学科课程标准(实验)》的通知(教基〔2003〕6号)	明确了普通高中课程方案(实验)和语文等十五个学科课程标准(实验)

续表

序号	文 件 名 称	主 要 内 容
11	2003年9月17日,国务院《关于进一步加强农村教育工作的决定》(国发〔2003〕19号)	国家继续安排资金,重点支持中西部地区一批基础较好的普通高中改善办学条件,提高教育质量,扩大优质教育资源
12	2005年3月21日,教育部《关于进一步加强普通高中新课程实验工作的指导意见》(教基〔2005〕6号)	从加强工作指导、建立健全工作机制、加大工作力度、探索考试制度改革、加强工作督导等方面提出了加强普通高中新课程实验工作的指导意见
13	2006年5月17日,教育部《关于进一步规范普通高中建设兴办节约型学校的通知》(教基〔2006〕7号)	科学规划普通高中的布局和建设,使之与当地的经济社会发展水平相适应,与其他各级各类教育发展相协调;省级教育行政部门要修订或重新制订本地区普通高中校舍建设标准,地方各级人民政府统筹规划学校建设和负责筹措办学经费,规范示范性高中建设与评估工作
14	2007年5月18日,国务院批转教育部《国家教育事业发展"十一五"规划纲要》的通知	高中阶段教育普及程度明显提高,在校生规模达到4510万人,毛入学率达到80%左右,中等职业教育与普通高中规模基本相当;稳步发展普通高中教育,着力提高教育质量和办学水平
15	2010年7月29日,中共中央、国务院印发《国家中长期教育改革和发展规划纲要(2010—2020年)》	合理确定普通高中和中等职业学校招生比例,总体保持普通高中和中等职业学校招生规模大体相当;全面提高普通高中学生综合素质;推动普通高中多样化发展

普通高中教育的性质和地位逐渐明确。1995年,国家教育委员会《关于大力办好普通高级中学的若干意见》明确:"普通高中是九年义务教育后的高层次的基础教育,培养德智体全面发展的社会主义建设者和接班人的重要基地,是联系义务教育和高等教育的纽带,是高中阶段教育的重要组成部分。"2001年《基础教育课程改革纲要(试行)》和2003年《普通高中课程方案(实验)》进一步指出:"普通高中是面向大众的教育,处于基础教育的高级阶段,进一步提高国民素质,为学生的终身发展奠定基础。"

普通高中课程改革成为政策焦点。2001年,教育部出台《基础教育课程改革纲要(试行)》,启动第八次基础教育课程改革,从课程功能、课程结构、课程内容、课程实施、课程评价、课程管理等六个方面,明确了我国基础教育课程改革的具体任务和规范。2005年,教育部出台《进一步加强普通高中新课程实验工作的指导意见》,从新课程试验工作的领导、工作机制的建立、教师培训和考试招生制度以及工作督导等方面进行了规定。

政策价值导向逐渐转向兼顾公平。一方面,"重点高中"政策被"示范高中"政策取代。1994年7月,国务院印发《关于<中国教育改革和发展纲要>的实施意见》明确提出:"每个县要面向全县重点办好一两所中学。全国重点建设1000所左右实验性、示范性的高中。"自此,重点高中政策成为历史,示范高中、实验高中建设提上议事日程。另一方面,县中建设开始进入政策范畴。《教育部2004年工作要点》明确提出:"推动中西部农村地区县中建设,多种形式地扩大优质教育资源""进一步完善普通高中家庭经济困难学生资助制度",中西部地区的县中建设开始纳入教育扶贫工作进行统筹谋划。

普及高中阶段教育提上政策议程。2001年《国务院关于基础教育改革与发展的决定》提出,"十五"期间高中阶段入学率应达到60%左右,大力发展高中阶段教育,有步骤地在大中城市和经济发达地区普及高中阶段教育。自此,高中普及率、毛入学率、在校生规模等指标的增长成为普通高中教育追求的重要目标。

表3-8 1994—2010年国家教委(教育部)年度工作要点中有关普通高中教育的政策安排

时　　间	政　策　要　点
1994—1999年	拟定建设示范性普通高中的实施意见;推进办学模式多样化的改革;加快高中综合课程改革,积极扩大综合高中办学模式的试点
2000年	通过学校布局调整、适当分离初高中办学、办好薄弱学校、发展民办教育等形式,扩大普通高中招生规模,提高普及教育的整体水平;继续办好实验性、示范性高中
2001年	加快高中阶段教育的发展;大中城市和经济发达地区要适时普及高中阶段教育;完善相关政策,鼓励发展民办高中
2002—2008年	认真做好高中阶段教育事业发展规划,促进普通教育与职业教育协调发展;推动中西部农村地区县中建设,多种形式地扩大优质教育资源;启动普通高中新课程实验工作,切实加强新课程校本教研制度建设
从2009年起	均衡配置教师资源,推广把示范性高中大部分招生指标均衡分配到区域内初中的办法

这一时期,尽管出台了一系列涉及普及发展与规模扩张的政策,但长久以来的重点中学制度引发的学校和家庭对于升学率的"狂热"追求,在很大程度上阻滞了政府致力于教育均衡的相关政策效果的达成,普通高中总体的学校数量增长幅度并不大。与此相反的是,以高额择校费来扩大学校规模的现象越演越烈,一些超级中学开始出现"强校大班额"和"弱校空心化"并存的现象,择校现象日趋突出。特别是随着校外的教育消费日益增长,消费主体性缺乏、非理性消费、消费阶层分化等问题日渐显现。

4. 质量提升阶段(2011年以来)

2010年《国家中长期教育改革和发展规划纲要(2010—2020年)》的颁布,开启了我国普通高中教育多样化有特色发展的新阶段。特别是党的十八大以来,"上好学"成为人民群众对教育的美好向往,质量提升成了普通高中发展的主要方向,基于质量提升的多样化发展和弱势补偿成为普通高中的主要政策。

表 3-9　2011—2021 年教育部工作要点中有关普通高中质量提升的政策安排

时间	政策要点
2011—2014 年	以深化人才培养模式改革为重点,促进普通高中内涵发展;鼓励举办特色高中、新型综合高中,推动普通高中多样化、特色化发展;完善家庭经济困难学生资助政策,将普通高中纳入国家助学体系;推进普通高中考试招生制度和学业水平考试制度改革,推进学生综合素质评价
2015—2018 年	出台《关于深化高中阶段学生考试招生制度改革的指导意见》;启动实施高中阶段教育普及攻坚计划,推动普通高中多样化有特色发展
2019 年	出台《关于深化普通高中育人方式改革的指导意见》;进一步提高高中阶段教育普及水平;继续实施教育基础薄弱县普通高中建设项目,加大普通高中改造计划实施力度,推动中西部省份提高普及水平
2020 年以来	在提高普及水平基础上,推动普通高中多样化有特色发展;出台《县域普通高中振兴行动计划》,继续支持普通高中建设,加快消除普通高中大班额,着力提高"县中"办学水平

这一时期,普通高中开始作为一个独立的人才培养阶段,加速普及、注重育人、缩小差距成为主要政策导向。与普通高中教育相关的政策主要有:《关于进一步推进高中阶段学校考试招生制度改革的指导意见》《高中阶段教育普及攻坚计划(2017—2020年)》《深度贫困地区教育脱贫攻坚实施方案(2018—2020年)》《关于新时代推进普通高中育人方式改革的指导意见》《"十四五"县域普通高中发展提升行动计划》等。同时,通过实施教育基础薄弱县普通高中建设项目和普通高中改造计划,助力中西部省份提高普通高中发展水平。

表 3-10　2011—2021 年普通高中教育的主要政策

序号	文件名称	主要内容
1	2012 年 6 月 14 日,教育部印发《国家教育事业发展第十二个五年规划》	将高中学业水平考试和综合素质评价有机纳入高等学校招生选拔工作。完善中等学校学业水平考试,建立综合素质评价体系,推行优质普通高中和中等职业学校招生名额合理分配到区域内初中的办法,将初中毕业生有序输送到普通高中、中等职业学校和综合高中

续表

序号	文件名称	主要内容
2	2014年3月30日,教育部《关于全面深化课程改革落实立德树人根本任务的意见》(教基二〔2014〕4号)	启动普通高中课程修订工作;合理确定必修、选修课时比例,增加学生选择学习的机会,满足持续发展、个性发展需要;坚持知行统一原则,加强职业体验、社会实践等方面的课程;进一步精选课程内容,科学确定课程容量和难度
3	2014年9月3日,国务院《关于深化考试招生制度改革的实施意见》(国发〔2014〕35号)	实行优质普通高中招生名额合理分配到区域内初中的办法;完善高中学业水平考试;规范高中学生综合素质评价;深化高考考试内容改革;启动高考综合改革试点
4	2014年12月10日,教育部《关于普通高中学业水平考试的实施意见》(教基二〔2014〕10号)	明确了普通高中学业水平考试的重要意义、基本原则、考试科目与内容、考试对象与时间、考试成绩呈现与使用、组织保障等内容
5	2014年12月10日,教育部《关于加强和改进普通高中学生综合素质评价的意见》(教基二〔2014〕11号)	明确了加强和改进普通高中学生综合素质评价的重要意义、基本原则、评价内容、评价程序、组织管理等内容
6	2016年9月18日,教育部《关于进一步推进高中阶段学校考试招生制度改革的指导意见》(教基二〔2016〕4号)	实行优质普通高中和优质中等职业学校招生名额合理分配到区域内初中的办法,招生名额适当向农村初中倾斜,促进义务教育均衡发展
7	2017年1月10日,国务院关于印发《国家教育事业发展"十三五"规划》的通知(国发〔2017〕4号)	鼓励普通高中实行"选课制""走班制",开设多样优质的选修课程;推动地方政府制定普通高中生均拨款标准,补足公办普通高中取消"三限生"政策后的经费缺口;对已纳入存量地方政府债务清理甄别结果的普通高中债务,按照地方政府债务管理政策予以偿还
8	2017年3月24日,教育部等四部门关于印发《高中阶段教育普及攻坚计划(2017—2020年)》的通知(教基〔2017〕1号)	深化普通高中课程改革,加强选修课程建设,充分利用校外教育资源拓展校内课程的广度和深度,增强课程的选择性和适宜性;严禁公办普通高中违规跨区域、超计划招生,争抢生源,影响其他学校正常招生
9	2017年12月29日,教育部关于印发《普通高中课程方案和语文等学科课程标准(2017年版)》的通知(教材〔2017〕7号)	切实加强组织领导,系统谋划、整体推进普通高中课程改革,不断提升教育教学质量;强化课程实施管理与指导,加大条件保障力度,确保课程开齐开足、开设到位;注重普通高中课程改革与高考综合改革统筹衔接,推动"教""考""招"形成育人合力

续表

序号	文件名称	主要内容
10	2018年1月15日,教育部、国务院扶贫办关于印发《深度贫困地区教育脱贫攻坚实施方案(2018—2020年)》的通知(教发〔2018〕1号)	教育基础薄弱县普通高中建设项目、普通高中改造计划等优先支持"三区三州"扩大教育资源,改善办学条件,保障建档立卡贫困家庭学生接受高中阶段教育的机会;基本消除普通高中大班额现象,减少超大规模学校;完善普通高中生均拨款制度,积极化解"三区三州"普通高中债务
11	2018年8月15日,教育部《关于做好普通高中新课程新教材实施工作的指导意见》(教基〔2018〕15号)	明确了统筹做好新课程新教材的实施工作的总体要求、实施步骤、重点任务、工作机制、组织领导等内容
12	2018年12月8日,中共中央、国务院关于印发《中国教育现代化2035》的通知(中发〔2018〕45号)	提升高中阶段教育普及水平,推进中等职业教育和普通高中教育协调发展,鼓励普通高中多样化有特色发展
13	2018年12月8日,中共中央办公厅、国务院办公厅关于印发《加快推进教育现代化实施方案(2018—2022年)》的通知(中办发〔2018〕67号)	推动普通高中优质特色发展;坚定高考改革方向,完善普通高中学业水平考试制度
14	2019年6月19日,国务院办公厅《关于新时代推进普通高中育人方式改革的指导意见》(国办发〔2019〕29号)	从总体要求、构建全面培养体系、优化课程实施等八个方面提出了23条指导意见;明确各地生均公用经费拨款标准应于2020年达到每生每年1000元以上
15	2020年5月13日,教育部关于印发《普通高中课程方案和语文等学科课程标准(2017年版2020年修订)》的通知(教材〔2020〕3号)	普通高中课程方案以及思想政治、语文、历史和生物学课程标准修订涉及前言及正文部分,其他学科课程标准修订仅涉及前言部分
16	2020年10月13日,中共中央、国务院关于印发《深化新时代教育评价改革总体方案》的通知	国家制定普通高中办学质量评价标准,突出实施学生综合素质评价、开展学生发展指导、优化教学资源配置、有序推进选课走班、规范招生办学行为等内容

续表

序号	文件名称	主要内容
17	2021年12月9日,教育部等九部门关于印发《"十四五"县域普通高中发展提升行动计划》的通知(教基〔2021〕8号)	从总体要求、重点任务、主要措施、组织领导等方面提出了县域普通高中发展提升行动的18条举措
18	2021年12月28日,国家发改委等21部门关于印发《"十四五"公共服务规划》的通知(发改社会〔2021〕1946号)	全面加强县中建设,促进高中阶段学校多样化有特色发展;全面化解普通高中大班额,加快消除大规模学校,积极改善办学薄弱环节,适应普通高中选课走班需要;健全教师补充激励机制,实施县中发展提升校长教师培训专项计划;实施县中托管帮扶工程
19	2021年12月31日,教育部关于印发《普通高中学校办学质量评价指南》的通知(教基〔2021〕9号)	从总体要求、评价内容、评价方式、评价实施、评价结果运用、组织保障等方面明确了普通高中学校办学质量评价的相关要求,并制定了一整套评价指标

这一时期,普通高中教育政策呈现如下特点:

独立性更加凸显。《国家中长期教育改革和发展规划纲要(2010—2020年)》对高中教育性质的定位第一次予以明确表述:"高中教育在学生个性形成和自主发展的过程中具有关键作用,对人才素质的提高、创新人才的培养有特殊意义"。还明确了普通高中的发展方向和主要任务,就是"推动普通高中多样化发展""全面提高普通高中学生综合素质"。自此,普通高中教育在教育政策上有了专门论述,普通高中教育多样化发展方向更加明确。

规范性更加清晰。在人才培养方面,对人才培养模式、人才培养方式、课程改革、教学实施等提出了规范要求。在学校管理方面,从管理体制、经费投入、教师配备、校园硬件建设、考试科目和招生制度等方面作出了明确规定。在收费监管方面,针对乱收费现象,提出了一系列治理意见。

育人性更加强化。对于普通高中的学生培养,教育政策从德、智、体、美、劳、心理健康等方面予以明确,从课程形式上对学生心理健康教育作出了具体规定。特别是自2014年起开始的新高考改革,进一步明确了新时代普通高中的育人导向,淡化了"为升学考试而教"的功利主义倾向,学生核心素养和学科核心素养成为课程改革、教学改革和考试招生制度改革的重要关注点。

公平性更受关注。自2012年起,国家面向农村和贫困地区实施重点高校招生专项计划,其中,国家专项计划针对贫困地区学生,高校专项计划与地方专项计划招收县及县以下的农村生源,以此提高农村和贫困地区学生上重点大学的比例,从而缩小区域间、城乡间优质教育资源的差距。这一政策实施后,从学生个体到县域普通高中、县域教育整体发展均受益不小,特别是农村户籍学生获得了更多接受优质高等教育的机会。2016年,《教育脱贫攻坚"十三五"规划》提出:"普通高中改造计划和教育基础薄弱县普通高中建设项目优先支持贫困县普通高中改善办学条件,保障建档立卡等贫困家庭学生接受普通高中教育的机会。"2017年,教育部等四部委颁布《高中阶段教育攻坚计划(2017—2020年)》,把"普通高中大班额比例高"作为影响高中阶段教育最突出的三个问题之一给予重点关注。2018年,教育部印发《深度贫困地区教育脱贫攻坚实施方案》明确提出"推动基本消除普通高中大班额现象,减少超大规模学校""建立完善普通高中生均拨款制度""积极化解'三区三州'普通高中债务"等具体举措。

县中发展提升进入国家议程。2021年3月,国务院《政府工作报告》提出"加强县域高中建设"。同年11月,国务院批复《"十四五"公共服务规划》,要求"研究制定县域普通高中发展提升计划,全面加强县中建设"。同年12月,教育部、国家发改委等九部门印发《"十四五"县域普通高中发展提升行动计划》,这是我国首次以专项规划形式对县中发展作出整体谋划和部署。一系列加强县中教育的重要政策,标志着我国基础教育改革发展的战略格局发生了深刻调整。

二、湖北发展普通高中教育的主要政策及施行效果

湖北普通高中教育的发展与国家普通高中教育发展基本同步,经历了从举办重点到大力发展,再到普及攻坚和内涵发展的历史进程,走过了重塑规整、恢复重建、效率优先和质量提升等发展阶段,目前进入了以提高质量为主的高质量发展阶段。

1. 重塑规整阶段(1949—1978年)

这一时期,有关普通高中教育的政策都融合在中小学教育中,没有专门针对普通高中教育的政策。在这些政策的引导下,湖北普通高中教育发展取得了一定成就。普通高中学校数从1949年的52所增加到了1978年的2852所,在校生从1948年的5525人增加到了1978年的95万余人,专任教师从1949年的521人增加到了1978年的47588人。

接管旧学校、改造旧教育、学习借鉴苏联教育理论和经验,是这一时期中学教育的主要任务。1949年8月24日,湖北省人民政府发出《关于恢复整顿学校教育的指示》,明确了"积极恢复、初步整顿、初步改革"的学校教育工作方针,对于私立中学采取"积极维持、逐步改造、重点补助"的方针。1950年3月,湖北省教育厅制定了关于中小学教育管理、教学和教师任用等方面的文件,在接管旧学校基本完成后,开始着手学校的调整工作。1951年以武昌实验中学为试点,开始学习苏联教育理论和教学经验,试行新教材、新教法。1951—1954年全省建设了6所工农中学。1953年6月,省教育厅拟定《湖北省中等学校一九五三年度调整整顿及发展计划(草案)》强调,调整应"统一计划,统一原则",中学以专(市)为单位,以利于集中使用人力物力财力。1958年12

月,中共湖北省委文教部印发《关于中小学教育工作中的几个问题的意见》,针对学生劳动过多、集中住宿及学制和教学改革等问题提出了改进意见。

发展重点中学成为重要策略。在国家重点学校建设的引导下,湖北也把建设重点学校作为发展中学教育的重要策略。1951年,湖北选定汉川马口中学、武昌县中作为省重点中学。1953年,省教育厅确定省立武昌实验中学、武昌一女中、黄冈中学等7校为省重点中学。1959年,省教育厅将全省中学划分为甲、乙两类,甲类是全省中学的骨干、重点,省教育厅确定了甲类中学11所。1960年1月,中共湖北省委文教部批转省教育厅分党组《关于办好一批重点中小学师范的意见》。1962年,省教育厅选定武昌实验中学、武汉大学附属中学等5所中学为全国性重点中学,同时确定18所省级重点中学。1963年,省教育厅确定在全省办108所拔尖中学。"文革"时期重点中学政策被取消。改革开放初期,湖北又率先办起重点中学,1977年确定全省办重点中学200所,占中学总校数1.9%。

提高教育质量逐渐得到重视。1960年2月,省教育厅召开专市文教局长座谈会及全日制普通学校教育研究工作会议,研究全面贯彻教育方针及提高教育质量问题。同年12月,中共湖北省委、省人委发出《关于在中小学中进一步贯彻劳逸结合方针保证师生健康的十项规定》。1961年1月,中共湖北省委召开全省宣教工作会议,贯彻"调整、巩固、充实、提高"方针,要求把握适当控制学校数量以及着重提高教学质量的关系,强调学校经常的中心任务是搞好教学。随后,湖北省教育厅印发了《湖北省全日制中小学工作条例试行草案》《关于中小学、师范调整问题的通知》,中共湖北省委批转了省教育厅分党组《关于进一步合理调整中小学的意见》。1966—1976年间,由于"文革"的影响,中学正常的教育秩序被打乱。

2. 效率优先阶段(1978—1993年)

1978年,党的十一届三中全会召开,湖北普通高中教育进入改革发展新时期。高考制度的恢复,为普通高中教育的恢复重建和重点发展提供了动力机制。改革开放初期,全省按照教育部发布的《全日制十年制中小学教育计划试行草案》,确定了中学的基本学制和课程设置,中学教育逐渐走上正常轨道。同时,重点中学政策得以恢复,1984年省教育厅公布省、地、县首批重点中学108所;到1987年,全省县级以上重点中学110所,其中省重点中学26所。另外,这一时期也加强了对中等教育结构的调整,1984年1月,中共湖北省委、省政府发出《关于加强普通教育的决定》,指出逐步建立和健全分级管理、分级负责的办学体制,明确国家集中力量办好普通高中。1987年普通高中发展到了723所,在校生人数达到了39.13万人,自此规模数量进入发展下行阶段。到1993年,普通高中在校生人数下降到了31.50万人,学校数减少到598所。

3. 规模扩张阶段(1994—2010年)

推进高中阶段教育普及、实施素质教育、启动新课程改革试点是这一时期湖北普通高中改革发展的重点任务。与此同时,重点学校政策被实验性、示范性学校政策取代。1999年10月,省委、省政府颁布《关于深化教育改革全面推进素质教育的决定》,自此,全面推进素质教育成为各级教育部门和广大教育工作者的自觉行为,尊重教育规律、关注学生全面发展,成为湖北基础教育的主旋律。

扩大规模、加快发展是普通高中教育的鲜明导向。1995年,湖北省委、湖北省人民政府印发《关于教育改革和发展的决定》明确提出,到2000年,大中城市和经济发达的农村基本普及高中阶段教育,全省普通高中在校生达40万人左右。各地积极调整中等教育结构,通过对现有中等教育资源的重组,挖掘现有中等教育资源的潜力,扩大普通高中规模。比如,鼓励将生源不足且具备条件的普通中专、成人中专和农业职业高中改制为普通高中,将中等师范改为普通高中,提倡完全中学办成单设普通高中,积极发展民办普通高中等。1999年,全省普通高中招生23.4万人,扩招17%,普通高中达588所,在校生达59.43万人。到2002年,全省普通高中招生36.5万人,在校生94.2万人,分别比1989年、1997年、1999年增长1.7倍、1.1倍、0.6倍。2003年,省政府印发《湖北省普通高中教育改革发展意见》,实行"三限生"(限分数、人数、钱数)政策,进一步加快普通高中发展。到2006年,全省普通高中689所,招生45.6万人,在校生134.8万人,达到历史最高峰值。从1999年到2006年,连续8年在校生规模每年净增10万人以上,实现了跨越式发展。从2007年起,普通高中学校数和在校生人数再次步入下行区间。2009年,省政府教育督导室出台《湖北省示范高中管理规定(试行)》,明确提出要加强示范高中规范管理、充分发挥其在实施素质教育中的示范引领作用,促进普通高中教育持续、健康发展。

启动高中新课程改革试点。2009年6月,省政府办公厅印发《湖北省普通高中课程改革实施方案(试行)》,明确了普通高中课程改革的指导思想与工作方针、总体目标与主要任务、课程结构、内容与学制学时、重点工作、组织与保障等,为普通高中推进新课程改革提供了路线图和施工图。

表 3-11 湖北省 1994—2010 年普通高中教育发展情况

年份	学校数(所)	毕业生数(万人)	招生数(万人)	在校生数(万人)
1994	590	10.06	12.57	32.76
1995	575	9.88	14.96	36.75
1996	569	9.89	15.13	40.98
1997	562	11.53	17.07	45.75
1998	563	14.04	20.15	51.35
1999	588	14.67	23.39	59.34
2000	583	16.58	27.71	69.84
2001	581	19.07	31.91	82.69

续表

年份	学校数(所)	毕业生数(万人)	招生数(万人)	在校生数(万人)
2002	599	27.38	36.48	94.18
2003	626	27.27	39.61	107.29
2004	631	32.29	42.97	119.74
2005	653	38.34	45.86	129.45
2006	689	41.07	45.55	134.77
2007	688	44.31	43.98	132.84
2008	655	44.97	43.91	132.20
2009	622	44.99	42.38	128.68
2010	603	39.55	43.45	123.74

4. 质量提升阶段(2011—2021年)

普通高中的发展方向更加清晰。2011年,《湖北省中长期教育改革和发展规划纲要(2011—2020年)》明确了"合理布局普通高中""提高普通高中办学水平""推进普通高中特色发展"等重点任务,全面实施新课程改革和推进高考综合改革成为普通高中教育发展的主线。2019年,省委办公厅、省政府办公厅印发《湖北教育现代化2035》和《加快推进湖北教育现代化实施方案(2018—2022年)》,进一步明确了"普通高中多样化特色化发展"的基本方向。

表3-12　湖北省2011—2021年普通高中教育发展情况

时间	学校数(所)	招生数(万人)	在校生数(万人)	毛入学率(%)	专任教师数(人)
2011	585	36.20	116.77	83.4	71333
2012	575	32.75	107.45	92.1	70896
2013	563	31.65	98.82	95.7	69726
2014	541	29.53	91.90	96.2	68126
2015	532	27.86	87.60	96.2	67017
2016	532	22.71	84.50	92.4	66528
2017	532	27.12	81.94	91.8	65929
2018	531	27.74	82.35	92.3	66010
2019	532	30.14	85.22	92.3	66902
2020	536	31.32	89.17	92.3	68470
2021	548	32.99	94.50	92.3	71973

注重提升薄弱普通高中办学质量。党的十八大以来,湖北省把加强薄弱高中建设、改善办学条件作为高中阶段教育普及攻坚的突破口,着力扩大普通高中优质教育资源总量,先后通过实施"民族地区教育基础薄弱县普通高中建设"项目、高中阶段教育普及攻坚计划、教育精准扶贫行动计划等工程项目,推动贫困地区普通高中办学条件改善。自2011年以来,不断完善省域内优质普通高中对口帮扶薄弱普通高中机制,大力加强薄弱高中建设,改善办学条件,着力扩大普通高中优质教育资源总量。"十三五"期间,筹措专项经费,每年重点改造16所左右贫困地区普通高中,截至2021年底,县中办学资源得到显著扩大,办学条件得到明显改善。湖北普通高中进入扩大优质资源、推进内涵发展的新阶段。

积极推进普通高中招生制度改革。2015年,湖北省全面取消了高中"三限生"政策,关闭了"择校"之门。2018年,省教育厅等七部门印发《湖北省高中阶段教育普及攻坚计划(2018—2020年)》,严禁公办普通高中违规跨区域、超计划、降低录取资格招生,严禁高中阶段学校在初中学业水平考试结束之前提前招生,明确规定"优质高中招生计划分配到辖区初中的比例达到70%",实现了从"招好学生"向"教好学生"的转变,有效遏制了跨区域掐尖招生,较好地稳定了县域生源。

大力推动普通高中多样化、特色化发展。"十二五"期间,湖北通过实施普通高中特色建设计划,推进特色高中、特色课程建设,促进普通高中多样化发展,建设了一批具有鲜明文化特色、各具风格的高中学校。到2015年,全省建设特色项目200个。同时,支持普通高中开展国际合作,共审批设置了20所普通高中国际部,开设了一批中西融合的特色国际课程。2018年,省教育厅等七部门印发《湖北省高中阶段教育普及攻坚计划(2018—2020年)》,进一步实施特色高中建设计划,开展普通高中学科课程基地建设,推动普通高中多样特色发展。2021年11月,省人民政府印发《湖北省教育事业发展"十四五"规划》,明确提出"推进普通高中教育多样化有特色发展"。

案例3-14

潜江普通高中办学水平明显提升

"十三五"以来,潜江市全面实施"高中阶段教育普及攻坚计划",基本普及高中阶段教育,高中阶段毛入学率达到98%以上。普通高中大班额由41.6%降为15.2%。顺应高考综合改革新要求,选课走班教学稳步实施,学生生涯规划教育不断加强,学业水平考试、新高考顺利组织实施。普通高中课程体系不断优化,学生核心素养得到提升。普通高中办学条件逐步改善,潜江中学新校区高起点规划建设。普通高中生均公用经费由每生每年500元提高到1000元。

——资料来源:潜江市教育局网站 2021-10-19

普通高中经费保障机制逐步完善。2015年11月,省政府办公厅印发《关于进一步完善普通高中经费保障机制的通知》,明确提出建立普通高中综合预算制度、按政策足额保障普通高中人员经费、制定普通高中生均公用经费标准、优化普通高中教育教学环境等六条经费保障政策。2018年7月,省教育厅等部门印发《湖北省高中阶段教育普及攻坚计划(2018—2020年)》,按照"保基本、补短板、促公平"的要求,聚焦贫困地区、民族地区、边远地区和革命老区等4类地区,家庭经济困难学生、残疾学生和进城务工人员随迁子女等3类特殊群体,针对普通高中大班额比例高的突出问题进行攻坚。全省统筹投入7.1亿元,改善50所农村普通高中办学条件。

表3-13 "十三五"以来湖北省普通高中经费保障情况

指标年度	2016	2017	2018	2019	2020	2021
普通高中经费总投入(亿元)	155.24	160.94	172.59	192.96	215.90	215.62
普通高中经费总投入占教育经费总投入的比例(%)	11.93	11.64	11.84	12.01	12.86	12.02
普通高中国家财政性投入(亿元)	126.19	130.57	139.04	156.65	176.74	166.27
财政性投入占普通高中总投入的比例(%)	78.40	81.29	81.13	81.18	81.86	77.11

高考综合改革平稳落地。2012年以来,通过持续实施面向贫困地区和农村地区的重点高校专项招生计划,增加了贫困地区和农村地区学生接受优质高等教育的机会,也巩固了县中生源。与此同时,普通高中新课改从试点推进转向全面铺开,在全省高中学校开展综合素质评价,选取部分地区启动高中学业水平考试试点。2018年11月,省教育厅印发《湖北省2018级普通高中学生课程实施指导意见》,推动普通高中三年课程平稳实施。2019年4月,在充分吸收前期其他省份试点经验的基础上,省政府印发《湖北省高等学校考试招生综合改革实施方案》,对高考改革进行了系统部署,从2018年秋季入学的高一年级学生开始实施,到2021年建立基于全国统一高考成绩和普通高中学业水平考试的选择性考试成绩、参考综合素质评价的招生录取新机制,全面实施素质教育,促进学生全面而有个性的发展。同时,完善相关配套制度,印发了《关于进一步做实普通高中选课走班工作的通知》《2019级教学实施指导意见》和《新教材实施工作方案》,制定了普通高中学业水平合格性考试全省统考科目考试安排、网上报名和考务工作的意见,发布高校选考科目要求,建设湖北省高考综合改革管理服务平台,升级普通高中学生综合素质评价管理平台,确保了2021年首届"新高考"平稳落地。

育人方式改革成为提高普通高中教育质量的重要引擎。2020年7月,省政府办公厅印发《关于新时代推进普通高中育人方式改革的实施意见》,就推进普通高中教育教学改革、全面提高普通高中教育质量进行系统设计和全面部署,提出了推进育人方式改革的15条举措。此次育人方式改革旨在促进高中教育进一步克服"唯分数论"

"唯升学论"的不良导向,实现三个转变,即从"应试教育"模式向"全面育人"模式转变,从以"升学"为取向向"升学与生涯辅导相结合"取向转变,从高中教育"分层发展"向"分层与分类相结合"方向转变。

案例3-15

十堰市全力提高普通高中教学质量

十堰市成立全市普通高中学科教研中心组,明确9个学科教研中心组组长和3所重点高中为牵头学校,发布中心组工作实施意见和评价方案,推进普通高中教学质量提升,高考整体水平继续保持全省中上等行列。2021年首次新高考实现既定目标,高考特殊上线数4201人(原一本数),突破4000人大关,特殊线上线率达25.17%,比上年一本上线人数增长12.96%,高于全省8.19个百分点;本科上线人数10692人,上线率64.06%,高于全省7.12个百分点;本科上线增长率4.15%,高于全省2.59个百分点。

——资料来源:十堰市教育局网站

消除普通高中大班额成为高中教育普及攻坚的重要任务。2018年,省教育厅等七部门印发《湖北省高中阶段教育普及攻坚计划(2018—2020年)》提出,实施普通高中消除"大班额""大校额"计划,从2018年秋季学期起,普通高中新招收的学生班额一般控制在50人以内,最高不得突破56人;逐步减少超大规模学校数量,到2020年,全省普通高中学校在校生原则上不超过3000人。2020年,省教育厅等七部门印发《湖北省消除普通高中大班额专项规划(2020—2023年)》,明确了消除普通高中大班额的"时间表":2021年底前,普通高中不得新增超大班额;2022年底前,普通高中大班额比例控制在5%以内,基本消除超大班额;2023年底前,普通高中基本消除大班额,全面消除超大班额。同时,督促市、县结合实际制订实施方案,积极稳妥化解大班额和大规模学校。截至2021年底,各地均明确了2021年底、2022年底、2023年秋季学期消除大班额的具体目标,并从基础设施能力建设、经费投入、教师队伍等方面明确了具体举措。

案例3-16

荆门市积极化解普通高中大班额

荆门市从2021年秋季学期开始,按照不超过56人的班额标准确定新生班级数,下达招生计划,要求辖区学校不得突破招生计划。严格普通高中学籍管理,禁止空挂学籍和人籍分离,严禁以转学、插班、调班、借读等形式扩大学校原有班额,产生新的大班额,严禁公办普通高中占用学校公共教育资源举办高中复读班。该市现有普通高中28所,班级743个,大班额88个,高一年级无大班额。

——资料来源:荆门市教育局网站

县域普通高中发展提升进入政策议程。2021年11月,省人民政府印发《湖北省教育事业发展"十四五"规划》,专门针对县域普通高中发展问题,提出实施县域普通高中发展提升计划,通过不断完善普通高中经费投入机制,教师补充激励及能力提升工作机制,深化教育教学和招生管理改革,组织优质普通高中与薄弱县中开展联合办学、对口支援,整体提升普通高中办学质量;推动普通高中向县城聚集,支持各地改造一批薄弱普通高中,扩大优质普通高中资源,消除普通高中大班额。在"基础教育提质扩容工程"中,明确提出"支持各地改造一批薄弱普通高中,推进每个县(市、区)至少改造1所薄弱普通高中。"

表3-14 2021年湖北省普通高中区域分布情况

地区名称	合计	城区	镇区	乡村
湖北省	563	360	187	16
武汉市	102	90	6	6
黄石市	25	16	9	0
十堰市	31	15	14	2
宜昌市	31	24	6	1
襄阳市	47	37	9	1
鄂州市	11	7	2	2
荆门市	27	17	10	0
孝感市	55	35	20	0
荆州市	49	28	20	1
黄冈市	64	20	43	1
咸宁市	31	15	15	1
随州市	24	19	5	0
恩施州	30	13	16	1
仙桃市	9	7	2	0
潜江市	13	10	3	0
天门市	13	7	6	0
神农架林区	1	0	1	0

三、湖北县域普通高中发展面临的困境及成因

近年来,由于经济发展水平、城镇化进程、教育政策等多种因素的综合影响,尤其是一些城市"超级中学""强势中学"的崛起和跨县市招生政策的实行,县域高中的发展面临一些困境。比如,一些县域普通高中出现了生源"被掐尖"、师资"留不住"的问题;

一些县域高中存在硬件设施不足、教育理念滞后、发展方向不明等问题;一些县域普通高中存在资源配置"不均衡"、质量提升"上不去"、大班额突出等问题。特别是优秀教师和优质生源的流失,对县中教育质量和可持续发展的影响最大。

1. "大班额"问题比较突出

《2022年湖北省人民政府履行教育职责情况自评报告》明确提到:一些地方普通高中大班额问题仍然突出。从部分市州《消除普通高中大班额专项规划(2020—2023年)》也可以发现,一些地市和县域普通高中仍然存在比较严重的大班额现象。如:2020年秋季学期,十堰市普通高中存在大班额学校24所,占学校总数的85.71%;大班额班数479个,占总班数的46.96%;超大班额班数16个,占总班数1.57%。宜昌市大班额班级95个,大班额数占全市普通高中班级数比例为10.2%。鄂州市大班额41个,超大班额5个,占比分别为13.2%和1.6%。恩施州当年高二年级仍然有大班额132个、超大班额100个,分别占比33.93%和25.71%;高三年级仍然有大班额113个、超大班额77个,分别占比29.82%和20.32%。

2. 经费保障依然不足

长期以来,湖北县级财力相对较弱,地方政府对县中投入不足,校舍和教学设施设备存在缺口,一些县域普通高中整体办学条件相对薄弱,特别是随着高考综合改革实施选课走班的实施,县中办学资源不足问题更加突出,影响了教育质量的整体提高。以2020年普通高中学校生均事业性经费支出为例,生均支出最少市(州)不足生均支出最多的1/4;生均校舍建筑面积最少的与最大的相差近12平方米。从省级示范高中的分布看,主要集中在武汉、宜昌等大中城市,以城市高中为主。

表3-15 湖北省级示范高中城市与县域分布比较

市(州)	小计(所)	城市高中(所)	县域高中(所)
武汉市	34	30	4
宜昌市	11	4	7
荆州市	9	3	6
黄冈市	10	1	9
荆门市	7	4	3
襄阳市	6	5	1
十堰市	9	5	4
孝感市	7	1	6
恩施州	6	2	4
随州市	4	3	1

续表

市(州)	小计(所)	城市高中(所)	县域高中(所)
黄石市	2	1	1
咸宁市	3	1	2
鄂州市	1	1	0
仙桃市	1	0	1
潜江市	2	0	2
天门市	1	0	1
合计	113	61	52

3. 优质资源流失仍然存在

从教师队伍看,绝大多数县中既存在教师配备总量不足和结构性缺员的问题,也面临待遇低、招聘难、留不住等问题。从学校生源看,老百姓习惯"用脚投票",或出于对优质教育资源的理性选择,或出于盲目跟风以及对本地教育的误解,导致优质生源外流,使县中教育陷入"生源流失—高考升学结果差—老百姓失去信心—生源再流失"的恶性循环。尽管2018年以来开始实行严禁普通高中跨县(区)招生的政策,省、市示范高中到县中"掐尖"的现象得到了一定的控制,但中考分流带来的县域内不同高中之间的生源差异依然明显。

4. 条件保障和理念转变差距明显

在条件保障方面,县域普通高中的教学设施设备条件与落实高考综合改革、推进课程改革和教学改革的要求相比,与城市高中的条件保障相比,差距仍然很大。在教育理念方面,多数县中仍然固守以高考上"双一流"等大学的人数作为衡量学校质量和教师业绩的主要标准,这种"一分遮百丑"的应试教育导向产生了一些新问题。比如:很多学校把高中三年的课程压缩到最短时间,部分学生因此掉队,跟上进度的学生也在题海中挣扎;有的县中每周只放假半天,有的甚至几周休息一次,使用题海战术延长学生的学习时间。这些问题的存在,成为制约学生全面而有个性发展的掣肘。

四、发展提升湖北县域普通高中的策略建议

县中兴,则县域教育兴。目前,湖北县域普通高中学校数占普通高中学校总数近60%,其中地处镇区和乡村的占到了37.55%。县域普通高中是农村孩子进入高校的主要通道,其办学质量的高低,直接影响农村孩子接受优质高等教育的机会。发展提升县中是"十四五"乃至更长时期普通高中教育发展的重要任务,必须从政策扶持、经费保障、条件改善、质量改进、协同育人等方面综合施策,着力培育县中发展的良好生

态,促进县域普通高中之间的良性竞争和均衡发展。

1. 加大经费保障,补齐办学条件短板

县中的发展提升,持续加大投入,补齐条件短板是前提和基础。一是完善财政分担体制。实行中央、省、市、县四级财政按比例分担的制度,确保县中教育教学设施设备能够满足新课改和新高考的教育教学需要。二是全面推进标准化建设。制定县域普通高中办学条件标准,实施县域普通高中标准化建设工程,按照"一校一案"推进县中标准化建设,推进县域普通高中教育均衡发展。三是有效落实生均拨款标准。地方党委政府应优化教育资源配置,严格落实国家规定的普通高中生均公用经费拨款标准达到每生每年1000元以上的要求,并实行动态调整。

2. 优化建设机制,提升师资整体水平

县中的发展,离不开一支数量足够、素质良好、结构合理、骨干教师相对稳定的教师队伍。一要完善教师补充机制。出台县中教师队伍建设倾斜政策,扩大县中自主聘用教师的权利。县级政府要结合县中发展实际,制定人才引进和培育计划,依照条件标准及时补充教师,着力解决县中教师总量不足和结构性缺员问题。要严格按照国家有关规定和程序办理教师流动手续,扼制发达地区、城区学校到薄弱地区、县中抢挖优秀教师。二要健全激励机制。建立县中优秀人才岗位津贴制度,对优秀人才实行聘约管理,做到"岗在人在津贴在";合理核定县中绩效工资总量,绩效工资分配向优秀教师倾斜;通过财政倾斜、设置专项奖励资金、托管帮扶等手段,建立优秀高中教师、校长激励制度;适当提高中小学高级教师岗位比例,正高级教师岗位设置适当向县中倾斜。三要优化培训机制。省级政府要推动实施优质高中优秀人才县中支教工程,试点大中城市优质高中优秀教师支教县中行动;依托部属师范大学和省属师范院校为县中定向培养优秀师资,有计划地促进县中教师提升学历层次。县级政府要统筹县域优质教师资源,建好县级教师发展中心,与县中共建教师学习共同体、研究共同体和发展共同体;注重围绕高考综合改革和普通高中育人方式改革,采用多种方式组织开展高质量、精准化的培训,赋能县中高质量发展。

3. 加强统筹管理,严格规范招生秩序

县中的发展困局,始于优质生源流失。加强政策引导,吸引优质生源回流,保住县中优质生源,是解决县中发展困境的当务之急。一是治好源头,推进义务教育优质均衡发展。县中的生源流失不是从高中阶段开始的,而是与当地义务教育的发展质量息息相关。所以要大力推进义务教育优质均衡,把生源地源头治理好,为县中提供源源不断的优质生源。二要拓宽出口,优化高等教育选拔机制。高等学校招生继续给予县及县以下中学政策倾斜,提高县中人才接受高等教育比例,帮助县中吸纳和培养更多的优秀人才,将来反哺县中发展。进一步完善高校招生有关专项计划,继续对基础教育薄弱地区予以支持。三要规范管理,推动落实公民同招和属地招生政策。各级政府要积极巩固普通高中招生改革成果，切实强化招生工作监管，严肃招生工作纪律，进一步建立健全规范有序、监督有力的招生录取机制。

4. 深化综合改革，全面提升育人质量

只有回归育人本质，着眼所有学生的发展，实现普通高中特色化和多样化发展，整体提升办学水平，县中才能实现真正的高质量发展。一是深化新课程教学改革。地方教学研究机构要结合本地实际加强对县中教学工作的指导，大力推进优秀教学成果应用，推动县中全面深化教学改革，积极完善选课走班、综合素质评价和学生发展指导，加强劳动教育和综合实践活动，着力提升育人质量。二是深化普通高中考试评价改革。积极稳妥推进高等学校考试招生制度改革和高中阶段学校考试招生制度改革，改变县中片面追求升学率现象，让学校办学回归到教育教学质量提升上来。三是持续实施特色高中发展计划。加强城市特色高中对县中特色发展的合作帮扶，把县中的特色发展方向精准匹配到市区学校的优势，让县中的特色化发展更有保障。

5. 实施协作帮扶，助力县中整体提升

通过托管、帮扶、协作等多种方式，把优质高中先进成熟的管理经验、育人理念和教育教学方法，内化成县中发展的软实力。一是开展多形式的托管帮扶工作。发挥高校、优质普通高中和退休优秀校长以及教师的作用，通过国家引导、地方支持、双向选择的方式，促进举办附属中学的部属高校、有条件的地方高校、优质中学与薄弱县中结对子，通过联合办学、对口支援、优质课程共享等形式，有效提升县中教育教学水平。二是创新区域协作帮扶机制。完善东西部跨省协作帮扶机制，抓好大中城市与县级城镇的定向协作，把地区中心城市带动周边市县共同发展作为重要举措，推动城市优质高中的教育资源向县域延伸、优秀教师向县中流动、先进管理模式向周边覆盖，带动城区普通高中和县中共同发展。三是统筹县域内各高中协作发展。通过名校长挂职、名师送教、在线双师教学、大学生支教等方式把优质资源"请进来"，让骨干管理者、教师通过到优质中学挂职、跟班培训等方式"走出去"，发挥县域优质中学的示范引领作用，激发县中教育管理者与教师的自主性和成长性，让县中形成良性办学生态。

6. 激发内生动力，提高自主发展能力

县中的发展，关键在激发学校校长和教师的内生动力，创新学校自主发展模式。一是深化放管服改革。各级政府要在强化政府服务职责的基础上，加大简政放权力度，给予县中更大的办学自主权，破除唯升学率的应试教育导向，让县中从行政压力与束缚中解脱出来，为县中自主发展提供宽松的环境与适宜的土壤。二是提升学校治理水平。县中管理者要由懂教育、爱教学、知管理、能服众的人担任，要培养教育家型校长，植根县中本地文化与乡土基因，打造具有鲜明县域特色的县中育人模式。三是形成师生教学相长的学校氛围。县中教师要坚持立德树人，专注教研教学，走出"老师埋怨生源质量差、学生怪老师没教好"的怪圈，促进县中师生和谐互信的风气形成，让县中教育走上可持续发展之路。

总之,县中的高质量发展是内外两个方面共同作用的结果。从教育的外部关系看,县域以及周边区域的经济社会发展和社会公共服务等方面的发展影响到了资源配置与人口流动。从教育的内部关系看,一方面,以一些民办高中为代表的"超级中学"和更高行政级别城市公办中学与县域高中在生源与师资上具有竞争性;另一方面,县域义务教育的发展也会影响到县中的生源质量和办学水平。因此,县中的发展提升需要在政府的主导与支持下,通过学校与师生们的共同努力,走上从被动"输血"到协助"造血"再到主动"造血"的良性发展道路。

参考文献:

[1] 陈志伟等.2021年中国基础教育政策分析[J].人民教育,2022(3-4):7-32.
[2] 李红恩,李铁安.2021年度基础教育发展述评与未来展望[J].教育评论,2021(12):10-18.
[3] 祁占勇,陈慧慧.改革开放40年我国普通高中教育政策的演变逻辑与未来选择[J].基础教育,2018(06):32-38.
[4] 吴秋翔.县域普通高中,振兴之路如何走[N].光明日报,2022-03-30(15).
[5] 张志勇,史新茹.振兴县域普通高中教育的公共政策选择[J].人民教育,2022(3-4):67-73.
[6] 余凯,谢珊.普通高中教育多样化发展的问题分析与政策建议[J].中国教育学刊,2020(02):40-45.
[7] 梁茜,崔佳峰.我国普通高中教育政策的演进脉络与变迁逻辑——基于支持联盟框架的分析视角[J].教育学报,2022(4):85-97.
[8] 安杰等.县中振兴,困局如何破解[N].中国教育报,2022-09-09(08).

(本节执笔人:任会兵)

第四节 提高义务教育质量监测和评价水平

国家义务教育质量监测和评价是教育督导的一项制度安排,其目的是客观反映义务教育阶段学生学业质量、身心健康及变化情况,深入分析影响义务教育质量的主要原因,为转变教育管理方式和改进学校教育教学提供参考,引导全社会树立正确的教育质量观,纠正以升学率作为评价学校和学生唯一标准的做法。从 2015 年《国家义务教育质量监测方案》正式实施以来,监测工作在诊断教育问题、引领教育改革方面作用明显,已形成具有中国特色的监测指标工具,建成世界最大的国家教育质量监测体系,成为具有国际影响力的教育评价品牌。按照国家有关要求,湖北在组织测试和过程监督、抽取样本和数据分析、报告研制和结果应用等方面作了积极探索,形成了一定的经验,取得了一定成效。

一、国家义务教育质量监测与评价的政策演进

通过对与义务教育质量监测和评价相关的重大政策产生过程的梳理,结合机构设置、制度建设、监测评估内容与实施等考察发现:改革开放至今,我国义务教育质量监测与评价体系的发展历程可以划分为以督导评估为依托的萌芽期(1978—2001 年)、开展教育质量监测的探索和试点期(2002—2014 年)、监测与评价体系的建设和完善期(2015 年以来)三个阶段。

1. 以督导评估为依托的萌芽期(1978—2001 年)

从改革开放到新世纪初,义务教育质量监测与评价活动实质上是以教育督导评估的方式开展的。伴随着督导机构和督导评估制度的逐渐恢复,以推进"两基"(即基本实施九年义务教育和基本扫除青壮年文盲)的检查验收为工作主线,努力实现普及教育,推进素质教育,保证适龄儿童"有学上"。这一阶段,在督导评估的重建与发展中,教育质量监测的思想开始萌芽。机构的变迁主要表现为国家及各级督导机构的恢复与重建。恢复我国教育督导机构的设想始于 1977 年邓小平同志同教育部负责人的谈话:"要健全教育部的机构。要找一些四十岁左右的人,天天到学校里去跑……到班里听听课,了解情况,监督计划、政策等的执行,然后回来报告。"在这一思想的指导下,1984 年,国务院批准教育部设视导室,之后几经调整,2000 年设立"国家教育督导团"。期间,1988 年 9 月,国家教委、人事部联合印发《关于建立教育督导机构问题的通知》,促进了全国省、市、县三级教育督导机构的建设。到 1988 年底,全国各省、市、自治区(除西藏外)都建立了教育督导机构。从国家到地方多级督导机构的设置和职责的明确,有力推动了督导部门对基础教育"督政"和"督学"的开展。

制度建设的进程则表现为督导制度的不断完善与监测制度的萌芽。1985 年,国

务院在《关于第七个五年计划的报告》中指出:"要加强教育事业的管理,逐步建立系统的教育评估和监督制度"。1991年,国家教育委员会颁布了《教育督导暂行规定》,这是我国教育督导制度的第一个法规性文件,标志着教育督导制度开始建立。1992年,《中华人民共和国义务教育法实施细则》提出:"县级以上政府应当建立对实施义务教育工作进行监督、指导、检查的制度",这是义务教育监测制度首次被提出。同期,我国教育体制改革以及教育评价制度也发生了相应变化。1995年,《中华人民共和国教育法》规定:"国家实行教育督导制度和学校及其他教育机构教育评估制度",确立了我国教育督导评估制度的法律地位。评估的内容与实施则以学校办学条件的督导检查为重点,并不断向素质教育和提高教育质量方面转换。1992年,党的十四大吹响"两基"工作的号角,并于1993年正式提出建立"普九"验收制度,督导内容的重点放在对义务教育实施情况(如危房、教室和课桌凳等基本办学条件)进行监测评估。1993年,中共中央、国务院颁布《中国教育改革和发展纲要》提出:"研究制定各级各类学校的基本办学条件标准和质量标准"。1994年,国务院发布《关于〈中国教育改革和发展纲要〉的实施意见》提出:"组织对各类学校教育质量的检查和评估"。这两个文件的印发,意味着在坚持基本办学条件标准的基础上,对中小学的评估开始重视教育质量的提升。从1997年教育部印发《普通中小学校督导评估工作指导纲要(修订稿)》提出:"构建以素质教育为目标,全面科学评估学校办学水平的机制",到1999年中共中央、国务院《关于深化教育改革全面推进素质教育的决定》要求:"把保障实施素质教育作为教育督导工作的重要任务",再到2001年《国务院关于基础教育改革与发展的决定》要求:"建立对地区和学校实施素质教育的评价机制",督导评价工作的重点开始转到推进素质教育实施上来。

2001年9月,国家教育督导团印发《关于加强基础教育督导工作的意见》,规定"建立符合素质教育要求的督导评估机制,保证素质教育顺利实施",并提出:"将在全国选择一部分不同发展水平的县(市、区),开展义务教育实施水平监测工作。各省(自治区、直辖市)也要开展此项监测工作,并将监测结果作为决策依据,必要时发表监测公报"。这是国家层面计划进行义务教育质量监测的信号,表示国家基础教育质量监测进入探索阶段。

2. 国家义务教育质量监测的探索和试点期(2002—2014年)

为了贯彻落实《国务院关于基础教育改革与发展的决定》,在2002年度全国教育督导工作会议上,时任教育部副部长王湛提出:"国家教育督导团将建立义务教育监测制度",拉开了国家基础教育质量监测探索和试点的序幕。这一时期,我国教育监测评估在依托督导评估实现监测评价功能的基础上,逐步实现了教育质量监测机构的设置,促进了监测内容全面性和监测实施规范性的转向,推动了教育督导中评估监测职能的明确。

2002年,为推动各级政府继续落实"两基"工作,教育部督导办启动"全国义务教育监测项目",在全国确定60个项目县(市、区),对义务教育的普及程度、师资水平、教育经费、办学条件及热点难点问题进行监测评估。通过设计监测指标体系、开发监测软件、建立监测工作保障体系等实施准备,在2003—2005年陆续完成了初中学生辍学情况、中小学生均公用经费、中小学生变动情况、学校办学条件等专题监测。这一项目推进了监测理念和实施程序的探索,但其侧重点是对义务教育实施水平的监测,其实质仍是对学校办学水平的督导评估。2002年《教育部关于加强基础教育办学管理若干问题的通知》提出,要"积极推进义务教育阶段学校均衡发展",自此我国义务教育进入均衡发展阶段,评估各地义务教育均衡发展状况也成为教育督导的重要任务。与此同时,2001年新一轮课程改革开始实施,课程教学和学习质量监控的重要性逐渐凸显。2004年,国务院批转教育部《2003—2007年教育振兴行动计划》,明确提出"深化基础教育课程改革。建立国家和省、市两级新课程的跟踪、监测、评估、反馈机制,加强对基础教育质量的监测"。我国基础教育进入促进教育均衡与公平、全面提升教育质量的新阶段。

建立国家基础教育质量监测体系是推进课程改革、实施素质教育、提升教育质量的重要保障和关键环节。教育部2006年工作要点指出,"要建立国家教育质量监测和评估体系"。2007年,经中央编办批准,教育部基础教育质量监测中心在北师大挂牌成立,标志着我国基础教育质量监测工作正式启动。2007—2014年,监测中心开展了八轮义务教育质量试点监测,开发了大量监测工具,建立了规范的数据采集技术和实施流程,每年对1~2门学科或领域及与学生发展相关的影响因素进行监测,监测省市从2007年的3个,发展到2012年全国31个省(自治区、直辖市)及新疆生产建设兵团的全部覆盖。八年的试点探索不断理清了对"教育质量"的理解,无论在监测内容的全面性上,还是实施程序的规范性上,都为监测与评价体系的构建打下了良好基础。一些省市也陆续通过独立设置或挂靠科研院所等方式,成立省级基础教育质量监测机构,如2008年成立的江苏省基础教育质量监测中心、2009年成立的重庆市教育评估院、2011年成立的贵州省基础教育质量监测中心等。省级机构的成立,为省域范围内基础教育质量监测工作体系的建立提供了组织基础。

随着义务教育质量监测探索和试点工作的逐渐深入,评估监测在教育督导体系中的重要功能愈发显现。2012年,国务院成立教育督导委员会,审议通过了《教育督导条例》,教育督导从体制机制和法律法规两方面取得了重要突破。2014年,国务院教育督导委员会办公室印发《深化教育督导改革转变教育管理方式的意见》,明确提出"形成督政、督学、评估监测三位一体的教育督导体系"。至此,建立科学评价教育教学质量的评估监测体系成为教育督导的一项重要职能。

3. 国家义务教育质量监测与评价体系的建设和完善期(2015年以来)

2015年,国务院教育督导委员会印发《国家义务教育质量监测方案》(简称《方案》),决定从2015年起在全国开展义务教育质量监测工作。《方案》明确了监测工作以引导树立正确的教育质量观、纠正以升学率作为评价学校和学生的唯一标准为根本目的,确定了以语文、数学、科学、体育、艺术、德育六个学科领域以及影响学业水平的相关因素为主要监测内容,提出国家统筹指导、省级县级政府督导部门组织实施的工作机制,并对监测对象、周期、时间、样本等做出了具体规定。《方案》的印发标志着我国义务教育质量监测制度正式建立。通过义务教育质量监测的持续探索和实施,在机构设置、制度建设和实施程序上,国家义务教育质量监测与评价体系有了基本雏形,进入了体系建设和完善阶段。

与此同时,随着义务教育均衡发展水平的逐渐提升,我国基础教育的工作重点从规模扩张转向内涵发展、从满足"有学上"到重视"上好学"。2017年,教育部印发《县域义务教育优质均衡发展督导评估办法》,对"有质量的公平"提出了明确要求。在这一背景下,从国家到地方,在建立健全国家义务教育质量监测与评价体系方面做出了积极不懈的努力和探索。

在机构体系建设上,初步形成了从国家、省市到县区的工作体系。截至2020年5月,除西藏、宁夏和新疆生产建设兵团外,全国共有29个省(自治区、直辖市)成立了省级监测机构。据不完全统计,28个地市级、90余个县区级监测机构也正式建立。这些监测机构除了每年承担国家层面质量监测的组织实施、结果应用等工作外,还有不少开展了本省(市)监测,为基于监测促进全面提升质量做出了有益探索。多级监测工作网络初步形成,为国家监测与评价体系的构建提供了重要保障。

监测制度的完善体现了从监测到改进的闭环推进。首先,监测报告发布制度逐渐落地。按照《方案》向社会公开发布国家监测报告的要求,2018年7月,首份《中国义务教育质量监测报告》正式发布,对学生德智体美和学校教育教学等状况予以呈现并提出相关建议。2019年,首次分学科发布了"数学"和"体育与健康"的监测结果报告。报告的定期发布意味着我国义务教育质量监测从监测内容和工具研制、到数据采集和组织实施、再到结果发布等环节的制度建设初步成型。其次,监测结果应用制度逐步建立。除了监测结果反馈的力度不断加强之外,2018年,覆盖30个省(市、自治区)的35个县(市、区)被确定为"国家义务教育质量监测结果应用实验区",以在实验区先行先试,积累经验,为全国提供范本。2019年,首次以国务院督导办的名义对各省(市、区)政府办公厅印发了关于监测结果的函件,实现政府和专业监测机构协同,在工作机制上初步形成了"监测——反馈——整改——提升"的闭环,监测开始走向结果应用。

2021年,教育部印发《国家义务教育质量监测方案(2021年修订版)》(简称《新方案》),启动第三周期国家义务教育质量监测工作。《新方案》坚持传承创新,总体沿用2015年版监测方案的内容及架构,主要有四个方面的突破:一是拓展学科领域。为落实中共中央、国务院《关于全面加强新时代大中小学劳动教育的意见》等要求,增加了劳动教育领域;为落实《中小学心理健康教育指导纲要》,促进学生心理健康发展,增加了心理健康领域;为监测义务教育课程设置中英语学科学习质量,推动英语教学改革、提高英语学习效率,依据《义务教育英语课程标准》,增加英语学科,实现了"五育并举"学科监测全覆盖。二是服务质量提升。对标《义务教育质量评价指南》设计指标,紧扣课程标准(或指导纲要)开发工具,突出能力素养导向,新增区(县)教育管理者问卷,系统挖掘影响因素。三是创新方式方法。充分运用人工智能与大数据、脑科学等领域前沿技术方法,试点开展人机交互测试,探索多领域综合评价和跨年度增值评价。四是强化结果运用。增加区县监测诊断报告和政策咨询报告,建立监测问题反馈和预警机制,将监测结果与优质均衡督导评估等挂钩,推广典型地区经验案例,推动各地建立监测结果运用机制,加强地方监测机构建设。

表 3-16 改革开放以来国家关于义务教育质量监测与评价的相关政策

序号	政策文件	主要内容
1	1992年3月14日,《中华人民共和国义务教育法实施细则》(经国务院批准国家教育委员会令第19号发布)	县级以上政府应当建立对实施义务教育工作进行监督、指导、检查的制度
2	1993年2月13日,中共中央、国务院关于印发《中国教育改革和发展纲要》的通知(中发〔1993〕3号)	研究制定各级各类学校的基本办学条件标准和质量标准
3	1994年7月3日,国务院发布《关于〈中国教育改革和发展纲要〉的实施意见》	组织对各类学校教育质量的检查和评估
4	1995年3月18日,《中华人民共和国教育法》颁布(第八届全国人民代表大会第三次会议通过)	国家实行教育督导制度和学校及其他教育机构教育评估制度
5	1997年2月27日,教育部关于印发《普通中小学校督导评估工作指导纲要(修订稿)》的通知(教督〔1997〕4号)	构建以素质教育为目标,全面科学评估学校办学水平的机制
6	1999年6月13日,中共中央、国务院《关于深化教育改革全面推进素质教育的决定》	强调要把保障实施素质教育作为教育督导工作的重要任务
7	2001年5月29日,国务院《关于基础教育改革与发展的决定》(国发〔2001〕21号)	在推进实施素质教育工作中发挥教育督导工作的保障作用,建立对地区和学校实施素质教育的评价机制
8	2001年9月8日,国家教育督导团《关于加强基础教育督导工作的意见》(国教督〔2001〕5号)	建立符合素质教育要求的督导评估机制,保证素质教育顺利实施。在全国选择一部分不同发展水平的县(市、区),开展义务教育实施水平监测工作

续表

序号	政策文件	主要内容
9	2003年9月17日,国务院《关于进一步加强农村教育工作的决定》(国发〔2003〕19号)	建立对县级人民政府教育工作的督导评估机制,并将督导评估的结果作为考核领导干部政绩的重要内容和进行表彰奖励或责任追究的重要依据
10	2004年3月3日,国务院批转教育部《2003—2007年教育振兴行动计划》的通知(国发〔2004〕5号)	深化基础教育课程改革;建立国家和省、市两级新课程的跟踪、监测、评估、反馈机制,加强对基础教育质量的监测
11	2010年7月29日,中共中央、国务院关于印发《国家中长期教育改革和发展规划纲要(2010—2020年)》的通知	鼓励专门机构和社会中介机构对高等学校学科、专业、课程等水平和质量进行评估;建立科学、规范的评估制度;探索与国际高水平教育评价机构合作,形成中国特色学校评价模式;建立高等学校质量年度报告发布制度
12	2012年9月5日,《国务院关于深入推进义务教育均衡发展的意见》(国发〔2012〕48号)	加强对义务教育均衡发展的督导评估工作,对县域内义务教育在教师、设备、图书、校舍等资源配置状况和校际在相应方面的差距进行重点评估;对地方政府在入学机会保障、投入保障、教师队伍保障以及缓解热点难点问题等方面进行综合评估;将县域公众满意度作为督导评估的重要内容
13	2012年9月9日,国务院颁布《教育督导条例》(中华人民共和国国务院令第624号)	教育督导机构对下列事项实施教育督导:学校实施素质教育的情况,教育教学水平、教育教学管理等教育教学工作情况,义务教育普及水平和均衡发展情况,各级各类教育的规划布局、协调发展等情况
14	2014年2月7日,国务院教育督导委员会办公室印发《深化教育督导改革转变教育管理方式的意见》(国教督办〔2014〕3号)	科学开展教育质量评估监测,形成督政、督学、评估监测"三位一体"的教育督导体系
15	2015年4月15日,国务院教育督导委员会办公室关于印发《国家义务教育质量监测方案》的通知(国教督办〔2015〕4号)	共13条。明确了监测目的、原则、对象、周期、时间、内容、工具、样本、报告、水平划定及组织实施等工作要求
16	2016年7月2日,《国务院关于统筹推进县域内城乡义务教育一体化改革发展的若干意见》(国发〔2016〕40号)	各级教育督导部门要开展县域内城乡义务教育一体化改革发展主要措施落实和工作目标完成情况的专项督导检查,完善督导检查结果公告制度和限期整改制度,强化督导结果运用;对因工作落实不到位,造成不良社会影响的部门和责任人严肃问责

续表

序号	政策文件	主要内容
17	2017年4月19日,教育部关于印发《县域义务教育优质均衡发展督导评估办法》的通知(教督〔2017〕6号)	建立县域义务教育优质均衡发展督导评估制度,开展义务教育优质均衡发展县(市、区)督导评估认定工作
18	2019年6月13日,中共中央、国务院《关于深化教育教学改革全面提高义务教育质量的意见》	健全质量评价监测体系,坚持和完善国家义务教育质量监测制度
19	2020年2月19日,中共中央办公厅、国务院办公厅印发《关于深化新时代教育督导体制机制改革的意见》	建立健全各级各类教育监测制度;完善评估监测指标体系;开展幼儿园办园行为、义务教育各学科学习质量、中等职业学校办学能力、高等职业院校适应社会需求能力评估;继续实施高等教育评估
20	2020年10月13日,中共中央、国务院印发《深化新时代教育评价改革总体方案》	完善义务教育质量监测制度,加强监测结果运用,促进义务教育优质均衡发展
21	2021年3月1日,教育部等六部门关于印发《义务教育质量评价指南》的通知(教基〔2021〕3号)	构建完整的义务教育质量评价体系,推动扭转"唯分数""唯升学"等不科学教育评价导向
22	2021年9月15日,教育部关于印发《国家义务教育质量监测方案(2021年修订版)》的通知(教督〔2021〕2号)	共8条。明确了指导思想、基本原则、监测学科领域及周期、监测对象、监测内容、主要环节、组织实施、纪律与监督等方面工作要求

二、湖北义务教育质量监测与评价工作的初步探索

2015年以来,湖北省教育厅、省政府教育督导室每年组织开展国家义务教育质量监测,跟踪掌握全省义务教育质量发展情况。2020年,省委办公厅、省政府办公厅印发《关于深化新时代教育督导体制机制改革的具体措施》,明确把质量监测作为深化教育督导体制机制改革的重要内容,由省政府教育督导办公室具体指导质量监测工作。

1. 构建现代教育评估框架

随着公共治理实践的深入,政府加大简政放权力度,深入推进教育管办评分离,教育评估的重要性越来越得到重视,多元化主体参与教育评估成为必然,政府督导、专业机构评估、第三方评估各有发展,教育评估的专业化和独立性得到体现,教育评估体制机制逐步完善。

加强教育评估机构建设。2015年,湖北省编办批复成立湖北省教育评估院,挂靠湖北省教育科学研究院,"两块牌子、一套人马",主要承担教育评估专业服务。虽然省级教育科研机构的规格、人员编制等维持不变,但自此获得了合法性的教育评估资质,有效实现了教科研职能与教育评估职能的融合,为加强全省教育评估工作奠定了重要基础。除了加强事业型教育评估机构建设外,湖北也开始引入专门机构和社会中介机构参与到教育评估工作中来。近年来,一些高校、社会组织、企业逐步加深了对教育评估的理解和重视,积极参与到各种类型的教育评估工作中。

　　完善教育评估政策机制。2015年,湖北省编办、省教育厅发文明确了省教育评估院的职责与定位。一是明确了教育评估工作的实施机构,即全省教育评估工作由省教育厅统筹协调,由省教育评估院负责组织实施;二是明确了省教育评估院的组织机制,即由教育教学评估办公室负责省教育评估院日常事务,教育评估项目由省教科院内设各部门相互配合、共同承担;三是明确了省教育评估院的主要职能,即除了承担省教育厅确定的教育评估监测项目之外,还可以接受相关部门委托开展的教育评估监测工作;四是探索教育评估方法和技术,促进教育评估与信息技术的融合,借鉴吸收国外教育评估先进的理论、方法和技术,彰显社会评价的作用。

2. 全面推进教育评估工作

　　加强教育评估监测队伍建设,遴选组建了湖北省教育评估专家库,包括高等教育评估专家库、职业教育评估专家库和基础教育评估专家库,通过培训和项目实践带动队伍素质提升。成立省级教育调研联盟,为开展教育评估工作提供实践调研平台和数据采集平台,保证了教育评估数据的系统性、真实性和代表性。

　　以重点项目为抓手,带动各级各类教育评估开展,着力打造教育评估长线项目和品牌项目,不断提高教育评估的核心竞争力和社会影响力。在基础教育领域,主要开展了义务教育均衡发展评估、中小学教育质量综合评价等;在职业教育领域,主要开展中等职业学校教学质量监测等;在高等教育领域,主要开展本科审核评估、省属高校高质量发展综合绩效评估等;在教师教育和培训领域,开展了"国培计划"项目评估、名师工作室评估、师范专业认证等;在教育综合领域,开展了"国家中长期教育规划纲要"执行情况评估、教育现代化进展情况评估、省级"十三五"教育规划执行情况评估等。

3. 开展义务教育质量监测

　　随着国家义务教育质量监测体系和机制的不断完善,义务教育质量监测的"主战场"逐步转向省域、市域。

　　成立基础教育质量监测机构。2018年,湖北省成立基础教育质量监测中心,中心设在省教育科学研究院(省教育评估院),在湖北省政府教育督导办和湖北省教育科学研究院的领导下,具体承担全省义务教育质量监测评估的组织和实施等工作。为推进基础教育质量监测工作,监测中心专门设在教育教学评估办公室,具体承担督导办和教科院(评估院)安排的基础教育质量监测工作,有效实现了监测和评估职能的融合。

从市(州)、县(市、区)层面来看,武汉市成立了基础教育质量监测中心,设在武汉市教科院。其他市(州)成立基础教育质量监测机构的较少。经过多年发展,教育督导机构作为义务教育质量监测的行政管理部门、基础教育质量监测中心作为专业服务部门,两个部门紧密合作,初步形成了权责明晰、分工明确的监测工作机制。

多样化开展教育质量监测和评价。依托省级基础教育质量监测中心这个平台,湖北积极开展教育监测评估工作。一是借助外部力量推动教育监测。配合教育部基础教育质量监测中心,自2015年起高质量完成了国家义务教育质量湖北监测工作,主要承担技术培训、技术指导、数据采集、数据审核、数据上报、数据分析等工作,基本掌握了国家义务教育质量监测的方法、技术、流程和管理措施。二是独立自主开展教育监测。在湖北部分市(州)、县(市、区)开展义务教育质量监测,自主研发了义务教育质量监测工具。

案例3-17

荆门市首次开展全域义务教育质量监测

为深化教育评价改革,助力"双减"政策落地,充分发挥教育质量监测提升素养、培育智慧的作用,6月13日,荆门市全域开展了义务教育质量监测。本次监测内容为科学、阅读、数学核心素养及相关影响因素,监测对象为2022年春季义务教育阶段四年级和八年级学生,荆门市直及7个县(市、区)293所义务教育学校、11321名学生参加了监测。

本次监测工作,由华中师范大学提供监测平台和监测工具。荆门市教育局按照国家监测要求和规范印发监测方案,召开工作动员及培训会议。荆门市教育质量督导评测中心印发工作手册,规范了监测工作过程。监测期间,市、县两级教育局均选派了巡视员进行实地监督和指导。经过多方努力,首次全域义务教育质量监测工作圆满完成。

——资料来源:荆门市教育质量督导评测中心 2022-06-15

三、湖北省2020年国家义务教育质量监测情况分析

2020年9月,教育部基础教育质量监测中心组织开展了第二轮国家义务教育德育和科学状况监测工作。湖北共有10个县(市、区)参加了监测,分别是武汉市武昌区和东西湖区、荆门市京山市、黄冈市黄梅县、鄂州市鄂城区、荆州市公安县、襄阳市宜城市、十堰市郧阳区、恩施土家族苗族自治州利川市和建始县。其中,德育共有203个学校、5838名学生、441名教师、973名班主任、203名校长参测,科学共有203个学校、5841名学生、203名科学教师、291名物理教师、176名生物教师、175名地理教师和203名校长参测。2021年11月,教育部基础教育质量监测中心

发布了《2020 年国家义务教育质量监测——德育状况监测结果报告》和《2020 年国家义务教育质量监测——科学学习质量监测结果报告》。从监测结果反馈看,湖北省义务教育阶段学生的德育发展和科学学习质量有不少亮点。

1. 德育方面

八年级学生对中华优秀传统文化了解状况高于全国均值。平均分为 213 分,高出全国平均分 13 分,高出 2017 年湖北省平均分 2 分,居全国第 7 位。(见图 3-1)

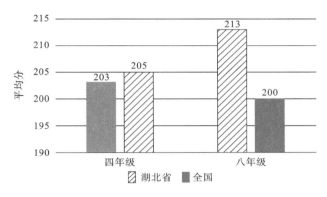

图 3-1　湖北省及全国四、八年级学生对中华优秀传统文化的了解状况

八年级学生法律素养状况高于全国均值。湖北平均分为 208 分,高出全国平均分 4 分,高于 2017 年湖北省平均分 2 分,居全国第 10 位。八年级学生运用规则的相关知识解决生活中实际问题的能力达到中等水平和高水平的人数比例之和为 93.2%,高出全国平均分 5.7 个百分点。(见图 3-2)

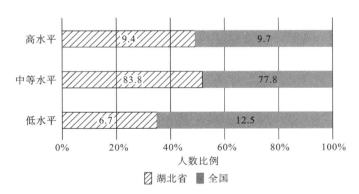

图 3-2　湖北省及全国八年级学生运用规则的相关知识解决生活中
实际问题的能力水平分布情况

道德与法治课时达标率高于全国均值。八年级道德与法治课周课时数达到教育部规定(每周 2 节)的学校比例为 100%,高出全国平均水平 0.1 个百分点,与 2017 年湖北情况相比有所提高,居全国第 1 位。四年级道德与法治课周课时数达到教育部规

定（每周 2 节）的学校比例为 93.3%，高出全国平均水平 6.4 个百分点。（见图 3-3）

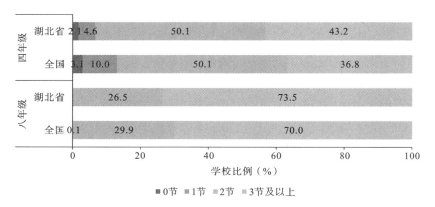

图 3-3　湖北省及全国四年级、八年级道德与法治课周课时数分布

2. 科学方面

科学学业成绩高于全国均值。四年级学生的科学成绩平均分为 512 分，高出全国平均分 4 分，在全国处第 15 位；八年级学生的科学成绩平均分为 500 分，高出全国平均分 10 分，在全国处第 10 位。

湖北省四年级学生科学学业表现达到中等及以上水平的比例为 83.0%，高出全国平均水平 3.0 个百分点；达到良好和优秀水平的比例之和为 46.8%，高出全国平均水平 0.6 个百分点。八年级学生科学学业表现达到中等及以上水平的比例为 84.5%，高出全国平均水平 5.0 个百分点；达到良好和优秀水平的比例之和为 45.9%，高出全国平均水平 2.7 个百分点。（见图 3-4）

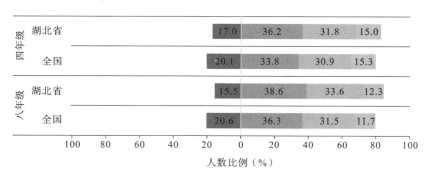

图 3-4　湖北省及全国四年级、八年级学生科学学业表现水平分布

经过几年的探索，湖北省总结出了一套立足湖北实际、学习国家监测规范、借鉴国际教育评估与测试（包括 PISA、TIMSS 和 IAEP 等项目）经验的质量监测范式。当然，还需要进一步加强研究，不断完善、调整和修正有关政策，促进教育教学内容与方

法改革,促进义务教育质量提升,为国家义务教育发展提供湖北经验和湖北方案。

四、湖北义务教育质量监测与评价工作面临的困境分析

1. 组织保障和队伍建设有待加强

机构队伍建设有待提升。目前,全国范围内,在省级教育督导机构的设置上,除北京、天津、辽宁、宁夏等 4 省(直辖市、自治区)由教委或厅领导担任(兼任)督导室负责人,行政级别为厅级外,其余各省市均为处级,湖北省也是。就业务开展和部门建设而言,湖北省监测机构的工作任务从学前教育到高等教育已经全口径铺开。但是,专业人员数量不足,业务能力有待提升,难以对监测工作提供有力的支撑和保障。

多方统筹协同不够通畅。基础教育质量监测机构的建设,关键在于理顺政府管理部门与科研评估机构的关系。因职能划分不清、责任归属不明而产生的冲突时有发生。这些冲突主要表现为角色冲突、权力冲突,并在很大程度上影响着教育质量监测的顺利实施和深入推进。在省级教育行政部门内部,各类评估监测归口不同的部门管理,教育督导部门、基础教育管理部门、教育教学研究机构等均在不同程度上行使着评估监测的职能,这种体制不利于相关工作的衔接和协调。

第三方机构作用发挥不够。在管办评分离和"放管服"改革背景下,政府部门下放的一部分任务被其下属的参公部门、事业部门或学会、协会、行会、研究会等承接,真正的第三方机构承接到政府委托的教育评估监测项目很少,即使第三方有机会承担教育评估监测项目,但在监测中仍然处于依附地位,无法真正发挥第三方机构的作用。

2. 省级统筹和顶层设计有待加强

对于不同行政主体开展不同类型的监测项目,省级层面缺乏统一的规划布局。在地市和区县层面,是否开展教育质量监测,开展何种形式的教育质量监测,基本上处于各行其是的状态。这种局面的结果是:部分地区的学校和师生在同一学年内既要接受国家监测,又接受省、地市甚至区县自行开展的监测。多头监测与重复评价,既浪费资源,又加重了学校、教师和学生的负担,也不利于监测结果的有效应用。

3. 监测结果应用不够充分

国家义务教育质量监测结果反馈比较抽象。现有质量监测结果依据不同反馈对象、针对不同监测内容进行逐层反馈与解读的机制不够健全,特别是针对学校层面的监测结果反馈与针对具体问题的细致解读更是缺乏,各县(市、区)缺乏将监测结果与本县教育发展相结合的深层次考量,质量监测的结果对学校亦没有形成实质性触动,导致监测与督导相脱节,影响了教育质量监测结果的应用实效。

监测结果应用受到应用主体和部门的制约。监测结果运用在机制层面、队伍层面和观念层面都存在一定的问题。就机制层面而言,监测结果的运用缺少财政保障机

制、协同机制、奖励机制；就队伍层面而言，质量监测专业队伍不足、区域教研能力有待提升，教师教学改革主观能动性不强；就观念层面而言，传统考试评价制度根深蒂固，导致教育行政部门、学校、教师、家长和学生多方尚未形成新的教育质量观，重传统考试成绩轻核心素养，因而无法较好地推动监测结果的运用。

各类监测数据尚未实现开放共享。各级各类义务教育质量监测评价机构之间存在数据壁垒和数据封闭，不利于监测结果的应用。国家质量监测不允许任何人公开透露有关学生个体和教师、学校等的成绩状况，也不允许以此评价学生、教师和学校。这样的制度设计和规则为数据不能共享提供了合理理由，数据开放共享成为不可逾越的鸿沟。由此导致：一方面，没有专业人员对数据进行分析和挖掘；另一方面，具备这样的专业技术人员又无法得到相关数据。

4. 湖北一些指标离全国均值尚有一定距离

湖北是教育大省，人口多，具有中部地区的典型性，经常会被教育部作为研究的标准和样本。国务院教育督导办 2020 年以武汉市武昌区、荆州市公安县等 10 个县为样本县，进行了义务教育四年级、八年级德育、科学课质量监测。监测结果显示：湖北四年级学生科学学习兴趣高和较高的比例之和为 79.7%，低于全国均值 6.3 个百分点；八年级学生生物、地理学习兴趣高和较高的比例之和为 75.8%、64.9%，分别低于全国均值 5.1 个、6.2 个百分点；部分地方四年级德育课质量城乡差异较大，四年级科学周课时数不符合规定，中小学生实验动手操作有待加强，学校科学实验教学资源配置和使用亟待强化等。

五、提高湖北义务教育质量监测与评价水平的策略建议

从某种意义上讲，义务教育质量监测是教育政策的航向灯，是教育健康的体检仪，是教育评价的刻度尺，是教育生态的气象站，只有通过国家质量监测才能找准位置、找准优势和短板，进而取长补短推动教育高质量发展。湖北要推进义务教育优质均衡发展，提高城乡教育基本公共服务一体化水平，必须用好监测利器，发挥其应有的诊断、改进和提高作用。

1. 加强顶层设计，明确建设任务

新时代如何贯彻党的教育方针，促进学生全面发展，应成为未来一段时期监测体系建设的重点任务。要达成这一目标：一是明确教育质量的根本是学生的全面发展，不仅要关注学生全面发展的结果，还要系统而全面地关注教育过程因素。学生发展的结果是家庭因素、学校因素和个人因素共同作用的结果，因而，质量监测既要关注发展结果，更要辨析学校因素对学生发展的贡献率。在学校教育过程因素中，可以在宏观层面关注课程和教材对特定学习内容的覆盖情况，在中观层面关注教师教学能力和教学过程，在微观层面关注学生真实的学习过程和课堂经历。二是形成评价学生全面发展和教育过程因素的标准框架，完善监测内容与工具，推动德智体美劳全面发展的落

地。国家义务教育质量监测已明确要对九大学科领域进行探索。省级层面要基于新时代立德树人要求和核心素养标准对全面发展的结果进行丰富和完善,实现学科领域和学段的拓展;学科领域要扩展劳动教育、心理健康教育等领域的监测;学段应逐渐向两端延伸,包括在幼儿园办学行为督导评估数据的基础上开展学前教育质量监测,逐渐探索开展高中阶段教育的质量监测;实施中要重点关注如何从宏观、中观、微观多个层面,系统而全面地对教育过程因素进行监测。

2. 加强机构建设,夯实组织保障

教育行政部门在教育质量监测过程中发挥主导作用,是各级党委和政府教育管理部门职责所在。省级教育督导部门负责本地区的测试组织和过程监督。在实际工作中,此项工作应当由教育行政部门主要领导亲自负责,同时应当建立一种协调机制,由省级教育督导机构和基础教育管理等相关职能部门共同参与。工作的重点应放在监测目标的制定和监测制度的建设上,如颁布相关法规、制定相应标准、选择监测实施机构,并根据监测结果进行宏观调控。作为政府管理部门,要注重处理好"管"与"放"的关系,适当重构行政权力体系,牢固树立有限政府理念,理顺行政管理部门与协同部门的关系,充分调动社会力量和外部资源,广泛参与义务教育质量监测评估工作。

3. 加强专业力量,推进能力建设

监测与评价体系的建设不能仅停留在建立监测机构的"形"上,更要着重于各级监测体系的能力建设。一是明晰省市、县区各级监测机构的权责义务和工作标准,区分各级监测机构的"为"与"不为"。省级层面应在国家统一的质量标准下,减少教育质量监测在评价指标和评价工具研发上的投入,增强对本地教育特点的研究,深入分析当前存在的问题并制定整体性的质量提升工作方案;区(县)层面应将侧重点放在基于国家、省(市)监测结果的改进上,通过部门联动,有针对性地采取措施帮助学校、教师改进学校管理和教育教学。二是加强各级监测机构的专业力量。在人员队伍建设与培养上,应明确评估监测从业人员的专业标准和操作技能,形成专职和兼职人员并行的人员选拔机制;在招聘专业技术人员的基础上,可聘任一些校长、教研员、中小学学科带头人等作为兼职研究人员。同时,应与高校和科研机构建立合作关系,为开展监测工作、培养专业人员提供咨询和支持。三是加强对评估监测领域的研究。教育监测与评价是一个系统工程,需要强大的理论性和基础性研究的支持。政府部门要加强制度性引导与财政支持,引入和借鉴国外专业资源,建立起国际间、区域间常规性的交流合作机制。

4. 加强结果应用,提高决策水平

义务教育质量监测的目的是诊断、改进和提高教育质量。要运用好监测结果,找到"尺子"——评价教育质量和均衡发展的标准;摸准"位子"——在全国、本省的坐标系中找到自己的相应位置;寻找突破"口子"——明白自己的优势与不足,为提升教育质量提供科学依据。因此,要重视监测结果运用,积极引导全省义务教育高质量发展。一是全面剖析质量监测结果。组织专家通过大数据分析,综合形成省、市、县三级学科的监测报告,既分析区域教育质量发展水平,探究影响学生发展的相关因素,又关注学校办学条件、教师队伍建设、社会资源等方面的情况;既看横向不同地方的对比情况,又看纵向比较和趋势分析。二是督促县(市、区)政府重视监测发现的问题。向样本县(市、区)通报,列出该区域在省级监测中发现的主要问题,要求针对存在问题制定整改方案,约谈监测结果不理想的县区,加强督导和督促改进。三是开展结果解读培训。省级层面每年召开监测结果反馈会,从面上指导各地解读监测报告,充分挖掘监测数据内涵,为相关部门制定整改方案、开展有针对性的整改提供决策依据。

5. 加强信息融通,实现精准监测

在信息化背景下,基础教育质量监测与评价工作应逐步走向自动化、流程化和标准化,并在以下方面有所突破:一是借助信息化手段,从整体上加强教育监测的信息化建设。通过智能化数据管理机制、数据共享与应用的权限以及数据的保密和安全体系建设,整合构建国家主导、分级共享的教育监测信息化管理平台,带动各级监测机构的信息化建设水平,实现互通互联。二是利用人工智能技术,进一步实现监测评价的精准化,并推动基于监测结果的个性化提升方案。如依托题库建设和知识图谱等技术,结合历史测评数据,搭建有针对性的智能组题工具,使监测题目更加科学;依托声纹识别和图像识别等技术,搭建评价对象识别、评价过程跟踪、评价结果定位与个性化提升方案工具等,实现过程性精准评价和个性化诊断分析。三是基于大数据技术打破数据壁垒,推进各级监测结果的运用。结合各级监测体系在结果应用中的侧重点,采用大数据技术及深度学习技术建立各级数据分析模型,形成监测与评价结果智能诊断及预警分析,为区域提供自动化优劣势预警服务,并运用智能技术实现数据模型的精准推送,支撑各级单位有效开展监测结果运用。

参考文献:
[1] 韩映雄,李超.中国教育监测评估制度的内涵与变迁[J].现代大学教育,2022,38(04):101-110.
[2] 陈立兵.推进教育评估监测事业高质量发展[J].四川教育,2022(07):41-42.
[3] 毕振力.省域义务教育质量监测改进策略研究[J].广东第二师范学院学报,2021(05):13-24.
[4] 陈慧娟,辛涛.我国基础教育质量监测与评价体系的演进与未来走向[J].华东师范大学学报(教育科学版),2021(04):42-52.
[5] 李碧武.义务教育质量综合评价改革的区域探索[J].湖北教育(政务宣传),2020(01):26-28.
[6] 詹春青.国内外义务教育质量监测项目的比较及启示[J].现代教育论丛,2016(01):76-82.

(本节执笔人:刘莉　鲜兰)

第四章　突出职业教育的类型属性

自《国家职业教育改革实施方案》颁布实施以来，落实职业教育类型定位、突出职业教育职业特性、提高职业教育质量成为国家发展职业教育的重要政策导向。2021年，我国着力巩固职业教育类型地位、增强职业教育适应性，以"省部共建"的形式整省推进"职教高地"建设，打造新时代职业教育现代化样板和标杆。湖北积极克服疫情等不利因素影响，坚决落实国家政策，紧跟时代发展步伐，大力推进"双高"建设、"三教"改革、"双师"培育，重大改革举措次第展开，职业教育改革发展走上提质培优、增值赋能的快车道，职业教育面貌发生格局性变化。

第一节　推进高职院校"双高"建设

"双高"计划是继普通高校"双一流"建设后，国家落实"职业教育与普通教育是两种不同教育类型，具有同等重要地位"的一次重要制度设计。通过中央专项资金支持，以五年为一个支持周期，集中力量建设一批引领改革、支撑发展、中国特色、世界水平的高职学校和专业群。以"双高"建设为契机，引导各地构建以"双高计划"学校为引领、区域内高职学校协调发展的格局，吹响了职业教育新一轮质量革命的号角。

一、国家关于职业教育重大项目建设的政策演进

党中央、国务院高度重视高等职业教育发展。自21世纪以来，先后启动实施了国家示范性高职院校、国家骨干高职院校、优质高职院校和骨干专业、中国特色高水平高职学校和专业等系列重大建设项目。以重大建设项目为抓手，通过中央资金的撬动和带动作用，不断扩大高等职业教育规模，提高高等职业教育质量，增强高等职业院校服务经济社会发展的能力。

1. 实施国家示范性高等职业院校建设计划

实施国家示范高职院校建设，是为推进高等职业教育质量整体提升的政策举措。在启动国家示范性高等职业院校建设计划之前，我国就曾经探索建设示范性职业技术学院。1991年10月，国务院印发《关于大力发展职业技术教育的决定》，提出要集中

力量办好一批起示范和骨干作用的学校。1995年,国家教委印发《关于开展建设示范性职业大学工作的原则意见》,提出示范性职业大学建设的标准,部署建设工作。1999年,国务院转批教育部《面向21世纪教育振兴行动计划》,明确提出"挑选30所现有学校建设示范性职业技术学院"。2000年,教育部下发《关于确定北京工业职业技术学院等15所高等学校为示范性职业技术学院建设单位的通知》,确定了首批15所重点建设单位。2001年6月,教育部确定了北京联合大学等16所第二批重点建设单位。

"十一五"时期,国家启动了示范性高职院校建设计划。2005年10月,国务院印发《关于大力发展职业教育的决定》指出,实施职业教育示范性院校建设计划,重点建设100所示范性高等职业院校。2006年3月,《中华人民共和国国民经济和社会发展第十一个五年规划纲要》正式提出,支持100所示范性高等职业院校建设。2006年11月,教育部、财政部印发《关于实施国家示范性高等职业院校建设计划 加快高等职业教育改革与发展的意见》提出,"中央引导、地方为主、行业企业参与、院校具体实施,重点支持100所国家示范性高等职业院校"。这一重大举措被称为"高职211工程",这也成为国家示范性高等职业院校建设的行动纲领。

2006年11月,教育部和财政部联合召开视频会议,宣布正式启动国家示范性高等职业院校建设计划。2006—2008年,国家分三批遴选了100所示范性高职院校予以重点支持建设。国家示范高职院校建设以专业建设为重点,推进高职教育教学改革,提升高职院校服务能力。在此基础上,通过示范引领,带动了全国1000多所高职院校提高办学整体水平。

2. 实施国家骨干高等职业院校建设计划

2010年,教育部、财政部根据《国家中长期教育改革和发展规划纲要(2010—2020年)》,决定开展国家骨干高职院校建设,并于同年联合印发了《关于进一步推进"国家示范性高等职业院校建设计划"实施工作的通知》。在原有已建设100所国家示范性高等职业院校的基础上,2010—2012年,国家分三批遴选了100所骨干高职院校予以重点支持建设。

建设国家骨干高职院校是对"国家示范性高等职业院校建设计划"的持续推进,以校企合作办学体制机制为重点,加快高等职业教育改革与发展,全面提高人才培养质量和办学水平,更好地发挥高职院校在培养高素质高级技能型专门人才,促进就业、改善民生,构建终身教育体系和建设学习型社会等方面的重要作用,推动了高职院校与区域经济社会和谐发展。

3. 实施优质高职院校和骨干专业建设计划

为了进一步巩固国家示范校和国家骨干校建设成果,延续示范性院校的内涵建设和办学质量提升,国家决定实施优质高职院校和骨干专业建设计划。

2015年10月,教育部印发《高等职业教育创新发展行动计划(2015—2018年)》提出,建设200所优质专科高等职业院校,明确"坚持以示范建设引领发展,鼓励支持地方建设一批办学定位准确、专业特色鲜明、社会服务能力强、综合办学水平领先、与地方经济社会发展需要契合度高、行业优势突出的优质专科高等职业院校"。2019年7月,教育部公布了项目认定结果,最终认定200所国家优质专科高等职业院校。

建设优质高职院校,是对准"世界先进水平的一流高职院校"这一理想目标,在国家示范院校建设基础之上,在先求全局做大(规模化发展)、再求局部做强(国家示范性项目建设)之后,通过着力深化、转化和固化示范性建设成果,持续创新发展高职教育,最终实现高职院校的整体内涵做优,全面提升办学品质与境界。

与示范校、骨干校建设政策相比,优质校建设呈现出从中央政府政策推动向地方政府政策推动、从侧重单个项目建设向注重院校整体建设、从强调"物"的建设向关注"人"的发展转变的特点。实施优质高职院校建设计划对"双高计划"的推动具有重要意义,它厘清了现代化高等职业教育建设发展的框架和思路,为新时代高水平高等职业教育内涵建设提供了丰富的理论和实践基础。

4. 实施中国特色高水平高职学校和专业建设计划

当前,我国高等职业教育进入了提质培优、增值赋能、以质图强的新阶段,"双高计划"应运而生,这是我国现代化高水平高等职业教育发展的必然,也是我国高等职业教育发展历程中的一项重要举措。

2014年5月,《国务院关于加快发展现代职业教育的决定》提出,"建成一批世界一流的职业院校和骨干专业"。2019年1月,国务院印发《国家职业教育改革实施方案》提出,"启动实施中国特色高水平高职学校和专业建设计划"。2019年3月,教育部、财政部印发《关于实施中国特色高水平高职学校和专业建设计划的意见》(简称"双高计划"),并于同年4月印发《中国特色高水平高职学校和专业建设计划遴选管理办法》。2019年4月,教育部办公厅、财政部办公厅印发《关于开展中国特色高水平高职学校和专业建设计划项目申报的通知》,正式启动了"双高计划"项目申报工作。

2019年12月,教育部、财政部印发《关于公布中国特色高水平高职学校和专业建设计划建设单位名单的通知》,批准立项建设单位197所,其中,高水平高职学校建设单位56所,高水平专业群建设单位141所。这一重大举措,进一步拓宽了我国高等职业教育高水平建设的宽度和深度,对高职院校的办学理念、办学质量、办学模式、办学内涵和办学资源等进行了全方位架构,重新构建了新时代高水平职业教育体系,具有划时代的里程碑意义。

"双高计划"是一项与普通本科高校"双一流"建设计划并行的重要举措,是推动我国职业教育持续深化改革,实现我国教育现代化的必然选择和重大决策,旨在构建和完善具有新时代中国特色的现代化高水平高等职业教育框架与体系,开启了新时代现代职业教育高质量发展的新篇章。

表 4-1 国家关于职业院校重大项目建设的相关政策

序号	政策文件	主要内容
实施国家示范性高等职业院校建设计划	1991年10月17日,国务院《关于大力发展职业技术教育的决定》(国发〔1991〕55号)	集中力量办好一批起示范和骨干作用的学校
	1995年12月19日,国家教委《关于开展建设示范性职业大学工作的原则意见》(教职〔1995〕15号)	提出示范性职业大学建设的申报条件和标准,部署建设工作
	1999年1月13日,国务院转批教育部《面向21世纪教育振兴行动计划》	挑选30所有实力、有影响、有前景的学校建设示范性职业技术学院
	2000年6月28日,教育部《关于确定北京工业职业技术学院等15所高等学校为示范性职业技术学院建设单位的通知》(教发〔2000〕140号)	确定北京工业职业技术学院、邢台职业技术学院等15所高等学校为首批进行示范性职业技术学院重点建设单位
	2001年6月15日,教育部《关于确定北京联合大学等高等学校为第二批示范性职业技术学院建设单位的通知》(教发〔2001〕29号)	确立北京联合大学、天津职业技术师范学院为第二批进行示范性职业技术学院建设单位
	2005年10月28日,国务院《关于大力发展职业教育的决定》(国发〔2005〕35号)	实施职业教育示范性院校建设计划,重点建设100所示范性高等职业院校
	2006年3月16日,《中华人民共和国国民经济和社会发展第十一个五年规划纲要》	支持100所示范性高等职业院校建设
	2006年11月16日,教育部、财政部《关于实施国家示范性高等职业院校建设计划 加快高等职业教育改革与发展的意见》(教高〔2006〕14号)	启动实施"国家示范性高等职业院校建设计划"。按照"地方为主、中央引导、突出重点、协调发展"的原则,遴选100所高职院校进行重点建设
实施国家骨干高等职业院校建设计划	2010年7月29日,中共中央、国务院关于印发《国家中长期教育改革和发展规划纲要(2010—2020年)》的通知(中发〔2010〕12号)	决定开展国家骨干高职院校建设
	2010年7月26日,教育部、财政部《关于进一步推进"国家示范性高等职业院校建设计划"实施工作的通知》(教高〔2010〕8号)	骨干高职院校建设按照地方推荐、评审立项、年度考核、动态管理、分期安排经费的方式,分年度、分步骤实施。2010年遴选40所左右高职院校立项建设,2011年、2012年再分别遴选30所左右,2015年完成全部项目验收工作

续表

序号	政策文件	主要内容
实施国家骨干高等职业院校建设计划	2010年11月23日,教育部、财政部《关于确立国家示范性高等职业院校建设计划骨干高职院校立项建设单位的通知》(教高函〔2010〕27号)	经各地推荐,教育部、财政部联合组织专家评审,拟确定北京信息职业技术学院等100所高等职业院校为"国家示范性高等职业院校建设计划"骨干高职院校立项建设单位,分三批开展项目建设工作
实施优质专科高等职业院校建设项目	2015年10月19日,教育部关于印发《高等职业教育创新发展行动计划(2015—2018年)》的通知(教职成〔2015〕9号)	坚持以示范建设引领发展,鼓励支持地方建设一批办学定位准确、专业特色鲜明、社会服务能力强、综合办学水平领先、与地方经济社会发展需要契合度高、行业优势突出的优质专科高等职业院校
	2019年4月9日,教育部办公厅关于开展《高等职业教育创新发展行动计划(2015—2018年)》项目认定的通知(教职成厅函〔2019〕8号)	明确"优质专科高等职业院校建设"项目认定范围、推荐限额及工作安排
	2019年7月1日,教育部关于公布《高等职业教育创新发展行动计划(2015—2018年)》项目认定结果的通知(教职成函〔2019〕10号)	认定200所高等职业院校为优质专科高等职业院校。同时,还公布了骨干专业、生产性实训基地、"双师型"教师培养培训基地、虚拟仿真实训中心、协同创新中心、技能大师工作室等项目建设名单
实施中国特色高水平高等职业学校和专业建设计划	2014年5月2日,国务院《关于加快发展现代职业教育的决定》(国发〔2014〕19号)	建成一批世界一流的职业院校和骨干专业
	2019年1月24日,国务院关于印发《国家职业教育改革实施方案》的通知(国发〔2019〕4号)	启动实施中国特色高水平高等职业学校和专业建设计划,建设一批引领改革、支撑发展、中国特色、世界水平的高等职业学校和骨干专业(群)
	2019年3月29日,教育部、财政部《关于实施中国特色高水平高职学校和专业建设计划的意见》(教职成〔2019〕5号)	集中力量建设一批引领改革、支撑发展、中国特色、世界水平的高职学校和专业群,带动职业教育持续深化改革,强化内涵建设,实现高质量发展
	2019年4月16日,教育部、财政部关于印发《中国特色高水平高职学校和专业建设计划遴选管理办法》的通知(教职成〔2019〕8号)	共六章22条。明确了职责分工、项目遴选、项目实施、项目管理

续表

序号	政策文件	主要内容
实施中国特色高水平高等职业学校和专业建设计划	2019年4月18日,教育部办公厅、财政部办公厅《关于开展中国特色高水平高职学校和专业建设计划项目申报的通知》(教职成厅函〔2019〕9号)	围绕国家重大战略和区域支柱产业,首轮立项建设50所左右高水平高职学校和150个左右高水平专业群,重点布局在现代农业、先进制造业、现代服务业、战略性新兴产业等技术技能人才紧缺领域。每所学校申报2个专业群,每个专业群一般包含3—5个专业
	2019年12月10日,教育部、财政部《关于公布中国特色高水平高职学校和专业建设计划建设单位名单的通知》(教职成函〔2019〕14号)	批准立项建设单位197所。其中,高水平高职学校建设单位56所,高水平专业群建设单位141所
	2020年12月21日,教育部、财政部关于印发《中国特色高水平高职学校和专业建设计划绩效管理暂行办法》的通知(教职成〔2020〕8号)	绩效目标着重对接国家战略,响应改革任务部署,紧盯"引领"、强化"支撑"、凸显"高"、彰显"强"、体现"特",展示在国家形成"一批有效的职业教育高质量发展政策、制度、标准"方面的贡献度。绩效目标应做到科学合理、细化量化、可衡量可评价、体现项目核心成果
	2022年4月22日,教育部办公厅、财政部办公厅《关于开展中国特色高水平高职学校和专业建设计划中期绩效评价工作的通知》(教职成厅函〔2022〕10号)	明确了评价内容、评价方式、评价结果及应用。评价结果采取评分和评级相结合的方式。总分设置为100分,等级划分为四档:90(含)—100分为"优"、80(含)—90分为"良"、60(含)—80分为"中"、60分以下为"差"

二、湖北推进"双高"建设的主要政策及施行效果

湖北将职业教育作为教育供给侧结构性改革的重点,积极推进职业教育改革发展。建立协同推进机制,实施湖北版"双高"建设计划,加大对"双高"计划学校支持力度,推动办学资源向高水平高职学校建设单位汇聚、向高水平专业群建设单位倾斜,以此来带动全省职业教育高质量发展和整体提升。

1. 开展国家级"双高计划"项目建设

2019年5月,湖北省教育厅、财政厅印发《关于开展中国特色高水平高职学校和专业建设计划项目申报的通知》,组织高职院校申报"双高计划"。当年底,教育部、财政部公布了中国特色高水平高职学校和专业建设计划建设单位名单,武汉船舶职业技术学院入选高水平学校建设单位,黄冈职业技术学院等7所学校入选高水平专业群建设单位(见表4-2)。

表 4-2　湖北省入选中国高水平高职学校和专业群建设单位名单

序号	学 校 名 称	专业群名称	档　　次	城市
1	武汉船舶职业技术学院	船舶工程技术、轮机工程技术	高水平学校（C 档）	武汉市
2	黄冈职业技术学院	建筑钢结构工程技术	高水平专业群（A 档）	黄冈市
3	武汉职业技术学院	光电技术应用	高水平专业群（A 档）	武汉市
4	武汉铁路职业技术学院	动车组检修技术	高水平专业群（B 档）	武汉市
5	襄阳职业技术学院	特殊教育	高水平专业群（B 档）	襄阳市
6	湖北交通职业技术学院	新能源汽车技术	高水平专业群（C 档）	武汉市
7	湖北职业技术学院	护理	高水平专业群（C 档）	孝感市
8	武汉电力职业技术学院	发电厂及电力系统	高水平专业群（C 档）	武汉市

湖北入选国家级"双高计划"建设单位的 8 所学校，都是示范性高职院校，在办学实力、教学质量、管理水平、办学效益和辐射能力等方面在省内处于领先地位，在一定程度上发挥了示范作用。但同时也要看到，与江苏、浙江、广东等省份相比，入选单位的数量和档次，仍有一定差距。

案例4-1

武汉职业技术学院积极推进"双高"建设

武汉职业技术学院深入推进"双高"建设，全方位开展教育教学改革，实行领导力、执行力、教学力、文化力、学术力"五力并举"策略，着力推行"全景熏陶、全程渗透、全员育人、全面影响、全体受益"等"五全育人"体系。学校积极开展国内外合作办学，先后与美国、加拿大、澳大利亚、爱尔兰、新加坡等 28 个国家和台湾地区的 107 所院校或教育机构建立交流与工作关系，开展各类国际教育项目 55 个。牵头成立了"湖北职教国际交流联盟"，荣获"2018 年度世界职教院校联盟卓越奖"。学校依托行业产业，发起并牵头成立了湖北现代制造、电子信息、旅游、生物四个职业教育集团，与 IBM、海尔、华中数控、联想、长江存储等 300 多家企业和机构长期开展"产学研"合作。

——资料来源：湖北日报 2021-05-14

2. 启动省级"双高计划"项目建设。

2020 年 4 月，教育部等九部门联合印发《职业教育提质培优行动计划（2020—2023 年）》，提出"推进专科高职学校高质量发展，遴选建设 300 所左右省域高水平高职学校和 600 个左右高水平专业群"。2021 年 5 月，湖北省教育厅、省财政厅印发《湖北省高水平高职院校和专业群建设计划实施方案》（简称省级"双高计划"），重点支持建设一批引领改革、对接产业、支撑发展、特色鲜明、省内领先的职业院校和专业群,提出"到2024年,基本建成20所左右省级高水平高职院校、60个左右省级高水平高职专业群",并明确了省级"双高计划"的10项重点建设任务,即全面加强党的建设、落实立德树人根本任务、深化产教融合校企合作、打造高水平专业群、全面深化教育教学改革、加强"双师型"教师队伍建设、提升学校治理能力、加快推进职业教育信息化、全面提高服务发展能力、提升对外合作水平。

案例4-2

武汉船舶职业技术学院建设"高水平"轮机工程专业群

2019年,武汉船舶职业技术学院入选国家"双高计划"建设学校。通过近3年的建设,该校轮机工程技术专业群已经成为湖北省乃至全国高职教育中行业特色鲜明、实训条件优越、办学优势突出的专业群。现拥有国家发明专利1个、湖北省高等学校教学成果二等奖1个、国家级精品课程1门、国家精品资源共享课程1门,公开出版高职船舶特色教材6本,其中教育部和国防科技工业规划教材3本,为服务国家海洋战略做出了突出贡献。

——资料来源:湖北日报 2022-03-30

2022年1月,湖北省教育厅、省财政厅印发《关于公布湖北省高水平高职院校和专业群建设计划立项建设单位名单的通知》,确定29所高职院校立项建设省级高水平高职院校(见表4-3),84个专业群立项建设省级高水平专业群。2022年6月,省教育厅组织专家组对立项建设单位进行了中期绩效评价。

表4-3 湖北立项建设省级高水平高职院校名单

序号	学校名称	立项等次	备注
1	武汉船舶职业技术学院	A	国家"双高计划"入选院校
2	武汉职业技术学院	A	国家"双高计划"入选院校
3	黄冈职业技术学院	A	国家"双高计划"入选院校
4	武汉铁路职业技术学院	A	国家"双高计划"入选院校
5	襄阳职业技术学院	A	国家"双高计划"入选院校
6	湖北交通职业技术学院	A	国家"双高计划"入选院校
7	湖北职业技术学院	A	国家"双高计划"入选院校
8	武汉电力职业技术学院	A	国家"双高计划"入选院校
9	武汉交通职业学院	A	
10	武汉软件工程职业学院	A	
11	湖北三峡职业技术学院	A	

续表

序号	学校名称	立项等次	备注
12	湖北水利水电职业技术学院	A	
13	武汉城市职业学院	A	
14	湖北城市建设职业技术学院	A	
15	湖北科技职业学院	A	
16	湖北生物科技职业学院	B	
17	湖北生态工程职业技术学院	B	
18	湖北工业职业技术学院	B	
19	荆州职业技术学院	B	
20	鄂州职业大学	B	
21	长江职业学院	B	
22	咸宁职业技术学院	B	
23	仙桃职业学院	C	
24	襄阳汽车职业技术学院	C	
25	长江工程职业技术学院	C	
26	湖北国土资源职业学院	C	
27	湖北工程职业学院	C	
28	恩施职业技术学院	C	
29	湖北艺术职业学院	C	

3. 推动现代职业教育高质量发展

2022年3月,湖北省政府印发《关于推动现代职业教育高质量发展的实施意见》,提出"到2025年,高等职业教育学校列入国家高水平高等职业学校和专业建设计划10所以上,建设省级高水平学校20所以上、高水平专业群50个以上"。同时提出"加快推进高等职业教育提质培优""积极培育打造一批高水平国际化职业学校"。

案例4-3

武汉铁路职业技术学院:5门国际化课程面向全球共享

近年来,武汉铁路职业技术学院积极响应"一带一路"倡议,提出"高铁到哪,服务就到哪"的理念。2016年与泰国教育部职教委开启中泰联合培养高铁专业人才项目,2019年4月在泰国班派设立高铁鲁班学院,开展学历教育,培养高铁技术专业人才。受新冠肺炎疫情影响,该校2020级、2021级泰国铁路专业留学生未能来华学习,学校开发了《轨道交通概论》《铁路专业汉语》《城市轨道交通车辆构造》等5门国际化多语种在线开放课程,全部登陆"学堂在线"国际版,运用"互联网+"课堂形式,面向全球开放共享,培养国际化技术技能人才。

——资料来源:中央广电总台国际在线 2022-03—19

三、湖北"双高"建设面临的困境及原因分析

引领改革发展、彰显类型教育特色、培育高水平院校和专业群,是高职院校推进"双高计划"建设的基本定位。然而,在"双高"计划实施过程中,依然面临诸多现实困境,亟待各高职院校认真应对、及时规避,做到不破不立、破而后立。

1. 存在固有路径依赖

固有路径依赖是高职院校推进"双高"建设的一个隐性瓶颈,对于大多数经历过国家示范性(骨干)高职专业建设的传统优势院校来说更是如此,也就是我们常说的"穿新鞋走老路""贴标签装箩筐"。导致路径依赖的内在原因主要是认为走老路最保险、最安全。高职院校推进"双高"建设过程中存在思想上和行为上的两种路径依赖现象。思想依赖主要是一些高职院校依靠已有项目建设经验,依赖于政府、教育主管部门的指挥或规定的统一动作,缺乏自主发展、创新发展的意识,面对教育主管部门的放权时,显得不知所措。行为依赖主要是一些高职院校不愿突破既往办学所形成的舒适区,认为即使办学水平不是最优秀、办学特色不够明显,但不影响当下的持续生存,如此在权衡走新路可能带来的风险时,更倾向于走老路。

不论是思想上还是行为上的路径依赖现象,都亟待湖北各高职院校加以防范、纠正和突破。国家在宏观层面对"双高"的建设思路、建设目标、建设内容等给予统筹指导及政策保障,同时根据教育领域"放管服"改革要求,鼓励高职院校依据省内经济发展实际及各校办学实际,进行自主创新发展。这也是湖北高职院校错位竞争、特色发展的现实需要。

2. 专业设置与产业结构的契合度不高

专业是高职教育与社会需求、区域经济紧密联系的接口。高职教育专业设置必须与区域性社会需求相匹配,服务地方的经济和社会发展,这是专业可持续发展的前提。目前,湖北省高职院校专业结构与产业结构基本吻合,但与产业相对应的专业人才总量不足,与实体经济发展有一定偏离,需要引起高度重视。

高职院校的社会服务可通过自身优势为社会、企业、政府提供人员培训、业务决策咨询、成果转让应用和技术创新指导等服务。2021年湖北省高等职业教育质量年度报告显示,高职院校服务方向侧重于技术教育和培训,在技术研发和对口支援上较为欠缺。究其原因,一方面是这些服务的主体主要集中在示范校、骨干校、优质校的重点专业和品牌专业。重点专业和品牌专业的力量强于新兴专业,且具有强大的校企合作伙伴,社会服务途径、方法呈现多样化。另一方面,技术研发和对口支援的运行周期长,投入资源较多、成效不明显。

3. 办学定位不够清晰

"双高"计划有效推进的前提是各建设单位要明确自身办学定位、办学目标,明确

自身与其他同类高职院校的差异与优势所在。然而,当前省内一些高职院校仍未精准找到最适合自身生存发展的方向,在办学定位、办学实践中或多或少地存在同质化现象。多数高职院校将办学定位表述为"服务区域经济发展""培养高素质技术技能人才",这是基于高职教育基本属性定位的总体办学方向,而一所高职院校在办学实践中还须进一步结合自身办学特色,设定更加清晰、更加鲜明的办学定位。

分析各"双高"建设单位的专业群建设方案,发现很多院校依然未形成明确的人才培养定位。此外,随着高等教育普及化的到来以及大学适龄人口的减少,一些高职院校不顾自身原有办学优势与办学条件,一味迎合招生市场需求,普遍开设好招生、办学成本低的专业,这些都是办学定位不清晰的直接表现。在湖北省现有的61所高职院校中,还有不少院校未形成明显的办学特色或办学优势,根本原因就在于缺乏清晰、明确的办学定位,院校品牌辨识度低。办学定位不清晰导致高职院校推进"双高"建设的目标不明确,进而影响"双高"计划的整体实施效果。

4. 制度建设和有效执行有待加强

目前,湖北省高职院校的相关制度仍存在缺失的问题,主要表现在:一是校企合作制度仍缺乏体系化设计,教师、二级学院参与校企合作的引导和规范、激励和约束制度仍较缺乏,而教师在企业实践中的积极性不高,二级学院中校企合作的标志性成果较少。二是学术管理体制不完善,学术与行政的关系没有真正理顺,很多行政决策取代了学术决策。三是内部控制机制不健全,管理职责、标准、流程不明确、不清晰。由于受传统办学理念和人治思想的影响,少数管理制度的内容相互重叠,甚至相互制约,缺乏法律审查环节,降低了规章制度的实施效果。

5. 社会服务考核评价机制还需完善

合理评价"双高"院校社会服务能力,有助于推动"双高"院校不断提高社会服务水平,发挥引领示范作用。院校社会服务水平的评价与评估是一项综合性的系统工程,应考虑评价机制本身的全面性和科学性,还要考虑社会服务评价机制对"双高"院校的正向激励作用。当前湖北"双高"院校社会服务评价指标虽然能够从一定程度上反映院校年度社会服务状况,但是对院校的实际激励和推动作用还不明显,"双高"院校社会服务潜能还未充分释放。

首先,验收性评估制度影响了高校参与社会服务的积极性。湖北省"双高"院校社会服务评价工作与"双高"工程建设效果密切相关,这意味着"双高"院校社会服务评价大多是外部评价,是体现"双高"计划建设成效的一种自上而下的验收评价指标。验收性检查方式难免会影响高校开展社会服务评价的自觉自主性。为了完成外部考核任务,一些职业院校被动参与社会服务评价工作,忽视自身在社会服务方面的优势和特点,影响了社会服务水平的提升。

其次,以定量考核为主的评价方式导致院校社会服务评价内容不完整。社会服务工作效果是复杂的、综合的、多元的,很难仅仅采用单一的量化指标数据来衡量,比如只用单一的数字来计算院校开展的公益性志愿服务活动,很容易忽视公益性服务活动产生的精神价值和社会意义,造成整个社会服务评价工作的碎片化,显然不利于整个院校社会服务水平的提升,因此在实际评价过程中还需要借助一定的定性考核方法实现院校社会服务水平的综合评判。

四、推进湖北高职院校"双高"建设的策略建议

推进湖北"双高"建设,要扎根荆楚大地,坚持党的全面领导,以专业群建设为核心,以信息技术为支撑,以开放合作为路径,以完善治理为保障,以提升能力为目标,规划好一张蓝图,明确"双高"建设的方位、方向、方略;拉起"相对水平"和"绝对水平"两根标线,用相对水平标线度量自我完成度,用绝对水平标线体现同台竞争差距;把握好空间、时间、速度三个维度,空间维度上抓住特色、立稳坐标,时间维度上正本清源、守正创新,速度维度上合理调节、奋力前进。努力实现"当地离不开、业内都认可、国际可交流"的目标。

1. 调动多方力量,构建全方位保障机制

打破高职院校专业群建设的路径依赖,应充分发挥各种配套力量,构建专业群的内外保障机制。在组织结构方面,学校和二级学院应设立专业群建设管理机构,协调和管理专业群建设工作;优化专业群建设工作机制,实行分级管理,明确专业群建设管理人员的职责和义务。在政策支持方面,学校制定一系列保障专业群发展的制度性文件,探索职业教育高考制度。在"三教"改革方面,以课程建设为主线,体现职业教育的类型;课程设置必须与社会需求紧密结合,教育内容要体现服务社会的有效性;学校还需建立良好的管理框架,整合各种资源,形成师资队伍建设的良性机制。在资金保障方面,多元筹措,确保专业群建设资金优先、足额投入。在绩效评价方面,建立基于产业集群要求和专业属性、注重效能导向的评价标准、指标体系,从高职院校的产业和专业结合程度以及校企合作深度出发,引导高职院校提高专业群对当地经济社会发展的适应性和贡献力。

2. 突出类型属性,确立特色化目标定位

首先,在属性定位上,"双高"计划肩负着引领职业教育改革发展、彰显职业教育类型教育特色、培育职业教育一流院校的重要使命,"职业性"是高水平高职学校和专业建设的基本前提和逻辑起点,高职院校在推进"双高"建设过程中应始终坚持职业教育属性和定位,以"职业性"为内在逻辑,追求并体现"高等性"特征。

其次,在办学定位上,各高职院校须坚持面向市场、服务发展、促进就业的办学方向,引入市场竞争机制与资源配置机制,精准对接区域经济与产业发展需求,在充分考虑自身办学基础的前提下,重新梳理、明确自身办学定位,并注重在"双高计划"各项建设任务与内容上细化发展目标定位,实施发展路径错位,进而通过"双高"建设,进一步系统凝练办学特色,形成独特办学优势,助力高质量发展。

再次,在培养目标上,高水平高职学校和专业致力于缓解就业结构性矛盾,培养符合产业发展需要的高端、高素质技术技能人才,服务学生高质量充分就业。然而,不同区域的产业领域布局各有不同,同一产业领域亦有多种发展方向。这就要求各高职院校结合本校专业布局、办学特色等,进一步明确人才培养领域,细化培养目标定位。

3. 聚焦优势产业,打造高水平专业群

专业群建设是推进高职院校提高教育供给质量、增强核心竞争力的重大制度设计,对优化专业结构、共建共享资源、重构治理体系、凝聚办学特色等具有重要意义。这也是将专业群作为"双高"建设的核心意义所在,即通过专业群建设,推动整体改革,带动高职院校破解原有人才培养针对性不强、资源利用不足、管理效率不高、办学特色不突出等办学困境,形成鲜明的特色与优势,提高办学质量。

专业群的组建尤为重要。一方面,要尊重办学积淀与传统特色,对已有优势专业资源进行整合;另一方面,要聚焦区域产业发展需求及产业链上的岗位特点,两方面结合,形成逻辑合理、知识关联、协同共享的高水平专业群。以"双高"计划为引领,各高职院校对接区域优势产业,打造高水平专业群,对未能成功组群的专业,应果断撤销、停办。以此,打造"现代职业教育的航空母舰"战斗编队。

4. 深化校企合作,共建创新型服务平台

打造技术技能创新服务平台是高职院校发挥技术创新与服务功能、提升整体办学实力与水平的重要举措。各"双高"建设院校要对接科技发展趋势,以技术技能积累为纽带,建设集人才培养、团队建设、技术服务于一体,资源共享、机制灵活、产出高效的人才培养与技术创新平台。

首先,职业教育与经济社会发展之间特殊而又紧密的联系,决定了高职院校的人才培养平台或技术创新平台必然是基于产教深度融合、校企紧密合作的协同平台,以平台建设进一步促进产业需求侧与人才培养供给侧全要素的深度融合,进而以高水平的技术创新来引领人才培养、服务区域产业发展,增强与经济社会的适应性。

其次,作为"双高"计划的核心支点,技术技能创新服务平台的打造应注重与专业群建设相互支撑,以专业群为基本单元,在群内或不同专业群之间,校企联合共建校内跨专业、校外对接多领域,既紧贴先进技术领域,又高效支撑专业群发展的技术技能创新服务平台。需要强调的是,技术技能创新服务平台建设的根本在于能够精准对接产业链上相应岗位知识和技能需求点,明确技术研发和技术服务领域及具体方向,形成技术创新与服务优势,如此方能建成有特色、高水平的高职院校。

5. 完善评价体系,提高社会化服务水平

首先,各"双高"院校应树立战略眼光,遵循整体思路,以完善社会服务评价体系为第一要务,通过盘活现有资源,激活社会服务评价的活力和积极性,赋予各二级学院更多的社会服务评价自主权,以点带面,在整个院校实现高水平的社会服务工作。二级学院的行政体量相对更小,在开展社会服务评价工作时会显得更加灵活主动,节省了关键的评价资源,有助于人们注意到更多的社会服务细节,促进院校社会服务水平的提升。

其次,优化社会服务评价方法,增加院校内部社会服务评价指标。院校对社会服务效益的评价应采用定量与定性相结合的方法,避免盲目用数字来衡量院校社会服务效益。比如,对于高校开展的公益活动、志愿服务、对口支援的文化资源供给、信息咨询服务等活动,要注意吸纳不同单位、不同人员的意见,结合高校发展情况,综合考虑社会服务水平。

再次,各个院校应自觉接受广大社会公众的监督,主动吸引社会成员参与院校社会服务工作。"双高"院校开展社会服务的根本目的是促进整个社会的发展和进步,广大社会单位人员都有权利、有资格参加高校的社会服务评价。"双高"院校应该建立相应的社会评价体系和公共服务体系,社会服务评价话语权交给接受服务的社会工作者,邀请不同的社会人员参与社会服务评价活动,从公众反馈评价信息中反思自身发展的不足,及时更新社会服务内容,不断推动院校社会服务质量的提高,打造院校服务品牌,形成联动示范效应,共同推动"双高"院校发展。

参考文献：
[1] 陈正江.从示范到优质：我国高职教育发展政策演进研究[J].黑龙江高教研究,2019(2):71-73.
[2] 郝天聪,石伟平.从示范到优质:我国高职院校发展模式的反思与前瞻[J].高校教育管理,2017(4):25-30.
[4] 周建松.建设一批高水平高职学校和专业[N].中国教育报,2022-08-29(1).
[5] 陈子季.推进我国职业教育类型发展[N].中国教育报,2021-08-04(21).

（本节执笔人:孙晓敏　董志远）

第二节 推进职业教育"三教"改革

教育教学是职业教育人才培养的中心环节,教师、教材、教法贯穿于教育教学的全过程,解决的是"谁来教""教什么""如何教"的问题,是职业教育一项系统性、连续性、整体性的改革工程。进入21世纪以来,我国职业教育改革政策主要聚焦职业教育类型建设、体系建设、资历框架制度建设、考试制度建设、高水平教学团队建设以及教材建设等。尤其是党的十九大以来,职业教育进入高质量发展新阶段,诸多政策上升到国家层面,且数量多、频次快、覆盖面广、针对性强,其中有关"三教"改革的政策既与其他政策相互关联,又与以往政策一脉相承,成为推动职业教育发展的强劲动力。

一、我国关于职业教育"三教"改革的政策演进及特点

从政策溯源看,早在20世纪80至90年代,国家就对职业教育教学改革做出了政策安排。进入21世纪,国家连续出台职业教育教师、教材、教法相关政策,从总体制度机制和对应配套政策方面系统推进职业教育教学改革。(党的十八大以来国家关于职业教育"三教"改革的相关政策如表4-4所示。)

表4-4　2012年以来国家关于职业教育"三教"改革的相关政策

序号	政策文件	主要内容
总体设计	2012年6月14日,教育部印发《国家教育事业发展第十二个五年规划》(教发〔2012〕9号)	加快职业教育教学改革,创新学习方式,积极推进学历证书和职业资格证书"双证融通";更新职业教育专业目录,制定职业教育人才培养标准,加强专业课程、教材体系建设,变革教学内容、方法、过程和技术手段,推动课堂教学、实践教学的改革
	2014年5月2日,国务院《关于加快发展现代职业教育的决定》(国发〔2014〕19号)	推动专业设置与产业需求对接,课程内容与职业标准对接,教学过程与生产过程对接,毕业证书与职业资格证书对接,职业教育与终身学习对接;推动教育教学改革与产业转型升级衔接配套
	2014年6月16日,教育部等六部门关于印发《现代职业教育体系建设规划(2014—2020年)》的通知(教发〔2014〕6号)	明确了完善职业人才衔接培养体系、建立职业教育质量保障体系、改革职业教育专业课程体系、完善"双师型"教师培养培训体系、加速数字化信息化进程、建设开放型职业教育体系等重点任务

续表

序号	政策文件	主要内容
总体设计	2015年6月23日,教育部办公厅《关于建立职业院校教学工作诊断与改进制度的通知》(教职成厅〔2015〕2号)	明确建立职业院校教学工作诊断与改进制度的目的与意义、内涵与任务,并从完善组织保证、加强省级统筹、确保公开透明三个方面提出具体要求
	2015年7月27日,教育部《关于深化职业教育教学改革全面提高人才培养质量的若干意见》(教职成〔2015〕6号)	明确深化职业教育教学改革的指导思想和基本原则,从落实立德树人根本任务、改善专业结构和布局、提升系统化培养水平、推进产教深度融合、强化教学规范管理、完善教学保障机制、加强组织领导等方面提出要求和举措
	2015年10月19日,教育部关于印发《高等职业教育创新发展行动计划(2015—2018年)》的通知(教职成〔2015〕9号)	提出创新发展高等职业教育的指导思想、基本原则、主要目标,从扩大优质教育资源、增强院校办学活力、加强技术技能积累、完善质量保障机制、提升思想政治教育质量五个方面明确了32条具体任务和举措
	2017年12月5日,国务院办公厅《关于深化产教融合的若干意见》(国办发〔2017〕95号)	健全多元化办学体制,全面推行校企协同育人;提出了构建教育和产业统筹融合发展格局、强化企业重要主体作用、推进产教融合人才培养改革、促进产教供需双向对接、完善政策支持体系等30条意见
	2018年2月5日,教育部等六部门关于印发《职业学校校企合作促进办法》的通知(教职成〔2018〕1号)	发挥企业在实施职业教育中的重要办学主体作用,推动形成产教融合、校企合作、工学结合、知行合一的共同育人机制;鼓励和支持职业学校与企业合作开设专业,开展学徒制培养
	2019年1月24日,国务院关于印发《国家职业教育改革实施方案》的通知(国发〔2019〕4号)	从完善国家职业教育制度体系、构建职业教育国家标准、促进产教融合校企"双元"育人、建设多元办学格局、完善技术技能人才保障政策、加强职业教育办学质量督导评价、做好改革组织实施工作等七个方面明确了20条改革举措
	2019年3月29日,教育部、财政部《关于实施中国特色高水平高职学校和专业建设计划的意见》(教职成〔2019〕5号)	提出加强党的建设、打造技术技能人才培养高地、打造技术技能创新服务平台、打造高水平专业群、打造高水平双师队伍、提升校企合作水平、提升服务发展水平、提升学校治理水平、提升信息化水平、提升国际化水平等改革发展任务

续表

序号	政策文件	主要内容
总体设计	2019年4月4日,教育部等四部门印发《关于在院校实施"学历证书＋若干职业技能等级证书"制度试点方案》的通知(教职成〔2019〕6号)	将"1＋X"证书制度试点与专业建设、课程建设、教师队伍建设等紧密结合,通过试点,深化教师、教材、教法"三教"改革;促进校企合作;建好用好实训基地;探索建设职业教育国家"学分银行",构建国家资历框架
	2019年6月5日,教育部《关于职业院校专业人才培养方案制订与实施工作的指导意见》(教职成〔2019〕13号)	提出人才培养方案制订与实施的总体要求、主要内容。要求深化教师、教材、教法改革;推进信息技术与教学有机融合;改进学习过程管理与评价
	2020年9月16日,教育部等九部门关于印发《职业教育提质培优行动计划(2020—2023年)》的通知(教职成〔2020〕7号)	从提升教师"双师"素质、加强职业教育教材建设、提升职业教育专业和课程教学质量、推动信息技术与教育教学深度融合等方面提出具体任务和举措
教师队伍建设	2012年10月18日,教育部等四部委关于印发《职业学校兼职教师管理办法》的通知(教师〔2012〕14号)	完善职业学校兼职教师管理制度,强化实践教学环节,优化教师队伍结构。支持、鼓励和规范职业学校聘请具有实践经验的专业技术人员、高技能人才担任兼职教师,明确了人员条件、聘请程序、组织管理、经费来源等内容
	2013年9月20日,教育部关于印发《中等职业学校教师专业标准(试行)》的通知(教师〔2013〕12号)	以师德为先、学生为本、能力为重、终身学习为基本理念,以专业理念与师德、专业知识、专业能力为基本内容建立标准体系
	2015年1月10日,教育部关于印发《中等职业学校校长专业标准》的通知(教师〔2015〕2号)	提出校长应具备以德为先、育人为本、引领发展、能力为重、终身学习办学理念。并从规划学校发展、营造育人文化、领导课程教学、引领教师成长、优化内部管理、调适外部环境等方面提出校长专业要求
	2016年5月11日,教育部等七部委关于印发《职业学校教师企业实践规定》的通知(教师〔2016〕3号)	对教师企业实践的内容和形式、组织与管理、保障措施、考核与奖励等作出具体规定,加强职业学校"双师型"教师队伍建设,实行工学结合、校企合作人才培养模式
	2016年10月28日,教育部、财政部《关于实施职业院校教师素质提高计划(2017—2020年)的意见》(教师〔2016〕10号)	明确2017—2020年职业院校教师素质提高计划的目标任务、实施原则,提出了职业院校教师示范培训、中高职教师素质协同提升、校企人员双向交流合作等9项具体实施项目

续表

序号	政策文件	主要内容
教师队伍建设	2019年5月13日,教育部关于印发《全国职业院校教师教学创新团队建设方案》的通知(教师函〔2019〕4号)	提出经过3年左右打造360个高水平、结构化的国家级团队建设目标。明确建设的基本原则、立设条件、建设任务、进度安排、保障措施等内容
	2019年8月23日,人力资源和社会保障部、教育部《关于深化中等职业学校教师职称制度改革的指导意见》(人社部发〔2019〕89号)	遵循职业教育特点和中等职业学校技师职业发展规律,构建分类清晰、名称统一、科学规范的中等职业学校教师职称制度,对文化课、专业课教师和实习指导教师进行分类评价,促进中等职业教师的专业化发展
	2019年8月30日,教育部、国家发展改革委、财政部、人力资源和社会保障部关于印发《深化新时代职业教育"双师型"教师队伍建设改革实施方案》的通知(教师〔2019〕6号)	到2022年,职业院校"双师型"教师占专业课教师的比例超过一半,建设100家校企合作的"双师型"教师培养培训基地和100个国家级企业实践基地,建成360个国家级职业教育教学创新团队
教材建设	2012年11月6日,教育部《关于"十二五"职业教育教材建设的若干意见》(教职成〔2012〕9号)	明确"十二五"时期职业教育教材建设的总体思路、建设原则和工作目标。从打造精品教材、提升建设能力、创新体制机制等方面提出18条意见
	2019年12月16日,教育部关于印发《职业院校教材管理办法》的通知(教材〔2019〕3号)	对管理职责、教材规划、教材编写、教材审核、出版与发行、选用与使用、服务与保障、评价与监督等作出具体规定
	2019年10月9日,教育部《关于组织开展"十三五"职业教育国家规划教材建设工作的通知》(教职成司函〔2019〕94号)	提出分批遴选、建设1万种职业教育国家规划教材的任务目标;进一步完善教材编写、审核、选用、更新、管理和服务机制,健全制度体系
教法改革	2012年5月4日,教育部《关于加快推进职业教育信息化发展的意见》(教职成〔2012〕5号)	把信息技术创新应用作为改革和发展职业教育的关键基础和战略支撑,不断提升职业教育电子政务能力、数字校园水平和人才信息素养,全面加强信息技术支撑职业教育改革发展的能力
	2014年8月25日,教育部《关于开展现代学徒制试点工作的意见》(教职成〔2014〕9号)	深化工学结合人才培养模式改革、加强专兼结合师资队伍建设,形成与现代学徒制相适应的教学管理与运行机制,逐步增加试点规模、逐步丰富培养形式、扩大试点范围

续表

序号	政策文件	主要内容
教法改革	2014年12月22日,教育部关于印发《中等职业学校德育大纲(2014年修订)》的通知(教职成〔2014〕14号)	突出中等职业学校德育特色,强调养成教育、实践教育,加强实训实习期间的德育;明确学校要充分发挥主导作用,与家庭、社会密切配合,拓宽德育途径,实现全员、全程、全方位育人
	2016年4月11日,教育部等五部门关于印发《职业学校学生实习管理规定》的通知(教职成〔2016〕3号)	明确了职业学校学生实习的内涵和价值,对实习组织、管理、考核、安全职责等进行了具体规定;支持鼓励职业学校和实习单位合作探索工学交替、多学期、分段式等形式的实践性教学改革
	2016年11月2日,教育部办公厅关于做好《高等职业学校专业教学标准》修(制)订工作的通知(教职成厅函〔2016〕46号)	对现行高等职业学校专业教学标准进行全面修订,研究制订《目录》新增设专业的教学标准,全面提升职业教育人才培养专业化、规范化水平
	2017年8月31日,教育部《关于进一步推进职业教育信息化发展的指导意见》(教职成〔2017〕4号)	明确提升职业教育信息化基础能力、推动优质数字教育资源共建共享、深化教育教学模式创新、加快管理服务平台建设与应用、提升师生和管理者信息素养、增强网络与信息安全管控能力等重点任务
	2019年5月14日,教育部办公厅《关于全面推进现代学徒制工作的通知》(教职成厅函〔2019〕12号)	通过深化产教融合、校企合作,健全德技并修、工学结合的育人机制和多方参与的质量评价机制,深入推进教师、教材、教法改革,全面推广政府引导、行业参与、社会支持、企业和职业学校双主体育人的中国特色现代学徒制
	2019年6月5日,教育部《关于职业院校专业人才培养方案制订与实施工作的指导意见》(教职成〔2019〕13号)	从专业人才培养方案制定的指导思想、基本原则、内容与要求、程序以及实施要求、监督与指导等方面明确了有关要求
	2019年10月22日,教育部办公厅关于印发《中等职业学校公共基础课程方案》的通知(教职成厅〔2019〕6号)	要求各地指导区域内中等职业学校认真贯彻实施本课程方案,开齐开足开好公共基础课程,深化教师、教材、教法改革,不断提升人才培养质量
	2019年11月20日,教育部办公厅《关于加强和改进新时代中等职业学校德育工作的意见》(教职成厅〔2019〕7号)	突出时代主题,切实发挥思想政治课关键课程作用,强化教育引导和实践养成,加强组织保障,加强党对德育工作的领导
	2020年6月16日,教育部关于印发《职业院校数字校园规范》的通知(教职成函〔2020〕3号)	从总体要求、师生发展、数字资源、教育教学、评价指标等方面对职业院校数字化建设进行了规范,促进职业院校数字校园从建设走向应用

（一）党的十八大以来我国职业教育"三教"改革政策的演进脉络

党的十八大以来，国家通过法律、法规、规章等对职业教育教师队伍建设、教材建设、教法改革进行了一系列宏观制度设计，教育部等部门通过决定、意见、方案等对"三教"改革进行统筹布局，政府的主导功能日益加强，跨部门联合、政策的精准性日益凸显，呈现出统筹与配套相结合的系统性，传承与创新相融合的连续性等特点。

1. 政策导向逐步明晰

2014年6月，教育部等六部委印发《现代职业教育体系建设规划（2014—2020年）》提出，推动教学方法改革。2019年4月，教育部、财政部印发《关于实施中国特色高水平高职学校和专业建设计划的意见》提出，组建高水平、结构化教师教学创新团队，深化教材与教法改革，推动课堂革命。2019年5月，教育部印发《全国职业院校教师教学创新团队建设方案》提出，深化职业院校教师、教材、教法三教改革。2021年10月，中共中央办公厅、国务院办公厅印发《关于推动现代职业教育高质量发展的意见》，对深入推进"三教"改革政策的协调性和系统性提出了更高要求。综上可见，我国职业教育"三教"改革是涉及教与学各环节的综合改革，政策总体设计体现出较为显著的相关性和互动性，改革要求与职业教育综合改革形成整体，与教育相关领域改革保持一致，并逐步深化和明确。

2. 教师政策渐成体系

近十年来，我国职业教育教师队伍建设由"高素质"到"双师型"，由"个人"到"团队"，愈发彰显职业教育类型特色。围绕教师培养补充、资格准入、培训发展、考核评价、待遇保障等问题，政策更加完善，措施更加精准。一是健全教师教育与培训体系，加强职业技术师范院校建设，支持高水平工科大学举办职业技术师范教育，办好一批一流职业技术师范院校和一流职业技术师范专业，健全高等学校与地方政府、职业学校、行业企业联合培养教师机制。二是以"双师"素质为导向，将师德师风、工匠精神和教育教学实绩作为职业教育教师职称评聘的主要依据，改革创新教师准入制度及评价考核制度。完善教师资格考试制度、招聘机制，探索教师企业实践制度。建立职业院校、行业企业、培训评价组织多元参与的"双师型"教师评价考核体系。三是落实权益保障和激励机制。通过创建高水平结构化教师教学创新团队等方式，分级打造师德高尚、技艺精湛、育人水平高超的教学名师、专业带头人、青年骨干教师等高层次人才队伍，助力教师专业发展。通过多项政策保障教师待遇，减轻教师负担，增强教师获得感、幸福感。

3. 教材建设一体衔接

国家高度重视职业教育教材建设的战略地位，相关政策以落实国家事权为基本准则，从严格约束职业院校建设行为向激励与约束并重转变，从重视分学段教材建设向中高职教材一体化衔接转变,从重视内部机制向对接外部标准与优化机制并重转变。一是坚持正确方向。牢牢把握党对教材建设的全面领导,推进党的理论创新成果进教材、进课堂、进头脑,重点加强意识形态属性较强教材建设。二是全面抓好管理。明确统一领导、分级负责的教材管理体制,建立系统完备、科学规范的教材建设规章制度,为教材建设提供组织保障和制度保障,拧紧教材进入学校课堂、学生书包的安全阀。三是强化质量保障。将教材质量提升作为教材建设的主要目标,着力加强职业教育标准体系建设,强调要遵循教育教学规律、人才成长规律,围绕增强服务国家产业能力,校企双元合作开发教材,打造活页式、工作手册式新形态教材,凸显职业教育特色。

4. 教法改革多措并举

为满足社会对高质量、多样化、个性化教育需求及经济结构转型升级对职业教育人才培养多样性需求,职业教育政策在导向上注重调动行业、企业等多方力量,协同推进教学模式、教学理念、教学标准等与教法紧密相连的系列教学改革。一是持续深化思想政治教育,推进"五育"并举、"三全"育人,使各类课程与思想政治理论课同向同行,努力实现职业技能和职业精神培养高度融合,培养德智体美劳全面发展的高素质劳动者和技术技能人才。二是全面推行产教融合、校企合作,推进现代学徒制和企业新型学徒制,构建校企精准对接的课堂教学模式,引导教师将教学重点转向学生的能力培养,促进教学组织形式多样化,倡导任务导向、行动导向、混合式教学等符合职业教育类型特点的教学方式,持续深化教学改革。三是持续深化基于信息技术的课堂革命。随着"互联网 + 职业教育"迅猛发展,推进基于信息技术的教法变革成为"三教"改革的重要方面。通过强化职业院校信息化建设、开展教师信息化教学大赛等举措,促进新技术在实验、实训、实习等教学关键环节的应用,满足学生个性化、多样化的学习需求,推动职业教育教学改革与创新。

(二)我国职业教育"三教"改革政策的基本特征

"三教"改革是我国职业教育政策持续深化的必然结果,是实现职业教育高质量发展的必由之路。总体上看,我国职业教育"三教"改革政策呈现以下主要特征。

1. 加强管理体制调整,强调规范性

随着教育体制改革的不断深入,为促进职业教育高质量发展,国家对职业教育管理体制进行不断调整,不仅对中央各部门在职业教育发展中的职责做出具体安排,还对地方政府及部门提出具体要求,强调国家宏观调控及简政放权,因地制宜发展职业教育。在"三教"改革政策层面,国家制定有关教师、教材、教法的总体政策和方案,如《关于深化职业教育教学改革全面提高人才培养质量的若干意见》《国家职业教育改革实施方案》等政策文件,并将顶层设计与地方试点相结合,体现出国家政策对"三教"改革的规范性、战略性安排。

2. 统筹推进关键环节,突出综合性

由于存在教的复杂性与学的复杂性,任何对教学的孤立、简单化理解都可能导致"三教"改革进程受挫。因此,"三教"改革政策体现出融合教育教学各相关要素的综合性特征,将明确的政策目标与合理的政策工具进行组合,关注政策内容的整体呈现,充分体现三个改革任务目标的相互衔接,并从补齐短板、提升质量、优化管理、强化保障等方面综合施策。如:完善国家职业教育制度体系、构建职业教育国家标准、促进产教融合校企"双元"育人、建设多元办学格局、完善技术技能人才保障政策、加强职业教育办学质量、做好改革组织实施工作等,将各项改革所激发的积极性凝聚到"三教"改革上来,作为有明确质量要求且向高质量职业教育迈进的重要举措。

3. 关注教育内外部各要素,体现融合性

国家关于"三教"改革的各类政策体现了教育内部各要素之间的联动,以及教育与产业的融合。这种联动与融合,一方面源于教师、教材、教法三者的相互关联和不可分割性;另一方面源于职业教育作为一种教育类型,需要打破传统学校的封闭,跨越企业与学校、工作与学习的界域,强化企业社会参与,突出专业和职业特色。近年来,国家陆续出台并实施《关于深化产教融合的若干意见》《职业学校校企合作促进办法》等一系列政策,开展现代学徒制等系列试点,鼓励行业企业全面参与教师培养培训、教材建设、教学标准建设、课堂教学改革等各个环节,形成专业共建、人才共育、过程共管、资源共享、责任共担的校企合作局面,为"三教"改革的深化带来新气象。

二、2021年国家关于职业教育"三教"改革的主要政策精神

2021年,国家围绕推进"三教"改革出台了一系列政策,主要聚焦在:提升教师专业素养,培养"双师型"教师队伍;建设"十四五"职业教育国家规划教材,打造中国特色高质量职业教育教材体系;加强专业、课程和资源建设,推进职业教育类型化改革,促进教学实践创新,提升人才培养质量。

(一)加强顶层设计,深入推进"三教"改革

2021年10月,中共中央办公厅、国务院办公厅印发《关于推动现代职业教育高质量发展的意见》,对深入推进"三教"改革政策的协调性和系统性提出进一步要求。

1. 强化"双师型"教师队伍建设

一是完善教师队伍建设制度和标准体系。提出要制定"双师型"教师标准,完善职业教育教师资格认定制度及教师招聘、专业技术职务评聘和绩效考核标准。二是强化职教教师培养、培训。提出要加强职业技术师范学校建设,支持高水平学校和大中型企业共建"双师型"教师培养培训基地,继续实施职业院校教师素质提高计划。三是要

求各职业院校按照学校师生比例和结构要求配齐专业教师,落实教师定期到企业实践的规定,支持企业技术骨干到学校从教,推进固定岗与流动岗相结合、校企互聘兼职的教师队伍建设改革。

2. 改进教学内容与教材

一是完善"岗课赛证"综合育人机制,按照生产实际和岗位需求设计开发课程,开发模块化、系统化的实训课程体系,提升学生实践能力。二是深入实施职业技能等级证书制度,及时更新教学标准,将新技术、新工艺、新规范、典型生产案例及时纳入教学内容。把职业技能等级证书所体现的先进标准融入人才培养方案。三是强化教材建设国家事权,分层规划,完善职业教育教材的编写、审核、选用、使用、更新、评价监管机制。引导地方、行业和学校按规定建设地方特色教材、行业适用教材、校本专业教材。

3. 创新教学模式与方法

一是提高思想政治理论课质量和实效,推进习近平新时代中国特色社会主义思想进教材、进课堂、进头脑。二是推广项目教学、情境教学、模块化教学,推动现代信息技术与教育教学深度融合,提高课堂教学质量。三是全面实施弹性学习和学分制管理,支持学生积极参加社会实践、创新创业、竞赛活动。四是继续推进职业学校教学工作诊断与改进制度建设,完善质量保证体系。

(二)聚焦素质提升,加强"双师型"教师队伍建设

1. 着力加强"双师型"教师培训

2021年7月29日,教育部、财政部印发《关于实施职业院校教师素质提高计划(2021—2025年)的通知》,这是2019年8月教育部《深化新时代职业教育"双师型"教师队伍建设改革实施方案》的配套性文件。文件提出要聚焦职业教育改革的核心任务,突出"双师型"教师个体成长和"双师型"教学团队建设相结合,兼顾公共基础课程教师队伍建设;以优化完善教师培训内容、健全教师精准培训机制及教师发展支持体系、强化日常管理和考核为重点,推出课程实施能力提升、信息技术应用能力提升、"1+X"证书制度种子教师培训、公共基础课教学能力提升、访学研修等五大举措,开展名师、名匠团队培育,名校长、书记培育,培训者团队建设,着力提升教师思想政治素质和师德素养,提高教师教育教学能力。

2. 着力打造教学创新团队

2021年8月9日,教育部印发《关于公布第二批国家级职业教育教师教学创新团队立项建设单位和培育建设单位名单的通知》,确定第二批国家级职业教育教师教学创新团队立项建设单位240个,国家级职业教育教师教学创新团队培育建设单位2个。此外,教育部还公布了102家全国职业教师企业实践基地,指导高职院校自主开

展高层次技能型兼职教师认定,推动企业工程技术人员、高技能人才和职教教师双向流动,职教教师能力素质全面加强。

3. 着力构建激励政策体系

2021年9月7日,教育部发布《关于实施第二批人工智能助推教师队伍建设行动试点工作的通知》,深入推进人工智能等新技术与教师队伍建设的融合,推动教师主动适应信息化、人工智能等新技术变革,积极有效开展教育教学。为增强教师职业认同,提高职教教师岗位吸引力,国家不断加大对职教教师表彰力度,在全国模范教师、全国优秀教师、全国教书育人楷模、国家级教学成果奖、"万人计划"教学名师、黄大年式教师团队示范创建等表彰项目中,均按照同等比例专设职教教师奖项。围绕充实数量、优化结构、提升能力、规范管理、加强保障,国家通过一系列有利政策、激励举措,不断激发职教教师专业发展动力,师德高尚、技艺精湛、专兼结合、充满活力的高素质"双师型"教师队伍不断壮大。

(三)更新职业教育专业及标准,完善国家教材体系

1. 对接现代产业体系更新职业教育专业设置

专业目录是职业教育的基础性教学指导文件,是职业教育国家教学标准体系和教师教材教法改革的龙头。为落实职业教育专业动态更新要求,推动专业升级和数字化改造,2021年3月17日,教育部印发《职业教育专业目录(2021年)》,在科学分析产业、职业、岗位、专业关系基础上,对接现代产业体系,服务产业基础高级化、产业链现代化,一体化设计中等职业教育、高等职业教育专科、高等职业教育本科不同层次专业,共设置19个专业大类97个专业类1349个专业。"新职业、新专业、新技能"成为职业学校开展教育教学的新目标、新方向。

2. 完善高等职业教育国家课程标准

在2020年发布的中等职业学校思想政治等10门公共基础课程标准的基础上,2021年,教育部发布了《高等职业学校电子信息工程技术专业实训教学条件建设标准》《高等职业教育专科英语、信息技术课程标准(2021年版)》,进一步完善职业教育国家教学标准体系,指导高等职业教育公共基础课程建设和改革。

3. 推进中等职业学校课程教材更新

2021年7月28日,教育部印发《关于做好中等职业学校公共基础课程教材使用的通知》,17家出版单位的44种教材入选建设名单,明确中等职业学校公共基础课程教材建设实行动态更新机制,成熟一批,公布一批,13家出版单位的32种教材入选首批中等职业学校公共基础课程教材,从2021年秋季学期到2022年秋季学期陆续公布书目并投入使用。要求各地教育行政部门建立新教材选用跟踪调查制度,组织专家对职业院校教材选用、教材编写质量和内容更新、教材出版和发行服务等进行核查评价,保证中等职业学校公共基础课程教材建设成果,推进教材建设与应用。

4. 加强职业教育规划教材建设

2021年12月7日,教育部印发《"十四五"职业教育规划教材建设实施方案》与《关于组织开展"十四五"首批职业教育国家规划教材遴选工作的通知》,以规划教材为引领,建设中国特色高质量职业教育教材体系。"十四五"期间,计划分批建设1万种左右职业教育国家规划教材,指导建设一大批省级规划教材,加大对基础、核心课程教材的统筹力度,突出权威性、前沿性、原创性教材建设,打造培根铸魂、启智增慧,适应时代要求的精品教材,以规划引领高起点、高标准建设中国特色职业教育教材体系。

5. 扎实推进习近平新时代中国特色社会主义思想进课程教材

国家教材委员会分别于2021年7月、9月发布《习近平新时代中国特色社会主义思想进课程教材指南》《"党的领导"相关内容进大中小学课程教材指南》,要求坚持政治方向、价值取向、舆论导向,体现系统安排、全面覆盖,结合学科特点、注重适宜实效为原则,突出思想性、针对性、统筹性、实效性,全面提升课程教材铸魂育人功能,教育引导学生树立共产主义远大理想和中国特色社会主义共同理想,坚定"四个自信",厚植爱国主义情怀,把爱国情、强国志、报国行自觉融入建设社会主义现代化强国、实现中华民族伟大复兴的奋斗之中。

(四)创新教学模式与方法,推进类型化教学改革

1. 深入推进思政课教学内容及教学模式改革

2021年11月,教育部成立大中小学思政课一体化建设指导委员会,并于23日发布《教育部大中小学思政课一体化建设指导委员会章程》。11月30日,教育部印发《高等学校思想政治理论课建设标准(2021年本)》,进一步加强高校思想政治理论课的宏观指导,规范组织管理、教学管理、队伍管理和学科建设。深入推进习近平新时代中国特色社会主义思想"三进",推动新发展阶段学校思政课高质量发展,充分发挥思政课立德树人关键课程作用。

2. 促进职业院校教育教学信息化

2021年8月3日,教育部公布《职业教育示范性虚拟仿真实训基地培育项目名单》,确定了215个职业教育示范性虚拟仿真实训基地培育项目。随后,教育部科技发展中心印发《职业教育示范性虚拟仿真实训基地建设指南》,以指导项目单位高效率、高质量开展建设工作,切实推进虚拟仿真技术与职业教育教学深度融合。

3. 确保实习实训工作规范有序

2021年12月31日,教育部等八部门印发《职业学校学生实习管理规定(2021年

修订)》,将实习融入校企协作育人范畴,进一步强调了学生实习的本质是教学活动,是实践教学的重要环节,明确了实习参与各方的责任、权利和义务,规范了实习各环节过程的基本要求及学生实习的行为准则,为实习管理划定了"红线"。

4. 技能大赛引领教育教学创新改革

2021年10月21日,教育部等三十五部门印发《全国职业院校技能大赛章程》,建立学校、省级、国家级三级竞赛体系,在高职组别中新增了本科层次,并对赛制、赛项承办、参赛选手条件进行了新的修订,进一步推进大赛科学化、制度化、规范化建设,确保大赛规范、公平、优质、高效、廉洁。

三、湖北职业教育"三教"改革的主要政策及施行效果

湖北先后出台《湖北省高水平高职院校和专业群建设计划实施方案》《湖北省优质中等职业学校和优质专业建设计划实施方案》《湖北省职业院校教材管理实施细则》《关于开展2021年全省职业院校课程标准研制工作的通知》等系列政策文件,指导全省职业院校开展有针对性和实效性的实践探索,进一步深化职业教育"三教"改革,为全省职业教育高质量发展提供有力支撑。

(一)聚焦教师专业发展,探索高质量教师培养模式

1. 完善评优推先机制,激励师资队伍发展壮大

通过开展"湖北名师工作室""荆楚好老师""湖北产业教授"等评选活动,着力提升教师思想政治素质、业务能力、育人水平与创新能力,培养了一大批优秀职业院校教师。2021年全省共有7人入选教育部职业院校教学(教育)指导委员会,75人入选全国行业职业教育教学指导委员会;立项建设10个第二批国家级职业教育教师教学创新团队,培育25个省级职业教育技能名师工作室;7个案例入选首批全国职业院校"双师型"教师队伍建设典型案例。

表 4-5 2020—2021 年职业教育"湖北名师工作室"主持人名单

序号	院 校 名 称	主持人	专 业 名 称	备 注
1	武汉船舶职业技术学院	黄 政	能源与动力工程	2020 年
2	湖北科技职业学院	於红梅	机械电子工程	2020 年
3	襄阳职业技术学院	马仁海	教育学	2021 年
4	武汉城市职业学院	熊娟梅	教育学	2021 年
5	长江职业学院	李梦玲	艺术学	2021 年

表 4-6 2021 年湖北省职业教育"荆楚好老师"及提名奖获得者

序号	院校名称	获奖教师	获奖类别
1	长江职业学院	韩淑萍	荆楚好老师
2	武汉软件工程职业学院	周雯	荆楚好老师
3	湖北生态工程职业技术学院	张华香	荆楚好老师提名奖
4	长江工程职业技术学院	陈志兰	荆楚好老师提名奖
5	武汉交通职业学院	李勤	荆楚好老师提名奖
6	湖北三峡职业技术学院	方毅	荆楚好老师提名奖
7	黄冈职业技术学院	傅景芳	荆楚好老师提名奖

表 4-7 2021 年度"湖北产业教授"名单

序号	院校名称	教授姓名	所在工作单位
1	武汉船舶职业技术学院	王祖华	中国船舶重工集团公司第七一九研究所
2	武汉职业技术学院	何俊	武汉光迅科技股份有限公司
3	黄冈职业技术学院	章少君	武汉创巍工程技术服务有限公司
4	襄阳职业技术学院	张雷	襄阳汽车轴承股份有限公司
5	武汉软件工程职业学院	董朝阳	武汉光谷信息技术股份有限公司
6	荆州职业技术学院	孟祥贵	荆州市红叶针织服饰有限公司
7	仙桃职业学院	刘菁	湖北羽林自动化设备有限公司
8	湖北三峡职业技术学院	李少平	湖北兴发化工集团股份有限公司
9	武汉电力职业技术学院	汤晓华	武汉市物新智道科技有限公司
10	长江职业学院	王世勇	武汉两点十分文化传播有限公司

表 4-8 湖北省入选教育部职业院校教学(教育)指导委员会名单(2021—2025 年)

序号	行指委	职务	姓名	单位
1	教育类专业教学指导委员会	委员	马仁海	襄阳职业技术学院
2	教育类专业教学指导委员会	委员	石芬芳	湖北幼儿师范高等专科学校
3	外语类专业教学指导委员会	委员	宁毅	武汉职业技术学院
4	文化素质教育指导委员会	委员	李洪渠	武汉职业技术学院
5	文化素质教育指导委员会	委员	郑柏松	黄冈职业技术学院
6	信息化教学指导委员会	委员	熊发涯	黄冈职业技术学院
7	信息化教学指导委员会	委员	杨德芹	三峡旅游职业技术学院

表 4-9　第二批国家级职业教育教师教学创新团队立项建设单位(湖北)

序号	院校名称	专业领域	专业名称
1	湖北科技职业学院	高端装备	工业机器人技术
2	武汉船舶职业技术学院	航空航天和海洋装备	船舶动力工程技术
3	湖北交通职业技术学院	现代交通运输	新能源汽车技术
4	武汉铁路职业技术学院	现代交通运输	动车组检修技术
5	武汉软件工程职业学院	新一代信息技术	软件技术
6	武汉职业技术学院	新一代信息技术	智能光电技术应用
7	武汉电力职业技术学院	新能源与新材料	风力发电工程技术
8	湖北生物科技职业学院	现代农业	畜牧兽医
9	黄冈职业技术学院	土木建筑	装配式建筑工程技术
10	湖北城市建设职业技术学院	土木建筑	智能建造技术

表 4-10　首批全国职业院校"双师型"教师队伍建设典型案例(湖北)

序号	案例名称	申报学校
1	高素质"双师型"教师队伍建设	鄂州职业大学
2	校企双向融合 教师内外兼修 打造双能型新双师	三峡电力职业学院
3	"双师型"教师队伍建设	武汉交通职业学院
4	"双师型"教师队伍建设	荆门职业学院
5	紧抓职业教育发展机遇 做一名新时代的高职教师	湖北生物科技职业学院
6	理论扎实 技能过硬——"双师型"教师养成记	长江职业学院
7	执着追求 厚德精业	鄂州职业大学

2. 加大师资培训力度,促进教师专业技能发展

2021年,湖北省继续执行《"职业教育赋能提质专项行动计划"承训机构单列核增绩效工资总量办法》,落实高等职业院校"实施学历教育与培训并举的法定职责",对承训机构进行绩效工资激励。加大"双师型"教师培训力度,先后举办"1+X证书种子教师研修""信息技术应用能力提升项目""课程实施能力提升"和"教师企业实践"等培训,切实提高"双师型"教师队伍整体技能水平。全省共19家全国重点建设职教师资培训基地及省级优质培训基地顺利完成培训任务。同时,全面规划和统筹国培项目任务,科学优化培训内容与方式,狠抓过程管理与质量监控。继续实施职业院校教师素质提高计划,共组织56个培训班次的专项培训、三大类培训项目,涵盖23个专业。

3. 健全赛事制度体系,提升教师教书育人能力

健全四级大赛体系,融合教研与科研项目,推动教师队伍专业能力升级。在省赛制度的牵引下,完善比赛激励制度,着力推动"三教"改革,促进"能说会做"的"双师型"教师成长。举办2021年全省职业院校教学能力比赛,公共基础课程项目首次实行推荐队和抽测队共同参赛改革试点,共评选出9个一等奖,20个二等奖,32个三等奖(不含抽测队)。举办2021年全省中等职业学校班主任能力大赛,共评选出8个一等奖、14个二等奖、20个三等奖。比赛期间,同步举办教学能力提升论坛,进一步提升教学能力大赛的影响力、凝聚力和推动力,全方位促进教师能力提升。

（二）规范教材管理制度,保证学校教材选用质量

1. 严把教材选用关

落实通用性教材"国家事权,凡编必审、凡选必审"的制度要求,建立健全职业院校教材编审选用机制。研究制定了《湖北省职业院校教材管理实施细则》,逐步完善校级层面教材管理制度体系建设,加强对教材工作的选用和管理。同时,全面开展职业院校已选用教材整治工作,对高等职业院校选用的教材开展直接自查与抽查;对中等职业学校选用的教材,按"一级统筹,分级管理"管理机制进行自查与抽查。

2. 开发建设优秀教材

为保证职业教育类型特色,提升技术技能育人水平,同时充分体现区域特色、产业特色、校本特色,湖北坚持以岗位需求、与时俱进与因地制宜三大原则实施教材改革。一是新形式教材开发。紧跟产业发展,融入新技术、新工艺、新规范,鼓励职业院校通过校企合作共同开发新形态一体化、工作手册式、活页式教材。二是特色产业教材建设。根据区域产业特色,鼓励职业院校因地制宜开发特色产业教材,增强教材适用性。三是优秀教材评选。2020年,湖北省教育厅印发《关于开展首届全国教材建设奖申报和初评推荐工作的通知》;2021年,在首届全国优秀教材评选中,湖北有28种教材获得职业教育与继续教育类二等奖。

案例4-4

武汉机电工程学校周志文荣获首届"全国教材建设先进个人"

经国务院批准,国家教材委员会于2021年10月12日在北京召开全国教材工作会议暨首届全国教材建设奖表彰会,省级设立分会场。武汉机电工程学校周志文作为全国教材建设先进个人应邀参加了在洪山礼堂设立的湖北省分会场会。本次表彰会共有999种教材、99个先进集体、200名先进个人受表彰。湖北省包括华中科技大学校长杨叔子、华师校长马敏、中南财大校长吴汉东等9人获得教材建设先进个人,周志文是湖北省唯一获教材建设先进个人的职业院校教师,也是全国两个中等职业学校获奖教师之一。

——资料来源:武汉机电工程学校网站 2021-10-22

(三)深化课程改革,提高人才培养质量

1. 适应常态化疫情防控,推进教学模式变革

近年来,湖北高职院校积极开展教学内容、教学方法、教学评价等方面的探索和改革,大胆推行面向企业真实生产环境的任务式教学模式,广泛采用项目式、情境式教学。随着疫情防控进入常态化,各高职院校积极探索线上线下混合式教学模式,促进信息技术与教育教学深度融合。2021年,全省高等职业院校线上开设课程15883门,线上课程课均学生数291.33人,比2020年增长24%。

2. 落实立德树人,强化课程思政

注重学生专业精神、职业精神、工匠精神的培育,提升人才质量和综合素质。引导教师落实课程思政建设要求,提升自身教育教学能力和专业实践能力。湖北省教育科学研究院根据国家中等职业学校公共基础课程标准,启动思想政治等6门公共基础课程实施指导意见研制。在全省职业院校教学能力大赛中,首次试点实行公共基础课推荐队和抽测队共同参赛,共评选出14个一等奖、34个二等奖、50个三等奖。

3. 强化人才培养标准,画好基准线

2014—2015年,湖北省教育厅相继印发《湖北省职业院校应用电子技术等六个中高职衔接专业教学标准(试行)》《湖北省职业院校旅游管理等五个中高职衔接专业教学标准(试行)》,要求各校在各专业教学实践中执行,努力提高教育教学质量,推动教学变革向专业化、标准化转变。2020年,湖北省教育厅印发《关于试点开展全省职业院校课程标准研制工作的通知》,以部分专业及课程为试点,启动全省职业院校课程标准研制工作,发挥标准在职业教育质量提升中的基础性作用。2021年,湖北省教育厅办公室印发《关于开展2021年全省职业院校课程标准研制工作的通知》,全面开展中高职14个专业近百门专业基础课程和专业核心课程的省级课程标准研制,确保人才培养目标精准对接职业能力标准。

案例4-5

武汉交通职业学院加强数字化教学资源建设

武汉交通职业学院主持国际邮轮乘务管理专业教学资源库建设,以培养国际邮轮乘务管理专业人才为核心目标,汇聚全国优秀专家团队,对接国际邮轮乘务管理专业教学标准,开发了44门课程以及"1+X"证书培训包等6大类课程体系,形成了以对接国际邮轮乘务管理岗位标准、聚焦邮轮职业教育"三教"改革、凸显国际邮轮乘务递进式实训的特色。目前,国际邮轮资源库项目的用户数达到65000多人,日志使用总量达489万次。

——资料来源:武汉交通职业学院网站 2021-09-23

（四）优化教学诊断，在全国产生品牌效应

1. 推进试点诊改复核工作

2015年，教育部印发《关于建立职业院校教学工作诊断与改进制度的通知》，提出逐步在全国职业院校推进建立教学工作诊断与改进制度，建立常态化的职业院校自主保障人才培养质量的机制。湖北省教育厅积极贯彻落实，成立了教学诊改专委会，制定全省诊改工作规划及实施方案，启动了全省职业院校教学诊改工作。2017年，本着点面结合、分步推进原则，结合院校主办方、地缘、办学基础、专业群分布、发展态势等因素，省教育厅确定45所职业院校作为省级诊改试点学校。2018年，湖北省先行先试，制定具体工作方案，形成了复核制度、标准、细则、程序、表单等，对8所试点院校开展了省级试验性复核，为全省推进诊改提供遵循。2019年，对12所高职试点院校开展了诊改省级抽样复核，对试点中职学校开展了试验性复核。截至2021年12月，共完成34所高职院校和9所中职学校教学诊改的复核工作。

案例4-6

湖北城市建设职业技术学院常态化开展教学诊断与改进工作

湖北城市建设职业技术学院教学诊断与改进工作坚持上下对标、真抓实干，避免项目化、运动式，要求个人诊改要契合自身实际和学校需求，课程诊改要注重团队和资源建设，专业诊改要对接国家发展战略、对标"双高"建设，首批通过了省级复核，有效提高了学校教育教学管理水平，增强了师生员工的满意度和获得感。该校王佑华教授总结的《把握"9性"有效推进内部质量保证体系诊断与改进工作》在许多高职院校推广。

——资料来源：湖北城市建设职业技术学院网站 2021-05-29

2. 完善诊改复核制度体系

2016—2021年，湖北先后出台了《湖北省高等职业院校内部质量保证体系诊断与改进工作实施方案（试行）》《高职院校内部质量保证体系诊断与改进复核工作方案》等有关制度18个，形成了诊改复核制度体系，为全省推进诊改提供遵循。探索建设省、市、校三级诊改研究和培训的"梯度研训"体系，提高职业院校教学诊改实施能力，构建了以"听、查、问、谈、看"五措并举、"调研访谈—预备复核—现场复核"三阶复核为核心的复核范式，形成"四位一体、梯度研训、五措并举、三阶复核"促进诊改工作机制，为全国诊改复核工作的开展贡献了"湖北范式"。各职业院校把诊改作为增强质量意识的抓手，均设置了专门的质量管理机构，构建了完善的质量保证组织体系，有效实施了学校、专业、课程、教师和学生五个层面的诊改，促进了人才培养质量的提高。

表 4-11　湖北省职业院校教学诊断与改进相关政策制度

序号	文 件 名 称	主 要 内 容
1	2016 年 6 月 23 日,省教育厅关于印发《湖北省中等职业学校教学诊断与改进工作实施方案(试行)》的通知(鄂教职成〔2016〕5 号)	明确了中等职业学校教学诊断与改进工作的原则要求、实施步骤和注意事项;推出了《中等职业学校教学工作诊断项目参考表》《中等职业学校教学工作自我诊断报告(参考格式)》
2	2016 年 6 月 24 日,省教育厅关于印发《湖北省高等职业院校内部质量保证体系诊断与改进工作实施方案(试行)》的通知(鄂教职成〔2016〕6 号)	明确了高等职业学校教学诊断与改进工作的原则要求、实施步骤和注意事项。推出了《湖北省高职院校内部质量保证体系诊断项目参考表》《内部质量保证体系自我诊断报告(格式)》
3	2018 年 6 月 11 日,省教育厅办公室印发《关于开展 2018 年高职院校教学工作诊断与改进抽样复核的通知》	从 2018 年起,在高职院校自主诊改基础上,组织对全省高职院校教学工作诊断与改进开展抽样复核;工作方案包括确定抽样复核院校、成立专家组、报送公示材料、专家组初审、进校现场考察复核、形成复核结论等方面
4	2019 年 1 月 25 日,省教育厅印发《关于公布第一批高职院校教学工作诊断与改进省级抽样复核结果的通知》	公布第一批高职院校教学诊断与改进省级抽样复核有效名单,包括襄阳职业技术学院、武汉职业技术学院等 8 所高职院校
5	2020 年 1 月 6 日,省教育厅《关于公布 2019 年高等职业教育有关工作结果的通知》(鄂教职成函〔2020〕1 号)	公布 2019 年高职院校教学诊断与改进省级抽样复核有效名单,包括黄冈职业技术学院、武汉船舶职业技术学院等 12 所高职院校
6	2020 年 7 月 3 日,省教育厅办公室《关于做好 2020 年职业院校教学工作诊断与改进省级抽样复核的通知》(鄂教职成办函〔2020〕5 号)	明确 2020 年湖北省高职院校教学诊改省级抽样复核名单及有关工作安排
7	2021 年 1 月 26 日,省教育厅《关于公布 2020 年职业教育有关工作结果的通知》(鄂教职成办函〔2021〕2 号)	公布 2020 年高职院校教学诊断与改进省级抽样复核有效名单,包括咸宁职业技术学院等 10 所高职院校、秭归职教中心等 3 所中职学校
8	2021 年 4 月 26 日,省教育厅办公室《关于做好 2021 年职业院校教学工作诊断与改进抽样复核的通知》(鄂教职成办函〔2021〕5 号)	明确 2021 年湖北省高职院校教学诊改省级抽样复核名单及有关工作安排
9	2022 年 1 月 12 日,省教育厅办公室《关于公布 2021 年职业教育有关工作结果的通知》(鄂教职成办函〔2022〕1 号)	公布 2021 年高职院校教学诊断与改进省级抽样复核有效名单,包括武昌职业学院等 4 所高职院校、黄梅理工中专等 6 所中职学校

四、湖北职业教育"三教"改革面临的困境及原因分析

"三教"改革作为增强职业教育适应性、突出类型教育定位、实现职业教育高质量发展的关键抓手,不仅要解决"谁来教""教什么""如何教"的问题,更要解决"如何高质量地教"与"如何教出高质量",湖北在实际改革过程中遇到办学机制、专业建设、教师队伍建设等多方面的问题。

(一)"双师型"教师队伍建设任重道远

1. "双师型"教师素质有待进一步提高

很多职业院校缺乏行业领军人物带动"双师型"师资队伍建设。"双师型"教师的培养主要依赖于学校的短期企业培训,缺乏长期的企业实践经验,导致教学脱离生产实际,不能很好地适应职业岗位的现状、需求及未来发展趋势,不能突显职业教育的类型特色。

2. 教师评聘制度有待进一步优化

目前职业院校招聘政策主要关注学术型人才,缺少降低学历要求以侧重于企业高级人才引进的具体政策支持。教师职称评聘制度还不能准确反映职业教育类型的"双师型"特点,现行的职业院校教师评聘制度主要强调学术成绩、科研成果等,缺乏对教师企业工作经验和实操能力的考核。

3. 专业教师综合能力有待提升

2021年全国职业院校技能大赛中等职业学校班主任能力比赛,湖北省仅武汉市体育运动学校获得1个三等奖。全国职业院校技能大赛教学能力比赛,湖北省获得中等职业学校中职公共基础课程组1个一等奖(武汉市供销商业学校),专业技能课程4个三等奖(武汉市第二轻工业学校、武汉市艺术学校、武汉市第一商业学校、湖北城市职业学校);高等职业院校专业技能课程1个三等奖(武汉电力职业技术学院)。总体而言,湖北省的获奖数量与湖北省职业院校的体量不匹配。

(二)职业院校教学信息化水平参差不齐

1. 信息化基础建设与应用有待加强

2021年,教育部确定215个职业教育示范性虚拟仿真实训基地培育项目,湖北省只有7个入围。部分职业院校在数字化教学资源建设上成效显著,但全省职业院校信息化基础设施建设和应用水平参差不齐,部分职业院校信息化管理平台建设尚不完善,"信息孤岛""数据壁垒"等现象仍然存在。

2. 教师信息化教学专业能力有待提升

一些职业院校教师信息化教学观念和意识淡薄,对office办公软件、多媒体教室

系统以及实时聊天工具等普遍掌握水平较高,但是对图片处理、动画制作、虚拟仿真等软件掌握程度很不均衡。部分教师对学校信息化平台有效数据应用能力不足,用数据支撑教育教学和管理决策的能力不够。

(三)校本教材改革创新意识有待增强

1. 特色校本教材建设水平有待提升

多年来,湖北高职院校将更多精力被在课程建设上,对课程改革中的"校本实施"重视程度不够,校本教材开发数量与质量都稍显不足,高质量的教材、有特色的新型教材不多,类似于工作手册形式的活页式教材开发不能满足实际需求。

2. 教材团队建设需要强化多方合作

教材编写主体大多来自在校教师,结构单一,导致校本教材内容职教类型特色不突出。在职教师虽然了解职业院校教学规律和学生情况,教学经验丰富,但普遍缺乏企业最新技术实操经验与知识、工作经验和实操背景,所编教材脱离生产实际,内容大量引用已有教材,不能很好地适应职业岗位的需求及未来发展趋势。

(四)教学质量诊断与改进能力有待提高

1. 认知偏差导致内生动力不足

教学诊改是职业院校从规模发展到内涵发展再到高位发展的诉求,需要激发职业教育内部自身的发展动力,但传统认知惯性削弱了职业院校对教学诊改的主动性。复核工作作为教学诊改工作的关键环节,起着承上启下、正本溯源、引领方向的重要作用。但在现实工作中,学校对诊改复核的地位和作用认识不足,诊改内生动力未能全面激发,内涵理解有误,评估情节严重;还存在畏难情绪、徘徊观望、诊改主体不明确、协同度低等问题。

2. 思维定式导致实施能力不足

不少职业院校在教学诊改实施过程中,未能摆脱传统质量管理定式,缺乏行之有效的实施办法,导致教学诊改效果差强人意。个别院校由各层面的职能部门代替主体规划诊改,通过压力层层传递的方式实施诊改,各个层面自我诊改、自我完善的目标难以实现,诊改复核现场汇报套路化、模式化,复核专家团队难以真实地掌握实际情况并进行有效指导,导致复核的精准度和全面指导系统性不足,复核结果应用性不够。

五、持续深化湖北职业教育"三教"改革的策略建议

"三教"改革不仅是一场自上而下的政策主导性改革,更是一场由内向外扩散的融合性改革。改革不仅要关注规模和外延,更要重视内涵和质量。要顺应产业发展实际

需求,将改革落实到教育教学的各环节和全过程,提高学生、教师、学校、企业、家长、社会等多方面的参与度。

(一) 以完善课程建设体系为统领,调动各层面参与改革的积极性

课程是教育思想、教育目标和教育内容的主要载体,是学校教育教学活动的基本依据,高质量的课程建设是"三教"改革得以深化的重要支撑,仅仅依靠职业院校来推动远远不够,需要政、校、行、企相互协调、共同推进。教育、财政、人社等省级相关部门要重视职业教育课程建设政策制度的顶层设计,突出项目引领,调动地方政府、各相关职能部门、职业院校、行业企业等共同制订课程建设政策制度,并推动执行落实;还要开展多方参与的课程建设质量评价评估,围绕课程建设"制度设计""制度执行"和"效果评估"等重要环节综合施策,以保障课程建设质量,强化课程建设对"三教"改革的引领。

(二) 以强化校企互通共融为载体,破除改革的机制性障碍

当下"三教"改革还存在体制机制不活、顶层规划缺失的难题。政策制定中,应进一步明晰"三教"改革主线,基于职业院校和企业利益共享、风险共担的基本原则,通过打造合作模式实体化、办学功能一体化的"校企共同体",激发企业参与"三教"改革的主动性,打通校企之间的组织"壁垒",真正实现校企之间资源的无障碍流通互融。在教师改革方面,以"校企共同体"为基础,通过充分的企业实践,提升教师队伍的实践教学能力和专业建设能力,打造专兼结合的"双师型"教学团队,实现专兼互补。在教材改革方面,以"校企共同体"为基础,加大行业企业参与职业院校教材开发的力度,将企业的新技术、新规范、新标准、新工艺融入教材之中,实现资源互通。在教法改革方面,以"校企共同体"为基础,推动课堂教学革命,打造理实一体化课堂,提升课堂教学生命力,实现理实互动。

(三) 以提升教育教学水平为支点,发挥教师在改革中的主体作用

教师是教学工作的主体,也是推动"三教"改革的主体,教学是教师工作的核心,改善教学行为,提升教学水平,是教师专业发展的根本目标。要通过政策指导职业院校进一步完善教师培训与考核标准,建立企业经营管理者、技术能手与职业院校管理者、骨干教师相互兼职制度,加强高水平教学创新团队、高素质"双师型"教师团队和跨界教师团队建设,探索多主体跨界协同教师培养路径。着力引导教师建立以学生为中心的教育教学理念,深入学习新技术、新方法,积极主动开发教学内容,将专业发展的重心放在不断提升教育教学能力和提高教育教学质量上来,培养造就更多教育情怀深厚、专业基础扎实、勇于创新教学、善于综合育人和具有终身学习发展能力的高素质专业化创新型教师。

（四）以加强省级规划教材建设为牵引，完善优秀教材选编体系

教材是教学改革的重要载体和体现形式，教材建设涉及教学内容、教学方法与手段、教学媒体等要素，对于教学改革具有重要的推动作用。要进一步严格落实国家关于教材管理的规定，切实做好省级教材建设规划，健全省级规划教材的标准与质量保障体系。充分发挥省级教学指导委员会、教学督导与评价在教材建设、教材选编、教材使用与监管中的作用，改变教师在教材编写、选用中的随意性，建立常态化的教材编写、选用审核与质量评价机制、梯次有序的省级教材建设联动机制。落实教材每三年一轮修订、及时动态更新的机制，提高优秀教材选用率，推动规划教材、特色教材、优秀校本教材和企业最新版的工作手册、最新的实践案例教材进入课堂。

（五）以深化教育信息化建设为突破，强化信息技术的融合应用

一是进一步提高职业院校对信息化建设重要意义和作用的认识，建立一支高素质的信息化建设专兼职管理队伍，促进全员、全过程、全方位信息化管理落地生根。二是以服务专业整体教学与实训为核心，推进媒体素材、微教学单元、网络课程、仿真实训软件等省级优质资源建设。三是进一步加强教师现代信息技术能力培训，持续提高教师运用移动互联网、物联网、云计算、大数据、VR等新一代信息技术的能力，推广以慕课、微课、虚拟课堂等为载体的空间教学、远程协作教学、移动学习等，普及线上线下混合式教学，提升教学效率。四是强化省级统筹。充分发挥省级职业教育资源公共服务平台的功能，宣传国家有关职业教育的方针政策，传播先进职业教育理念，交流职业教育先进经验，共享职业教育优质教育教学资源。

（六）以完善评价机制为手段，推动"三教"改革深入实施

"三教"改革不仅是围绕"教师、教材、教法"的改革，更要基于系统，联合制度、组织等进行综合实施，需要引导职业院校重构与改革相配套的激励、管理、保障、评价考核与反馈改进机制，确保改革的全过程有所依据和保障。一是完善职业院校教学诊断与改进制度。指导院校从学校、专业、课程、教师、学生五个方面，按照决策指挥、资源建设、支持服务、质量生成、监督控制等五个环节，以校本数据平台为依托，建立全覆盖、网络化的内部质量保证体系。二是完善教师评价、激励机制。把评价教书育人成效与服务社会绩效结合起来，把评价课堂教学效果和参与专业建设贡献结合起来，把教学要素（学生、同行、督导、管理部门）主观满意度评价与教学过程客观工作成果评价结合起来，确保教师评价的全面性、客观性和科学性。三是完善教学标准体系、评价体系。结合"1+X"证书制度，建立科学的学生学习质量监控体系，探索文化素质课程学业水平评价及专业能力评价制度，推进"学分银行"建设。此外，还要健全省级教材选编与监管机制，促进职业院校优化培养目标和培养过程，构建教育教学质量文化，营造教育

教学创新文化,推动教学质量持续提升。

（七）以强化政策执行监督为保障,促进改革落实落地

进一步强化信息公开制度建设,注重社会参与,建立省级职业教育政策执行的监督与评估机制。在监督方式上,注重政策执行过程的持续性,保障政策执行的连续性;在评估机制方面,注重职业院校自我评价、政府评价及第三方评价并重,保证过程的客观、公正;在信息公开方面,进一步规范政策公开及意见反馈的方式与渠道,广泛听取教育专家学者、职业院校一线教师、学生及社会大众的意见,全方位了解各方对"三教"改革的诉求,及时掌握改革政策在执行过程中的效果和问题,以便对政策及时调整与改进,保证职业教育政策制定、执行过程的民主化、规范化和实效性。

总之,在职业教育改革发展受到社会广泛关注的背景下,推进现代职业教育体系建设改革,深化职业教育"三教"改革,必须加强优质精品教材的开发和利用,提升学校关键办学能力,让职业教育"有学头";加强"双师型"教师队伍建设,培育一大批能工巧匠、大国工匠,让职业教育"有盼头";加强现代化教学方法的推广应用,拓宽学生成长成才通道,让职业教育"有奔头"。同时,还应着力破解校企深度合作的体制机制障碍,调动教师参与改革的积极性主动性,关注学生主体性的激发,以教学改革为核心,系统推进、综合实施,提升职业教育课堂效益、实训效果,从根本上解决职业教育发展动力、发展质量以及适应性等问题。

参考文献：

[1] 周建松,陈正江.高职院校"三教"改革:背景、内涵与路径[J].中国大学教学,2019(09):86-91.
[2] 刘丹.基于问题导向的职业教育"三教"改革路径探究[J].教育教学论坛,2020(07):369-370.
[3] 湖北省教育厅.湖北省高等职业教育质量年度报告(2021年度)[EB/OL]. http://jyt.hubei.gov.cn/zfxxgk/fdzdgknr_GK2020/tjxx_GK2020/202203/t20220311_4036829.shtml.
[4] 湖北省教育厅.湖北省中等职业教育质量年度报告(2021年度)[EB/OL]. http://jyt.hubei.gov.cn/zfxxgk/fdzdgknr_GK2020/tjxx_GK2020/202203/t20220311_4036797.shtml.
[5] 林克松,刘璐璐.职业教育"三教"改革的系统逻辑[J].当代职业教育,2021(04):44-50.

（本节执笔人：方芳　洪森）

第三节 推进职业学校兼职教师队伍建设

加强职业教育"双师型"教师队伍建设是我国职业教育"提高质量、提升形象"的内在要求,兼职教师不仅是促进产教融合、校企合作的重要力量,也是拓展职业教育"双师型"教师队伍的有效途径。本节以能工巧匠到职业学校担任兼职教师为例,分析企业能工巧匠到职业学校担任兼职教师的独特意义和目前存在的现实问题,提出加大政策供给、明确相关标准、创新管理制度、完善保障机制、构建校企利益共同体等策略建议,确保能工巧匠到职业学校担任兼职教师"进得来、留得住、用得上、教得好",助力现代职业教育赋能提质。

一、我国关于职业学校兼职教师队伍建设的政策演进

职业学校兼职教师因需求而产生,因发展而壮大,为解决人才培养中的实践教学难题发挥了重要的补充和辅助作用。为规范与扶持这支队伍的发展,国家和各省自20世纪80年代开始出台了一系列政策制度,为职业学校兼职教师队伍建设提供了政策支持和制度保障。

表 4-12 党的十八大以来国家关于职业学校兼职教师的政策要求

序号	政策文件	有关内容
1	2012年10月18日,教育部等4部委关于印发《职业学校兼职教师管理办法》的通知(教师〔2012〕14号)	共5章21条,明确了职业学校兼职教师的定义、比例要求、人员条件、聘请程序、组织管理、经费来源
2	2013年9月20日,教育部关于印发《中等职业学校教师专业标准(试行)》的通知(教师〔2013〕12号)	明确了中等职业学校教师专业标准的基本理念、基本内容、实施要求
3	2014年5月2日,国务院《关于加快发展现代职业教育的决定》(国发〔2014〕19号)	政府通过购买服务等方式支持学校按照国家规定自主聘请兼职教师。完善企业工程技术人员、高技能人才到职业院校担任专兼职教师的相关政策,兼职教师任教情况作为业绩考核评价的重要内容
4	2014年6月16日,教育部等六部门关于印发《现代职业教育体系建设规划(2014—2020年)》的通知(教发〔2014〕6号)	新增教师编制主要用于引进有实践经验的专业教师,到2020年,有实践经验的专兼职教师占专业教师总数的比例达到60%以上。落实职业院校用人自主权,鼓励职业院校按照国家相关规定聘请企业管理人员、工程技术人员和能工巧匠担任专兼职教师

续表

序号	政策文件	有关内容
5	2014年8月25日,教育部《关于开展现代学徒制试点工作的意见》(教职成〔2014〕9号)	各地要促进校企双方密切合作,打破现有教师编制和用工制度的束缚,探索建立教师流动编制或设立兼职教师岗位,加大学校与企业之间人员互聘共用、双向挂职锻炼、横向联合技术研发和专业建设的力度。合作企业要选拔优秀高技能人才担任师傅,明确师傅的责任和待遇,师傅承担的教学任务应纳入考核,并可享受带徒津贴
6	2015年7月27日,教育部《关于深化职业教育教学改革全面提高人才培养质量的若干意见》(教职成〔2015〕6号)	公共基础课和专业课都要加强实践性教学,实践性教学课时原则上要占总课时数一半以上。顶岗实习累计时间原则上以半年为主,可根据实际需要,集中或分阶段安排实习时间
7	2015年10月19日,教育部关于印发《高等职业教育创新发展行动计划(2015—2018年)》的通知(教职成〔2015〕9号)	加强以专业技术人员和高技能人才为主,主要承担专业课程教学和实践教学任务的兼职教师队伍建设。支持专科高等职业院校按照有关规定自主聘请兼职教师,学校在编制年度预算时应统筹考虑经费安排;加强兼职教师的职业教育教学规律与教学方法培训;把指导学生顶岗实习的企业技术人员纳入兼职教师管理范围。将企事业单位兼职教师任教情况作为个人业绩考核的重要内容。兼职教师数按每学年授课160学时为1名教师计算
8	2016年10月28日,教育部、财政部《关于实施职业院校教师素质提高计划(2017—2020年)的意见》(教师〔2016〕10号)	重点面向战略性新兴产业、高新技术产业等国家亟须特需专业及技术技能积累、民族文化传承与创新等方面专业,支持职业院校设立一批兼职教师特聘岗位,聘请企业高技能人才、工程管理人员、能工巧匠等到学校任教。兼职教师每人每学期任教时间不少于80学时
9	2017年12月5日,国务院办公厅《关于深化产教融合的若干意见》(国办发〔2017〕95号)	组织开展"大国工匠进校园"活动。实践性教学课时不少于总课时的50%
10	2018年2月5日,教育部等六部门关于印发《职业学校校企合作促进办法》的通知(教职成〔2018〕1号)	开展校企合作企业中的经营管理人员、专业技术人员、高技能人才,具备职业学校相应岗位任职条件,经过职业学校认定和聘任,可担任专兼职教师,并享受相关待遇。企业人员在校企合作中取得的教育教学成果,可视同相应的技术或科研成果,按规定予以奖励

续表

序号	政策文件	有关内容
11	2018年4月20日,教育部关于印发《中等职业学校职业指导工作规定》的通知(教职成〔2018〕4号)	中等职业学校应在核定的编制内至少配备1名具有一定专业水准的专兼职教师从事职业指导。鼓励选聘行业、企业优秀人员担任兼职职业指导教师
12	2019年1月24日,国务院关于印发《国家职业教育改革实施方案》的通知(国发〔2019〕4号)	建立健全职业院校自主聘任兼职教师的办法,推动企业工程技术人员、高技能人才和职业院校教师双向流动
13	2019年3月29日,教育部、财政部《关于实施中国特色高水平高职学校和专业建设计划的意见》(教职成〔2019〕5号)	聘请行业企业领军人才、大师名匠兼职任教
14	2019年5月6日,教育部等六部门关于印发《高职扩招专项工作实施方案》的通知(教职成〔2019〕12号)	加强高职院校教师队伍建设,通过资源整合挖潜一批、专项培训培育一批、校企合作解决一批、"银龄讲学"补充一批、社会力量兼职一批,加快补充急需的专业教师
15	2019年5月14日,教育部办公厅《关于全面推进现代学徒制工作的通知》(教职成厅函〔2019〕12号)	推广学校教师和企业师傅共同承担教育教学任务的双导师制度,校企分别设立兼职教师岗位和学徒指导岗位,完善双导师选拔、培养、考核、激励等办法,加大学校与企业之间人员互聘共用、双向挂职锻炼、横向联合技术研发和专业建设的力度,打造专兼结合的双导师团队
16	2019年8月30日,教育部、国家发展改革委、财政部、人力资源和社会保障部关于《深化新时代职业教育"双师型"教师队伍建设改革实施方案》的通知(教师〔2019〕6号)	设置一定比例的特聘岗位,畅通高层次技术技能人才兼职从教渠道,规范兼职教师管理。实施现代产业导师特聘岗位计划,建设标准统一、序列完整、专兼结合的实践导师队伍,推动形成"固定岗+流动岗"、双师结构与双师素质兼顾的专业教学团队
17	2019年9月5日,教育部等七部门《关于教育支持社会服务产业发展提高紧缺人才培养培训质量的意见》(教职成厅〔2019〕3号)	在职业院校实行高层次、高技能人才以直接考察的方式公开招聘,建立健全职业院校自主聘任兼职教师的办法
18	2020年9月16日,教育部等九部门关于印发《职业教育提质培优行动计划(2020—2023年)》的通知(教职成〔2020〕7号)	完善职业学校自主聘任兼职教师的办法,实施现代产业导师特聘计划,设置一定比例的特聘岗位,畅通行业企业高层次技术技能人才从教渠道,推动企业工程技术人员、高技能人才与职业学校教师进行"双向流动"

第四章　突出职业教育的类型属性　263

续表

序号	政 策 文 件	有 关 内 容
19	2021年1月22日,教育部办公厅关于印发《本科层次职业教育专业设置管理办法(试行)》的通知(教职成厅〔2021〕1号)	本专业的专任教师中,"双师型"教师占比不低于50%。来自行业企业一线的兼职教师占一定比例并有实质性专业教学任务,其所承担的专业课教学任务授课课时一般不少于专业课总课时的20%
20	2021年1月27日,教育部关于印发《本科层次职业学校设置标准(试行)》的通知(教发〔2021〕1号)	来自行业企业一线的兼职教师占比不低于专任教师总数的25%,承担专业课教学任务授课课时占专业课总课时的20%以上
21	2021年4月26日,教育部《关于学习宣传贯彻习近平总书记重要指示和全国职业教育大会精神的通知》(教职成〔2021〕3号)	加强师资队伍建设,坚决打破学历和文凭的条框限制,健全"固定岗＋流动岗"的教师管理制度,拓宽从行业企业选拔优秀教师的渠道,通过绩效工资奖励等多种方式,吸引优秀技术技能人才加入职业教育教师队伍
22	2021年7月29日,教育部、财政部《关于实施职业院校教师素质提高计划(2021—2025年)的通知》(教师函〔2021〕6号)	建立校企人员双向流动、相互兼职常态运行机制。支持职业院校设立一批产业导师特聘岗,聘请企业工程技术人员、高技能人才、管理人员、能工巧匠等到学校工作。工作内容主要包括承担教学工作,参与学校专业建设、课程建设,参与"双师型"名师工作室建设、校本研修、产学研合作研究等
23	2021年10月21日,中共中央办公厅、国务院办公厅《关于推动现代职业教育高质量发展的意见》(中办发〔2021〕43号)	支持高水平学校和大中型企业共建双师型教师培养培训基地,落实教师定期到企业实践的规定,支持企业技术骨干到学校从教,推进固定岗与流动岗相结合、校企互聘兼职的教师队伍建设改革
24	2022年5月1日,新修订的《中华人民共和国职业教育法》实施	国家鼓励职业学校聘请技能大师、劳动模范、能工巧匠、非物质文化遗产代表性传承人等高技能人才,通过担任专职或者兼职专业课教师、设立工作室等方式,参与人才培养、技术开发、技能传承等工作
25	2022年5月17日,教育部办公厅《关于开展职业教育教师队伍能力提升行动的通知》(教师厅函〔2022〕8号)	实施兼职教师特聘岗位计划。支持职业院校设立一批产业导师特聘岗,聘请企业工程技术人员、高技能人才、管理人员、能工巧匠等,采取兼职任教、合作研究、参与项目等方式到校工作,推进固定岗与流动岗相结合、校企互聘兼职的教师队伍建设改革。组建兼职教师资源库,在相关信息平台定期发布和更新,拓宽学校兼职教师聘用渠道

续表

序号	政策文件	有关内容
26	2022年7月25日,教育部等十部门关于印发《全面推进"大思政课"建设的工作方案》的通知(教社科〔2022〕3号)	通过建立健全兼职教师制度,形成英雄人物、劳动模范、大国工匠等先进代表,以及革命博物馆、纪念馆、党史馆、烈士陵园等红色基地讲解员、志愿者经常性进高校参与思政课教学的长效机制
27	2022年9月20日,教育部办公厅《关于进一步加强全国职业院校教师教学创新团队建设的通知》(教师厅函〔2022〕21号)	创新团队成员应包括公共课、专业课教师(含实习指导教师)和具有丰富工作经验的企业兼职教师,"双师型"教师占比不低于50%
28	2022年10月7日,中共中央办公厅、国务院办公厅《关于加强新时代高技能人才队伍建设的意见》	大力鼓励支持高技能人才兼任职业学校实习实训指导教师
29	2022年10月25日,教育部办公厅《关于做好职业教育"双师型"教师认定工作的通知》(教师厅〔2022〕2号)	职业教育"双师型"教师认定主要适用于职业学校的专业课教师。公共课教师、校内其他具有教师资格并实际承担教学任务的人员,正式聘任的校外兼职教师,以及其他依法开展职业学校教育的机构中具有教师资格的人员,在符合一定条件的前提下可参照实施

(一)国家关于职业学校兼职教师队伍建设的政策要求

1. 兼职教师的功能定位:侧重优化师资队伍结构,加强实践教学环节

兼职教师的功能也就是兼职教师在职业学校教师队伍建设中的作用和地位,随着我国职业教育的发展认识不断深化。最早关于兼职教师功能的表述是1986年,国家教委《关于加强职业技术学校师资队伍建设的几点意见》提出:"要重视兼职的作用,聘请有丰富实践经验又有教学能力的专业技术人员到校兼课,以加强教学与实践的联系",指出聘请兼职教师的功能是加强教学与实践的联系。1993年,国家教委、农业部林业部《关于加强农村、林区中等职业技术学校和农民中专农林类专业师资队伍建设的几点意见》指出:"从社会上聘任专、兼职教师,是职教、成教师资队伍建设的一条重要原则,不仅是解决中等职业技术学校、农民中专学校专业师资短缺矛盾的重要渠道,而且是增进职业技术教育、成人教育与社会生产的联系,办出特色,更好地为当地经济建设服务的重要措施。"从补充数量、加强与生产联系和服务区域经济三个维度强调了兼职教师的重要作用。2000年,教育部《关于加强高职高专教育人才培养工作的意见》指出:"积极从企事业单位聘请兼职教师,实行专兼结合,改善学校师资结构,适应

专业变化的要求。"从优化教师队伍结构上强调了对兼职教师的要求。2002年,教育部办公厅《关于加强高职(高专)院校师资队伍建设的意见》指出:"聘任兼职教师是改善学校师资结构、加强实践教学环节的有效途径。"2006年,教育部《关于全面提高高等职业教育教学质量的若干意见》提出,要大量聘请行业企业的专业人才和能工巧匠到学校担任兼职教师,逐步加大兼职教师的比例,逐步形成实践技能课程主要由具有相应高技能水平的兼职教师讲授的机制。2011年,教育部、财政部《关于实施职业院校教师素质提高计划的意见》指出,各省(区、市)要支持职业院校设立一批兼职教师岗位,建立科学合理的工作量考评和薪酬补助机制,逐步优化教师队伍结构,提高职业学校教育教学水平。2019年1月,国务院印发《国家职业教育改革实施方案》提出,建立健全职业院校自主聘任兼职教师的办法,推动企业工程技术人员、高技能人才和职业院校教师双向流动,强调校企双向流动的功能。2019年5月,教育部等六部委印发《高职扩招专项工作实施方案》,强调加强高职院校教师队伍建设,通过资源整合挖潜一批、专项培训培育一批、校企合作解决一批、"银龄讲学"补充一批、社会力量兼职一批,加快补充急需的专业教师,明确了聘任兼职教师是加强高职院校教师队伍建设的有效路径。

从以上政策文件不难看出,职业院校聘请兼职教师的作用突出表现在:补充教师数量不足,加强实践教学环节,优化教师队伍结构,适应产业转型发展、加强与企业和社会的联系等。兼职教师的功能定位从早期的补充数量不足,转变为加强实践教学环节、完成实践技能课程教学、建立专兼结合的"双师型"教师队伍。

2. 兼职教师的内涵界定:侧重具有较强实践经验和能力的专业技术人员、高技能人才

我国职业教育是从20世纪70年代末调整中等教育结构发展起来的,当时国家通过"改、建、扩"等形式大力发展职业教育,即通过把大量普通中学改办为中等职业学校、新建中等职业学校以及原有职业学校扩大招生规模来实施。这样,短期内职业教育取得了长足发展,致使职业教育师资严重不足,从社会上聘请兼职教师成为必然。1985年,《中共中央关于教育体制改革的决定》指出:"师资严重不足,是当前发展中等职业技术教育的突出矛盾",提出"各单位和部门办的学校,要首先依靠自身力量解决专业技术师资问题,同时可以聘请外单位的教师、科学技术人员兼任教师,还可以聘请专业技师、能工巧匠来传授技艺。"这是国家文件第一次提出了"兼任教师"的概念,同时指出可以聘请技师和能工巧匠作为兼任教师,即提出了职业学校教师队伍的"双师"结构。1986年,教育部《关于加强职业技术学校师资队伍建设的几点意见》指出:"兼职教师要占一定比例,做到专兼结合,以专为主。"国家文件首次提出了"兼职教师"的概念。1996年,《职业教育法》规定,职业学校和职业培训机构可以聘请专业技术人员、有特殊技能的人员和其他教育机构的教师担任兼职教师,赋予了兼职教师的法律地位,并对兼职教师的对象进行了界定。2002年,教育部办公厅印发《关于加强高职(高专)院校师资队伍建设的意见》,对兼职教师的含义作了如下界定:"兼职教师是指能够承担某一门专业课教学或实践教学任务、有较强实践能力或较高教学水平的校外专家。"首次对兼职教师的内涵作了比较明确地概述。2003年,教育部印发《高职高专学校人才培养工作水平评估方案(试行)》,提出兼职教师是指学校正式聘任的,能独立承担某一门专业课教学或实践教学任务的校外企业及社会中实践经验丰富的名师专家、高级技术人员或技师及能工巧匠,对兼职教师的概念表述得更加完善和具体,尤其是提出兼职教师是由学校正式聘任的。2012年,教育部等四部委印发《职业教育兼职教师管理办法》明确界定:兼职教师是指受职业学校聘请,兼职担任特定专业课或者实习指导课教学任务的专业技术人员、高技能人才。

从以上政策文件不难看出,对于兼职教师的提出和阐述是一个不断完善的过程,兼职教师的定义也逐步更加清晰和全面。主要突出了四点:一是聘任主体是职业学校;二是聘任流程必须经过严格的程序,正式聘任;三是岗位职责是能独立承担实践性较强的教学任务;四是主要对象是具有丰富实践经验的在岗高级专业技术人员、高技能人才或能工巧匠。

3. 兼职教师的来源范围:侧重企业的管理人员、专业技术人员和高技能人才

为了保证兼职教师队伍的质量,国家在多个文件中对兼职教师的来源作了明确规定,尤其重视专业技术人员。1985年,《中共中央关于教育体制改革的决定》指出:"可以聘请外单位的教师、科学技术人员兼任教师,还可以请专业技师、能工巧匠来传授技艺"。1996年,《职业教育法》规定:"职业学校和职业培训机构可以聘请专业技术人员、有特殊技能的人员和其他教育机构的教师担任兼职教师,有关部门和单位应当提供方便"。1999年,中共中央、国务院《关于深化教育改革全面推进素质教育的决定》要求:"注意吸收企业优秀工程技术人员和管理人员到职业学校任教。"2002年,教育部办公厅《关于加强高职(高专)院校师资队伍建设的意见》指出:"要重视从企事业单位引进既有工作实践经验、又有较扎实理论基础的高级技术人员和管理人员充实教师队伍,兼职教师主要从企业及社会上的专家、高级技术人员和能工巧匠中聘请。"2007年,教育部《关于"十一五"期间加强中等职业学校教师队伍建设的意见》指出:"'十一五'期间,中央财政安排专项资金,支持一批发展势头良好、社会声誉较高、专业师资紧缺的中等职业学校从社会上聘请在职或退休的专业技术人员、高技能人才兼职任教,以补充学校专业课和实习指导教师的不足。"2012年8月,《国务院关于加强教师队伍建设的意见》指出:"完善相关人事政策,鼓励职业学校和高等学校聘请企业管理人员、专业技术人员和高技能人才等担任专兼职教师。"2012年10月,教育部等四部委颁发《职业学校兼职教师管理办法》指出:"聘请的兼职教师一般应为企事业单位在职人员。专业教学急需的也可聘请退休人员。"2014年6月,教育部等六部委印发《现代职业教育体系建设规划(2014—2020年)》,要求"落实职业院校用人自主权,鼓励职业院校按照国家相关规定聘请企业管理人员、工程技术人员和能工巧匠担任专兼职教师。"2018年2月,教育部等六部门印发《职业学校校企合作促进办法》规定:"职业学校可在教职工总额中安排一定比例或者通过流动岗位等形式,用于面向社会和企业聘用经营管理人员、专业技术人员、高技能人才等担任兼职教师。"2019年3月,教育部、财政部《关于实施中国特色高水平高职学校和专业建设计划的意见》提出:"聘请行业企业领军人才、大师名匠兼职任教。"2019年8月,教育部等四部委印发《深化新时代职业教育"双师型"教师队伍建设改革实施方案》规定:"设置一定比例的特聘岗位,畅通高层次技术技能人才兼职从教渠道,规范兼职教师管理。"2020年9月,教育部等九部门印发《职业教育提质培优行动计划(2020—2023年)》提出:"完善职业学校自主聘任兼职教师的办法,实施现代产业导师特聘计划,设置一定比例的特聘岗位,畅通行业企业高层次技术技能人才从教渠道,推动企业工程技术人员、高技能人才与职业学校教师双向流动。"2022年5月1日,新修订的《中华人民共和国职业教育法》实施,规定:"国家鼓励职业学校聘请技能大师、劳动模范、能工巧匠、非物质文化遗产代表性传承人等高技能人才,通过担任专职或者兼职专业课教师、设立工作室等方式,参与人才培养、技术开发、技能传承等工作。"

从以上政策梳理可以看出,国家相关政策文件中关于兼职教师的来源规定,早期由于职业学校教师严重短缺,而且职业学校的课程大多是学科性的,因此,兼职教师聘请的渠道较宽。进入新世纪,尤其是2005年《国务院关于大力发展职业教育的决定》提出工学结合、校企合作的人才培养模式以来,强调来自企事业单位,尤其是聘请来自企业的管理人员、专业技术人员和高技能人才,而高技能人才又包括技能大师、劳动模范、能工巧匠、非物质文化遗产代表性传承人等,而且标准和要求越来越高,从一般专业技术人员提升到企业领军人才、大师名匠、高层次技术技能人才,并且通过设置特聘岗位来招聘。有些政策文件还对教学结构提出要求,间接促使职业学校聘请有实践经验的技能人才担任兼职教师。如,2015年7月,教育部《关于深化职业教育教学改革全面提高人才培养质量的若干意见》规定:"公共基础课和专业课都要加强实践性教学,实践性教学课时原则上要占总课时数一半以上。"2017年12月,国务院办公厅印发《关于深化产教融合的若干意见》规定:"实践性教学课时不少于总课时的50%"。企业能工巧匠最大优势就是"实践经验丰富",他们到职业学校担任兼职教师算是"英雄有了用武之地"。

4. 兼职教师的数量结构:侧重占教师队伍总量的30%左右

兼职教师比例的高低,既受职业学校校企合作程度、实践教学比例高低的影响,也受事业单位人事制度的制约。总的来看,随着我国职业教育产教结合、校企合作人才培养模式的不断推进,国家规定的职业院校兼职教师的比例不断提高。

关于中等层次职业学校兼职教师比例。2001年,教育部《关于"十五"期间加强中等职业学校教师队伍建设的意见》提出,到2005年兼职教师比例一般应不少于10%。2007年,教育部《关于"十一五"期间加强中等职业学校教师队伍建设的意见》提出,到2010年兼职教师占教师队伍总量的比例达到30%。2010年,教育部印发《中等职业学校设置标准》规定,职业学校聘请有实践经验的兼职教师应占本校专任教师总数的20%左右。2011年,教育部《关于"十二五"期间加强中等职业学校教师队伍建设的意见》提出,"十二五"末兼职教师占教师队伍总量的比例达到30%以上。2012年,人力资源和社会保障部印发《技工院校设置标准(试行)》《高级技工学校设置标准(试行)》《技师学院设置标准(试行)》,均明确提出拥有一支与办学规模、专业设置和培养层次相适应的专兼职教师队伍,兼职教师人数不得超过教师总数的1/3,也就是30%左右。

关于专科层次职业院校兼职教师比例。国家政策虽没有明确规定,但许多项目评估有效地引导了高职院校兼职教师队伍的建设。2000年,教育部《关于在高职高专教育中开展专业教学改革试点工作的通知》中关于"在高职高专教育示范专业评估指标体系"规定,来自企业的兼职教师所占比例大于等于30%的为优秀,大于等于15%的为合格。2003年,教育部印发《高职高专院校人才培养工作水平评估方案(试行)》,对兼职教师的合格比例作出了规定,兼职教师占专业课与实践指导教师合计数之比达20%以上的为优秀,10%左右的为合格,也就是说兼职教师占专业课与实践指导教师合计数的比例至少为10%。2006年,教育部《关于全面提高高等职业教育教学质量的若干意见》提出,"十一五"期间,100所国家示范性高职院校建设目标要达到两个1∶1,即专业课中专任教师与兼职教师之比达到1∶1,专业课中专任教师具有行业企业经历(三年以上)者与暂不具备此种经历者之比达到1∶1。"十二五"期间,国家新增100所左右骨干高职建设院校仍沿用了这一规定。2008年,教育部发布《高等职业院校人才培养工作评估方案》规定,核算教师总数时,兼职教师等非专任教师数按每学年授课160学时为1名教师计算,专兼教师之比无限制。2008年,全国高等职业院校外聘教师达到11.4万人,是2001年的72倍多,外聘教师达到专任教师的30.2%。2010年,教育部、财政部《关于进一步推进"国家示范性高等职业院校建设计划"实施工作的通知》规定,聘任(聘用)一批具有行业影响力的专家作为专业带头人,一批专业人才和能工巧匠作为兼职教师,三年建设期内,使兼职教师承担的专业课学时比例达到50%。

关于本科层次职业院校兼职教师比例。2021年1月22日,教育部办公厅印发《本科层次职业教育专业设置管理办法(试行)》提出,本专业的专任教师中,"双师型"教师占比不低于50%。来自行业企业一线的兼职教师占一定比例并有实质性专业教学任务,其所承担的专业课教学任务授课课时一般不少于专业课总课时的20%。2021年1月27日,教育部印发《本科层次职业学校设置标准(试行)》提出,来自行业企业一线的兼职教师占比不低于专任教师总数的25%,承担专业课教学任务授课课时占专业课总课时的20%以上。

关于职业教育兼职教师比例的综合表述:2012年10月,教育部四部委颁发《职业教育兼职教师管理办法》提出,兼职教师占职业学校专兼职教师总数的比例应在学校岗位设置方案中明确,一般不超过30%。2014年6月,教育部等六部门印发《现代职业教育体系建设规划(2014—2020年)》规定,根据职业教育特点核定公办职业院校教职工编制,新增教师编制主要用于引进有实践经验的专业教师,到2020年,有实践经验的专兼职教师占专业教师总数的比例达到60%以上。

案例4-7

部分省份结合实际提出兼职教师比例

2002年,安徽省印发《关于加强高职高专院校师资队伍建设的意见》提出,"十一五"期间,生产一线的兼职教师与专业课、实践课教师的比例不低于1∶7,有条件的学校争取达到1∶5以上。2011年,上海市印发《职业教育"十二五"改革和发展规划》提出,进一步优化中等职业学校师资队伍结构,"双师型"教师比例达到50%,兼职教师比例达到专业教师总量的30%;加强高职院校的专业教师培训,高职院校教师学历达标率达到100%,在专业基础课和专业课专任教师队伍中"双师"素质教师比例达到80%以上,来自企业的兼职教师达到40%以上。2016年,山东省出台《职业院校基本工作规范》提出,实施专业兼职教师聘用制度,落实专业兼职教师管理办法,公办院校教职工编制总额的20%可用于聘用专业兼职教师,专业兼职教师占比一般不超过30%。

——资料来源:根据网络资料整理

从兼职教师的政策演进来看,鉴于我国职业教育产教结合、校企合作的发展定位,无论是中等层次职业学校,还是专科、本科层次职业院校兼职教师人数占专任教师总数的比例在25%~30%之间是比较合理的,是符合国情的。当然不同地区、不同专业还是存在差异的。

5. 兼职教师的聘用条件:侧重具备良好的政治素质、职业道德、专业素养和较高的技能水平

兼职教师聘用条件直接影响教育教学质量和师资队伍建设水平。聘用条件的高低既受职业学校的现实需求影响,也取决于国家对兼职教师的重视程度以及相关待遇。关于兼职教师的聘用条件最初是针对实习指导教育提出的。1986年6月,教育部《关于加强职业技术学校师资队伍建设的几点意见》指出:"聘请有丰富实践经验又有教学能力的专业技术人员到校兼课"。2006年12月,教育部、财政部《关于实施中等职业学校教师素质提高计划的意见》提出:"实施中等职业学校紧缺专业特聘兼职教师资助计划,所聘兼职人员原则上应具有中级以上专业技术职务或高级工以上技术等级资格,具备良好的职业道德、专业素养和较高的技能水平,能胜任教育教学工作。"该文件对兼职教师的聘用条件作了较全面的规定。2012年10月,教育部四部委印发《职业学校兼职教师管理办法》,对职业学校聘请兼职的任职条件进行了更加全面的规定:"具备良好的思想政治素质和职业道德,遵纪守法,热爱教育事业,身心健康;具有较高的专业素养和技能水平,能够胜任教学工作;一般应具有中级以上专业技术职称(职务)或高级工以上等级职业资格(职务),特殊情况也可聘请具有特殊技能,在相关行业中具有一定声誉的能工巧匠、非物质文化遗产国家和省级传人;初次聘请的退休人员,离开原工作岗位的时间原则上不超过 2 年,年龄一般不超过 65 周岁,特殊情况可据学校需要而定。"2018 年 2 月,教育部等六部门印发《职业学校校企合作促进办法》规定:"开展校企合作企业中的经营管理人员、专业技术人员、高技能人才,具备职业学校相应岗位任职条件,经过职业学校认定和聘任,可担任专兼职教师,并享受相关待遇。"2022 年 5 月 1 日,新修订的《职业教育法》实施,规定:"具备条件的企业、事业单位经营管理和专业技术人员,以及其他有专业知识或者特殊技能的人员,经教育教学能力培训合格的,可以担任职业学校的专职或者兼职专业课教师"。

案例4-8

部分省份结合实际提出兼职教师聘用条件

2007 年,江西省《中等职业学校"特聘兼职教师"资助项目实施方案(试行)》提出,"特聘兼职教师"的基本条件是:具备良好的职业道德、专业素养和较高的技能水平,具有中级以上专业技术职务或高级工以上职业资格,或者是在相关行业领域享有较高声誉、具有丰富实践经验和特殊技能的能工巧匠,品行端正,身心健康,胜任相应的教学工作。2008 年,四川省《中等职业学校特聘兼职教师资助计划实施办法(试行)》提出,聘任兼职教师,须是企业或行业工作人员(在职或退休),是生产一线的技术骨干、高中级技术人员,具有工程师或高级工以上专业技术职务(工种),年龄一般在 55 岁以下(有特殊技术才能的专业技术人员可适当放宽条件)。2010 年,湖北省《中等职业学校楚天技能名师教学岗位制度实施办法(试行)》提出,兼职教师的基本条件:热爱祖国,教书育人,具有高尚的职业道德,为人师表,事业心强,具有团队精神,诚心传授技艺;长期在本专业(行业)技术领域或生产一线工作,具有高级技师职务或是具有一技之长的省级、国家级技术能手(大师、名师),熟练掌握教育理论和科学的教学方法;有良好的身体素质,能全身心投入受聘学校相关专业实训教学工作,保证聘期内每学年在受聘学校累计工作时间不少于 3 个月或上课 120 学时左右。

——资料来源:根据网络资料整理

从教育部和各省市关于兼职教师资格标准的相关政策文件不难看出,对于兼职教师的基本条件主要从以下几个方面进行规定:一是职业道德;二是专业素养和技能水平;三是中级以上专业技术职务或高级工以上职业资格(职务);四是能胜任教学工作;五是长期从事本职工作的在职人员,特殊情况可聘请退休人员,但对退休时间和年龄进行了限制。这些都是对兼职教师专业技术能力提出的明确要求,而对其教育教学能力的规定还不具体,缺乏可操作性,还需要在理论和实践中进一步完善。

6. 兼职教师的岗位职责:侧重承担特定专业课程教学、实践技能教学和其他项目合作

职业教育的主要特点在"职业"二字,主要培养高素质技术技能人才,要求教师既有专业理论知识,又具有实践操作技能,即通常所说的"双师型"教师。职业院校在编在岗的教师一般专业理论比较强,聘任兼职教师侧重完成实践教学任务和实习指导,强化技术技能的实操指导。对此,国家政策文件有明确的导向和要求。2002年5月,教育部办公厅《关于加强高职(高专)院校师资队伍建设的意见》提出:"兼职教师主要任务是承担某一门专业课教学或实践教学任务。"2006年11月,教育部《关于全面提高高等职业教育教学质量的若干意见》提出:"大量聘请行业企业的专业人才和能工巧匠到学校担任兼职教师,逐步加大兼职教师的比例,逐步形成实践技能课程主要由具有相应高技能水平的兼职教师讲授的机制。"2012年10月,教育部等四部委印发的《职业学校兼职教师管理办法》规定:"聘请兼职教师应重点满足面向战略性新兴产业、现代农业、先进制造业、现代服务业及特色专业的教学需要;应当为兼职教师创造良好的工作环境,鼓励、吸收兼职教师参加教学研究、专业建设和团队建设,支持兼职教师与专任教师联合开展企业技术攻关等。"2015年10月,教育部印发《高等职业教育创新发展行动计划(2015—2018年)》规定:"加强以专业技术人员和高技能人才为主,主要承担专业课程教学和实践教学任务的兼职教师队伍建设,支持兼职教师或合作企业牵头教学研究项目、组织实施教学改革。"2016年10月,教育部、财政部《关于实施职业院校教师素质提高计划(2017—2020年)的意见》规定:"支持兼职教师参与'双师型'名师工作室建设、校本研修、产学研合作研究等;组织具有绝招绝技的技能名师、兼职教师领衔,采取集中面授、项目合作研发相结合的方式,面向区域内中高职教师进行为期不少于4周的技术技能实训。"2021年7月,教育部、财政部印发《职业院校教师素质提高计划(2021—2025年)》提出:"支持职业院校设立一批产业导师特聘岗,聘请企业工程技术人员、高技能人才、管理人员、能工巧匠等到学校工作,工作内容主要包括承担教学工作,参与学校专业建设、课程建设,参与'双师型'名师工作室建设、校本研修、产学研合作研究等。"2022年5月,教育部办公厅印发《关于开展职业教育教师队伍能力提升行动的通知》提出:"支持职业院校设立一批产业导师特聘岗,聘请企业工程技术人员、高技能人才、管理人员、能工巧匠等,采取兼职任教、合作研究、参与项目等方式到校工作,推进固定岗与流动岗相结合、校企互聘兼职的教师队伍建设改革。"

从以上政策文件梳理可以得知,兼职教师的主要职责任务是担任特定专业课程和实践技能课程教学,同时承担一些教学研究项目、产学研合作研究项目、教材开发项目、实训基地建设项目和一定区域内师资培训。

7. 兼职教师的考核与待遇：按规定进行考核评价，支付薪酬，给予带徒津贴和教学成果奖励

兼职教师作为职业学校教师队伍建设的重要组成部分，国家在多个政策文件中对其管理作出了规定，以调动其教育教学的积极性，维护其合法权益。1986年6月，国家教委《关于加强职业技术学校师资队伍建设的几点意见》提出："从企事业单位、科研机构借调或派到职业技术学校任专、兼职教师（人事关系仍在原单位）的工程技术人员，应当保留原单位的职务和原有的技术职称，享受原有的福利待遇；原单位调资、提干和晋升职称，可根据其教学成绩评定。"2012年10月，教育部等四部委印发的《职业学校兼职教师管理办法》规定："职业学校要制订兼职教师评价标准，加强日常管理和考核评价，并将在职人员兼职任教情况及时反馈给其人事和劳动关系所在单位；除通过对口合作的企事业单位选派兼职教师以外，职业学校应与兼职教师签订工作协议；兼职教师为企事业单位在职人员，原所在单位和聘请兼职教师的职业学校应当分别为兼职教师缴纳工伤保险费；兼职教师在协议期内发生工伤，由兼职教师受到伤害时其工作的单位依法承担工伤保险责任；鼓励职业学校为兼职教师购买意外伤害保险。"2014年8月，教育部《关于开展现代学徒制试点工作的意见》规定："合作企业要选拔优秀高技能人才担任师傅，明确师傅的责任和待遇，师傅承担的教学任务应纳入考核，并可享受带徒津贴。"2015年10月，教育部印发《高等职业教育创新发展行动计划（2015—2018年）》规定："把指导学生顶岗实习的企业技术人员纳入兼职教师管理范围，将企事业单位兼职教师任教情况作为个人业绩考核的重要内容，兼职教师数按每学年授课160学时为1名教师计算。"2018年2月，教育部等六部门印发《职业学校校企合作促进办法》规定："企业人员在校企合作中取得的教育教学成果，可视同相应的技术或科研成果，按规定予以奖励。"2021年8月，教育部、财政部印发《职业院校教师素质提高计划（2021—2025年）》要求："建立校企人员双向流动、相互兼职常态运行机制。"

从以上政策文件的表述可以看出，国家对兼职教师的激励和保护主要有五个方面：一是薪酬待遇；二是社会保险；三是职务晋升、职称评定；四是科研项目；五是成果奖励。

8. 兼职教师的经费来源：侧重政府项目补助、财政专项支持、学校安排经费等多渠道

兼职教师虽早已有之，但其经费来源长期以来一直是学校自主行为。国家政策虽没有具体规定，但明确了筹资方向和渠道。"十一五"期间，教育部、财政部实施"中等职业学校教师素质提高计划"，中央财政投入1.2亿元用于支持地方特聘兼职教师，支持4500所中等职业学校从社会和企事业单位聘请了1.6万名专业技术人员、高技能人才担任兼职教师。这是国家首次通过项目的形式对职业学校聘请兼职教师给予财政上的支持。2012年10月,教育部等四部委印发《职业学校兼职教师管理办法》,从政策上明确了兼职教师经费来源的三条途径:一是建立政府、学校、企事业单位多渠道筹措兼职教师经费投入机制,保障兼职教师的报酬;二是有条件的地方,可以安排财政专项资金,用于支持发展势头良好、社会声誉较高、专业师资紧缺的职业学校聘请兼职教师;三是职业学校可以在事业收入中安排一定经费,用于支付兼职教师报酬。这一规定使兼职教师经费来源从以前的学校行为上升为国家行为,使职业学校支付兼职教师的报酬走出合理不合法的困境,地方政府支持职业学校聘请兼职教师有了政策依据,企事业单位提供兼职教师也"师出有名"。2014年5月,国务院《关于加快发展现代职业教育的决定》规定,政府要通过购买服务等方式支持学校按照国家规定自主聘请兼职教师。2020年9月,教育部等九部门印发《职业教育提质培优行动计划(2020—2023年)》提出:"完善职业学校自主聘任兼职教师的办法,实施现代产业导师特聘计划,设置一定比例的特聘岗位,畅通行业企业高层次技术技能人才从教渠道,推动企业工程技术人员、高技能人才与职业学校教师双向流动,特聘岗位需要专项经费支持。"2021年4月,教育部印发《关于学习宣传贯彻习近平总书记重要指示和全国职业教育大会精神的通知》强调:"坚决打破学历和文凭的条框限制,健全"固定岗+流动岗"的教师管理制度,拓宽从行业企业选拔优秀教师的渠道,通过绩效工资奖励等多种方式,吸引优秀技术技能人才加入职业教育。"

> **案例4-9**
>
> **部分省市多渠道筹措资金支持职业学校聘请兼职教师**
>
> 山东省实施"能工巧匠进职校"计划,省财政每年安排500万元专款,设立100个中等职业学校特聘技能教师岗位,每个岗位省财政补助5万元。湖北省设置"楚天技能名师"教学岗位,面向社会公开招聘技能名师,其中高职高专院校每年设岗100个左右,聘期2年,每人每年享受2万元的专门津贴。广西加强中等职业学校机构编制管理,明确中等职业学校人员编制由实名制、非实名制和后勤服务聘用人员控制数三部分组成,实名制用于配备学校办学长期需要的骨干专任教师、教学辅助人员和管理人员,非实名制用于聘用满足学校灵活办学需要的专任教师、教学辅助人员和管理人员,学校在规定范围内根据实际情况自行聘任兼职教师,财政根据每年聘任的兼职教师拨付聘用费用。
>
> ——资料来源:根据网络资料整理

从以上政策演进来看,随着我国职业院校兼职教师队伍的不断壮大,在"双师型"教师队伍建设中的地位和作用日益凸显,兼职教师的经费来源正逐步从项目驱动向长效财政拨款渠道转变,逐步走向规范化、制度化和长效化。

（二）国家关于职业学校兼职教师队伍建设的政策演进特点

1. 政策发展：从嵌入到专门

2012年之前，关于职业学校兼职教师的政策制度都是包含相关的文件中。最早关于职业教育兼职教师的文件是1985年颁布的《中共中央关于教育体制改革的决定》，文件指出，中职师资严重不足，可以聘请外单位的教师、科学技术人员兼任教师，还可以聘请专业技师、能工巧匠。1986年，国家教委出台《关于加强职业技术学校教师队伍建设的几点意见》提出，聘请有丰富实践经验又有教学能力的专业技术人员到校兼职。历经十年的发展，1996年颁布的《中华人民共和国职业教育法》提出："职业学校和职业培训机构可以聘请专业技术人员、有特殊技能的人员和其他教育机构的教师担任兼职教师。"此后各类政策文件中都有涉及。随着国家对职业教育的重视和相关政策的出台，兼职教师数量不断增长，国家加大了政策支持力度，尤其是2012年教育部等四部委印发的《职业教育兼职教师管理办法》，对职业学校聘请兼职教师的条件、程序、组织管理和经费来源做出了详细规定，标志着我国兼职教师有了专门的国家制度，填补了我国职业教育兼职教师政策上的空白。

2. 政策延伸：从中央到地方

自2012年国家出台专门政策后，全国各省市纷纷由教育行政部门牵头，联合财政、人社等部门出台专门的职业学校兼职教师管理规定或办法，明确职业学校兼职教师的聘任对象、聘任条件、聘请程序和管理考核。例如，上海市2009年出台了《中等职业学校特聘兼职教师资助工作的通知》，对特聘兼职教师给予资助。山东省2013年分别就中职和高职各出台了一个兼职教师管理办法，采用非实名制编制动态管理办法，由学校自主聘用专业兼职教师；对教学急需的技术技能人才，允许先行参加教师招聘考试，符合要求者先录作兼职教师，待取得教师资格证书后再转为正式教师。不少职业院校结合实际出台了兼职教师管理办法和实施细则。如《三峡旅游职业技术学院兼职教师聘用管理办法（修订）》（2012年），明确了兼职教师的人员条件、聘用程序、组织管理、目标考核、薪酬待遇等，比较具体、可操作。

3. 政策导向：从数量到质量

纵观职业教育兼职教师政策的发展，政策目标不断变化。而政策的产生与当时的社会背景密切相关。20世纪80-90年代，我国处于市场经济初期，社会对职业人才需求增大，中等职业教育处于发展壮大阶段，但是师资严重缺乏。为解决师资不足问题，同时也为促进职业教育与社会生产的联系，1985年的《中共中央关于教育体制改革的决定》、1991年的《国务院关于大力发展职业技术教育的决定》和1993年的《关于加强农村、林区中等职业学校和农民中专农林类专业师资队伍建设的几点意见》都提出，采用"聘用兼职教师"的方法解决专业师资短缺的矛盾。随着职业教育师资队伍建设的完善和充实,数量不足已经不是最主要的矛盾,提高职业学校教师队伍质量成为首要问题。因此,聘任兼职教师成为提高职业学校师资队伍实践能力的有效途径。2002年5月,教育部《关于加强高等职业(高专)院校师资队伍建设的意见》明确地转变了政策导向,提出"聘任兼职教师是改善学校师资结构、加强实践教学环节的有效途径。"2019年3月,教育部、财政部《关于实施中国特色高水平高职学校和专业建设计划的意见》提出,聘请行业企业领军人才、大师名匠兼职任教。2022年5月,教育部办公厅《关于开展职业教育教师队伍能力提升行动的通知》提出,启动建设一批国家级"双师型"名师(名匠)工作室和技艺技能传承创新平台,由院校教学名师或具有绝招绝技的技能大师(专兼职)组建。由一般的"技术人员"到"领军人物"到"技能大师",国家对兼职教师的素质要求越来越高。

4. 政策界定:从泛化到具体

根据1985年《中共中央关于教育体制改革的决定》,兼职教师既可来源于外单位的教师、科研技术人员,也可以是企业的专业技师、能工巧匠。1996年《中华人民共和国职业教育法》提出,职业学校和职业培训机构可以聘请专业技术人员、有特殊技能的人员和其他教育机构的教师担任兼职教师,有关部门和单位应当提供方便。可见,以上政策文本中对聘用的兼职教师的来源不仅包括企业一线技术人员还包括院校和科研院所的教师或科技人员。随着政策目标由补充数量到提高质量的转变,政策所指的聘用对象来源范围也发生转变。2012年10月的《职业学校兼职教师管理办法》规定,兼职教师是兼职担任专业课或实习指导课教学的专业技术人员、高技能人才。2019年8月的《深化新时代职业教育"双师型"教师队伍建设改革实施方案》提出,实施现代产业导师特聘岗位计划,建设标准统一、序列完整、专兼结合的实践导师队伍,推动形成"固定岗+流动岗"、双师结构与双师素质兼顾的专业教学团队,要求更具系统性、整体性、针对性。

5. 政策工具:从鼓励到规范

一项政策目标的实现往往离不开政策工具的运用。职业学校兼职教师政策措施的发展从鼓励聘用开始,到规定兼职教师比例,再到专门政策对聘用、管理和报酬等进行全面规范,从单一措施发展到系统化措施。从1985年的《中共中央关于教育体制改革的决定》开始,在《关于加强中等职业学校教师队伍建设意见》和《国务院关于大力发展职业教育的决定》中,一般使用"聘请""要聘请""从社会上聘请""可以聘请"等政策用语,体现了鼓励职业学校聘请兼职教师的政策导向。2001年出台的《关于"十一五"期间加强中等职业学校教师队伍建设的意见》提出,兼职教师的比例一般应不少于10%,由鼓励性政策变成规范性政策。随着兼职教师在技术技能人才培养中重要作用的突显,对兼职教师比例要求不低于30%,还从经费来源、聘用、培训、管理和考核等方面进行了规范,形成了系统化、规范化的政策措施。2019年1月,《国家职业教育改革实施方案》规定,建立健全职业院校自主聘任兼职教师的办法,推动企业工程技术人员、高技能人才和职业院校教师双向流动,明确了职业学校是兼职教师的聘用主体。2021年10月,中共中央办公厅、国务院办公厅《关于推动现代职业教育高质量发展的意见》提出,支持高水平学校和大中型企业共建双师型教师培养培训基地,落实教师定期到企业实践的规定,支持企业技术骨干到学校从教,推进固定岗与流动岗相结合、校企互聘兼职的教师队伍建设改革,明确了双向流动、校企互聘、共建共享的规范要求。

二、企业能工巧匠到职业学校担任兼职教师的独特意义

一般说来,职业院校的兼职教师有离退休返聘人员、技能大师、劳动模范、能工巧匠、非物质文化遗产代表性传承人等高技能人才。由于能工巧匠大都是技术骨干,有"独门绝活",相对于"大国工匠"更"经济实惠",相对一般技术人员更"成熟老练",能多快好省地进行技术传授和指导,比较受学校的欢迎和学生的青睐。因此,聘请能工巧匠担任职业学校兼职教师具有独特意义。

(一)有效优化师资队伍结构

"双师型"师资队伍建设,是提升职业学校综合实力和核心竞争力的"发动机",是学校内涵发展和可持续发展的必要保证。但很多职业学校专业教师大多科班出身,有深厚的知识底蕴和理论教学功底,但往往对企业生产实践和专业技能了解不够、把握不准,导致教学改革方向和思路不明确。部分教师在课堂教学过程中容易出现过多讲授理论知识、具体实践活动偏少的现象,实践教学能力不足。而企业的能工巧匠长期从事一线生产工作,掌握着最新的生产技术、管理手段,了解企业岗位需求最直接信息,拥有"一体化"教学急需的教学项目和教学案例,能有效参与人才培养方案、课程设计,指导学校开好技术技能实训课程。因此,引进企业的能工巧匠加入师资队伍,通过校企合作、强强联手,充实职业学校的师资力量,是调整和优化师资队伍结构的有效方式和手段。

(二)有效提升学生实践操作能力

长期以来,职业学校的理论教学课程基本上由学校教师承担,而学校大部分教师是理论知识较强而实践经验比较欠缺,对于一些抽象性较强的知识,学生难以理解,导致上课学生感觉枯燥,教学效果不理想,影响了教学质量和学生能力提高。同时,专业课老师由于实践经验有限,理论联系实际略显不足,学生学习兴趣不高,导致学生走上就业岗位后不能将所学知识应用于实际工作;而且班级教学以固定的几名教师完成,长时间后学生容易厌倦,老师很难和学生形成有效互动,课堂教学形式呆板,使教师的教学和学生的学习缺乏活力。企业的能工巧匠走进校园,传授专业知识与技能,讲授企业文化及管理,有较强的现场感、针对性、实操性,能让学生充分了解企业的岗位职能、工作规范,学生掌握的专业知识更加贴近企业岗位需

求,能有效激发学生的学习兴趣,增强学生的实践能力,又能有效提高学生的职业道德、职业素养,让学生有机会感受到企业家创新、敬业、执着的工作精神,帮助学生建立职业认同感。很多企业兼职教师团队还参与到专业教学计划的制定、实训实习的指导、课件的编写、综合考核评价学生等教学活动中,进一步丰富了产教融合、校企合作、工学结合的内容,培育出一批又一批适销对路的技术技能人才,有效化解学生"就业难"和企业"用工荒"的矛盾。

(三)有效提高教育教学质量

能工巧匠长期在企业生产、技术、管理和服务一线工作,积淀和摸索出一套"独门绝活",他们技能功底扎实、实践经验丰富、企业文化认识深刻,掌握大量的生产案例典型。他们到职业学校担任兼职教师,不仅能够独立承担一门学科的教学任务,熟练地向学生展现企业中的工作环境和流程,生动形象地实现理论联系实际,让学生有亲临工作岗位的感受,更容易接受知识。很多能工巧匠具备在企业带徒弟的经验,对于学生在操作中可能出现的问题,能提前提出预案并提醒学生注意,更贴近技能人才培养的需求。同时也给学校带来新的生机和活力。另外,引进一个能工巧匠,还可以提升一个专业(群),带动一个教学团队。师傅聘进门,人人做匠人。能工巧匠进校园任教,发挥"鲶鱼效应",激活整个教师队伍。能工巧匠是一线技术人员,长期从事实践操作或项目管理,对设备使用维护、业务操作方面非常在行,操作过程快速、熟练,对解决实训操作中的技术难题有很大的优势和帮助。

(四)有效促进校企合作

实行"专业教师进企业,能工巧匠进校园"的合作模式,实现专业能力培养与职业岗位零距离对接,是构建技能型人才培养新模式的有效途径,只有校企互动,走产、学、研、鉴、赛一体化道路,深化校企合作运行的机制,才能真正实现校企互惠双赢,最终促进学校专业发展。现实中,学校要培养什么样的人才,企业需要怎样的人才,不是由学校说了算,而是企业说了算。企业的能工巧匠具有丰富的实践经验和专业技术能力,熟悉企业工作实际和行业发展,他们参与到学校的专业建设中,参与到学校人才培养过程中,不仅有利于学校的专业建设、人才培养,而且有利于企业解决所需人才与学校培养人才的脱节问题。因此,聘请能工巧匠担任兼职教师是深化校企合作的一种形式,有利于学校的所教所学对接企业的所需所求,有利于学校对接产业结构、专业对接行业企业、毕业生对接职业岗位。

(五)有效推进教师管理创新

师资管理是维护职业学校正常教育教学秩序、实现高质量发展的基本保证。我国现在大多数职业学校是按照传统的"人事""行政""计划"来实施管理,往往容易产生"铁饭碗"的弊端,缺乏应对社会发展的灵活性。不同类型的教师在专业领域、岗位性质、服务类型和面向群体等方面差异性较大,如果不能实现分层分类管理,只用一把标尺去衡量,既很难体现对职业教育教师社会角色的尊重,也不利于激发职业教育教师的主观能动性。兼职教师特别是能工巧匠作为学校教学力量的有益补充,机动性、流动性比较大,不能用"编制""行政""学历""职称"等"硬杠杠"去衡量,必须推进管理创新,采取更加"市场化""人性化""灵活化"的管理模式,激发人才动力,盘活人才资源。

(六) 有效激发能工巧匠实现社会价值

能工巧匠一般在生产一线、具有较高的技术技能,如果到职业学校担任兼职教师还必须具有一定的理论基础、教育教学能力和技巧。这就迫使他们对"一技之长"特别是"独门绝活"进行总结提炼,上升到理性认识,形成一套理论体系;同时还必须加强教材教法的学习,这样才能有效把技术技能传授给学生(学员),否则"茶壶里煮饺子——有货倒不出",或者说不能快捷、精准地传授,难以达到理想的效果。能工巧匠进课堂或实训基地后,通过兼职授课、教学相长,对自己的素质和技能是一种促进和提高,也能有效地将"个体技能"转为"社会价值"。如果开展团队教学,通过传、帮、带的形式,互帮互助,既让学校专职教师在教学过程中提高专业技术能力,又使能工巧匠的教学能力得到逐步提升。同时,能工巧匠到职业学校担任兼职教师,身份由"师傅"变成"教师"、由"技术员"变成"实训师",工作场景由"工厂"变成"校园"、由"车间"变成"班级",在适应新的角色和环境中,人格尊严和自身修为也会在潜移默化中得到提升。

(七) 有效弘扬工匠精神

能工巧匠不仅有"拿手绝活""独门绝技",还有一种精神特质,这就是:"择一事终一生"的执着专注,"干一行钻一行"的精益求精,"偏毫厘不敢安"的一丝不苟,"千万锤成一器"的卓越追求。这种"工匠精神"不仅是企业发展的资源和财富,也是职业教育发展的资源和财富。三百六十行,行行出状元。尊重劳动者、弘扬工匠精神,不仅是对技能人才的鼓舞和引导,也会在全社会形成良好的风尚和导向,让更多高技能人才脱颖而出。推进能工巧匠进校园、进课堂、进基地,不仅让师生与技术能手零距离接触,学"绝活"、长本领,还学习他们在专业上精耕细作的态度和精益求精的精神,有利于培育学生崇高的职业理想和良好的职业素养,朝着"技能出众、人生出彩"的目标努力。同时,企业把培育和弘扬工匠精神作为职工继续教育的重要内容,有利于增强职工对职业理想、职业责任和职业使命的认同与理解;也能有效利用和共享社会优秀人才资源,有利于在全社会营造"劳动光荣、技能宝贵、创造伟大"的良好氛围。

案例4-10

恩施职业技术学院：以非遗传承课堂为平台弘扬工匠精神

恩施职业技术学院高度重视非物质文化的传承和保护工作。2020年，学校将恩施市级非遗项目"漆器髹饰技艺"引入课堂，聘请恩施市非物质文化遗产"漆器髹饰技艺"传承人邓安辉担任兼职教师。三年来，200多名学生和他一起学习漆器髹饰技艺，在"建行杯第七届中国国际互联网＋大学生创新创业大赛""湖北省楚凤巧手创意设计大赛""湖北省大学生文化创意作品大赛"等众多赛事中获得省级金奖1项、二等奖3项、三等奖4项。学校还筹资新建了恩施玉露茶制作技艺、土家吊脚楼营造技艺、恩施傩戏傩面具制作等大师工作室，让民族非遗文化活态传承下去。

——资料来源：湖北高校思政网 2022-05-30

三、企业能工巧匠到职业学校担任兼职教师的现实困境

职业教育在人才培养过程中不同于普通教育以学校教师为主进行教学，而是更加注重产教融合、校企合作、工学交替，采用校企"双导师"联合育人，其中企业兼职教师是非常重要的一个基础条件，但在实际工作中普遍存在教学效果不理想、授课时间不固定、教学组织难实施等问题。尤其是能工巧匠本身具有特殊属性，到职业学校担任兼职教师仍然面临不少的困难和问题。

（一）政府层面：存在"不愿管、管不着、无力管"等现象

1. 配套政策滞后

《国务院关于加快发展现代职业教育的决定》（2014年）提出："政府要支持学校按照有关规定自主聘请兼职教师。完善企业工程技术人员、高技能人才到职业院校担任专兼职教师的相关政策，兼职教师任教情况应作为其业绩考核评价的重要内容。"现实中，一些地方政府认为，聘请兼职教师是职业学校的自主行为，是学校和企业之间的"自由恋爱"，用不着"横插一杠"，搞"拉郎配"，因而很少出台与兼职教师管理相关的激励政策，没有很好发挥指导和推动作用。虽然教育部等四部委2012年出台了《职业学校兼职教师管理办法》，但大多地方落地与操作性政策迟迟未出台。同时，由于学校属于人事招聘，没有权利直接从企业进行招聘，导致职业院校在管理上未能灵活有效处理兼职教师"空间异地"与"时间交叉"问题，使得兼职教师不能"放心"投入教育教学和企业生产实践，削弱了企业技术人才兼职任教的积极性。

2. 人才标准难以统一

目前，国家层面缺乏统一的兼职教师引进标准和管理标准，主要原因是标准难以

统一。首先,不同专业或行业的技术人员结构不同,有些行业有较多的高学历、高职称人员,有些行业则会出现低学历、低职称人员但有实践动手能力的情况。因此,对兼职的要求就难以采用统一的标准。其次,不同区域的人才资源差距很大,高学历、高素质人才相对集中在一线城市和省会城市,如上海、杭州、广州、深圳等聚集了大量优秀人才,职业学校就容易聘请到高学历、高素质的兼职教师,但对三、四线城市来说就存在很大的困难。再次,各地的产业发展各有特点。如浙江,以民营经济为主,而民营企业中技术人员的学历普遍偏低,部分已经成长成为企业核心骨干的员工普遍只是本科和专科学历,高学历员工较少。因此,职业院校在聘任兼职教师时经常出现高能力却低学历、低职称现象,导致无法支付恰当的报酬,兼职教师聘用缺乏可持续性。

3. 缺乏经费支持

调研发现,60%以上的学校自筹经费用于支付兼职教师报酬,30%的学校来自同级财政或专项,6%的学校由校企共同支付,4%的学校以其他方式支付。50%以上的学校没有经费支持聘请兼职教师,只能从公用经费中列支,加重学校经济负担,学校积极性大大削减。这主要源于地区发展不平衡,学校发展定位不一。由于经费不足,导致兼职教师权益保障及激励制度单一。尽管一些职业院校采用提高薪酬、优化环境等措施吸引企业技术人才担任兼职教师,但由于企业薪资远比学校报酬更具竞争力,企业技术人才并不愿意到校任教,职业学校兼职教师陷入"引不进、留不住"的尴尬境地。

(二)学校层面:存在"请不到、请不起、难管理"等现象

1. 缺乏对兼职教师概念界定的科学认识

有关兼职教师的政策对兼职教师的界定经历了从泛化到具体的过程。2012年教育部等四部委印发的《职业学校兼职教师管理办法》中所称兼职教师,是指受职业学校聘请,兼职担任特定专业课或者实习指导课教学任务的专业技术人员、高技能人才,因此不包括担任公共文化课的兼职教师。但是,教育部公布的《中国教育统计年鉴》中,兼职教师又包括公共文化课教师。许多职业院校把"代课教师""外聘教师""临聘教师""编外教师"等一律称为兼职教师。此种做法不仅混淆了兼职教师与各种"代课教师"的概念,也在很大程度上干扰、制约了兼职教师队伍的建设。

2. 缺乏对兼职教师队伍建设的整体规划

很多职业学校对兼职教师的聘任缺乏必要的人力资源规划,大多是一种临时解决专职教师不足的应急性乃至应景式措施,没有对各专业教师岗位进行详细的职位分析,缺少事先整体性规划和制度性安排,导致兼职教师队伍建设的顶层设计不完善,造成"只管不理"的问题,不利于人才培养方案的落实,也难以实现教师资源的合理配置。究其原因,主要是兼职教师来源单一,"不好找"。特别是能工巧匠,大多数企业并没有"明确标签",也没有"明码标价",学校不知从何处找。有明确身份标签的高层次技术

人员，比如高级技师、特级技师、首席技师等，他们本身就是企业国宝级的"大熊猫"，学校很难请到；就是请到了，也难以针对他们的"身价"支付劳务报酬。给低了，达不到预期值，能工巧匠不来；给高了，又不符合财务管理规定，"钱用不出去"。因为能工巧匠大都学历、职称并不高，待遇定高了，没有政策依据。"高不成低难就"，让学校处于"两难"境地。再就是一些职业院校特别是中职学校，经费运转本来就捉襟见肘，要养个大师级的能工巧匠，根本就没那个"闲钱"。

3. 缺乏务实管用的选聘资质标准

职业院校在选聘兼职教师时，按照有关要求，应将教师的学历作为关注点之一。但是部分高职院校将教师学历作为应聘的唯一条件，忽略了对教师教学水平以及道德品质的考查。这样就会出现应聘的教师空有经验，而实际教学能力水平"不咋地"，导致在实际的课堂教学中，学生的课堂吸收效果不很理想，无法保证整体的教育教学质量。实际上，学校最需要的是动手操作技能强的兼职教师，尤其是能工巧匠式的"大师"级人才。而这些人往往学历低、职级低，有技能证，没有教师证，有的是难以考取教师资格证，因而无法进入职业学校兼职。还有部分职业学校兼职教师招聘的渠道不透明，招聘信息不公开，未经过严格的遴选，大都由合作单位指定，或者是内部推荐，导致"师质"审查不严，无法择优录用，造成兼职教师的授课质量良莠不齐。

4. 缺乏定时定量的教育教学能力培训

来自企业的兼职教师往往没有参加教师资格证考试的动力和愿望，他们的教育学、教育心理学等知识比较匮乏，不利于其教学能力的提升。特别是随着信息技术的发展，信息化教学方法和教学手段在教育教学中得到广泛应用，但很多来自企业的兼职教师除了会简单的 PPT 制作和应用外，其他信息化教学手段、教学平台的应用不多。因此，来自企业的兼职教师渴望学校对他们进行教育学、教育心理学等基本知识、教育教学方法和技能、科研能力及与学生的沟通技巧等方面的培训。而且一般说来，来自企业的兼职教师具有足够的专业知识和熟练的专业技能，但是如何把它们转化为学生能够理解和掌握的专业知识和专业技能，也需要进行专业性培训。而一些学校认为，培训是校内教师的福利和专利，兼职教师是"校外人"，是一种"购买服务"关系，没有将兼职教师列为培训规划，没有提供培训的机会和平台，导致兼职教师的教学能力和效果不够理想，换动频繁、流动性大。

5. 缺乏科学系统的管理制度保障

一般说来，对兼职教师，聘用学校应在岗位需求、设置、聘任、考核、培训、退出等环节制定针对性、规范性的管理制度。但是，一些职业学校对兼职教师的分类聘任与调配方面，缺乏上位依据和自主权利，教师引进与调配的制度不够健全，人力资源配置不尽合理；加上兼职教师不在册，难以与专任教师统一标准管理。在分类考核与薪酬支付方面，尚未构建合理的考评规则和支付标准，部分学校只要求兼职教师完成日常教学工作量(主要是课时)即可,"上完课即走人"成为普遍现象;很少根据教学质量进行绩效考核,也未实施奖惩制度,导致部分兼职教师缺少外部约束力,缺乏教学积极性。在岗位退出方面,未建立严格的淘汰机制,未提供通畅的转换路径,往往是"一个电话就走人"。一些能工巧匠式的兼职教师,脚下"走地毯",头上"戴花环",多少有点"摆谱",管理的轻重不好拿捏。管理得当,可以成为教师队伍的中坚力量,起到示范带动作用;管理不当,就会落得"怠慢人才"的不好名声,影响学校的形象和口碑。

(三)企业层面:存在"不愿放、不敢放、不全放"等现象

1. 意愿上不太支持

根据《职业学校兼职教师管理办法》规定,"企事业单位应当支持具有实践经验的专业技术人员和高技能人才到职业学校兼职任教,其中,事业单位应将兼职任教情况作为其考核评价的重要内容。"但是调查发现,当前的校企合作时常出现政策不全、不到位等问题,给予企业的直接利益较少,企业派出优秀员工到学校承担教学工作,一定程度上会减少该员工投入在工作上的时间和精力,企业感觉"得不偿失"。因此,行业企业对学校的配合度不够,多热衷于学生的实习和招聘,派遣师资方面积极性不高。部分企业虽然表示支持学校聘用兼职教师,但实际上出于自身利益考虑,并不特别积极,很少主动派出特别优秀的员工。尤其是能工巧匠本身就是企业的"活宝贝",是技术骨干,离不开,不敢派,更不用说制定鼓励性的支持政策了。

2. 时间上难以保证

为了保证兼职教师的教学效果,学校希望聘用掌握熟练技能的人才,尤其是能工巧匠、大国工匠。而这些人才在原单位要么是技术骨干、生产一线的主力,要么是企业部门的管理人员,是企业正常经营活动不可或缺的精英,工作任务繁重;企业一旦有突发事情,企业兼职教师必然会放弃学校的"课程"去服务企业的"主业";企业也经常以各种理由,把他们"召回",会商"发展大计",解决"疑难杂症"。因此,他们在担任兼职教师时,停课、调课、缺课、补课频繁,迟到、早退现象时有发生,甚至可能因工作或个人原因中途"辞职"。加上一些兼职教师"两头忙",没有时间批改作业、辅导答疑,教学质量大打折扣。学校为了保证正常的教学秩序和完成教学任务,同一门课在一个学期不得不聘请多个兼职教师。这不仅打乱了正常的教学秩序,也不利于师生相互了解,教学时断时续,导致学生不能系统地掌握知识。

3. 精力上牵制过多

职业院校很多时候是通过教师个人渠道寻找企业兼职教师并聘请。通过教师私人关系聘请的兼职教师往往是企业中有丰富经验的主管、经理、车间主任、技术骨干等中坚力量,工作时间很紧张。在没有企业支持的情况下,往往工作时间与上课时间发

生冲突,一般只能利用晚上、双休日、节假日等时间上课,精力支配不过来,教学效果不理想。同时,这一类"跨界"的兼职教师(拥有企业人和教师双重身份)工作重点仍然是在企业,"人在曹营心在汉",对学校教学的投入非常有限,有些甚至只是简单应付,无法完全发挥兼职教师应有的作用。

(四)能工巧匠层面:存在"不愿教、教不好、教不长"等现象

1. 主观不强烈,待遇看不上

能工巧匠大都从事"技术活",不愿到学校担任兼职教师,怕教不好。能工巧匠大都在企业生产一线,是"技术权威",有的还是企业高管,是"领军人物",一般不愿到职业学校担任兼职教师。究其原因:一是"忙不过来"。企业实行岗位责任制,"一个萝卜一个坑",能工巧匠一般在生产一线、重要岗位,任务重、责任大、时间紧,很难抽出时间到学校带徒授艺,很难规律性地到学校完成特定课程的教学任务。二是"怕教不好"。能工巧匠一般是"吃技术饭"的,长期跟机械器具打交道,缺乏基本教育教学方法。现在要跟青年学生打交道,不仅"授业"还要"传道",难免会感到底气不足,怕"hold 不住"哪些"天之骄子"。三是"不差钱"。能称得上"能工巧匠"的人,大都在企业有一定地位、职位,经济收入不会太低,用不着兼职"捞外快"。而职业学校的兼职教师通常根据课时结算薪酬,在福利与底薪上与在职教师差别很大,且往往与学历、职称挂钩,而学历、职称恰恰是一些能工巧匠的"短板"。报酬低、反差大,对"活得还算滋润"的能工巧匠们当然缺乏吸引力了,他们看不上那点"散碎银子"。四是"怕掉价"。能工巧匠在企业某一块"三分地"里往往"说了算",是"龙头老大",不少有光环和荣耀;到学校担任兼职教师,得"在人屋檐下"受"清规戒律",往往缺乏归属感以及职业成就感,为了面子和尊严,就不想"为五斗米折腰"了。

2. 教学欠规范,效果不理想

一些能工巧匠专业能力、实践能力强,但教学能力相对薄弱,教学效果不够理想。企业能工巧匠虽然具有丰富的生产一线经验,但是理论教学与实际生产之间存在差异,这些"移植"的"高技能人才",在走进课堂后难以迅速"本土化",出现了诸多不适应,在教学过程中暴露了不少"马脚"。一是缺乏教学经验。在被聘请到学校授课之前,企业的能工巧匠往往未接受过职业教育教学理论的学习,也没有从事过职业教育,从未上过讲台。虽然他们具备较强的实践操作能力,但对于如何将技能传授给学生还是"不得法",导致学生在课堂上看不懂、听不懂、学不懂。二是专业文化理论基础薄弱。企业兼职教师大多为实践类指导教师,缺乏一定的教学理论指导。很多学生反映实践指导类兼职教师经常花费很长时间讲不明白一个问题,让学生非常困惑。也有一些企业兼职教师授课中语言表达过多,讲课抓不住要领。三是教学效果不够理想。企业的实际案例只有通过适当的教学设计进行教学转化才能被学生接受。而教学工作往往只是兼职教师的"副业",他们通常缺乏进行教学准备工作的时间和精力,缺少教

学开发、教学设计的能力,也不具备根据学情而调整教学策略的能力。一些兼职教师不能准确把握教育规律,对教育教学方法及学情了解较少,对学校的学生和企业的员工、徒弟不能很好地进行角色转换。因此,虽然他们在教学中有丰富的实践工作经验介绍,但是对整合和表述内容往往力不从心,学生听课往往会感觉跳跃性较大,知识缺乏系统性,难以进行循序渐进的学习。一些兼职教师对于课堂教学流程不是很熟悉,不太注重学生的反应和表现,对于混乱的课堂气氛不知如何调节和扭转。

3. 队伍不稳定,人员流动大

说到兼职老师尤其是能工巧匠,职业学校的校长们大都是又爱又恨。因为,一方面大多数能工巧匠"有本事、善操作、教法活、学生喜欢",能开创一代风气,带动一批教师,激活一个专业;另一方面,又存在着不稳定和难以管理的风险。比如,学生还在等上课,兼职老师说不来就不来;兼职老师有些是熟人,根本不好意思去管理;部分兼职老师比较随意,责任心不强;少数兼职老师总是迟到,给学生造成不良影响。究其原因,除了一些个体素质外,与兼职教师的处境息息相关。一是不在体制内,缺乏责任感。由于兼职教师不是学校"在册教师",与学校之间没有行政制约和人事管理关系,教学效果的好坏与其切身利益没有直接的必然联系。因此,一些人没有把"兼职"当"本职",没有把自己当成真正的"教师",认为自己只是"被雇佣"的。因而往往投入的感情和精力不多,对学校缺乏责任感,只顾完成教学内容,不管教学效果,直接影响了正常的教学秩序和学生的学习热情,有的还造成"教学事故"。二是流动性大,缺乏安全感。兼职教师的聘用受到课程调整和师资情况的影响,聘用过程缺乏长期规划和长远打算,导致兼职教师临时观念重,缺乏职业安全感;特别是一些教师不是长期兼职,属于临时兼职,不稳定、流动大的现象更突出。三是激励手段单一,缺乏归属感。部分学校没有给兼职教师提供基本的办公条件及休息场所,只采取单一的课时报酬来激励,对兼职教师的内在动机和实际需求考虑不足,缺乏应有的关注和关爱,以致兼职教师认为只要完成课时量、拿到了劳务报酬就与学校没有任何关系,缺乏归属感和认同感。

四、推进能工巧匠到职业学校担任兼职教师的策略建议

能工巧匠到职业学校兼职任教主要是培养技术技能人才,不是当摆设的"花瓶"和撑门面的"门神"。要用好这个"活宝贝",让"英雄有用武之地",就必须动员多方力量,从"选—进—管—用"四个方面,完善兼职教师的选聘标准、聘用程序、薪酬待遇、规范管理、考核激励等制度机制,畅通选聘、使用、管理各环节,形成良好的环境氛围。

(一)解决"能工巧匠哪里找"的问题,确保"有人来"

1. 从"光荣榜"上找:科学遴选能工巧匠

按照人力资源和社会保障部《关于健全完善新时代技能人才职业技能等级制度的意见(试行)》,在国家职业资格目录内,对企业技术人员实行分类考核评价,进行职业

技能等级认定,分层分类、分步分档遴选"能工巧匠",形成由学徒工、初级工、中级工、高级工、技师、高级技师、特级技师、首席技师构成的职业技能等级(岗位)序列,实行清单管理。各地、各部门、各行业企业可结合实际,评选具有地方特色的"巧匠能手",发挥引领和示范作用。各职业学校可根据实际需要,选聘清单或榜单上的"巧匠能手"担任兼职教师。

案例4-11

湖北评选"湖北工匠""技能大师"和"技术能手"

为推进人才强省建设,湖北实施"才聚荆楚""技兴荆楚"两大工程,重点从湖北省经济发展主导产业和技术技能含量高的岗位中选拔产生"湖北工匠""湖北省技能大师"和"湖北省技术能手"。对评选出的优秀技能人才,以湖北省人民政府名义颁发奖牌和证书,并分别奖励人民币50万元、10万元、2万元。目前,已评选三届,全省累计表彰22名湖北工匠、44名技能大师和144名技术能手。

——资料来源:湖北省人力资源和社会保障厅官网 2022-04-02

2. 从"资源库"里找:建立能工巧匠资源库

目前,教育部在国家职业教育智慧教育平台上专设教师企业实践项目发布板块,建立了在企业的兼职教师库;今后可设企业能工巧匠兼职项目发布板块,建立在学校的兼职教师库,为校企搭建更多沟通的桥梁。各地可在地方政府的统领下,由人力资源和社会保障、教育、工会、社会科学等相关部门,按照行业企业和专业领域,建立区域"对接产业、实时更新、动态调整"的兼职教师资源库,并在相关信息平台定期发布和更新。各职业学校可根据需要从"库"中遴选心仪的"兼职教师",尤其是将合作企业的优秀人才纳入到兼职教师队伍中,建立起结构合理、动态调整、水平较高的兼职教师动态资源库。

案例4-12

湖北工业职业技术学院在库兼职教师500余人

湖北工业职业技术学院建立兼职教师资源库。截至2022年5月,在库兼职教师541人,其中拥有高级职称(含高级职业资格证)100余人,每学年参与授课兼职教师一般在150人左右,承担专业课教学任务占比40%以上,每年兼职教师教材及劳务费用支出100余万元。该校"十四五"师资队伍建设规划中,设定专兼职教师队伍总规模为850人,按照"一院一岗"引进7名国内外知名行业企业专家担任现代产业导师,每专业群遴选、培养1-2名在行业、产业具有影响力的领军人才,每个专业配备1名兼职专业带头人。

——资料来源:湖北工业职业技术学院调研材料 2022-06-15

3. 从"特聘岗"上找：设立兼职教师特聘岗位

实施现代产业导师特聘岗位计划，支持职业学校面向战略新兴产业、高新技术产业等国家亟须特需专业及技术技能积累、民族文化传承与创新等专业，设立一批产业导师（教师）特聘岗位，聘请企业工程技术人员、高技能人才、管理人员、能工巧匠等，采取兼职任教、合作研究、参与项目建设等方式到校工作，推进固定岗与流动岗相结合，促进校企互聘兼职教师。各地可结合实际，实施"技能名师"等项目，认定一批"产业导师""产业教授""特聘教授"，并给予一定的经费或政策倾斜，增加职业学校聘请高水平兼职教师的吸引力。

案例4-13

河南实施"职业院校兼职教师特聘岗位计划"

河南省实施"职业院校兼职教师特聘岗计划"，共设特聘岗550个。该计划覆盖全省中等职业学校和独立设置高等职业学校的专业（技能）课教学岗位。每个特聘岗位聘请教师的人数、承担教学任务的课时数，由聘任学校根据实际自主确定，但每学期每个岗位的教学工作量不少于100学时，或指导学生不少于80个工作日。每个特聘岗位中职学校补助3万元，高职院校补助4万元。各校聘请的特聘岗位教师须为企事业单位在职人员，所从事专业须与所聘岗位专业一致或相近，且具有本专业领域累计5年以上企业工作经验，能胜任所聘岗位相应的教学工作。目前，河南已连续四年实施兼职教师特聘岗位计划，已确定特聘岗位2873个，其中中职学校2382个、高职院校491个。

——资料来源：河南经济报 2021-07-08

4. 从"朋友圈"里找：选择"靠得住"的人员

根据调研的实际情况，目前进入职业院校担任兼职教师的"能工巧匠"有三类人员是比较可靠的：一是进入职业院校产业园区的企业工程技术人员。无论是国有还是民营，他们担任兼职教师培养技术人才，带领学生一起学习技术、从事生产，本就是他们工作的重要部分，从某种意义上讲也是为企业储备技术力量。二是"职业教育集团"内的合作伙伴。这是一支稳定且专业的兼职教师队伍，互相依存，荣辱与共，可以改善职业院校兼职教师流动大的现象。三是离退休人员。年龄大了，家庭安稳了，名利看淡了，正好利用时间把毕生探索和积累的成熟技术进行提炼和升华，形成一套理论体系，传授给青年学生，形成技术放大和示范效应，确保事业后继有人，也算是"老有所为、技有所值"了。

（二）解决"能工巧匠如何进"的问题，确保"引得进"

面对兼职教师聘引的实际困难，要适当增加职业院校招聘自主权。职业院校可以根据自身发展需要自主招聘优秀职教毕业生以及企业高技能人才担任专兼职教师,并完善"固定岗+流动岗"资源配置机制,保障兼职教师流动的合理性和工作的稳定性。

1. 明确选聘条件,解决"谁来"的问题

企业能工巧匠到职业学校担任兼职教师,除了具有良好的职业道德,具备一定的文化与专业知识之外,还应当具有一定年限的相应工作经历或者实践经验,达到相应的技术技能水平。各职业学校要按照"需求为本、形式灵活"的原则,从人才培养体系的整体架构上进行顶层设计,明确人才培养过程中对兼职教师的需求和目标;从专业层面梳理专业人才培养需求,勘定兼职教师与学校合作的环节,明确兼职教师的专业能力要求;从课程实施层面,明确课程目标和课程实施环节要求,提出课程对企业兼职教师的要求。这样,通过明确人才培养、专业建设和课程实施三个层面对兼职教师的要求,建构企业兼职教师队伍结构化框架,并依据所构框架聘任、培育兼职教师,形成稳定的结构化兼职教师队伍。近年来,由于一些职业学校在教师招聘处理上不够灵活,有许多实践技能强而学历不达标的能工巧匠被"拒之门外"。因此,针对一些实践能力特别突出的技工,职业院校可依据其技术与业务水平适当降低学历要求。尤其是中西部地区,当师资总量不足的时候,更要注重教师本身技能的考核,先缓解数量上的不足,再对入职教师进行培训提高。

案例4-14

部分职业院校灵活聘用兼职教师

杭州职业技术学院采取"学校提供事业编制,合作企业支付薪资"的方式,由企业选派管理骨干和技术人员常驻学校,组建"教师—师傅"团队,实现专业组长和车间主任、教师和企业师傅之间的身份互换。山东商业职业技术学院的商务英语、应用英语等专业与企业开展深度合作,由企业无偿提供兼职教师承担教学任务。上海工艺美术职业技术学院在双主体办学体制下,实行教师与企业工程师互换制度。南京信息工程职业技术学院以合作项目或共建实体为纽带,混编师资团队,团队中学院的教师和企业的工程师都有双重身份,既是教师又是工程师。重庆城市管理职业学院推行企业兼职教师资格认证,学校成立了兼职教师资格培训认证中心,负责兼职教师培训认证课程开发、培训认证过程组织等工作;合作的企业从时间、经费等方面给予保障。

——资料来源:根据网络资料整理

2. 明确选聘流程,解决"怎么来"问题

职业学校招聘兼职教师,可通过对口合作的企事业单位选派的方式进行引进,也可以面向社会聘请,优先考虑对口合作企业人员,建立合作企业人员到职业学校兼职任教的常态机制,并纳入校企合作基本内容。能工巧匠担任兼职教师的选聘不一定要像正式在职教师招聘那样,通过笔试、面试和试讲等一系列程序层层选拔、择优录取,重在聘前考察和现场测试,重点考察和测试职业道德、技术水平、教学能力和人文素养,不过高作学历和职称方面的要求,确保兼职教师"德技双馨"。但面向社会聘请兼职教师应严格考察、遴选和聘请程序,按照"确定岗位和任职条件—进行资格审查、能力考核—确定岗位人选—签订工作协议"等流程进行公开选拔。

3. 明确选聘形式,解决"怎么用"的问题

一些职业院校在兼职教师聘用形式上,通常要求教师完成实践授课或者是专业理论知识授课。为了全面体现兼职教师在职业院校中的价值,应对兼职教师的聘用形式进行优化,进行聘用制度的调整。比如,对于一些时间不是很充裕的专业人才或者是技术骨干,可将其聘请为学校的实践教学指导教师或者是客座教授;针对校企合作的企业,职业院校可以让学生们进入企业学习,采取"师徒制"方式完成实践教学任务,提升学生的实践水平,并协调解决优秀人才学习时间有限的问题。

4. 明确岗位职责,解决"干什么"问题

调研发现,兼职教师在学校开展的工作主要是讲授专业课程和实习指导。各职业学校要按照"不为所有、但为所用,人岗相适、人尽其才"的原则,根据教学实际需求,明确企业兼职教师的岗位职责。各兼职教师必须遵守师德规范和学校教学工作规范,确保人才培养质量,并接受学校教师教学质量评价;应积极参与学校人才培养方案的制订、教学改革、教材编写等专业工作,成果归双方共同所有;应根据行业和企业的发展,对学校的专业建设、课程设置、人才培养等方面提供建议和咨询。企业可与学校共同成立"技能大师工作室",为学术研究、技术创新、教学改革等提供交流平台,加快高技能人才聚集,形成技术创新团队,促进校企合作深化。

(三)解决"能工巧匠怎么管"的问题,确保"干得欢"

能工巧匠进入职业学校担任兼职教师后,不能因其为编外教师就放任自流,要纳入教师队伍建设总体规划,按照学校的工资福利、教学管理、考核评价、奖惩激励、辞聘、续聘与解聘等制度,实施规范化管理,保证教学质量,保持这支队伍的稳定性和整体素质,增强其责任感和归属感,有效发挥其作用。

1. 共建管理平台

校企合作是兼职教师队伍建设的基础,兼职教师队伍管理需要校企双方共同努力。各职业学校应结合新形势对兼职教师的管理制度以及扶持政策进行相应的调整完善,企业也要制定鼓励能工巧匠去职业院校兼职的管理规定,把能工巧匠从事教学或实践指导的工作纳入绩效考核中。学校要主动与企业协商,合作建立管理平台,及时加强沟通和联系,实现有效管理。目前,一些职业院校在招聘兼职教师时,部分应聘人员通过投递个人简历来应聘,没有通过所在的企业进行签约,导致企业并不知晓合作事宜,兼职教师像"做贼似的",学校也有"挖人"之嫌。通过校企合作管理平台,兼职教师的个人行为变成组织行为,各方待遇有制度性保障;同时,把兼职教师从原有的单方管理转变成校企双方的共同管理,为兼职教师在任教过程中出现的管理问题清除障碍,更好地保障兼职教师的来源,更好地协调兼职教师的教学时间,确保教育教学的整体质量。

案例4-15

部分职业院校完善兼职教师管理制度

湖北交通职业技术学院制定《兼职教师管理办法》,规定了兼职教师的基本条件、岗位职责、聘用选拔及课酬待遇等相关内容,建立了由500多名行业企业技术骨干组成的兼职教师库。成都职业技术学院建立"兼职教师动态资源库",实施兼职教师档案袋管理制度,建立长效跟踪机制,并在学院 CRP 系统上建设了企业兼职教师信息化管理平台,提高兼职教师管理效率。湖南大众传媒职业技术学院对兼职教师实行分类管理,长期聘任行业专家为"驻校教授",担任专业带头人的,发放年薪;短期兼职的,发放月薪;临时聘请的,发放课酬。

——资料来源:根据网络资料整理

2. 共享培训福利

一般说来,职业院校对校内教师的培养一般都比较重视,普遍设立了教师发展中心等专业机构提升和培养校内教师的教学能力与专业能力。但是,对兼职教师往往是即聘即用,很少进行专业化训练,导致兼职教师的教学能力参差不齐。其实,很多企业的能工巧匠,技术能力可能是一流的,但在学生学习规律、教学规律,以及基本的教育教学技巧方面还是十分欠缺的,更需要培训。我们所熟知的德国"双元制"下的企业培训师,只有在通过相关的学习和考核之后才能成为培训师,进而更好地实施教学。省级职能部门要加强沟通,设计能将行业企业技术人员和职业院校教师融合在一起的培训项目,保障兼职教师参与培训的时间和培训效果。各职业院校要把兼职教师培训纳入整个师资队伍培训的规划之中,有针对性地对兼职教师进行教育理论知识、教育技术知识和教学能力等方面的培训,尤其应重视教师的师德师风建设,加强意识形态方面的培训,确保职业院校社会主义办学方向;同时采取联络机制,为每位兼职教师指定一名校内教师作为联系人,让兼职教师加入校内课程团队,使其对教学有基本认知,不断提升其执教能力,确保兼职教师"保质保鲜"。

3. 共用评价结果

建立一套科学、公平、公正、客观、严谨的考评体系是职业学校完善兼职教师考评机制的客观要求。各职业学校要将兼职教师的教育教学情况纳入学校绩效考核指标和教学诊改体系,构建校企互认的兼职教师考核评价指标体系和标准,评价考核结果应及时反馈给其人事和劳动关系所在单位。企业应将兼职任教情况作为其年度总体考核评价的重要内容。要建立兼职教师教学工作档案,定期更新,作为考核、辞退、续聘或缓聘的依据,并将有关信息反馈给兼职教师,促其改进教学。要实行多层次的教学监督,通过随机听课、问卷调查、信息反馈等方式检查、监督兼职教师的教学反应和效果,及时发现教学中存在的问题并督促整改到位,有关监督整改情况作为考评依据。要加强考评结果的运用,职业学校对表现优秀、发挥较大作用的兼职教师可给予提高课时报酬等奖励;评价较差的兼职教师,不予续聘或缓聘;某方面存在不足的,有针对性地采取培养措施,使其能够快速成长、跟上步伐。企业对表现优秀、正面影响大的兼职教师在评先晋级等方面给予优先,评价较差、影响不好的,及时"回炉""淬炼"。

4. 共同激励推动

积极推动兼职教师从第三者的角度对学校发展及教学提出建议,并参与到教学计划制定、项目开发、战略落实中。对于提出有效建议的兼职教师,可通过提供奖金或者参加研修等方式,对其进行表彰奖励。学校"三全育人"先进个人、教学创新团队等评选,兼职教师要有一定的占比,优秀教师系列要专设"优秀兼职教师"指标。在职称评聘方面,职业院校可适当增设职称岗位,将发明专利、参与教学标准和人才培养方案的制定、参与实训基地建设等作为兼职教师职称评定条件,激发其工作积极性。同时,探索建立"签约教师"制度,通过签订"个性化合同",实行项目工资制或协议工资制,实行"优劳优酬",增强兼职教师群体的责任感和荣誉感,挖掘兼职教师的潜能和专长。要积极与相关媒体联系,定期宣传能工巧匠的事迹,可在校园网站开辟"大匠巧心"等专栏,对能工巧匠进行全方位、深层次的推介。

(四)解决"能工巧匠怎么用"的问题,确保"教得好"

要使能工巧匠到职业学校"教得好",关键在校企合作"用得好"。目前,一些能工巧匠到职业学校兼职任教,企业觉得"不划算",学校认为"不值当",主要原因是校企合作不深入,没有让企业在校企合作的过程中获取预期收益,导致"剃头挑子一头热""校企两张皮"。要想双方真正你情我愿,从根本上要通过产教深度融合、校企深度合作,构建利益共同体,促进职业教育与产业发展"同频共振""血脉相连",形成行业企业积极举办、社会力量深度参与的多元办学格局,同向同行画出最大"同心圆"。

1. 引"企"入"校",生产育人两不误

根据地方特色产业、学校特色专业,引进特色企业入驻校园,采取"双园(校园和产业园)融合"的办学模式,实行校企合作、工学结合的办学制度,校企一体共同发展、共同育人、共享资源。学校以提供场地、设备租赁等方式与企业共建生产型实训基地,重点负责理论教学。企业派驻专家、技术能手、工程技术人员等深度参与学校专业规划、教材开发、课程建设、实践教学、实习实训和学生素质拓展教育,推行面向企业真实生产环境的任务式培养模式,让学生以企业准员工的身份参与企业的实际工作过程,在生产、建设、销售和管理的一线进行实操,实现与工作流程的"零距离"接触。这种"校企双制、工学结合、理实一体"的人才培养模式,学生在"做中学、学中做",实现"招生即招工、入校即入厂、毕业即就业"。

案例4-16

咸宁职业技术学院校企双赢共育匠才

咸宁职业技术学院采取合作共建的办法,建成国家级生产性实训基地,赤壁维达力公司捐赠近2000万设备建设智能制造实训基地,吉利汽车、湖北三赢兴、北京正保、晓云科技均捐赠设备共建实训室。学校实施"双百工程",组织196名教授下企业、进车间,102名企业高级工程师进"课堂",开展校企双向流动,引导专业技术人员把论文写在鄂南大地上,把课题做到工厂车间里,促进"产学研创"深度融合。在校企"双导师"的指导下,学生的职业技能、职业素养、工匠精神、岗位认同感明显增强,人才培养目标的达成度明显提高,学生满意率、企业满意度均达到98%以上。

——资料来源:咸宁日报 2021-09-08

"引企入校"一定要与地方特色产业、支柱产业紧密结合,采用混合所有制、产业学院等方式与企业构建利益共同体,逐步成为当地企业离不开的工人供给基地,并在区域内形成职教集团,让"校、企"成为"一家人"。充分发挥职业教育集团成员单位中行业企业的作用,推进办学模式、培养模式、教学模式、评价模式改革,促进产业链、岗位链、教学链深度融合。职业院校要依照市场规律,办出特色、办出效益,吸引企业投入优势资源,用心派驻优秀兼职教师,放心派出技能大师。

案例4-17

襄阳职业技术学院开展"企业专家进课堂"活动

襄阳职业技术学院与科大讯飞公司于2020年9月成立科大讯飞人工智能产业学院,这是湖北首家在高职院校设立的以企业命名的人工智能产业学院。两年来,依托产业学院平台,双方开展校企协同育人。其中,"企业专家进课堂"活动,是在人才培养过程中导入企业优质的项目资源和企业文化,将企业优秀的工程师引入校内课堂教学活动中,并将企业化考核与课程考核相结合,实施校企协同育人。2021年的"企业专家进课堂"活动中,科大讯飞公司组建了"1个PM+3个高级工程师+1个职业导师"的企业专家团队,即1名项目经理长驻学院负责活动的开展,3名高级工程师负责专业教学,1名职业导师负责学生职业生涯规划及创新教育,共承担了4门课程288学时的教学任务。

——资料来源:襄阳职业技术学院官网 2021-10-26

2. 招"匠"入"园",师傅徒弟两不亏

根据地方产业背景,依托职教集团平台,强化与集团内企业的沟通与合作,柔性选聘行业企业具有一定影响力的能工巧匠到职业学校执教。成立"技能大师工作室",通过"大师带教师、教师教学生"的形式,既将先进的技术、规范的操作及职业精神等带到学校,传递给学生,实现"名师出高徒";又促进大师巧匠在教育教学过程中不断完善自我、提升自己,实现合作效益最大化,产生"蝴蝶效应"。

案例4-18

湖北职业技术学院"大师+大赛"助力师生出彩

湖北职业技术学院实施"导师+项目+团队"的技能大赛训赛机制,聘请来自行业企业的知名专家担任项目导师,共建技能名师工作室,组建了7个竞赛模块教学团队,打造了一支高水平、创新型的"教练型"导师队伍,指导的青年教师多次在省教学能力大赛中获奖,学生的综合素质和大赛成绩均得到显著提升。近年来,仅机电工程学院团队在学生技能大赛、"互联网+"大学生创新创业大赛、全国大学生机械创新设计大赛和"挑战杯"大赛中共获得全国一等奖6项、二等奖8项,省级一等奖17项。

——资料来源:中国教育报 2022-05-14

引匠入园要在技术性、实践性较强的专业,全面推行现代学徒制。推动学校招生与企业招工相衔接,坚持校企"双主体"育人、学校教师和企业师傅"双导师"教学,明确学徒的企业员工和职业院校学生的"双重身份",签好学生与企业、学校与企业两份合同,形成学校和企业联合招生、联合培养、一体化育人的长效机制。职业学校要探索建立教师流动编制或设立特聘教师岗位,不拘一格引人才。合作企业要按工作岗位总量的一定比率设置学徒岗位,选拔优秀技能人才担任师傅,通过师傅"手把手"的教,把丰富的实战经验传授给徒弟,培养适销对路的实践型人才。

案例4-19

技能大师王涛在湖北工业职业技术学院大有作为

2017年,获知东风公司国家级技能大师、著名的"汽车调整大王"王涛退休,湖北工业职业技术学院"三顾茅庐",聘请他为"特聘教授",负责协助学校进行特色专业建设和师资队伍培养。学院划拨1000平方米实训车间,东风商用车公司捐赠价值90余万元的东风商用车及零部件。王涛组建了11位教师组成的商用车教学团队,出色完成了"三个一"(即教一批徒弟,出一本教材,建一个商用车实训中心)的签约任务。

——资料来源:根据湖北工业职业技术学院调研材料整理

引匠入园要与发挥非遗文化传人作用相结合。从某种意义上讲,非遗文化传人不仅是"能工巧匠",还可能是"大国工匠"。职业学校可结合非遗保护,聘请国家确认的非遗传人担任学校兼职教师,将非遗文化传统技艺与专业课程相融合、相互促进,既有助于非遗事业的传承,也满足职业教育发展的需求。通过"非遗传人"的言传身教,让"嫡传弟子"学得"真经",让中华传统"瑰宝"发扬光大。

案例4-20

武汉交通职业学院汉绣订单班传承非遗文化

武汉交通职业学院艺术学院与武汉楚风慧锦绣轩商贸有限公司2019年签订汉绣订单班协议,将汉绣技法基础课程写入广告设计专业人才培养方案,课时144学时,聘请武汉市汉秀大师、湖北汉绣协会会长陈慧为兼职教授,既提升了学生的传统文化素养和艺术设计理念,又对今后的就业产生积极影响,首届汉绣订单班的学生全部顺利就业。

——资料来源:根据武汉交通职业学院调研材料整理

3. 择"单"入"教",就业招生两不难

"订单培养"通俗地讲,就是企业出钱、学校育人、学生就业有保障。学生从进班起,学校就将其就业作为项目进行组织规划,量身定制培养方案;企业参与课程设计、教学、考核、定岗实习、推荐就业等环节。这样,学生掌握知识和技能的针对性和适应性较强,融入企业快速,实现"入校即入职、毕业即就业"的目的;企业是在为自己培养和储备人才,而且大大降低了培养成本和周期,能心甘情愿地派驻能工巧匠到职业院校担任兼职教师。学生解决了"就业难",企业解决了"招工难",各尽所能,各取所需,互惠共赢。

4. 邀"师"入"盟",专职兼职两相欢

适应高等职业院校人才培养模式改革需要,在现有的现代学徒制基础上,实行"双导师"培养培训模式,建设高水平专兼结合专业教学团队,建立跨界师资共享联盟。即企业遴选培训师在从事员工培训的同时承担院校的实训课程教学,学校遴选培训师在完成教学任务的同时承担企业相关培训,学校和企业培训师互为专职,也互为兼职。这样,就可实现两类教师资源共享,让双方的培训师均得到理论或实践的锻炼,或成为企业在职员工培训所需的卓越型培训师,或成为职业院校所需的具有良好企业实践背景的"双师型"教师。

部分职业院校完善专兼职教师混合教学模式

山西财贸职业技术学院采用专职教师与兼职教师组队上课的方式,专职教师讲解理论部分,兼职教师负责实践操作部分。江苏食品药品职业技术学院实行"一课双师"互听课制度,理论课专任教师讲,兼职教师听;兼职教师上实践课,专任教师听,授课与听课均计入工作量中。山东滨州职业技术学院采用多师同上一门课的方式,即按照课程中的项目聘请教师,由企业相应岗位上的兼职教师共同完成,由该门课专职教师负责协调与安排。

——资料来源:根据网络资料整理

鉴于目前区域院校间师资共享的程度还比较低,专任教师资源整体不足与个别院校利用率低的现象并存,可考虑在政府统筹下,校企通过建立区域院校联盟、专业联盟等方式,加强区域内院校专兼职教师资源共享,提高教师资源的利用率。职业院校可整合校内专任教师及企业兼职教师,形成结构性创新团队,实行模块化教学以及科研成果开发,缓解院校专任教师的不足。

参考文献:

[1] 黄东.高等职业院校兼职教师队伍建设与管理研究[J].创新创业理论研究与实践,2022,5(05):66-68.

[2] 陶东娅.高职院校企业兼职教师培育机制构建[J].教育观察,2021,11(42):53-55.

[3] 魏钦.高职院校"双师型"教师分类管理的策略解析[J].职业技术教育,2021(20).

[4] 张丹,朱德全.从单一到多元:新时代职业教育师资队伍建设的改革设想[J].职教论坛,2020(10):80-89.

[5] 盛海迪.高职院校兼职教师队伍建设研究[J].教师,2020(26):119-120.

(本节执笔人:朱爱国)

第五章 增强高等教育的竞争优势

湖北是全国高教大省,高等教育是湖北最突出的比较优势、最宝贵的资源禀赋、最硬核的基础支撑。推进特色一流发展、提高整体水平是"十四五"乃至更长一段时期湖北高等教育发展的主要任务。本章围绕推进高校"双一流"建设、推进省属高校提质增效、推进普通高校本科专业结构调整三个专题,分析了湖北高等教育取得的历史性成就、所处的历史方位、面临的机遇挑战,提出了"稳定规模、优化结构、提高质量、彰显特色、争创一流"等策略建议,以更好发挥湖北高等教育优势,增强服务经济社会发展能力,为湖北"建设全国构建新发展格局先行区"提供关键支撑。

第一节 推进高等学校"双一流"建设

推进世界一流大学和世界一流学科建设(简称"双一流"),是中共中央、国务院作出的重大战略决策,也是我国高等教育领域继"211工程""985工程"之后的又一重大国家战略,有利于提升中国高等教育综合实力和国际竞争力,为实现"两个一百年"奋斗目标和中华民族伟大复兴的中国梦提供有力支撑。近年来,湖北以"双一流"建设为抓手,以学科专业建设为核心,紧密对接国家和湖北经济社会发展需求,引导高校合理定位、注重内涵建设和差异化发展,高等教育在全国的优势地位得到进一步巩固和扩大。

一、我国高校"双一流"建设的政策演进及特点

1. 国家关于"双一流"建设的政策演进

加强"双一流"建设顶层设计。党的十八大以来,以习近平同志为核心的党中央高度重视高等教育发展。习近平总书记多次发表重要讲话,对"双一流"建设的战略目标、战略部署、战略路径进行了系统阐述。2014年5月,习近平总书记在北京大学考察时指出,办好中国的世界一流大学,必须有中国特色。2015年8月18日,中央全面深化改革领导小组第十五次会议审议通过《统筹推进世界一流大学和一流学科建设总体方案》,10月24日国务院正式印发,要求坚持以中国特色、世界一流为核心,以立德

树人为根本,以支撑创新驱动发展战略、服务经济社会发展为导向,坚持"以一流为目标、以学科为基础、以绩效为杠杆、以改革为动力"的基本原则,加快建成一批世界一流大学和一流学科,以此带动我国高等教育发展水平整体提升,建设高等教育强国,"双一流"建设自此拉开了序幕。这是新时代中国高等教育迈向高水平的重要指导方针,是推进"一流大学"和"一流学科"建设的动员令,是在新的历史起点上对全面深化教育综合改革做出的重要战略部署,是提升我国高等教育的综合实力和国际竞争力的重要举措。

统筹推进首轮"双一流"建设。根据《总体方案》部署,国家鼓励和支持不同类型的高水平大学和学科差别化发展,总体规划,分级支持,每五年一个建设周期,2016年开始首论建设。2017年1月,教育部、财政部、国家发展和改革委员会(简称"三部委")共同颁布《统筹推进世界一流大学和一流学科建设实施办法(暂行)》,明确一流大学和一流学科的遴选条件,强调公平公正、开放竞争、分级支持、绩效考核、动态管理。同年,三部委还印发了《关于公布世界一流大学和一流学科建设高校及建设学科名单的通知》,公布一流大学建设高校42所、一流学科建设高校95所。2018年8月,三部委印发《关于高等学校加快"双一流"建设的指导意见》,提出了"双一流"建设的行动指南、总体方案、实施办法等,"双一流"建设进入提速阶段。

深入推进新一轮"双一流"建设。2021年12月17日,习近平总书记主持召开中央全面深化改革委员会第二十三次会议,审议通过《关于深入推进世界一流大学和一流学科建设的若干意见》,强调要突出培养一流人才、服务国家战略需求、争创世界一流的导向,深化体制机制改革,统筹推进、分类建设一流大学和一流学科。2022年1月26日,教育部、财政部、国家发展改革委印发《关于深入推进世界一流大学和一流学科建设的若干意见》,2月9日公布第二轮"双一流"建设高校及建设学科名单,共有建设高校147所,331个建设学科(不含自定学科),其中,基础学科布局59个、工程类学科180个、哲学社会科学学科92个。北京大学、清华大学自主建设的学科自行公布。标志着新一轮"双一流"建设开启。

表 5-1　国家关于高校"双一流"建设的相关政策

序号	政策文件	主要内容
1	2015年10月24日,国务院关于印发《统筹推进世界一流大学和一流学科建设总体方案》的通知(国发〔2015〕64号)	到2020年,中国若干所大学和一批学科进入世界一流行列,若干学科进入世界一流学科前列;到2030年,更多的大学和学科进入世界一流行列,若干所大学进入世界一流大学前列,一批学科进入世界一流学科前列,高等教育整体实力显著提升;到21世纪中叶,一流大学和一流学科的数量和实力进入世界前列,基本建成高等教育强国

续表

序号	政策文件	主要内容
2	2017年1月24日,教育部、财政部、国家发展改革委关于印发《统筹推进世界一流大学和一流学科建设实施办法(暂行)》的通知(教研〔2017〕2号)	坚持扶优扶需扶特扶新,按照"一流大学"和"一流学科"两类布局建设高校,引导和支持具备较强实力的高校合理定位、办出特色、差别化发展。每五年一个建设周期,建设高校实行总量控制、开放竞争、动态调整
3	2017年9月20日,教育部、财政部、国家发展改革委《关于公布世界一流大学和一流学科建设高校及建设学科名单的通知》(教研函〔2017〕2号)	公布一流大学建设高校42所,一流学科建设高校95所。要求各单位加强党对高校的领导,坚持社会主义办学方向,坚持中国特色、世界一流,坚持内涵建设,采取有力措施,支持推动建设高校及建设学科加快发展,取得更大建设成效
4	2018年8月8日,教育部、财政部、国家发展改革委《关于高等学校加快"双一流"建设的指导意见》(教研〔2018〕5号)	以中国特色世界一流为核心,以高等教育内涵式发展为主线,落实立德树人根本任务,紧紧抓住坚持办学正确政治方向、建设高素质教师队伍和形成高水平人才培养体系三项基础性工作,以体制机制创新为着力点,全面加强党的领导,调动各种积极因素,在深化改革、服务需求、开放合作中加快发展,努力建成一批中国特色社会主义标杆大学
5	2020年12月15日,教育部、财政部、国家发展改革委关于印发《"双一流"建设成效评价办法(试行)》的通知(教研〔2020〕13号)	共五章19条。明确了评价原则、评价重点、评价组织、评价结果运用;强调要坚定社会主义办学方向,以中国特色、世界一流为核心,突出培养一流人才、产出一流成果,主动服务国家需求,克服"五唯"顽瘴痼疾,以中国特色"双一流"建设成效评价体系引导高校和学科争创世界一流
6	2022年1月26日,教育部、财政部、国家发展改革委《关于深入推进世界一流大学和一流学科建设的若干意见》(教研〔2022〕1号)	明确了"双一流"建设的新方位、新使命、新要求;强调全面贯彻党的教育方针,全面落实立德树人根本任务,对标2030年更多的大学和学科进入世界一流行列以及2035年建成教育强国、人才强国的目标,更加突出"双一流"建设培养一流人才、服务国家战略需求、争创世界一流的导向,在关键核心领域加快培养战略科技人才、一流科技领军人才和创新团队
7	2022年2月9日,教育部、财政部、国家发展改革委《关于公布第二轮"双一流"建设高校及建设学科名单的通知》(教研函〔2022〕1号)	公布建设高校147所,建设学科331个(不含自定学科)。其中,基础学科59个,工程类学科180个,哲学社会科学学科92个。北京大学、清华大学自主建设的学科自行公布。给予公开警示的首轮建设学科,应加强整改,2023年接受评价

2. 两轮"双一流"建设的比较分析

从目标任务看。首轮"双一流"建设确立了总体目标，即推动一批高水平大学和学科进入世界一流行列或前列，加快高等教育治理体系和治理能力现代化，提高高等学校人才培养、科学研究、社会服务和文化传承创新水平等，《总体方案》给出了"三步走"时间表。新一轮"双一流"建设，要求建设高校和建设学科要胸怀"两个大局"，心系"国之大者"，立足新发展阶段，贯彻新发展理念，构建新发展格局，全力推进高质量发展，在解决中国问题、服务经济社会高质量发展中创造世界一流大学和一流学科建设新模式，站位和要求更高。

从遴选导向看。首轮"双一流"建设，坚持扶优扶需扶特扶新，按照"一流大学"和"一流学科"两类布局建设高校，既考虑国家发展的重大战略需求，也重视区域及行业建设的特殊需要，实行分类建设，引导和支持具备较强实力的高校合理定位、办出特色、差别化发展，努力形成支撑国家长远发展的一流大学和一流学科体系。新一轮"双一流"建设，按照"总体稳定、优化调整"的原则，以需求为导向、以学科为基础、以比选为手段，确定建设高校及学科范围。

从建设重点看。首轮"双一流"建设，以学科为基础，着力打造学科领域高峰，支持一批接近或达到世界先进水平的学科，加强建设关系国家安全和重大利益的学科，鼓励新兴学科、交叉学科，布局一批国家急需、支撑产业转型升级和区域发展的学科，积极建设具有中国特色、中国风格、中国气派的哲学社会科学体系，以一流学科建设带动高校整体建设。新一轮"双一流"建设，更加突出培养一流人才、服务国家战略需求；更加突出重点、聚焦难点，注重内涵建设、特色建设和高质量建设；鼓励建设高校发展国家急需学科，夯实基础学科，加强应用学科，推进中国特色哲学社会科学体系建设，推动学科交叉融合。尤其是加大了基础学科、理工农医和哲学社会科学学科布局。

从整体布局看。首轮"双一流"建设整体布局初步形成服务国家重大战略的一流大学和一流学科建设基本体系。新一轮"双一流"不作大进大出的调整，保持建设范围的总体稳定，有利于建设高校和建设学科保持定力、持续投入、汇聚力量、沉淀成果，持续发挥支撑一流大学体系建设、引领高等教育内涵式发展的重要作用。同时，首轮"双一流"建设在国家重点急需的领域和方向上，在服务国家科技自强方面仍有补强空间。新一轮"双一流"建设以党中央、国务院确定的"十四五"期间国家战略急需领域作为指引调整建设学科的指南，对拟建设学科的匹配度、水平和发展质量等进行综合考查，重点加大基础学科、理工农医和哲学社会科学学科布局；鼓励建设高校主动对接需求、优化学科建设口径，允许个别建设学科所属建设高校根据自身特色优势、目标定位，以及服务国家、行业和地方发展需求情况提出申请，经专家委员会审议咨询，三部委报国务院批准后作出调整。

从建设机制看。2017年公布的首轮"双一流"建设高校及建设学科名单中，"双一流"高校被分为三类，42所高校入选一流大学建设高校，其中包含A类36所、B

类 6 所;95 所高校入选一流学科建设高校。新一轮"双一流"建设,不再区分一流大学建设高校和一流学科建设高校,也不再区分建设高校是 A 类还是 B 类。公布的建设学科中,数学、物理、化学、生物学等基础学科布局 59 个、工程类学科 180 个、哲学社会科学学科 92 个。这样,一方面,淡化了"双一流"建设的身份色彩,体现"重在建设"的思路;另一方面强化学科建设,尤其是基础学科建设。这样,有利于引导建设高校切实把精力和重心聚焦有关领域及方向的创新与突破上,创造真正意义上的"世界一流"。

从建设方式看。新一轮"双一流"建设,北京大学和清华大学没有明确的建设学科,而是"自主确定建设学科并自行公布",强调扩大建设自主权,推动建设管理重心下移,强化建设高校的主体意识和创新动力,为若干高校冲入世界前列创造政策制度环境。

从成效评价看。首轮"双一流"建设不达标的学科被予以警示(含撤销)。由于建设成效并未完全达到预期,相比其他同类建设学科,整体发展水平、可持续发展能力和成长提升程度相对靠后,经"双一流"建设专家委员会严格评议,总共有 15 所高校的 16 个学科被警示或者撤销,其中 10 个为首轮自定学科。个别被公开警示的建设学科按要求结合学校定位和学科特色优势,作出调整,原学科撤销。警示学科和调整后的学科,2023 年接受再评价,届时未通过的,将调出建设范围。

3. 两轮"双一流"建设学科增减情况及政策走向

新一轮"双一流"建设高校及建设学科遵循"总体稳定、优化调整"的认定原则,共有 147 所高校上榜。本次公布的名单整体调整幅度不大,主要呈现三个变化:一是新增建设高校 7 所,涉及 8 个建设学科(见表 5-2);二是 34 所高校入选学科在首轮基础上有增减调整,其中新增建设学科 50 个,撤销/调整建设学科 15 个(见表 5-3);三是清华大学和北京大学首次获学科建设自主权。

表 5-2　新一轮"双一流"新增 7 所建设高校和建设学科

序号	新增高校名称	新增建设学科
1	山西大学	哲学、物理学
2	南京医科大学	公共卫生与预防医学
3	湘潭大学	数学
4	华南农业大学	作物学
5	广州医科大学	临床医学
6	南方科技大学	数学
7	上海科技大学	材料科学与工程

表 5-3　新一轮"双一流"建设学科出现变动的高校

序号	学校名称	新增建设学科	撤销/调整学科
1	北京航空航天大学	交通运输工程	—
2	北京理工大学	物理学	—
3	北京协和医学院	公共卫生与预防医学	—
4	北京师范大学	哲学、外国语言文字	语言学
5	南开大学	应用经济学	—
6	天津大学	动力工程及工程热物理	—
7	大连理工大学	力学、机械工程、化学工程与技术	化学工程
8	东北大学	冶金工程	—
9	吉林大学	生物学	—
10	东北师范大学	教育学	数学
11	哈尔滨工业大学	航空宇航科学与技术	—
12	复旦大学	应用经济学、马克思主义理论、外国语言文学、公共卫生与预防医学、集成电路科学与工程	机械及航空航天和制造工程、现代语言学
13	同济大学	生物学、设计学	艺术与设计
14	上海交通大学	物理学、电子科学与技术、工商管理	电子电气工程 商业与管理
15	东华大学	材料科学与工程	—
16	上海财经大学	应用经济学	统计学
17	南京大学	理论经济学	—
18	东南大学	机械工程	—
19	南京航空航天大学	控制科学与工程、航空宇航科学与技术	—
20	浙江大学	动力工程及工程热物理、土木工程、临床医学	—
21	厦门大学	教育学	—
22	山东大学	中国语言文学、临床医学	—
23	武汉大学	土木工程 水利工程	矿业工程
24	华中科技大学	临床医学	—

续表

序号	学校名称	新增建设学科	撤销/调整学科
25	华中师范大学	教育学	—
26	湖南大学	电气工程	—
27	中南大学	交通运输工程	—
28	华南理工大学	食品科学与工程	农学
29	成都理工大学	地质资源与地质工程	地质学
30	西南大学	教育学	—
31	西北大学	考古学	—
32	西安交通大学	控制科学与工程	信息与通信工程
33	西北工业大学	航空宇航科学与技术	—
34	西北农林科技大学	植物保护、畜牧学	农学

本次新增及调整的建设学科以国家重大需求为引领,坚持"扶优、扶特、扶强、扶新"的原则,突出建设重点学科,提振基础优势学科,引导建设高校聚焦有关领域创新与实质突破。具体体现在以下方面:

一是注重工学类学科建设。从新增的58个建设学科所属的学科门类来看,主要以工学类学科为主,占41.4%;其次是理学类和医学类学科,占12.1%。工学类学科中出现频率最高的关键词为"工程",共出现19次,其中材料科学与工程、动力工程及工程热物理、机械工程、交通运输工程、控制科学与工程、土木工程出现2次,地质资源与地质工程、电气工程、化学工程与技术、集成电路科学与工程、食品科学与工程、水利工程和冶金工程出现1次。(见图5-1)

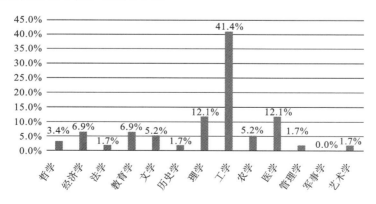

图5-1 第二轮"双一流"新增学科所属学科门类情况

二是注重医学类学科建设。受新冠疫情常态化防控影响,医学类学科建设受到重视,新增的7所学校有2所医科大学,分别是南京医科大学和广州医科大学;新增的建设学科中医学类学科出现7次,分别是临床医学4次,公共卫生与预防医学3次。

三是注重国防科技类学科建设。在加快建设创新型国家和世界科技强国的背景下,凸显国之重器的国防技术、航空科技等领域受到关注,各高校加大对相关学科的建设与发展。第二轮"双一流"新增建设学科名单中,理学类学科门类中出现频率最高的学科为航空宇航科学与技术,出现3次。

四是注重教育学学科建设。整体来看,文史哲类学科调整较小,但教育学学科出现频率高达4次,与临床医学学科并列第一。首轮仅有北京师范大学教育学学科进入"双一流"建设学科,第二轮东北师范大学、厦门大学、华中师范大学和西南大学四所高校的教育学学科均进入了"双一流"建设学科。由此可见,教育学学科建设与发展取得了较大突破。(见图5-2)

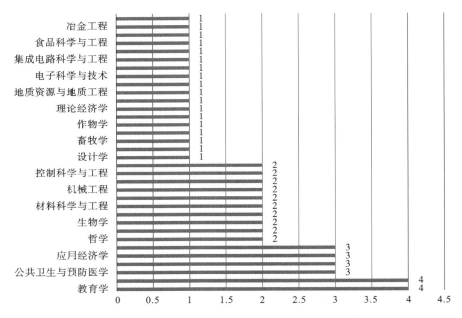

图 5-2 第二轮"双一流"新增建设学科出现的频次情况

二、湖北在两轮"双一流"建设中的位次及启示

湖北在首轮"双一流"建设中有7所高校入选,其中2所入选一流大学建设高校A类,5所入选一流学科建设高校,位列全国第6位;29个学科入选,位列全国第4位。第二轮"双一流"建设中,湖北入选高校数量保持不变,但位次下降1位,位列全国第7位;入选学科数比首轮增加3个,达到32个,仍位列全国第4位(见表5-4)。从总体看,湖北"双一流"建设继续保持在全国第一方阵。

表 5-4 两轮"双一流"入选高校和学科数比较

入选学校数						入选学科数					
首轮			第二轮			首轮			第二轮		
省份	数量	名次	省份	数量	名次	省份	数量	名次	省份	数量	名次
北京	34	1	北京	34	1	北京	162	1	北京	91	1
江苏	15	2	江苏	16	2	上海	57	2	上海	64	2
上海	14	3	上海	15	3	江苏	43	3	江苏	48	3
陕西	8	4	陕西	8	4	湖北	29	4	湖北	32	4
四川	8	4	四川	8	4	浙江	20	5	浙江	23	5
湖北	7	6	广东	8	4	广东	18	6	广东	21	6
广东	5	7	湖北	7	7	陕西	17	7	陕西	20	7
天津	5	7	天津	5	8	四川	14	8	湖南	15	8
湖南	4	9	湖南	5	8	安徽	13	9	四川	14	9
黑龙江	4	9	黑龙江	4	10	天津	12	10	天津	14	9
辽宁	4	9	辽宁	4	10	湖南	12	10	安徽	13	11
浙江	3	12	浙江	3	12	吉林	12	10	吉林	13	11
安徽	3	12	安徽	3	12	黑龙江	11	11	黑龙江	12	13
吉林	3	12	吉林	3	12	山东	6	12	山东	8	14
山东	3	12	山东	3	12	福建	6	12	辽宁	7	15
福建	2	16	福建	2	16	辽宁	5	13	福建	7	15
河南	2	16	河南	2	16	河南	4	14	重庆	5	17
新疆	2	16	新疆	2	16	新疆	4	14	河南	4	18
重庆	2	16	重庆	2	16	重庆	4	14	新疆	4	18
甘肃	1	20	山西	2	16	甘肃	4	14	甘肃	4	18
云南	1	20	甘肃	1	21	云南	2	15	山西	3	21
广西	1	20	云南	1	21	广西	1	16	云南	2	22
贵州	1	20	广西	1	21	贵州	1	16	广西	1	23
海南	1	20	贵州	1	21	海南	1	16	贵州	1	23
江西	1	20	海南	1	21	江西	1	16	海南	1	23
内蒙古	1	20	江西	1	21	内蒙古	1	16	江西	1	23
宁夏	1	20	内蒙古	1	21	宁夏	1	16	内蒙古	1	23
青海	1	20	宁夏	1	21	青海	1	16	宁夏	1	23
山西	1	20	青海	1	21	山西	1	16	青海	1	23
西藏	1	20	西藏	1	21	西藏	1	16	西藏	1	23
河北	1	20	河北	1	21	河北	1	16	河北	1	23

1. "双一流"建设不再把区域均衡作为重要考量,湖北应更加重视扶强

第二轮"双一流"建设新增高校有7所,主要集中在东部地区,达5所,另有2所位于中部,西部地区没有1所入选。第二轮"双一流"建设学科净新增学科43个,也主要集中在东部地区,其中上海新增7个,江苏新增5个,北京新增4个,浙江、广东各新增3个,天津、山东各新增2个,福建新增1个,东部地区新增学科总量占全部新增学科数的63%。(见表5-5)

表5-5 各省两轮"双一流"建设新增学科数情况

序号	首轮		第二轮		增加学科数
	省份	数量	省份	数量	
1	上海	57	上海	64	7
2	江苏	43	江苏	48	5
3	北京	162	北京	91+75	4
4	湖北	29	湖北	32	3
5	浙江	20	浙江	23	3
6	广东	18	广东	21	3
7	陕西	17	陕西	20	3
8	湖南	12	湖南	15	3
9	天津	12	天津	14	2
10	山东	6	山东	8	2
11	辽宁	5	辽宁	7	2
12	山西	1	山西	3	2
13	吉林	12	吉林	13	1
14	黑龙江	11	黑龙江	12	1
15	福建	6	福建	7	1
16	重庆	4	重庆	5	1
17	四川	14	四川	14	0
18	安徽	13	安徽	13	0
19	河南	4	河南	4	0
20	新疆	4	新疆	4	0
21	甘肃	4	甘肃	4	0
22	云南	2	云南	2	0
23	广西	1	广西	1	0
24	贵州	1	贵州	1	0
25	海南	1	海南	1	0

续表

序号	首轮		第二轮		增加学科数
	省份	数量	省份	数量	
26	江西	1	江西	1	0
27	内蒙古	1	内蒙古	1	0
28	宁夏	1	宁夏	1	0
29	青海	1	青海	1	0
30	西藏	1	西藏	1	0
31	河北	1	河北	1	0

注：第二轮北京大学、清华大学为自主确定学科，统计时暂按首轮学科数统计，两校有75个一流学科。

2. 广东省成为一匹"黑马"，湖北面临"追兵渐近、标兵渐远"处境

"十三五"以来，广东省持续加大"双一流"建设力度。第二轮"双一流"入选高校数超过湖北，成为本轮"双一流"建设大赢家。（见表5-6）

表5-6　广东省高校"双一流"建设学科名单

学　校	首轮建设学科	第二轮建设学科
中山大学	哲学、数学、生物学、生态学、材料科学与工程、电子科学与技术、基础医学、临床医学、药学、工商管理	哲学、数学、化学、生物学、生态学、材料科学与工程、电子科学与技术、基础医学、临床医学、药学、工商管理
华南理工大学	化学、材料科学与工程、轻工技术与工程、农学	化学、材料科学与工程、轻工技术与工程、食品科学与工程
暨南大学	药学	药学
广州中医药大学	中医学	中医学
华南师范大学	物理学	物理学
华南农业大学	—	作物学
广州医科大学	—	临床医学
南方科技大学	—	数学

广东省的"惊喜"来自多年持续投入巨资建设。2015年4月，广东省委、省政府印发《关于建设高水平大学的意见》，正式拉开"双高"建设序幕，遴选14所高水平大学和5所高水平理工科大学建设高校。3年后，广东整合"双高"建设、"省市共建"等多个项目，推出高等教育"冲一流、补短板、强特色"提升计划，遴选41所本科高校和147个重点建设学科，推动高校争创一流、特色发展。持续多年的大手笔投入和大力度改革，广

东高校综合办学实力快速上升,为打造"双一流"后备军和预备队,也为入选新一轮"双一流"建设打下了坚实基础。

3. 更加重视基础研究,湖北要在创建新型研究型大学有所作为

习近平总书记在 2020 年 9 月 11 日召开的科学家座谈会上提出:"要加强高校基础研究,布局建设前沿科学中心,发展新型研究型大学"。《国家经济和社会发展"十四五"规划纲要》明确提出:"支持发展新型研究型大学、新型研发机构等新型创新主体,推动投入主体多元化、管理制度现代化、运行机制市场化、用人机制灵活化"。新型研究型大学成为一些地方"双一流"建设的新路径。第二轮"双一流"建设高校中,上海科技大学、南方科技大学作为新型研究型大学的代表入选"双一流"建设高校,体现了国家对体制机制创新的重视和关注。体制机制创新成为加快建设"双一流"的助推器。

案例5-1

武汉理工大学致力建设高水平研究型大学

武汉理工大学以建成"整体水平国内一流,部分学科水平国际一流"的多科性、开放式、特色鲜明的研究型大学为发展目标,将科学研究作为联系学科建设、人才培养、知识创新、社会服务等工作的桥梁和纽带,使科技创新成为学校核心竞争力的重要标志。学校建设有材料复合新技术国家重点实验室、硅酸盐建筑材料国家重点实验室、光纤传感技术国家工程实验室、国家水运安全工程技术研究中心等 40 个国家级和省部级科研基地。"十三五"期间,学校获得国家级科技奖励 39 项,省部级科技奖励 810 项。

——资料来源:武汉理工大学网站 2021-06-30

4. 强化地方高校差异化发展,湖北省属高校要在"双一流"建设上着力突破

从两轮"双一流"建设情况看,地方高校占比由首轮的 32.85%,提高到第二轮的 36.05%,提高了 3.2 个百分点(见表 5-7)。第二轮"双一流"建设新进入的 7 所高校全部为地方高校,特别是同处中部的湖南省、山西省各有 1 所地方高校入选"双一流",对湖北地方高校实现"双一流"零的突破具有借鉴意义。山西大学是中国最早的三所国立大学之一,与京师大学堂、北洋大学堂一起,开创了中国近代高等教育发展的新纪元。2017 年,山西省出台意见支持山西大学深入实施"1331 工程",对标"双一流"实现率先发展。同时,山西大学与北京大学建立了对口帮扶长效机制,并先后从北京大学引进了校长黄桂田、校党委书记王仰麟等多位校领导。省委、省政府倾力支持,顶尖大学全力帮扶成为山西大学跨越式发展的重要路径。湘潭大学创建于 1958 年,毛泽东主席亲笔题写"湘潭大学"校名,并嘱托"一定要把湘潭大学办好"。1978 年,学校成为 16 所综合性全国重点大学之一。2018 年,习近平总书记对该校作出重要批示:"希望湘潭大学扎根伟人故里,努力把学校办得更好、更有特色。"沐浴着党中央、国务院的亲切关怀,得到了教育部、湖南省委省政府的大力支持,以及社会各界和广大校友的关心关注,该校扎根伟人故里,薪火相传,开拓创新,闯出了一条特色鲜明的高水平学科建设之路,成为享誉国内外的"计算湘军"的重要力量。因此,湖北省属高校只要充分发挥优势,以服务求支持,以贡献求发展,走差异化发展道路,必将在"双一流"建设上实现突破和跨越。

表 5-7 两轮"双一流"高校中地方高校入选数量排序情况

首轮					第二轮				
省份	总数	部属	地方	排名	省份	总数	部属	地方	排名
江苏	15	9	6	1	江苏	16	9	7	1
上海	14	10	4	2	上海	15	10	5	2
四川	8	4	4	2	广东	8	3	5	2
北京	34	31	3	4	四川	8	4	4	4
天津	5	2	3	4	北京	34	31	3	5
广东	5	3	2	6	天津	5	2	3	5
浙江	3	1	2	6	湖南	5	3	2	7
河南	2	0	2	6	浙江	3	1	2	7
新疆	2	0	2	6	河南	2	0	2	7
湖南	4	3	1	10	山西	2	0	2	7
山西	1	0	1	10	新疆	2	0	2	7
陕西	8	7	1	10	陕西	8	7	1	12
黑龙江	4	3	1	10	黑龙江	4	3	1	12
辽宁	4	3	1	10	辽宁	4	3	1	12
安徽	3	2	1	10	安徽	3	2	1	12
吉林	3	2	1	10	吉林	3	2	1	12
福建	2	1	1	10	福建	2	1	1	12
广西	1	0	1	10	广西	1	0	1	12
贵州	1	0	1	10	贵州	1	0	1	12
海南	1	0	1	10	海南	1	0	1	12
河北	1	0	1	10	河北	1	0	1	12
江西	1	0	1	10	江西	1	0	1	12
内蒙古	1	0	1	10	内蒙古	1	0	1	12
宁夏	1	0	1	10	宁夏	1	0	1	12

续表

首轮					第二轮				
省份	总数	部属	地方	排名	省份	总数	部属	地方	排名
青海	1	0	1	10	青海	1	0	1	12
西藏	1	0	1	10	西藏	1	0	1	12
云南	1	0	1	10	云南	1	0	1	12
湖北	7	7	0	28	湖北	7	7	0	28
山东	3	3	0	28	山东	3	3	0	28
重庆	2	2	0	28	重庆	2	2	0	28
甘肃	1	1	0	28	甘肃	1	1	0	28
总数	140	94	46		总数	147	94	53	

5. "双一流"建设实行动态调整，对湖北既是机会也是挑战

通过首轮建设，一些高校"双一流"建设成效明显，"双一流"学科得到拓展（见表5-8），一些学科未达到建设预期，"双一流"建设学科受到撤销（调整）或警示。从未来发展看，"双一流"学科的动态调整、有进有出将成为常态，对湖北保持并扩大高等教育传统优势提出了新的挑战。

表5-8 两轮"双一流"建设净增学科情况

净新增学科数量	学校名称	学校数量	占比
自定	北京大学、清华大学	2	1.43%
3	复旦大学、浙江大学	2	1.43%
2	南京航空航天大学、山东大学	2	2.43%
1	北京航空航天大学、北京理工大学、北京协和医学院、北京师范大学、南开大学、天津大学、大连理工大学、东北大学、吉林大学、哈尔滨工业大学、同济大学、上海交通大学、东华大学、上海财经大学、南京大学、东南大学、厦门大学、武汉大学、华中科技大学、华中师范大学、湖南大学、中南大学、西南大学、西北大学、西北工业大学、西北农林科技大学	26	17.85%
0	略	108	77.14%
合计		140	

首轮"双一流"高校名单发布以来,有32所高校的"双一流"建设学科得到拓展,约占全部"双一流"高校数的23%。其中,北京大学和清华大学"双一流"建设学科自定,获得更大的发展空间;复旦大学和浙江大学净增3个学科,是增加学科最多的2所高校;南京航空航天大学、山东大学等两所高校净增2个学科,武汉大学、华中科技大学和华中师范大学等26所高校净增1个学科,其他108所高校未净增学科。

对比两轮"双一流"高校建设学科,全国共有12所高校的13个学科被撤销或调整(见表5-9),其中武汉大学矿业工程学科进行了调整;另有15所高校的16个学科给予公开警示(含撤销)(见表5-10),其中华中师范大学的中国语言文学和中南财经政法大学的法学给予公开警示。这次警示和调整虽然涉及学校和学科数量不多,但社会影响较大,特别是湖北有2所高校受到公开警示,占受警示高校的13%,凸显了湖北在"双一流"建设中的短板、弱项,对开展第二轮"双一流"建设具有极强的预警作用。

这种以竞争为机制,强调建设成效的灵活调整政策,对建设高校具有鞭策和引导作用。因为,国家"双一流"建设学科的布局结构体现着满足国家多样化发展需求的状况。这种结构,既有应当长期稳定支持的基础学科,也有成效卓著、剑指一流的优秀学科,还有适应需要的新兴学科和交叉学科,但必须淘汰建设不力的学科。因此,湖北高校的学科布局要避免求全和趋同,要体现特色和优势,形成充满活力的学科生态。

表 5-9　被撤销或调整的首轮建设学科名单

序号	学 校 名 称	撤销/调整学科
1	北京师范大学	语言学
2	大连理工大学	化学 工程
3	东北师范大学	数学
4	复旦大学	机械及航空航天和制造工程、现代语言学
5	同济大学	艺术与设计
6	上海交通大学	电子电气工程 商业与管理
7	上海财经大学	统计学
8	武汉大学	矿业工程
9	华南理工大学	农学
10	成都理工大学	地质学
11	西安交通大学	信息与通信工程
12	西北农林科技大学	农学

表 5-10 给予公开警示(含撤销)的首轮建设学科名单

序号	学校名称	学科名称
1	北京中医药大学	中药学
2	内蒙古大学	生物学(自定)
3	辽宁大学	应用经济学(自定)
4	东北师范大学	数学(予以撤销,根据学科建设情况调整为"教育学")
5	延边大学	外国语言文学(自定)
6	上海财经大学	统计学(予以撤销,根据学科建设情况调整为"应用经济学")
7	宁波大学	力学
8	安徽大学	材料科学与工程(自定)
9	华中师范大学	中国语言文学
10	中南财经政法大学	法学(自定)
11	广西大学	土木工程(自定)
12	西藏大学	生态学(自定)
13	宁夏大学	化学工程与技术(自定)
14	新疆大学	化学(自定)、计算机科学与技术(自定)
15	海军军医大学	基础医学

三、部分省份"双一流"建设的政策效果分析

"双一流"建设启动实施以来,各省都把"双一流"建设优先纳入区域经济社会发展规划,出台重大政策举措,加强统筹规划和资源调配,巩固扩大多渠道支持力度,引导建设高校与本地区高水平大学相互促进、共同发展。各建设高校充分落实主体责任,不断完善党委统一领导、党政齐抓共管、部门协调配合的工作机制,创造性地开展建设,形成你追我赶、百舸争流的生动局面。

1. 支持进入国家"双一流"的建设高校争创世界一流

很多省份举全省之力,出台重大举措,支持进入国家"双一流"建设范围的高校争创世界一流。比如,浙江省支持浙江大学打造世界一流大学,支持中国美术学院、宁波大学加快"世界一流学科"建设;山东省支持山东大学、中国海洋大学、中国石油大学(华东)、哈尔滨工业大学(威海)等驻鲁部属高校强化"双一流"建设;福建省支持厦门大学建设中国特色世界一流大学;吉林省支持吉林大学、东北师范大学、延边大学"双一流"建设等。(见表5-11)

表 5-11　部分省市支持进入国家"双一流"建设高校的政策比较

北京	支持一流大学全面提高人才培养能力，引导一流大学完善以健康学术生态为基础、以有效学术治理为保障、以产生一流学术成果和培养一流人才为目标的大学创新体系，勇于攻克"卡脖子"的关键核心技术，加强产学研深度融合，促进科技成果转化
上海	支持在沪部属高校"双一流"建设，发挥部属高校辐射引领作用
浙江	支持浙江大学打造世界一流大学，并引领带动浙江高等教育整体提升
广东	加快推进高水平大学建设，深化体制机制改革，整合优势资源，对进入国家"双一流"计划的高校予以持续支持
湖南	主动服务国家重大需求和湖南"三高四新"战略，引导和支持高校围绕学校特色、学科优势，凝练学科方向，打造学科高峰，建优建强一流大学创新体系，着力培育世界一流和国内一流学校与学科
山东	支持山东大学、中国海洋大学、中国石油大学（华东）、哈尔滨工业大学（威海）等驻鲁部属高校建设，力争若干学科领域达到世界一流水平
福建	支持厦门大学建设中国特色世界一流大学

2. 支持更多高校进入国内一流

各省实行"一校一方案"，通过"筑高峰""冲一流""强特色"，努力形成高原敦实、高峰迭起、特色突出的高等教育发展格局。比如，广东省推动华南农业大学、南方医科大学、广东工业大学、广州医科大学、深圳大学、南方科技大学等高水平大学进入国家"双一流"建设高校范围；浙江省支持浙江工业大学、浙江师范大学等高校创建国内一流大学，支持一批学科特色鲜明的高校创建国内特色高水平大学；山东省实施高水平大学和高水平学科建设计划，重点支持 15 所左右省属高校进入国家一流学科建设高校行列或国内同类型高校前列；贵州省重点建设和支持贵州大学进入国内一流大学行列。（见表 5-12）

表 5-12　部分省市支持高校进入"国内一流"的政策比较

北京	深入推进"双一流"大学与其他在京高校学科合作共建，构建市属高校与中央高校学科优势互补、融合发展新模式
上海	推进高水平地方高校建设，重点打造若干具有世界影响力、特色鲜明的高水平高校和学科，提升地方高校整体实力和服务支撑能力
浙江	支持浙江工业大学、浙江师范大学等高校创建国内一流大学，支持一批学科特色鲜明的高校创建国内特色高水平大学
广东	推动华南农业大学、南方医科大学、广东工业大学、广州医科大学、深圳大学、南方科技大学等高水平大学进入国家"双一流"建设范围

山东	实施高水平大学和高水平学科建设计划,重点支持15所左右省属高校进入国家一流学科建设高校行列或国内同类型高校前列;重点建设10个左右基础力量雄厚、引领未来发展方向的优势学科,打造学科高峰;支持40个左右突出前沿引领的优势特色学科,构筑学科高原
福建	支持华侨大学、福建师范大学、福建农林大学争创世界一流学科建设高校
吉林	开展特色高水平大学建设和"一流学科"培育工作,重点打造一批特色高水平研究型大学、特色高水平应用研究型大学和特色高水平应用型大学
贵州	加强省属重点大学建设,努力建成具有较高水平、体现地方特色、具有核心竞争力的区域内一流大学,努力建成具有一定影响力的国内一流大学

3. 支持地方高校加强"一流学科"建设

多数省份出台举措,推动一流学科建设。比如,上海实施高峰高原学科建设,浙江实施登峰学科建设工程,广东实施高等教育"冲一流、补短板、强特色"提升计划,福建推动建设110个"高峰""高原"学科,吉林实施"一流学科"培育项目,贵州实施学科突进行动计划等。(见表5-13)

表5-13 部分省市"一流学科"建设工程政策比较

上海	持续推进高峰高原学科建设,以学科领域为突破口,助力高峰学科攀峰能力提升,持续支持数学、物理、化学、生物等基础学科建设,促进学科交叉融合,拓展高原学科建设深度与广度
浙江	实施登峰学科建设工程,巩固优化现有学科建设成果,构建以登峰学科、优势特色学科、省一流学科(分A类和B类)为主体的学科体系
广东	实施高等教育"冲一流、补短板、强特色"提升计划。到2022年,力争新增1~2所高校入选国家"双一流"建设范围,牵头建设1~2个国家级重大科研平台;到2025年,12~15所高水平大学稳居全国前列,若干学科居于国内领先或达到世界一流水平
福建	推动建设110个"高峰""高原"学科;支持福州大学城建设;支持中国科学院大学福建学院、天津大学福州国际校区建设
吉林	实施"一流学科"培育项目。重点支持光学工程、植物保护、临床医学等20个左右具备较好发展基础、具有鲜明优势特色、形成良好发展态势的学科,加快实现内涵发展、特色发展、创新发展
贵州	深入实施"学科突进行动计划",着重打造贵州特色"高峰""高原"学科(群)。力争到2025年,有1~2个学科总体实力排名进入全国同类学科前5%,绝大部分研究领域达到国际领先水平,学校综合实力大幅提升;3~4个一级学科进入"世界一流建设学科",部分研究领域达到国内领先水平

4. 分类发展地方高水平大学

分类发展是"十四五"期间地方高水平大学建设的重要策略,各省(市)纷纷出台政策,引导高校分类发展,在不同类型和不同领域办出特色、争创一流。比如,北京市根据职能定位,将高校分为三类:高水平研究型大学、高水平特色型大学和高水平应用型大学(见表 5-14);河北省提出,建立研究型、应用型、职业技能型高校分类管理体系,落实院校分类评估制度,引导高等学校科学定位与特色发展,满足经济社会发展对不同类型人才的需求;浙江省提出,支持西湖大学开展新型省部共建,建设世界一流新型研究型大学;福建省谋划建设 1~2 所新型研究型大学。

表 5-14 北京市推动不同类型高校争创一流的主要政策

支持高水平研究型大学建设	聚焦国家、北京和特定领域的核心需求设置专业,突出重点领域、促进学科交叉,大力开展前沿研究、基础研究和应用基础研究,重点培养德才兼备、全面发展、具有较强创新能力的优秀人才
加强高水平特色型大学建设	面向国家发展和首都急需,集中力量发展最具优势和前景的学科专业,深入推进行业产业领域的基础研究和应用研究,重点培养品学兼优、能力突出、社会需要的行业建设优秀人才
推进高水平应用型大学建设	深化教育教学改革,加强学科专业建设,紧密结合北京经济社会发展和人才培养需求,开展高相关性理论探索和科技创新,重点培养知行合一、学以致用、具有创新精神的优秀应用型建设人才

四、深化湖北高校"双一流"建设的策略建议

深化"双一流"建设,是湖北在新发展阶段实现高质量发展、建设教育强省的战略选择。要进一步完善"双一流"建设的建设重点、发展导向、认证评价、条件保障等政策举措,坚持"稳定规模、优化结构、突出特色、提高质量",推动高校内涵式特色化发展,构建布局合理、分类发展、特色鲜明、高峰凸起的高等教育体系,全面提升高等教育核心竞争力、综合实力和影响力,全面建成高等教育强省和人力资源强省,打造全国重要人才中心和创新高地,切实把科教优势转化为人才优势、创新优势和发展优势。

1. 加强组织领导,提高治理能力

高校治理能力是影响"双一流"建设成效的重要因素。湖北要紧扣治理能力提升,在"双一流"建设中进一步完善党委统一领导、党政齐抓共管、部门各负其责的体制机制。一是强化党委统一领导。加强对新一轮"双一流"建设的顶层设计、统筹协调,定期研究和解决"双一流"建设的重大问题,指导高校党委切实履行主体责任,充分发挥好把方向、管大局、做决策、抓班子、带队伍、保落实的作用。二是强化政府统筹协调。

在"双一流"高校领导班子建设、编制使用、发展规划、科技项目、经费投入、人事管理、收费标准等方面提供政策保障和工作支持。三是强化省部共建,推动省地共建。鼓励地方政府在资金、政策、资源等方面给予支持。四是强化高校主体责任。指导和督促高校党委书记和校长切实履行"双一流"建设第一责任人的职责,完善建设方案,健全工作机制,精心组织实施。

2. 完善投入机制,优化资源整合

经费投入是深化"双一流"建设的基础保障。要进一步完善稳定支持机制,加大建设高校条件保障力度,从引导多元投入、创新经费管理、强化基础保障等方面明确具体措施。在完善投入机制上,建立健全财政、企业和社会协同投入的长效机制,加大财政投入力度,整合现有财政投入项目,对"双一流"建设项目进行优化,引导高校立足学科优势,扩大社会合作,积极争取社会资源。在规范经费管理上,一方面充分考虑服务需求、建设成效和学科特色等因素,建立健全差异化财政资金支持制度;另一方面扩大高校的经费使用自主权,允许高校在建设周期和支出范围内自主统筹使用。在重点投入方向上,强化精准支持和扶优扶强,重点加强对主干基础学科、优势特色学科和新兴交叉学科的支持,向服务重点领域、关键核心领域和培养急需人才成效显著的高校和学科倾斜,加大对国家和湖北省产教融合创新平台建设的支持力度。

案例5-2

华中科技大学2021年决算经费全国第九、湖北第一

据教育部公布的数据显示,2021年度决算经费超过100亿元的高校共17所,其中华中科技大学决算经费为146.17亿元,全国高校排名第9位,在湖北高校排名第1位。近年来,华中科技大学高质量快速推进"双一流"建设,学校综合办学实力显著增强,8个学科水平明显提升,形成了"全面集优"的人才培养体系,建设目标达成度高,探索出了一条特色鲜明的中国高校建设世界一流大学之路。

——资料来源:教育部网站 2021-08-26

3. 优化学科布局,强化特色发展

学科是高校发展的根基,学科布局应避免求全和趋同,突出特色和优势。在综合评估第一轮建设成效的基础上,采取有效措施引导高校进一步凝练学科特色,坚持有所为有所不为,实行有选择地发展。在基础学科建设方面,在现有入围的基础学科高校中选择布局一批基础学科研究中心,加强基础理论研究,建好一批基础学科培养基地。在应用学科建设方面,围绕三维存储芯片、硅光芯片、新型显示材料、高端医学影像设备等重点领域,以及新能源和智能汽车、新一代信息技术、生物技术、装备制造、新材料、绿色环保等重点产业,综合考虑学科的匹配度、水平和发展质量,在现有优势特色学科中优中选优扶持。在哲学社会科学体系建设方面,针对传承弘扬中华优秀传统文化以及治国理政新领域新方向,深入实施高校哲学社会科学繁荣计划,建好一批哲学社会科学实验室和高校人文社会科学重点研究基地。在推动学科交叉融合方面,建立交叉学科发展引导机制,搭建交叉学科平台,围绕人工智能、国家安全、国家治理等领域培育新兴交叉学科。

4. 优化评价管理,确保建设成效

科学的评价管理对于"双一流"建设具有重要的引导和促进作用,应进一步完善成效评价体系、优化动态调整机制、探索自主发展模式等举措。在成效评价方面,全面贯彻教育评价总体改革方案精神,积极构建以创新价值、能力、贡献为导向,反映内涵发展和特色发展的多元成效评价体系;完善建设水平监测评价制度,通过政府购买第三方评价服务等方式,实施年度监测评价,按建设目标实施中期考核、期末考核,按照建设周期进行绩效评价,并进一步强化对考核评价结果运用,将考核和绩效评价结果作为拨付绩效经费和入围认证的重要依据。在优化调整机制方面,明确建立以需求为导向、以学科为基础、以质量为标准的竞争机制,重点支持基础建设、办学质量、服务需求等方面优势突出的高校和学科,引导高校着眼长远发展、聚焦内涵建设。在探索发展模式方面,积极探索自主特色发展,强化问题导向和目标导向,优化学科发展方式,鼓励部分高校按领域和方向开展学科建设,对于特色鲜明和综合优势突出的高校,可以尝试设置相对宽松的评价周期,扩大学校的办学自主权。

5. 创新建设机制,激发学校活力

高水平的师资队伍、人才培养和创新体系是"双一流"建设的关键支撑,湖北高校应围绕师资队伍、人才培养、创新体系等方面多点发力。在人才培养方面,强化立德树人和协同育人,把人才培养作为学校的中心任务,把立德树人成效作为学校工作评价的第一标准,大力构建德智体美劳全面培养的教育体系;着力建设高质量本科教育和卓越研究生教育体系,完善人才培育引进与团队、平台、项目耦合机制,强化科教融合和产教融合,把科研资源和社会资源转化为育人资源。在师资队伍建设上,强化引育并举,统筹好学术大师、领军人才、创新团队和青年人才的引育工作;大力推进科研组织模式创新,促进高等院校、科研院所、行业企业高端人才资源在教育教学方面的共享交流;完善青年人才脱颖而出、大量涌现的体制机制,挖掘培育一批具有学术潜力和创新活力的青年人才。在创新体系建设方面,强化科技自立自强和协同创新,做厚做实基础研究,依托"高等学校基础研究珠峰计划",重点支持基础性、前瞻性、非共识、高风险、颠覆性科研工作;鼓励加强关键领域核心技术攻关,攻克新一代信息技术、先进制造、新能源、深空深地深海、生物育种等"卡脖子"技术;支持高校、科研院所、企业等联合建立高端研发平台,推进教育链、人才链、创新链与产业链有机衔接,促进科技成果转化。在对外开放合作方面,强化提质增效和融入世界,改革高校外事管理体系,鼓励高校大胆探索与世界高水平大学双向交流的留学支持机制,鼓励支持高校发起国际学术组织和大学合作联盟,举办高水平学术会议和论坛,提升教育规则制定的国际话语权和人才培养的国际影响力。

华中农业大学构建对外开放新格局 服务"双一流"建设

华中农业大学坚持教育对外开放不动摇,以教育对外开放新格局助力特色鲜明的世界一流大学建设。一是强化领导。坚持以"一个小组统筹、一份方案统领、两张网络并进",全面加强国际合作与交流工作的组织领导和规划设计,2020年以来先后与多所国外高校签订校际合作协议31份。二是实化载体。2020年以来新增2个"高等学校学科创新引智基地",获批国际科技合作项目20项、国家留学基金委国际人才培养项目6项,成立了"华农—奥本学院"。三是优化服务。新冠疫情暴发后,第一时间发布《疫情防控期间国际合作与交流工作指南》,提供《在线课程合作协议》模板,支持各学院、学科更加便捷地开展疫情期间国际交流与合作工作。

——资料来源:教育部网站 2021-08-26

当前,我国已经迈进第二个百年奋斗目标的新征程,面对"两个大局"的深度交织融合,党中央、国务院擘画和部署了新时代高等教育的战略图景和行动路径,"双一流"建设进入了高质量发展的新阶段。面对新目标、新任务、新要求,湖北"双一流"建设高校应充分发挥基础研究人才培养主力军和重大科技突破生力军作用,做勇担服务国家重大急需的中流砥柱,做践行高水平科技自立自强的排头兵,扛起服务世界重要人才中心和创新高地建设的使命,高质量推进新一轮"双一流"建设,为湖北加快"建设全国构建新发展格局发行区"做出积极贡献。

参考文献:

[1] 中国第一轮"双一流"大学建设成效周期监测评估研究[C]."2020高等教育国际论坛年会"论文集,2020:189-201.

[2] 包水梅,陈嘉诚.政策工具视角下我国"双一流"建设高校教学评价政策偏好研究[J].高校教育管理,2022(05):40-51.

[3] 袁利平.以高校共同治理推进新一轮"双一流"建设[J].群言,2022(08):24-27.

[4] 赵婀娜.深入推进新一轮"双一流"建设[N].人民日报,2022-02-22(005).

[5] 孙其信.高质量推进新一轮"双一流"建设[N].中国教育报,2022-06-27(05).

(本节执笔人:刘国卫、余彪、丁丹、任会兵、罗国华)

第二节 推进湖北省属高校提质创优

"湖北省属高校"是指教育部委托湖北省政府具体管理的普通高等院校。目前,湖北省属高校数量占全省高校90%以上,在校学生人数占全省高校88%以上。作为全省高等学校的主体,湖北省属高校承担着为区域培养人才以及为地方经济社会发展服务的重要使命。随着我国区域协调发展战略的深入实施,省属高校对湖北经济社会发展的支撑尤为重要。但从总体看,湖北省属高校还存在综合实力不够强、布局结构不够优、发展环境仍需改善等问题。推进湖北省属高校高质量发展,要进一步优化结构、增强综合实力、提高服务能力、夯实要素保障,更好地发挥基础性、战略性作用,助力湖北"建成支点,走在前列,谱写新篇。"

一、湖北省属高校规模结构实现历史性突破

省属高校是湖北省高等教育事业的主体部分,在全省高等教育体系中占据绝大多数,它们的发展对于全省高等教育事业的发展起着举足轻重的作用。经过1953年、2000年两次大的结构调整和规模扩招,经过多年的积累和发展,湖北省属高校取得了长足发展,规模、结构和质量都实现了历史性突破,为湖北高等教育由"精英教育"向"大众教育"向"普及教育"跨越做出了重要贡献。

(一)基本情况

1. 从总体规模来看

截至2021年底,全省共有普通高等学校130所,数量居全国第6位(在江苏省168所、广东省160所、河南省156所、山东省153所、四川省134所之后)。其中:中央在鄂部委属高校8所,数量居全国第4位;省属高校122所,数量居全国第7位。全省有本科高校68所(数量居全国第3位),其中部委属本科高校8所(数量居全国第4位),省属本科高校60所(数量居全国第4位),高职高专学校62所(数量居全国第9位)。全日制本专科在校生1699723人(居全国第7位,在河南268.64万人、广东253.98万人、山东242.99万人、江苏211.08万人、四川192.08万人、河北170.43万人之后),其中,在鄂部委属高校198994人、省属高校1500729人,本科生975490人、专科生724233人。全日制研究生200410人,其中博士32758人、硕士167652人。形成了中央和省两级管理、部省共建的办学体制和格局。

表 5-15 2021年湖北省高等教育规模情况

主要指标		学校数		学生数	
		所数	占比	人数	占比
普通高校总数(所、人)		130		1900133	
区域分布	武汉市	83	63.85%	1285404	67.65%
	其他市州	47	36.15%	614729	32.35%
办学层次	本科院校	68	52.31%	975490	51.34%
	专科院校	62	47.69%	724233	38.11%
	研究生	29	22.31%	200410	10.55%
办学体制	公办院校	86	66.15%	1405639	73.98%
	民办院校	44	33.85%	494494	26.02%
管理体制	中央部委办高校	8	6.15%	339297	17.86%
	地方办院校	122	93.85%	1560836	82.14%

表 5-16 2021年湖北省属高校规模情况

主要指标		学校数		学生数	
		所数	占比	人数	占比
省属普通高校总数(所、人)		122		1560836	
区域分布	武汉市	75	61.48%	946107	60.62%
	其他市州	47	38.52%	614729	39.38%
办学层次	本科院校	60	49.18%	778069	49.85%
	专科院校	62	50.82%	722660	46.30%
	研究生	21	17.21%	60107	3.85%
办学体制	公办院校	78	63.93%	1066342	68.32%
	民办院校	44	36.07%	494494	31.68%

2. 从区域布局来看

办在武汉市的普通高校 83 所(其中部委属高校 8 所、省属高校 75 所,本科高校 46 所、高职高专 37 所),占比 63.85%;在校全日制学生 1285404 人,全省占比 67.65%。办在其他市(州)的普通高校都是省属高校,共 47 所(其中本科高校 22 所、高职高专 25 所),占比 36.15%;在校全日制学生 614729 人,全省占比 32.35%。基本形成武汉市以外每个市(州)至少有 1 所本科高校、1 所以上高职院校的发展格局(其中,鄂州、随州、仙桃、潜江、天门各有1所高职院校)。除了鄂州市、随州市没有本科高校外,其他地级市都至少有1所本科高校。

表5-17 2021年湖北省高等教育区域布局情况

		武汉城市圈		襄十随神		宜荆荆恩	
		区域总计	其中:武汉市	区域总计	其中:襄阳市	区域总计	其中:宜昌市
学校数（所）	总数	102	83	11	4	17	5
	本科学校	53	46	7	2	8	2
	专科学校	49	37	4	2	9	3
在校生数（人）	总数	1516602	1285404	115862	55952	254086	71627
	本科生	788226	688226	64834	22824	122430	32483
	专科生	546464	417350	59925	32843	117844	32678
	研究生	181912	179828	1772	285	13812	6466

3. 从办学层次来看

130所普通高校中:本科高校68所,居全国第3位;其中省属60所,居全国第7位。全日制本科在校生975490人,占全省在校学生总数的51.34%;其中省属本科高校在校生778069人,占省属高校在校学生总数的49.85%。全省高职高专院校62所,居全国第9位;在校专科生724233人,占全省高校在校学生总数的38.11%,占省属高校在校生总数的46.30%。全省有博士授权单位16所(省属8所),硕士授权单位29所(省属高校21所);全省全日制研究生200410人(居全国第4位),其中中央在鄂部委属高校140303人,省属高校60107人。总体上形成了纵贯专科教育、本科教育、研究生教育的较为完善的高等教育体系。

4. 从管理体制来看

130所普通高校中:部委属高校8所、省属高校122所。省属高校中,省政府及省政府职能部门举办的(省级财政投入)48所(其中本科高校26所、高职高专22所),市州政府举办的25所(其中本科高校2所、高职高专23所),行业企业举办的6所(均为高职高专)。

5. 从办学性质来看

130所普通高校中:公办高校86所(其中,部委属高校8所、省属78所,本科高校36所、高职高专50所);在校生规模1405639人(其中,部委属高校339297人、省属高校1066342人,研究生200410人、本科564439人、高职高专640790)。民办高校44所都是省属高校,其中本科 32 所、高职高专 12 所,独立设置的普通高校 31 所、独立学院 13 所;在校生规模 494494 人,其中本科高校学生 411051 人、高职高专学校学生 83443 人。基本形成了以政府办学为主体、社会广泛参与的多元办学格局。

表 5-18 2021 年湖北省高等学校办学属性情况　　　　(单位:所/人)

	公办学校					民办学校(省属高校)		
	部委属高校	省属高校	本科学校	专科学校	研究生培养单位	小计	本科学校	专科学校
学校数	8	78	36	50	29	44	32	12
学生数	339297	1066342	564439	640790	200410	494494	411051	83443

6. 从科类分布来看

全省有综合性高校 8 所(都是部委属高校),理工类院校 82 所,财经类院校 11 所,师范类院校 8 所,医药类院校 5 所,政法类院校、艺术类院校各 4 所,体育类院校 3 所,民族类院校、农林业类院校各 2 所,语言文字类院校 1 所。形成了覆盖绝大部分学科类别、基本适应经济社会发展需要的人才培养体系。

(二) 发展轨迹

湖北高等教育最早可追溯到 1893 年张之洞奏请清政府创办的自强学堂(武汉大学前身)。新中国成立以后,经过 1953 年、2000 年两次大的结构调整和规模扩招,经过不断积累和发展,实现了由"精英教育"向"大众教育"再向"普及教育"的历史跨越。

1. 中南地区高校大调整

1951—1953 年,根据中央统一部署,贯彻执行"以培养工业建设人才和师资为重点,发展专门学校和专科学校,整顿和加强综合性大学"的方针,对中南地区高校进行了大规模调整。调整后,湖北的私立高校不复存在,学校由新中国成立时的 10 所增至 11 所。这些学校集中南数省高校的精华,从办学条件到科研力量都得到了充实,规模比以前成倍扩大,形成了理、工、农、医、师范、财政、政法、体育等科类比较齐全的高校架构,学科优势逐步形成。

2. 湖北高校院系大调整

1954—1957 年,湖北高等学校经过院系大调整,到 1957 年,湖北地区有高校 19 所,在校生 28670 人,教职工 9868 人;武汉大学开始招收研究生,在校研究生 92 人。这次调整,主要是将中南地区高校中部分好的专业荟萃湖北,建立了华中工学院、武汉水利学院和武汉测绘制图学院等特色鲜明、实力雄厚的高等学校。从全国主要是中南地区其他各省调来了一大批优秀学者来湖北任教和主持校政。湖北高校门类齐全、实力雄厚,基本能适应湖北社会主义建设的需要,武汉因此成为我国中部智力密集、高校比较集中的城市。

3. 发展高等职业教育

20 世纪 80 年代初,湖北开始发展高等职业教育。1980 年,成立了 1 所属于高等职业教育性质的短期职业大学。1981 年秋,武汉市创办江汉大学,为全省办职业大学之始。到 1987 年全省共开办职业大学 9 所。从 2000 年起,教育部将高等职业教育学校设置权下放到省级政府,除师范、卫生类高等职业学校外,高等职业学校设置由省政府审批,教育部备案。2000 年前,全省共有独立设置的高职院校 10 所(民办 1 所)。从 2000 年起,除武汉市外,其他人口较多的地级市,原则上设置 1 所社区性的高等职业学校。2000—2005 年,全省共审批设立高等职业学校 39 所。到 2010 年,全省独立设置并招生的高等职业院校 54 所,招生 12.44 万人,在校生 37.32 万人,分别占全省普通高等院校本专科招生数和在校生数 32.1% 和 28.78%。2017 年,全省高等职业学校达到 60 所,占高等学校数的 46.9%;在校生 58.75 万人,占普通高校本专科生数的 34.9%。2018 年,湖北 2 所高职进入全国高职教学资源 50 强,3 所高职进入全国高职服务贡献 50 强,2 所高职进入全国高职国际影响 50 强,2 所职业院校进入全国职业院校实习管理 50 强。目前,全省有 1 所高职院校入选国家高水平高职学校建设单位,7 所学校入选高水平专业群建设单位。

4. 高校大规模扩招

从 1999 年开始,湖北高等教育进行了大规模扩招。1999 年 6 月,第三次全国教育大会召开,提出在高等教育领域实施扩招政策,努力实现高等教育大众化。湖北紧跟中央部署,抓住高等教育大发展、大改革的有利时机,推进高等教育布局结构调整,扩大招生规模。1999 年,湖北省普通高校招收本专科生 9.79 万人,比 1998 年增长 50.62%。2000 年,全省高校顺利完成了扩招任务,在鄂录取总数 12.31 万人,比 1999 年增长 41.3%;高考录取率 64%,高于全国平均水平 8 个百分点,比 1999 年提高了 12 个百分点;高等教育毛入学率达 14%,高于全国平均水平 2.5 个百分点。

5. 高校结构大调整

从 2000 年起,全省高等教育进行了大规模的结构调整,通过"共建、调整、合并、合作"等途径加大改革力度,推进"强强联合、优势互补",组建了一批综合性、多科性大学,打破了条块分割的格局,实行中央和省"两级管理"、中央、省和市州"三级办学"。据统计,2000—2005 年,全省组建和更名了 10 所综合性大学(武汉大学、华中科技大学、武汉理工大学、中南财经政法大学、三峡大学、江汉大学、中南民族大学、长江大学、湖北工业大学、武汉工程大学),提升组建了 6 所普通本科院校(孝感学院、湖北经济学院、湖北警官学院、咸宁学院、黄石理工学院、武汉生物工程学院)和 2 所高等专科学校(沙洋师专、湖北中医药高等专科学校),形成了与全省经济社会布局相一致,以武汉为中心,向东、西北、西南延伸的高等教育走廊。2007年将荆门职业技术学院和沙洋师专合并组建荆楚理工学院,标志着湖北省"在每个经济比较发达的地级市设置一所普通本科学校"的高校布局结构调整规划基本实现。

6. 大力发展民办高等教育

从2000年开始,普通高校以创办独立学院为突破口,开展以新机制形式举办独立学院(原称高校分校或二级学院)试点,推进高等教育办学体制改革。2000年教育部审批3所、省教育厅受教育部委托审批2所高校分校,共招生2085人。2002年审批9所二级学院。2003年经教育部和省政府批准设立了20所独立学院。2005年湖北第一所独立设置的民办普通本科院校——武汉生物工程学院成立,实现湖北民办本科院校零的突破。到2010年,全省普通高校独立学院31所(全国排名第一),招生8.69万人,在校生28.89万人;全省独立设置的民办普通高校11所,招生2.76万人,在校生8.26万人。民办高等教育的发展打破了政府包揽办学的单一体制,社会力量办学成为全省普通高等教育的重要组成部分和高等教育发展新的增长点,"政府办学为主,社会各界参与,多种形式并存"的高等教育格局逐步建立。

由于大规模扩招任务的完成和高校布局结构大调整,湖北高等教育实现了跨越式发展。2001年全省普通高校本专科招生15.9万人,在校生45.3万人,普通高校录取率64%(高于全国平均水平7分百分点);高等教育毛入学率16%(高于全国平均水平2.7个百分点),跨入大众化行列,实现了由"精英教育"到"大众化教育"的历史性跨越。到2015年,全省普通高校126所,本专科招生39.18万人,在校生141.06万人,高等教育毛入学率52.9%,全面进入普及化阶段。

表 5-19 2010—2021年湖北省高等教育发展情况一览表

年份	学校数/省属高校(所)		招生数/省属高校(人)		本专科 在校生数/省属高校(人)		毛入学率 (%)
2010	120	112	387612	337621	1296920	1098570	32.9
2011	122	114	413600	358933	1340298	1129010	33.5
2012	122	114	406957	356113	1386086	1183416	37.3
2013	123	115	403860	352544	1421434	1217155	42.1
2014	123	115	400307	350391	1419699	1216228	47.0
2015	126	118	391835	342988	1410567	1209046	52.9
2016	129	121	398315	349926	1401840	1202386	58.2
2017	128	120	407480	358980	1400918	1203788	62.3
2018	128	120	427435	378798	1438242	1241466	69.6
2019	128	120	459944	411114	1500819	1303618	71.1
2020	129	121	513968	464721	1616873	1418790	71.9
2021	130	122	512478	462872	1699723	1500729	72.8

(三) 主要成就

1. 事业发展不断壮大

多年来,省属高校作为湖北省高等教育的主体力量,各方面都取得了快速发展。一是学生规模不断扩大。2021年湖北省属高校本专科在校生总规模为1500729人,比2012年的1183416人增长26.81%。二是教职工数量快速增长。截至2021年底,湖北省属高校教职工总数达103020人,比2012年的94170人增长93.98%。三是办学条件不断改善。如:校舍建筑总面积,2021年省属高校为3836.58万平方米,比2012年的3385.11万平方米增长13.34%。四是普及程度不断提高。2021年湖北高等教育毛入学率72.8%,比全国平均水平高15个百分点,比2012年的37.3%增长35.5%。

2. 服务能力有效提升

湖北省属高校70%以上的生源来自湖北省,有效满足了人民群众接受高等教育的需求,对于推动全省高等教育由精英化走向大众化再走向普及化作出了突出贡献。湖北区域综合科技创新水平指数在全国排名第8、中部第1;世界知识产权组织发布2021年全球创新指数,武汉位列世界城市集群第25、中国城市第6,这与湖北高校发挥的基础性、先导性、战略性作用密不可分。特别是省属高校数占全省高校90%以上,在校学生数占全省高校88%以上,60%毕业生留鄂就业创业,起到了重要的人力资源支撑作用。湖北省属高校与100多个市州县建立全面合作,成立研发中心300余个,直接服务地方经济发展贡献不断提高,为构建湖北科技创新体系作出了积极贡献。全省劳动年龄人口平均受教育年限达11.1年,高于全国平均水平0.3个百分点。

案例 5-4

湖北大学"双十行动"助力地方经济发展

湖北大学于2021年4月启动"双十行动"计划,在省内十个市县建设十个产业技术研究院,推动科技成果转化,服务地方经济社会发展。"双十行动"实施以来,已有一大批科技成果实现落地转化和产业化生产。其中,湖北大学麻城石材产业技术研究院开发的"机械—化学协同激发技术、节能粉磨技术",在麻城中馆驿镇引进投资1.2亿元,建设一条高活性复合矿物掺合料生产线,实现月销售1.5~2万吨、产值近4000万元,年产值4~5亿元。湖北大学利川生态产业研究院开发核心肥料与种植技术,在恩施地区打造了无农药、无化肥、富硒高山蔬菜——"利川东辉包菜",已建立了近1000亩的种植示范区,帮助当地居民人均年增收2~3.5万元。

——资料来源:湖北大学官网 2022-01-28

3. 体制机制改革不断深化

在体制改革和结构调整方面,通过"共建、调整、合作、合并",湖北省属高校办学实力得到显著增强。在投入体制方面,逐步加大政府投入,全面建立和落实了生均拨款制度,鼓励社会投入,形成了以政府投入为主的多元化投入体制。在招生和就业制度方面,不断完善有利于选拔优秀人才、发展素质教育的高校招生考试制度,建立了"市场导向、政府调控、学校推荐、双向选择"的就业制度。在学校内部治理方面,扩大并明确了高等学校的办学自主权,省属高校建立了以章程为纲的现代大学管理制度,人事和分配制度改革不断深入,激励机制、竞争机制和流动机制不断完善。系列改革措施极大增强了湖北省属高校的发展活力。

4. 师资队伍建设取得长足进步

长期以来,湖北省属高校以学科建设为龙头,以引进和培养学科领军人物、高层次人才和中青年教师为重点,以梯队建设和创新团队建设为抓手,以创新人才发展体制机制为动力,以优化人才发展环境为保障,汇聚了一批高水平学科带头人和优秀中青年学术骨干,为高质量、高水平发展提供了强有力的人才保障。目前,在鄂高校有"两院"院士54人,入选国家"千人计划"526人、"万人计划"270人、长江学者特聘教授和青年学者278人、国家杰出青年基金获得者202人,高层次人才行业占比约为三分之二。

5. 人才培养质量稳步提高

在规模扩张的同时,湖北省属高校把教育教学的工作重点和发展重心切实转到提高质量上来,加大教学投入,强化内涵建设,提升办学水平,取得了显著成效。在实行分类发展、推进课堂革命、优化育人方式等方面积极探索,在国家重点实验室、部省协同创新中心、博士硕士授权点、国家精品课程建设等方面取得了重大突破。通过高校本科教学质量年专项行动计划、一流本科专业"双万计划"、一流本科课程"双万计划"等专项计划的实施,新工科、新医科、新农科、新文科建设进展良好。

 案例5-5

长江大学研究生教育持续向好

近年来,面对疫情影响和新形势,长江大学建立一整套较为完整的招录体系,健全一系列较为完备的硬软环境,更加突出"渗透式、品牌式、网格式"招生宣传思路,更加突出"政策红利、指标激励、导师参与"培养体系,研究生招生规模逐年增长、研究生招生质量明显改善、研究生招生声誉日益向好、研究生招生环境更加有序,研究生招生录取工作呈现"三高三多"的特点,即报考总数高、一志愿录取率高、本校毕业生录取率高,优质生源多、录取高分多、调剂生源多,圆满完成工作任务和目标,研究生规模突破7000人。

——资料来源:长江大学新闻网 2022-05-04

6. 科技创新能力明显增强

以提升创新能力为核心,集聚创新人才,推进产学研合作,主动融入以企业为主体的技术创新体系,为全省经济社会发展提供人才支持、科技支撑、改革示范和产业服务,湖北省属高校初步形成了较为完善的科技创新平台体系。科研水平不断攀升,连年获得国家科技大奖,武汉科技大学、湖北大学先后获批国家重点实验室、国家工程研究中心,长江大学等高校立项建设3个省部共建协同中心,武汉纺织大学徐卫林教授入选中国工程院院士,实现了省属高校本土院士培育零的突破。这些,标志着湖北省属高校在推进科技创新上取得重大成果。

案例5-6

湖北省属高校科技创新成果丰硕

在宜昌市2022年度科技人才优秀成果发布会上,三峡大学团队共发布8项科技成果,其中"节能降温制冷多功能材料开发及产业化"团队研制的超疏水涂料可应用于玻璃、金属、木材、建筑墙体等表面,达到防腐、防污、防冰的效果,解决高湿低冷环境下路面结冰、高压杆塔、输电线路及绝缘子结冰等带来的安全隐患及一系列损失,成果转化效益显著。

在2022年湖北"联百校、转千果"科惠行动云推介会上,湖北大学共计有55项精品成果在科惠网上集中展示,吸引26家企业争相下单,转化金额1810万元。近年来,湖北大学以"整体布局、集成创新、突出应用、系统攻关"为科研工作思路,实施"双百行动",即百名青年博士地方挂职、百项科技成果落地生根,学校科技创新水平实现实质性突破。

武汉科技大学材料与冶金学院樊希安教授将"解决行业卡脖子问题"作为科研目标,紧盯"冶金、材料行业的应用基础及其关键技术"反复攻关,在热-电转换温差发电技术、磁-电能量转换技术、辐射换热技术及其关键新材料领域取得了一个又一个突破,转化科研成果17项。研发出满足光通信器件的高性能芯片,成功解决了5G通信传输中网络信号不稳定问题。

——资料来源:根据网络资源整理

7. 毕业生就业保持良好势头

湖北省属高校通过积极推进高校毕业生就业市场服务体系建设、就业指导课程建设和就业指导队伍建设,切实加强大学生就业指导和就业服务,构建了以市场为导向的"双向选择、自主择业"的毕业生就业制度。毕业生就业的去向、形式和途径呈现出多层次、多渠道、多方位的局面,毕业生就业率高于全国平均水平,持续保持就业人数和就业率"双增长"的良好态势。

湖北出台高校毕业生就业创业"17条"

近日,湖北省就业工作领导小组印发实施"才聚荆楚"工程做好高校毕业生等青年就业创业工作的通知,围绕拓宽岗位、强化服务、简化手续、加强帮扶、压实责任等5个方面,提出17条措施,进一步推进"才聚荆楚"工程。强调推进公共就业服务进校园,鼓励市州与高校合作建立"留鄂人才(招聘)工作站",建立高校毕业生就业岗位归集机制,密集组织线上线下招聘服务;取消就业报到证,取消高校毕业生离校前公共就业人才服务机构在就业协议书上签章环节,取消高校毕业生离校后到公共就业人才服务机构办理报到手续,促进更多高校毕业生留鄂来鄂就业创业。

——资料来源:光明日报 2021-07-08

二、湖北省属高校处于爬坡过坎的关键阶段

相比部委属高校、苏浙沪粤等发达地区,匹配湖北经济社会在全国的排位,适应人民群众对优质高等教育的需求,湖北省属高校还面临一些短板和不足。

(一)综合实力有待提升

湖北高等教育"量"的规模保持全国前6,"质"的水平位居全国前4,总体实力仅次于北京、上海、江苏,但国家重点学科、重点实验室、高端人才项目等优质高等教育资源主要集中在8所中央在鄂部委属高校。入选国家首轮和第二轮"双一流"建设单位都是在鄂部委属高校。相比部委属高校,湖北省属高校综合实力相对薄弱。

1. 从国家重点工程建设入选情况来看

普通本科教育:2017年以前,国家建设的112所"211"工程高校、39所"985"工程高校和首批14个国家"2011协同创新中心"中均无湖北省属高校入选,而同处中部地区的其他各省都有省属高校入选"211"工程。在国家首轮"双一流"建设高校中,全国省属高校入围"双一流"高校44所、"双一流"学科48个,湖北没有1所省属高校进入。在国家第二轮"双一流"建设高校中,全国省属高校入围"双一流"高校51所,湖北又没有1所省属高校进入。究其原因,有国家政策平衡照顾没有部委属高校省份的考量,也有湖北省属高校综合实力不强的因素。

高等职业教育:湖北仅有4所国家示范高职院校(全国100所),在全国或在行业有较大影响的高职院校不多。2019年10月,教育部发布中国特色高水平高职学校和专业(简称"双高")建设名单,其中,高水平学校建设单位,全国56个,湖北只有1个(武汉船舶职业技术学院)且处于C档;高水平专业群建设单位,全国141个,湖北7个

均处于 B 档和 C 档。湖北国家级"双高"院校仅占高职院校总数的 13%。除直辖市外,比浙江(30%)、江苏(22%)、陕西(21%)、山东(19%)、宁夏(18%)、河北(16%)、广东(16%)明显偏低。

表 5-20 湖北本科高校重点项目建设情况

项目		高校
"985"高校(2 所)		武汉大学、华中科技大学
"211"工程(7 所)		武汉大学、华中科技大学、武汉理工大学、华中师范大学、华中农业大学、中国地质大学(武汉)、中南财经政法大学
"中西部高校基础能力建设工程高校"(6 所)		湖北大学、武汉科技大学、武汉工程大学、武汉纺织大学、湖北工业大学、长江大学
首轮"双一流"建设高校	世界一流大学建设高校(2 所)	武汉大学、华中科技大学
	世界一流学科建设高校(5 所)	华中师范大学、武汉理工大学、中国地质大学(武汉)、中南财经政法大学、华中农业大学
	国内一流大学建设高校(6 所)	湖北大学、武汉科技大学、三峡大学、长江大学、海军工程大学、中南民族大学
	国内一流学科建设高校(11 所)	武汉工程大学、湖北中医药大学、湖北工业大学、武汉纺织大学、武汉轻工大学、江汉大学、湖北师范大学、武汉体育学院、湖北医药学院、湖北美术学院、武汉音乐学院
第二轮"双一流"建设高校	世界"双一流"建设高校	武汉大学、华中科技大学、武汉理工大学、华中师范大学、华中农业大学、中国地质大学(武汉)、中南财经政法大学

表 5-21 各省市高水平高职学校和专业建设排名

序号	省(市)	合计	A 档		B 档		C 档	
			学校(所)	专业群(个)	学校(所)	专业群(个)	学校(所)	专业群(个)
1	江苏省	20	2	1	3	7	2	5
2	浙江省	15	2	1	3	4	1	4
3	山东省	15	1	1	2	7	1	3
4	广东省	14	1	—	4	3	—	6
5	湖南省	11	—	3	1	2	1	4
6	重庆市	10	—	1	2	3	—	4
7	河北省	10	—	1	1	2	—	6
8	陕西省	8	1	—	1	2	2	2

续表

序号	省(市)	合计	A 档		B 档		C 档	
			学校(所)	专业群(个)	学校(所)	专业群(个)	学校(所)	专业群(个)
9	四川省	8	—	2	—	3	1	2
10	湖北省	8	—	2	—	2	1	3
11	北京市	7	1	2	1	1	1	1
12	天津市	7	1	2	1	1	1	1
13	河南省	6	1	—	—	5	—	—
14	黑龙江	6	—	2	—	2	1	1
15	江西省	5	—	2	—	3	—	1
16	辽宁省	5	—	1	1	—	—	4
17	安徽省	5	—	2	—	1	1	1
18	福建省	5	—	1	—	3	1	—
19	山西省	4	—	2	—	2	—	—
20	吉林省	4	—	1	—	—	1	2
21	广西	4	—	—	—	2	1	1
22	内蒙古	3	—	1	—	1	—	—
23	贵州省	3	—	1	—	1	—	1
24	甘肃省	3	—	1	—	1	1	—
25	云南省	3	—	—	—	—	1	2
26	宁夏	2	—	—	—	1	1	—
27	新疆	2	—	—	—	—	1	1
28	海南省	1	—	—	—	1	—	—
29	上海市	1	—	—	—	—	—	—
30	西藏	—	—	—	—	—	—	—
31	青海省	—	—	—	—	—	—	—
总计		197	10	30	20	60	20	57

2. 从学科平台建设情况来看

省属高校曾经没有 1 个国家级重点学科,没有 1 个国家重点实验室,没有 1 个全职本土院士(2021年武汉纺织大学徐卫林教授入选中国工程院院士,成为湖北第一个省属高校自主培养的院士)。全国第四轮学科评估,湖北高校共52个A类学科,省属高校仅武汉体院有一个A⁻类学科。

3. 从高层次人才培养来看

湖北研究生规模居全国第4位,但省属高校研究生招生计划在全国排名第21位,在中部6省垫底。其中,在校博士招生计划居全国第25位,仅排在西藏、青海、宁夏、贵州、新疆等少数西部省(区)之前,还不到湖南、河南、山西等省的二分之一。省属高校中,具有博士、硕士学位授权的高校较少,研究生招生计划少。

4. 从省际竞争来看

规模是衡量一个地区高等教育实力的重要指标。虽然我国高等教育已经进入从规模扩张到质量提升的阶段,但面对人口变化、经济转型和社会发展,省域之间高等教育"量"的竞争一直在持续,湖北的规模比较优势近年来陆续被其他省份超越。其一,从省际看。湖北高校数量位居全国第6,前5位分别是:江苏167所、广东160所、河南156所、山东153所、四川134所。其中,四川2020年超越湖北;2021年,广东增加6所高校、河南增加5所高校。湖北高校本专科学生数位居全国第7,前6位分别是:河南268.64万人、广东253.98万人、山东242.99万人、江苏211.08万人、四川192.08万人、河北170.43万人。其中,四川、河北分别于2016年和2021年超过湖北。其二,从城市看。早在2013年,广州高校本专科生数已经超过武汉;2018年郑州超过武汉。主要原因是:在本专科招生计划上,2012年以来广州一直多于武汉,郑州也从2016年开始多于武汉,并逐年拉大差距。仅2020年,广州、郑州就分别比武汉多招将近15万人和6万人。由于专科招生计划由各省自行编制,广州、郑州比武汉大学生人数多,主要多在专科人数上。

(二)布局结构有待优化

1. 从区域布局来看:武汉一家独大,其他市州相对薄弱

从发展规模来看。武汉市人口规模、生产总值分别占全省的15.25%和35.96%,但全省近65%的高校、68%的本科高校、75%以上的在校生集中在武汉。武汉有普通高校83所,还有7所军事院校或校区,是除北京外全国普通高校数量最多的城市;在校研究生17.98万人,位居全国城市第3(北京44.70万人、上海23.33万人);在校本专科生110.56万人,也位居全国城市第3(广州141.26万人、郑州127.40万人)。武汉市之外的其他市(州)不仅高校数量相对较少,而且整体办学实力不强。作为省域副中心的襄阳市和宜昌市分别只有1所公办本科高校、1所独立学院、2-3所高职院校,对推动湖北南北两翼高质量发展支撑力不够。

表 5-22 2021 年湖北省高等教育分市州布局情况

地区		高校数			在校生数			总人口（万人）	在校大学生占人口比例
		总数	本科	专科	总数	本科学生数	专科学生数	研究生学生数		
	总计	130	68	62	1900133	975490	724233	200410	5775.26	3.29%
1	武汉市	83	46	37	1285404	688226	417350	179828	1244.77	10.33%
2	襄阳市	4	2	2	55952	22824	32843	285	526.1	1.06%
3	宜昌市	5	2	3	71627	32483	32678	6466	389.64	1.84%
4	黄石市	4	3	1	57816	40463	15977	1376	246.91	2.34%
5	十堰市	6	5	1	62514	42010	19017	1487	320.90	1.95%
6	荆州市	7	3	4	110982	47689	57157	6136	523.12	2.12%
7	荆门市	2	1	1	26368	13998	12370	0	259.69	1.02%
8	鄂州市	1	0	1	17150	0	17150	0	107.94	1.59%
9	孝感市	4	2	2	42324	21792	20532	0	419.10	1.01%
10	黄冈市	4	1	3	49686	19211	30018	457	588.27	0.84%
11	咸宁市	3	1	2	39194	18534	20409	251	265.83	1.47%
12	随州市	1	0	1	8065	0	8065	0	204.79	0.39%
13	恩施州	3	2	1	45109	28260	15639	1210	345.61	1.31%
14	仙桃市	1	0	1	13046	0	13046	0	113.47	1.15%
15	天门市	1	0	1	2654	0	2654	0	115.86	0.23%
16	潜江市	1	0	1	9328	0	9328	0	88.65	1.05%

备注：1. 学校数、学生数来自 2021 年教育事业统计年报数。其中，学生数均为普通全日制在校生数。

2. 人口数为省统计局公布的 2020 年全省常住人口数。

从优质资源来看。湖北是除北京、上海、江苏以外，中央部委属高校最多的省份，有 8 所，全办在武汉，并列全国城市第 3（北京 36 所、上海 10 所、南京 8 所）；武汉集中了全省 97.22% 的一级学科博士点、82.2% 的一级学科硕士点以及 97.14% 的国家重点（培育）学科和 96.78% 的国家级重点实验平台。省级一流专业建设点 443 个仅有 142 个分布在武汉市外的 19 所高校。武汉在全球城市科研指数排名全国第 4 位、全球第 13 位、位列国家科技中心城市第 3 位；东湖高新区知识创新和技术创造能力在国家高新区排名第 1 位。

从综合实力来看。省属普通本科高校 60 所有 38 所办在武汉，占本科高校总数的 55.9%；首轮和第二轮入选世界"双一流"建设的 7 所高校全部在武汉；入选国内"双一流"建设名单的 17 所高校有 13 所在武汉，仅有长江大学、三峡大学、湖北师范大学、湖北医药学院 4 所高校分布在 4 个地市。

从武汉市布局来看。由于历史原因，武汉普通高校特别是重点高校主要集中在长江南岸,83所普通高校中74所布局在江南的武昌片区,且中央在鄂部委属高校都集中于此;长江北岸的汉口、汉阳片区及黄陂、新洲等6个区仅有9所高校,且仅有2所公办本科高校,大多是新建院校,呈现南多北少、南强北弱的局面。武汉都市圈内高等教育联动发展不够,尚未形成同城化发展的格局。

表 5-23　部分省会城市普通高校数量情况

	武汉	长沙	郑州	南昌	合肥	太原	南京	杭州
高校总数	83	57	65	54	54	44	51	47
全省占比(%)	63.85	44.53	43.05	51.43	45.00	51.76	30.54	43.12

2. 从层次布局来看:缺乏本科层次职业院校

在国家政策的正确导向和强劲推动下,自2019年开始,职业本科教育在我国逐渐"破冰",先后出现了"升格""转型""合并转设"等多种办学形式。截至2022年3月,经教育部正式批复设立的职业技术大学32所(其中民办高职升格21所、公办高职升格1所、独立学院转设1所、独立学院与公办高职高专合并转设9所)、开办职业教育本科专业的普通高校3所,职业本科招生4.14万人,职业本科在校生12.93万人。2022年2月,在教育部"介绍推动现代职业教育高质量发展有关工作情况"的新闻发布会上,教育部职成司明确提出,要以部省合建方式,遴选建设10所左右高水平的职业本科教育示范学校,打造标杆、提振信心、改变形象、趟出路子。可以说,经过多地试点探索,举办职业本科教育的途径、模式和定位逐渐清晰起来。

表 5-24　截至2022年3月国家批准设置的职业本科学校名单

更名后	更名前	所在地	性质	形式
1. 泉州职业技术大学	泉州理工职业学院	福建泉州	民办	民办高职升格
2. 南昌职业大学	南昌职业学院	江西南昌		
3. 江西软件职业技术大学	江西软件职业学院	江西南昌		
4. 山东外国语职业技术大学	山东外国语职业学院	山东日照		
5. 山东工程职业技术大学	山东凯文科技职业学院	山东济南		
6. 山东外事职业大学	山东外事翻译职业学院	山东威海		
7. 河南科技职业大学	周口科技职业学院	河南周口		
8. 广东工商职业技术大学	广东工商职业学院	广东肇庆		
9. 广州科技职业技术大学	广州科技职业技术学院	广东广州		
10. 广西城市职业大学	广西城市职业学院	广西南宁、崇左		
11. 海南科技职业大学	海南科技职业学院	海南海口		

续表

更名后	更名前	所在地	性质	形式
12. 重庆机电职业技术大学	重庆机电职业技术学院	重庆	民办	民办高职升格
13. 成都艺术职业大学	成都艺术职业学院	四川成都		
14. 西安信息职业大学	陕西电子科技职业学院	陕西西安		
15. 西安汽车职业大学	西安汽车科技职业学院	陕西西安		
16. 辽宁理工职业大学	辽宁理工职业学院	辽宁锦州		
17. 运城职业技术大学	运城职业技术学院	山西运城		
18. 浙江广厦建设职业技术大学	浙江广厦建设职业技术学院	浙江东阳		
19. 新疆天山职业技术大学	新疆天山职业技术学院	乌鲁木齐		
20. 上海中侨职业技术大学	上海中侨职业技术学院	上海		
21. 湖南软件职业技术大学	湖南软件职业学院	湖南湘潭		
22. 南京工业职业技术大学	南京工业职业技术学院	江苏南京	公办	公办高职升格
23. 景德镇艺术职业大学	景德镇陶瓷大学科技艺术学院	江西景德镇	民办	独立学院转设
24. 河北工业职业技术大学	河北科技大学理工学院 河北工业职业技术学院	河北石家庄	公办	独立学院与公办高职高专合并转设
25. 河北科技工程职业技术大学	华北电力大学科技学院 邢台职业技术学院	河北邢台		
26. 河北石油职业技术大学	河北工业大学城市学院 承德石油高等专科学校	河北承德		
27. 贵阳康养职业大学	贵阳师范大学求是学院 贵阳护理职业学院	贵州贵阳		
28. 广西农业职业技术大学	广西大学行健文理学院 广西农业职业技术学院	广西南宁		
29. 兰州资源环境职业技术大学	兰州财经大学长青学院 兰州资源环境职业技术学院	甘肃兰州		
30. 兰州石化职业技术大学	西北师范大学行知学院 兰州石化职业技术学院 甘肃能源化工职业学院	甘肃兰州		
31. 浙江医科职业大学	浙江海洋大学东海科学技术学院 浙江医药高等专科学校	浙江宁波		
32. 山西工程科技职业大学	山西商务学院 山西交通职业技术学院 山西建筑职业技术学院	山西太原		

目前,中部六省湖北、湖南、河南、安徽、江西、山西高职高专院校数分别为62所、78所、94所、74所、60所、51所,湖北居第4位;在校专科学生分别为72.42万人、72.85万人、124.14万人、65.84万人、63.17万人、31.46万人,湖北居第3位。湖北高职高专院校的规模与适龄人口就学需求和国家下达的招生计划(从2020年开始,国家实行高职扩招,安排湖北高职招生计划连续两年各25万人)总体上是适应的。存在的主要问题是,湖北尚无1所本科层次职业院校,技术技能人才培养体系缺少本科层次职业院校这一环。

究其原因主要是前期国家要求在符合条件的民办高职中审批设立本科高校。2020年,教育部从纳入规划的高职升本学校中遴选了22所高职学校,继续保持职业教育的办学属性和特色,开展本科层次职业学校改革试点,培养高层次职业技能型人才。22所本科层次职业教育试点学校中,有21所为民办专科高职院校升格为民办职业本科学校,1所为公办专科高职院校升格为公办职业本科学校(南京工业职业技术大学)。湖北高职是公办强,没有符合条件转为本科层次的民办高职学校。

3. 从学科专业布局来看:与湖北产业发展的匹配度有待提升

无论是本科、专科的学科类型、专业类型布局,还是博士、硕士点的学科专业布局,湖北省属高校一定程度上还存在"同质化"现象,与地方经济社会发展需求匹配度和贡献度有待提升。

学科类型方面。从本科层次看:基础学科、传统学科比例偏大,存在重复建设和同质化现象,湖北战略性新兴产业急需的电子信息、航天航空等类别高校还有空白。从专科层次看:湖北高职院校主要集中在交通运输类(6所)、装备制造类(6所)、水利能源类(4所)、艺术类(3所)等领域,电子信息类、人工智能类、航空航天类院校明显偏少。

专业设置方面。本科层次:一方面存在盲点。国家规定506种本科专业,湖北有215种专业尚未布点,2020年全省高校新设本科专业仅10个,分布在635个本科专业点的223个专业,对接湖北产业的大数据、机器人工程、航天航空、网络安全、智能制造、现代物流、社会治理等急需学科专业仍有欠缺。另一方面,部分专业类布点集中度较高,电气信息类、工商管理类、艺术类中设置本科专业点853个,占本科专业点总数的35%;专业重复设置的现象比较严重,如英语、计算机科学与技术、艺术设计等8种专业开设学校数都在40所以上。专科层次:全省61所高职院校,2/3的院校开设有电子商务、酒店管理、物流管理、旅游管理、机电一体化技术、会计、市场营销、计算机应用技术、工程造价等专业,这些专业类的在校生占到了全省高职在校生的51.14%,电子信息类专业布点和在校生规模偏少。

博士硕士布点方面。适应湖北主导产业的专业点不足。面向湖北十大千亿产业之一纺织产业的一级学科纺织科学与工程博士点未覆盖,服务湖北战略新兴产业之一生物产业的一级学科生物工程博士点和硕士点均为空白。

表 5-25 湖北省高等职业教育学科布局情况

类　　型	数量(个)	占比(%)
综合型	23	37.7
交通运输类	6	9.8
装备制造类	6	9.8
水利能源类	4	6.6
土木工程类	3	4.9
艺术类	3	4.9
社会服务类	3	4.9
电子信息类	2	3.3
医药卫生类	2	3.3
财经商贸类	2	3.3
农林类	2	3.3
师范类	1	1.6
轻工食品类	1	1.6
政法类	1	1.6
体育类	1	1.6
外语类	1	1.6

(三) 发展环境有待改善

1. 在规划引领上,配套政策落地落实不够

从外省看,上海制定了《高等教育布局结构与发展规划(2015—2030 年)》,实施高水平大学和特色高等学校建设、一流学科建设计划、创新人才培养计划。江苏印发了《高水平大学建设方案(2021—2025 年)》,实施高校优势学科建设工程和高水平大学建设工程。浙江先后出台了实施高等教育强省战略意见、高等教育新一轮提升发展的若干意见等,实施重点高校建设计划。湖北也出台了高等教育强省建设意见,但在配套政策设计上与沪苏浙三地相比,支持力度还有很大的差距。

2. 在经费支撑上,生均公共财政投入低于全国平均水平

2020 年,26 所省属公办本科高校一般公共预算生均拨款水平比全国平均水平低 3272 元;21 所省属公办高职院校比全国平均水平低 3069 元;武汉市外其他市(州)19

所公办高职学校比全国平均水平低3766元;26所省属本科高校人员支出105.4亿元,占预算总支出152亿元的70%,占决算支出164亿元的64%。2020年,省属高校用于事业发展的专项经费只有25.5亿元,对照教育部《高等学校基本办学条件合格标准》,省本级预算管理的47所公办高校有不少学校不达标,一些高校只能"财政保吃饭、学费管运转、基本建设靠贷款"。

3. 在人才引进上,高端人才及高层次管理人才相对缺乏

2022年,山西大学哲学、物理学科入选世界一流学科建设名单,这与该校引进北京大学管理团队不无关系。中国科学院院士李蓬受聘担任郑州大学校长,中国科学院院士张锁江受聘担任河南大学校长,中国科学院院士李亚栋受聘担任安徽师范大学校长。湖北在高端人才及高层次管理人才引进上要加大力度,拿出超常规的举措。

三、全面提升湖北省属高校整体发展水平的策略建议

2021年以来,湖北省委省政府不断加大重视和支持高等教育力度,先后发布高教强省建设、现代职业教育高质量发展、省属高校干部队伍建设等一系列政策文件,作出建设武汉长江新区"大学城"、职业教育资源整合和体制调整等一系列重大部署,为湖北高等教育强省建设注入了强大动力,提供了重要机遇。省属高校是湖北建设高等教育强省的基础和基石,要乘势而为、借力破局,按照"保持总量、注重质量、优化结构、强化特色"的总体思路,以超常之策、超常之力推进湖北省属高校提质创优,逐步形成布局合理、特色鲜明、高峰迭起的高等教育发展新格局。

(一)进一步优化区域发展布局

按照"稳定规模、优化结构、突出特色、提高质量"的要求,推动构建与全省"一主引领、两翼驱动、全域协同"区域发展布局和"三大都市圈"建设谋划相适应的高等教育空间布局,进一步建强省属高校,提升湖北高等教育整体实力。

1. 发挥"一主"引领优势

围绕武汉市建设国家中心城市、长江经济带核心城市、国际化大都市定位,服务武汉"一城一圈一群"战略部署,进一步巩固和发展武汉作为全国重要科教基地的地位,在武汉都市圈推动形成"一主双核一圈"的高等教育发展格局,发挥"头雁"效应,强化辐射带动,推进武汉都市圈高等教育一体化发展,服务和支撑"一主引领"。

一是促进"一主"资源重组。按照强强联合、地域相邻、优势互补、特色鲜明的原则,积极稳妥地推动组建1-2所省属高水平大学,集中力量支持,使之成为省属高校的龙头,实现湖北省属高校进入"双一流"国家队零的突破。支持武汉体育学院、湖北美术学院、武汉音乐学院等优势特色院校做优做强。对学科门类相近,且办学规模小、办学空间不足的公办高职院校进行合并、重组,组建若干所铁路运输类、电子信息类、水利工程类高职院校,提升办学实力和效益。

二是形成"双核"发展格局。针对武汉市高校南多北少、南强北弱的现状,在长江新区高标准、高起点规划建设"大学城",助力打造"环大学创新经济带"。大学城依托长江新区的主城区来建,且作为对长江新区主城区的拉动。"大学城"规划好后,要结合长江新区功能定位和产业布局,组织遴选一批高水平有特色高校、研究院和现代产业学院以及高水平中外合作办学机构整体搬迁入驻,提高城市品质,打造"校城共生"发展新模式。同时,对武昌片区环东湖、南湖、黄家湖、藏龙岛等大学聚集区进行优化提升,形成武汉市高等教育江南、江北"双核"发展格局。

三是推动"一圈"联动发展。深入实施"武汉都市圈高校对口支持合作计划",强化"九市即一城"理念,推进圈内"1+8"高等教育一体化发展。按照学科相近、优势互补的原则,组织武汉市"双一流"建设高校、"双高"建设高职院校与都市圈高校建立"1+1"战略合作关系,实现人才共育、学科共建、课题共研、资源共享。

四是力促"中心"功能疏解。引导和鼓励武汉市中心城区办学空间不足的高校和新转设独立学院整体搬迁到长江新区大学城或周边城市,鼓励搬迁至黄石光谷东科教园区、鄂州市梧桐湖科教园区、孝感市临空港科教园区、咸宁市梓山湖科教园区等地区。其他市州高校原则上不搬迁至武汉或在武汉设立新校区。

案例 5-8

上海、浙江、江苏完善高等学校区域布局

沪浙苏等高等教育发达地区布局较为均衡。上海市逐步形成了"东西南北+X"的高等教育布局。浙江形成了杭州、宁波、温州、金义四大高等教育重点区域。江苏的高校主要集中在南京、苏州、徐州、无锡 4 个城市,且区域之间办学水平差距相对较小。

——资料来源:根据相关网络资料整理

2. 提升"两翼"办学水平

围绕"襄十随神"打造以产业转型升级和先进制造业为重点的高质量发展经济带,围绕"宜荆荆恩"打造以绿色经济和战略性新兴产业为特色的高质量发展经济带,推进襄阳、宜昌省域副中心和区域中心城市建设,将襄阳、宜昌、十堰、荆州作为"两翼"的四个重要节点,提升高等教育"南北两翼"实力,形成"两翼四节点"的高等教育发展格局。

一是提升办学水平。支持三峡大学、长江大学、湖北民族大学、湖北医药学院加快建设国内"双一流"高校;支持部分本科院校创造条件更名大学,提升办学层次和水平;支持部分职业院校建设"双高"院校,创造条件发展本科层次职业教育。建设南北两翼高校合作联盟,推动区域高等教育联动发展。

二是适度扩大规模。"十四五"期间及今后一个时期,高校设置和招生计划安排重点向"两翼"倾斜。支持省内现有 6 所独立学院加快转设为独立设置本科高校。支持有关市(州)布局增设一批高等院校,比如,支持宜昌市新建1所民办性质航空学院;支持随州市建设1所本科高校,弥补随州市本科院校空白,不断满足人民群众对优质高等教育的需求。

三是实现优化整合。在"襄十随神"区域,围绕汉江生态经济带发展战略,推进襄阳省域副中心和汉江流域中心城市建设,重点打造以汽车制造、生物医药、文化旅游等为学科专业特色的高等教育链条;在"宜荆荆恩"区域,围绕落实长江经济带发展战略,推进宜昌省域副中心和长江中上游区域性中心城市建设,重点打造以现代化工、航天航空、现代农业等为学科专业特色的高等教育链条。

案例5-9

江苏:打造苏锡常都市圈职业教育高质量发展样板

2021年9月28日,教育部、江苏省人民政府共同发布《关于整体推进苏锡常都市圈职业教育改革创新打造高质量发展样板的实施意见》,通过一体化设计苏锡常职业教育的规划目标、建设标准、政策支持、组织推进和管理评价,推动区域产教融合发展,输出城市群职业教育发展"苏南模式";以"提质、均衡、引领"为导向,探索城乡一体化、都市圈一体化的集约发展模式;着力打造"三区":全国深化产教融合体制机制改革先行区、现代职业教育体系建设示范区和职业教育区域一体化发展标杆区。

——资料来源:中国日报 2021-09-29

3. 带动"全域"整体发展

推行"一区一特色""一校一案",实现特色办学、错位竞争、合作共赢,在全省推动形成"示范带动、区域协同、特色发展"的高等教育发展格局。

一是示范引领。继续争取教育部加大对湖北省属高校的指导支持力度,在以后的"双一流"建设高校动态调整中,将湖北有实力有条件的省属高校及其优势特色学科纳入国家"双一流"建设范围,以此带动湖北高等教育水平的整体提升。发挥在汉8所部委属高校的示范引领作用,实行"8+2"对口帮扶机制,即1所部委高校对口支持2所省属高校,整体提升省属高校办学水平。

二是区域协同。推动武汉优质教育资源省内跨区域共享,鼓励在汉优质高校与其他市州联合办学,设立研究院和创新基地。积极参与长江教育创新带建设,以武汉为龙头,推动成立长江中游城市群高校联盟,支持在鄂高校与城市群其他高校在学科联建、教师互派、课程互选、学分互认等方面深度合作。

三是特色发展。结合湖北、武汉的重点行业(产业)布局,对相同行业特色的院校进行整合,实现一个行业(产业)内,中职、高职、职业教育本科(应用型本科)等各个层次集中办好1所院校。武汉以外的其他市州,根据当地支柱产业和资源禀赋,原则上集中办好1所应用型本科高校、1所高职院校。

（二）稳步发展职业本科教育

稳步发展职业本科教育是国家鲜明的政策导向。2014年，《国务院关于加快发展现代职业教育的决定》首次提出"探索发展本科层次职业教育"；2019年，《国家职业教育改革实施方案》明确提出，"开展本科层次职业教育试点"；2021年，《中共中央办公厅、国务院办公厅关于推动现代职业教育高质量发展的意见》明确要求，"到2025年，职业本科教育招生规模不低于高等职业教育招生规模的10%"。目前，职业本科教育在学校设置、专业设置、学位授予等方面都有了国家专门意见和专项标准，基本形成了人才培养的"闭环"。同时，新修订的《职业教育法》明确了职业本科学校的法律地位。这些为发展职业本科教育提供了政策支持与法律支撑，现在关键是要清晰路径、提升质量、强化保障，确保稳中求进、稳中求优、稳中求活。

表 5-26　国家关于职业本科教育的相关政策

序号	政策文件	主要内容
1	2014年5月2日，国务院《关于加快发展现代职业的决定》（国发〔2014〕19号）	采取试点推动、示范引领等方式，引导一批普通本科高等学校向应用技术类高等学校转型发展，重点举办本科职业教育
2	2014年6月16日，教育部等六部门关于印发《现代职业教育体系建设规划（2014—2020年）》的通知（教发〔2014〕6号）	在办好现有专科层次高等职业（专科）学校的基础上，发展应用技术类型高校，培养本科层次职业人才
3	2015年10月21日，教育部、国家发展改革委、财政部《关于引导部分地方普通本科高校向应用型转变的指导意见》（教发〔2015〕7号）	确定一批有条件、有意愿的试点高校率先探索应用型（含应用技术大学、学院）发展模式
4	2015年10月19日，教育部关于印发《高等职业教育创新发展行动计划（2015—2018年）》的通知（教职成〔2015〕9号）	探索发展本科层次职业教育专业，将探索本科层次职业教育实现形式和培养模式作为一项重要任务
5	2019年1月24日，国务院关于印发《国家职业教育改革实施方案》的通知（国发〔2019〕4号）	开展本科层次职业教育试点

续表

序号	政策文件	主要内容
6	2021年1月22日,教育部办公厅关于印发《本科层次职业教育专业设置管理办法(试行)》的通知(教职成厅〔2021〕1号)	明确了本科层次职业教育专业设置的目的和依据、基本原则、专业目录管理以及各级教育行政部门和高校的职责,明确了专业设置条件与要求、专业设置程序、专业设置指导与监督
7	2021年1月27日,教育部关于印发《本科层次职业学校设置标准(试行)》的通知(教发〔2021〕1号)	从办学定位、治理水平、办学规模、专业设置、师资队伍、人才培养、科研和社会服务、基础设施、办学经费等十个方面明确了职业本科学校的设置标准
8	2021年7月28日,教育部《关于"十四五"时期高等学校设置工作的意见》(教发〔2021〕10号)	以优质高等职业学校为基础,稳步发展本科层次职业学院。
9	2021年10月21日,中共中央办公厅、国务院办公厅《关于推动现代职业教育高质量发展的意见》(中办发〔2021〕43号)	稳步发展职业本科教育,高标准建设职业本科学校和专业。到2025年,职业本科教育招生规模不低于高等职业教育招生规模的10%。鼓励应用型本科学校开展职业本科教育
10	2021年11月18日,国务院学位委员会办公室《关于做好本科层次职业学校学士学位授权与授予工作的意见》(学位办〔2021〕30号)	将职业本科纳入现有学士学位工作体系,职业本科证书效用与普通本科价值等同,在就业、考研、考公等方面具有同样效力
11	2022年5月1日,新修订的《中华人民共和国职业教育法》实施	职业学校教育分为中等职业学校教育、高等职业学校教育。高等职业学校教育由专科、本科及以上教育层次的高等职业学校和普通高等学校实施

1. 解决办学主体问题

职业本科教育由谁来办,是稳步发展职业本科教育首先需要厘清的问题。2005年,全国职业教育工作会议后,高职院校举办本科教育或与普通本科院校联合办学逐渐出现在政策视野中。2014年,《现代职业教育体系建设规划(2014—2020年)》将"应用技术本科"作为本科层次职业教育的主要载体。2015年,教育部、国家发展改革委和财政部《关于引导部分地方普通本科高校向应用型转变的指导意见》要求,引导和推动地方本科院校向应用技术类型高校转型发展。2021年,中共中央办公厅、国务院办公厅《关于推动现代职业教育高质量发展的意见》提出,稳步发展职业本科教育,高标准建设职业本科学校和专业,鼓励应用型本科学校开展职业本科教育。2022年5月1日开始施行的《职业教育法》明确规定,"高等职业学校教育由专科、本科及以上教育层次的高等职业学校和普通高等学校实施"。因此,发展职业本科教育的主体应是优质高职院校和转型发展的地方普通本科院校。

2. 解决办学形式问题

目前,关于职业本科教育的办学形式主要有高职院校和普通本科高校联合培养、高水平高职院校直接升格为本科职业技术大学、独立学院与高职院校合并转设、普通本科高校转型发展、"双高"院校部分骨干专业试办本科层次职业教育等。通过对比分析各种方式的利弊,有三条优化路径:一是优先遴选符合条件的"双高计划"高职院校建成职教本科学校,让2019年教育部首次遴选的56所中国特色高水平高职学校升格为职业技术大学,使"双高"学校升格和举办职业本科专业成为发展职业本科教育的主渠道。这批学校办学有基础、有实力、有特色,能够发挥示范引领作用。二是推动地方新建普通本科院校转型发展。新建本科院校经过20年的发展,已经具备了转型发展的基础,只要走好、走稳职普融通之路,就能办成更高水平、更高质量的应用型高校。三是优化整合高职资源,将行业相近的优质高职院校进行合并组建、资源整合,举办职业本科教育。

3. 解决办学路径问题

明确时间表、任务书、路径图。一是坚持稳步发展。当前职业本科教育还处在起步阶段,不能一哄而上。必须在各级政府的统筹和统领下,以"全面衡量、保证质量、择优遴选、稳步发展"为原则,把握好发展节奏,做到稳中求进,确保更加注重实际需要、更加注重质量提升、更加注重作用的发挥,摆脱传统的靠规模上效益的思维定式和路径依赖,避免低水平重复建设。特别是独立学院和高职院校合并转设时,一定要做好充分的论证和协调工作,维护各方利益诉求,确保平稳推进。二是坚持合理布局。目前开展职业本科教育试点的高校数量较少、办学实力普遍不够强。要进一步优化全国职业教育本科院校及专业布局,以区域人才需求和产业发展为导向,在粤港澳大湾区、京津冀、长三角、长江中游城市群等产业较为发达地区,扩大职业本科教育试点学校数量,打造区域职业本科教育示范高地。三是坚持科学设置。按照"高起点、高标准、高质量"的总要求,将职业本科教育纳入经济社会发展规划和教育事业整体规划,严格落实职业本科学校和专业设置的国家标准,把好学校和专业设置的"关口",推进试点,打造示范,形成一批可复制、可推广的经验模式,切实做到稳中求质,保持职业教育办学方向不变、培养模式不变、特色发展不变。

(三)提升省属高校综合办学实力

1. 坚持分类发展,引导高校科学定位、特色发展

通过"一校一方案",引导不同类型高校科学定位、错位竞争、特色发展,构建与区域产业结构相匹配、满足经济社会发展多样化需求、类别清晰、结构优化、具有区域特色的高等教育体系,努力形成高原敦实、高峰迭起的高等教育发展新格局。

一是深入推进"双一流"高校建设。经过全省上下的共同努力,湖北首批国内"双一流"建设高校完成了阶段性目标任务,但是还处在群山无峰的状态,没有形成自己的高地。应按照强强联合、地域相邻、优势互补、特色鲜明的原则,整合资源,集中力量支持2-3所有优势、有竞争力的省属高校,使之进入"双一流"建设"国家队"。有计划地遴选部分省属高校进行新一轮国内"双一流"建设,当好湖北高校建设的排头兵。

二是加快本科教育提质创优。深入实施高水平本科教育建设工程,深入实施"六卓越一拔尖"计划2.0和"荆楚卓越人才"协同育人计划,深入实施一流本科专业建设"双万计划"和一流本科课程建设"双万计划",以新工科、新医科、新农科、新文科建设引领新时代本科教育创新发展。

三是大力发展高质量研究生教育。完善省域研究生教育布局,推动宜昌、襄阳、荆州、十堰等建设区域性研究生教育基地。坚持学术型与应用型人才并重,深入推进科教融合的学术学位研究生培养模式和产教融合的专业学位研究生培养模式;推进跨学科人才培养,大力培养"高精尖缺"创新型人才。支持办学特色鲜明的省属高校新增一批博士、硕士学位授权单位和授权点,完善硕士、博士学位点动态调整机制。

2. 坚持分类培养,完善高校人才培养体系

完善各类人才培养方案,让不同人才脱颖而出,形成人人渴望成才、人人努力成才、人人皆可成才、人人尽展其才的良好局面,为湖北建设全国重要人才中心和创新高地贡献教育力量。

一是加强创新型人才培养。统筹推进"强基计划""基础学科拔尖学生培养计划2.0""六卓越一拔尖计划2.0""国家急需高层次人才培养专项"等人才培养计划,推进本硕博贯通培养,大力培养基础人才、"高精尖缺"创新型人才,为壮大科技创新后备力量储备优秀人才。

二是加强急需应用型人才培养。支持高校布局建设一批现代产业学院、未来技术学院、示范性软件学院、智慧农业学院、高水平公共卫生学院,加快培养理工农医等专业紧缺人才。支持筹建网络安全、生物安全、航空航天、电子信息等类别高校,填补相关学科类别高校空白。

三是加强技术技能人才培养。大力实施高职院校"双高"建设计划,强力推进产教融合、校企合作,聚焦高端产业和产业高端,着力打造技术技能人才培养高地。健全德技并修、知行合一、工学结合育人机制,实施职业教育提质培优行动,全面推行现代学徒制,普遍实行"1+X"证书制度,推进职业院校专业与行业产业对接、课程与职业能力标准对接、教学与生产过程对接、实训基地与工作岗位对接。深入实施"职业教育赋能提质专项行动计划",推动学历教育与职业培训并举并重,提升社会重点群体的技术技能和专业素养。

四是加力高层次人才引进。持续实施"楚天学者计划",适度加大人才项目资助力度,加强基础研究和原始创新、关键核心技术等领域人才引进。建立"楚天学者+"机制,支持引进"楚天学者创新团队"。扩大"湖北产业教授"选聘范围,支持省内外企事业单位科技创新人才、经营管理人才和高技能人才到湖北高校兼职任教。加大"湖北名师工作室"评建力度,加强省级教学团队建设。支持省属高校申报国家高层次人才计划,积极争取相关部委给予湖北省属高校更多支持。支持省属高校抢抓全球人才流动机遇,创新引才方式,面向全球公开招聘院系负责人、学科带头人。

3. 坚持特色引领,建强一批专业性省属院校

特色就是生命力,特色就是竞争力。湖北有一批体育、美术、音乐和中医药大学等行业特色学校,应该大力支持,建设一批有特色的省属高校。

一是实施应用型本科高校"双特色"(特色高校和特色专业、群)建设工程。开展高水平应用型本科高校建设试点,重点支持建设10所左右办学特色鲜明的高水平、示范性应用型高校,打造100个左右服务湖北战略新兴产业和重点产业需求的优势特色专业集群。支持应用型高校积极融入以企业为主体的区域、行业技术创新体系,建设一批区域和行业科技服务基地、技术创新基地,服务湖北战略新兴产业发展。

二是做大做强体音美等专业性院校。实施体音美医师等专业性院校提升工程,推进体育学、美术学、音乐与舞蹈学、中医学等学科跨入国家A类学科,支持建成一批特色鲜明、优势突出、在全国具有一流地位的省属医学院校、师范院校和体音美等专业性院校,增强辐射力和影响力。

三是突出行业特色,优化高职院校办学模式。结合区域发展需要、行业(产业)布局规划,通过合并、重组等形式,对职业教育资源进行整合。大力推进中等职业学校标准化建设工程,全面改善全省中等职业学校办学条件,深化教育教学改革,推动全省中等职业教育提质扩容。统筹部分优质中等职业学校,与高职院校贯通办学,实行"小学院、大学校"的办学模式,培养五年一贯制等长学制高素质技术技能人才。

(四)提升服务经济社会发展能力

服务经济社会发展是衡量省属高校综合实力的一个重要指标。各省属高校要主动对接湖北区域发展战略、行业发展布局和经济社会发展人才需求,促进人才培养链、科技创新链和产业价值链紧密结合,提高省属高校对经济社会的匹配度和贡献力,将科教优势转化为竞争优势、发展胜势。

1. 优化人才支撑

党的二十大报告首次把教育、科技、人才进行统筹安排、系统部署。人是科技创新最关键的因素,谁拥有了一流的创新人才,谁就能在科技创新中占据优势。与部委属高校定位研究型不同,省属高校大多应该定位为应用型。要优化人才培养方式,加强应用型、技术技能型和复合型人才培养,培养更多"适销对路"的人才。

一是聚焦产业。省直有关部门应建立湖北重点产业和行业人才需求发布制度,引导省属高校服务全省"51020"产业体系的构建,紧密对接16条制造业重点产业链和

10条农业重点产业链,优化学科专业结构,推进学科交叉融合,围绕产业链优化专业链、打造人才链。在本科高校布局建设一批现代产业学院、示范性软件学院、高水平公共卫生学院。深入实施职业院校重点领域"大国工匠"专项培训计划,实现每个产业链有1~2所本科高校院系和高职院校重点对接。

二是对接企业。高校科技创新成果,只有通过企业转化,变成产品,走向市场,才能产生经济和社会效益。省属高校要主动对接企业需求、主动服务企业生产、主动解决企业"卡脖子"难题,做到企业需要什么,高校就提供什么,就培养什么样的人才。要加快重点领域人才培养,提升文化领域和现代服务业人才培养水平,补齐公共卫生、健康领域、社会建设和社会治理人才短板;深化医教协同,推进医学教学改革,加大公共卫生类、临床医学类等紧缺人才培养。

三是鼓励创业。健全"全覆盖、多层次、个性化"的创新创业教育体系。深入实施大学生创新创业训练计划,支持建设一批"双创"示范基地和"双创"改革示范高校。组织开展"互联网+"大学生创新创业大赛,打造湖北"双创"教育品牌,全面提升大学生创新创业能力。激励创业,清障搭台,做好"加减法"。"加法"就是搭建更多创业平台,政府、高校、社会多方合力,为教师、学生提供便利;"减法"就是减少限制条件,为创业清障、松绑。

四是促进就业。毕业生就业质量是检验高校人才培养水平的重要指标。省属高校提升就业质量,要抓好入口和出口"两头"。在入口方面,把专业设置与社会需求结合起来,发展新工科、新医科、新农科、新文科,让学生学对专业。在出口方面,做好就业指导和帮扶工作,深入实施"才聚荆楚""技兴荆楚"工程,持续开展"湖北百校联动"等线上线下招聘活动,拓宽毕业生就业渠道,提升人岗匹配精准度。继续做好"特岗计划""大学生村官""乡村医生""三支一扶""西部计划"等项目,吸引更多优秀毕业生留鄂来鄂就业创业、到基层就业创业。

案例5-10

江苏举办"教育界与产业界对话对接系列活动"

从2018年起,江苏省教育厅牵头与产业部门共同组织"江苏教育界与产业界对话对接系列活动",相继举办了"文化产业产学研深度融合发展""资源型城市转型发展与生态文明建设""产学研深度融合,助推乡村振兴"等系列活动,教育界与产业界共同发力,逐步形成对话对接的长效机制。每年定期发布高校服务江苏情况统计"排行榜"及"四技"(技术开发、技术转让、技术咨询、技术服务)服务排名。各高校普遍建立了技术转移中心,主动对接江苏省技术产权交易市场,打通创新链到产业链的"最后一公里"。

——资料来源:江苏省教育厅官网 2021-11-14

2. 优化智力支撑

高校是知识分子密集之地、智力资源的汇聚之地、智力成果的孵化之地。省属高校要继续发挥智力优势,发挥智库作用,贡献智库力量,当好高质量发展的思想库、决策咨询的智囊团。

一是推进校城共生发展。推进大学校区、产业园区、城市社区"三区融合、联动发展",打造校城共生发展模式。推动武汉市建设若干个环大学创新创业生态园、生态带,支持宜昌、襄阳、黄石、十堰、荆州等高教资源相对富集城市建设一批高水平产教融合园区。

二是推进校地合作共建。实施"一市两校双基地创新驱动工程",通过市校携手、产教融合,每个市州至少对接两所高校,每所高校精准匹配科技创新和智力服务两类基地,组织高校创新优势与市州发展需求对接,统筹高校高水平科研基地及智库,着力解决市州支柱产业发展中的重大战略和关键技术问题。深入实施"百校联百县——高校服务乡村振兴科技支撑行动计划",组织全省百所高校,对接百个县市,采取项目制方式,组织全省高校科技人员深入乡村一线,着力解决乡村振兴中的技术、规划、策略、人才等问题。实施高校科技服务乡村振兴支撑计划,支持高校建设一批"乡村振兴研究院",为乡村产业规划、村庄规划、村庄整治、环境保护等提供决策咨询服务。

三是提高高校哲学社会科学研究水平。深入实施"湖北省高校哲学社会科学繁荣计划",统筹基础理论研究、应用对策研究,培育一批哲学社会科学领域重点学科,支持建设一批高校人文社科重点研究基地、文科实验室和高端智库,提高理论创新水平,强化资政服务。实施"文科实验室登峰计划",紧扣湖北发展战略急需,遴选一批优秀人文社会科学重点研究基地,培育高水平文科实验室。

3. 优化创新支撑

创新是引领发展的不竭动力,也是高校的灵魂和核心竞争力。省属高校要苦练创新"内功",聚焦提高原始创新能力、优化科技资源供需环境、促进科技成果转化等方面重点发力,综合施策。

一是提升高校原始创新能力。支持省属高校积极参与创建武汉国家科技创新中心和湖北东湖综合性国家科学中心以及宜昌、襄阳区域科技创新中心,创建国家重点实验室,参与湖北实验室建设,着力打造更多高端科研平台、应用技术研究平台,全面提升高校科技创新能力。强化产学研协同创新,围绕"光芯屏端网"、生物医药、新能源和智能汽车、航空航天、装备制造、先进材料、现代农业等,攻克一批"卡脖子"技术,推动"临门一脚"关键技术产业化。

二是优化科技资源供需环境。着力构建科技资源供给与科技创新需求精准对接的供需环境。注重上下结合,建立自下而上的科技问题传导机制和自上而下的科技资源供给机制,通过自下而上的传导过程将企业的科技需求外部化,通过自上而下的供给过程促进科技资源与科技问题精准匹配,力求科技创新紧紧围绕产业发展的实际需求开展。同时,通过"互联网+"为上下结合赋能,按照现代科技服务业的发展路径,打造"互联网+"科技资源供需平台,平台面向全省各级政府及部门、高校院所、科技园区、各类企业开放,形成扁平化的、不受时空限制的政产学研数字化共享环境。

三是创新科技成果转化机制。完善高校科技创新体系,建立以质量、绩效、贡献为导向的高校科技人才评价体系,构建充分体现知识、技术等创新要素价值的收益分配机制,完善科研人员职务发明成果权益分享机制。倡导科研奔着转化去、奔着市场去、奔着效益去,增强"钱变纸""纸变钱"的能力,让创新源泉充分涌流,让科研人员"名利双收"。健全高校科技成果转化服务平台,支持有条件的高校设立专业化技术转移机构和基地,开辟"湖北技术交易大市场"高校专场,举行湖北高校科技成果推介拍卖会,打造知识产权运营和成果转化全价值链服务体系,促进科技成果资本化、产业化、市场化。建立高校科技成果转化年度报告制度,每年开展高校科技创新服务高质量发展10大科技成果、10大智力成果、10大服务明星、10大典型案例评选推介活动,加快高校科技成果就地转化。

案例5-11

湖北省属高校积极推进科技创新和成果转化

三峡大学与宜昌人福药业、兴发集团等50多家企事业单位协同创新,解决关键技术40余项,获省部级以上奖励60多项。湖北工业大学参与县域科技园建设,开展"百名博士进百企"活动。长江大学获得省部共建非常规油气协同创新中心,以页岩气为主要研究对象,为地方政府和油田提供技术支持。湖北大学、武汉科技大学等高校举办科技成果转化签约活动。

——资料来源:根据有关资料整理

（五）解决其他结构性矛盾和问题

1. 加强校区整合,解决多校区办学的问题

一些高校在发展过程中,或因不断整合、合并相关学校,或因办学空间不足征地建设新校区,逐步形成多校区办学的局面。目前,湖北高校共有196个校区,9所高校校区数在4个以上,最多的校区有6个。多校区办学主要集中在武汉市高校,在汉83所高校有校区137个,其中武汉科技大学和武汉工程职业技术学院校区数分别达到6个和5个。多校区办学造成优质资源稀释、管理难度加大、运行成本增加、校园文化割裂等问题,影响城市功能配套,影响教育的公平与质量。因此,要加强省级统筹,一方面,采取校区土地置换、同行业合并组建等方式,解决多校区办学问题;另一方面借助建设大学城机会,对校区进行整合,发挥资源集约效益。

2. 优化办学机制,解决高职院校办学资源分散的问题

目前,省管（投入体制在省级财政）高职院校共22所,其中省政府直接管理4所,省直部门管理18所。部分职业院校办学规模小、实力不强、特色不鲜明,全省高职在校生低于10000人的学校34所,占学校总数的56%,低于3000人的学校10所,缺乏规模效益。同学科专业类别学校多(如交通、铁路、船舶等),个别市州(如荆州3所)公办高职过多财政无力负担,需要适当整合,提高办学效益。省政府要加强统筹协调,打破部门办学壁垒,优化资源整合。对办学规模小、办学空间不足的高职院校,通过院校合并等方式进行整合,提高办学效益,提升办学实力。

表5-27 2021年中部六省高职高专院校情况

	湖北省	山西省	湖南省	河南省	安徽省	江西省
高职高专学校数	62	51	78	94	74	60
占全省高校总数比例	47.69%	60%	60.93%	62.25%	61.67%	57.14%

3. 提升对外开放水平,解决教育对外开放质量不高的问题

目前,湖北共有本科层次中外合作办学项目53个,高职层次中外合作办学项目30个,尚没有1所具备独立法人资格的高水平中外合作办学机构,与上海、江苏、浙江、广东等发达地区差距明显。要继续推动湖北国际教育创新园建设,支持在汉高校与国际一流大学合作创办1~2所具备独立法人资格的高水平中外合作办学机构,提升武汉高等教育国际影响力,打造内陆教育对外开放新高地。支持省属高校引进国(境)外优质教育资源。鼓励有条件的省属高校赴国(境)外办学,与国(境)外高等教育机构开展包括学分互认、学位互授联授、联合培养等多种形式的合作办学。搭建一批教育国际合作与交流平台,打造一批中外人文交流品牌。加强同"一带一路"沿线国家教育交流与合作,建立国际学生预科教育基地,支持有条件的应用型本科、职业院校赴"一带一路"沿线国家建设"鲁班工坊",推进"中文+职业技能"项目建设。

(六)夯实高质量发展的要素保障

1. 积极争取支持,加大政策落实力度

要积极争取中央政策。比如,争取"中西部高等教育振兴计划"加大对省属高校的支持力度,让湖北更多的省属高校得到"双一流"建设高校的对口支援。要积极落实省里已有政策。比如,为推进科技创新,湖北陆续出台了"科技十条""黄金十条""创业十条""科技创新20条"等创新创业政策,要落实好这些政策,决不能只当政策"传声筒"、让政策"打白条",要让好政策进得了学校、入得了院墙,释放出最大红利。省直相关部门要依据职责分工,建立协同机制,制定务实管用举措,在省属高校领导班子建设、编制使用、发展规划、人才项目、科技项目、经费投入、人事管理、建设用地、税收管理、收费标准、信息服务、安全稳定等方面提供政策保障和工作支持。

案例5-12

武汉光谷发布"人才11条"政策广纳贤才

2021年7月27日,武汉东湖高新区(简称"光谷")发布《关于推动人才创新创造支撑东湖科学城建设的若干措施》(又称"人才11条"),包括实行全国首创人才注册制,人才动态评价积分制;每年拿出预算支出的5%支持人才创新,顶尖人才"一事一议",最高支持1亿元;对于青年博士毕业生、海外归国留学生,最高给予30万元资金支持;免费住房,子女教育学费补贴等优惠政策,与优化升级的《"3551光谷人才计划"实施办法》共同构成光谷人才3.0版本基底。

——资料来源:科技日报 2021-08-03

2. 改革经费投入机制,提高经费使用效益

总体看,湖北省属高校投入与外省比还有明显差距,要下决心改变这一状况。一是建立长效投入机制。按照"两个只增不减"的法定要求,落实省属高校生均12000元的生均拨款标准并实行动态调整机制。加大省财政对高等教育的投入力度,按照"扶强、助优、济困"相结合的原则,探索建立分类拨款机制,在加大省属重点高校建设的同时,对经济困难的市州所属高校的生均拨款进行适当补助。二是改革投入方式。推动省市共建,加大市(州)特别是武汉市承办高等教育的责任,鼓励各市(州)政府至少共建1所辖区内省管高校,在资金、政策、资源等方面给予支持。三是加大专项投入。设立"湖北省高教强省推进工程"专项资金,重点支持"双一流""双特色""双高"院校和体音美医师等专业性院校建设;设立高校科技成果转化引导基金;完善高校分类收费管理办法,适时调整高校学费标准;鼓励多渠道增加省属高校收入,对高校争取到的横向经费,给予奖励支持。

案例5-13

江苏、浙江、广东等省积极推进高等教育省地共建

江苏省经济发达的苏州、常州、南通、无锡等地都有不止1所本科院校和高职院校,办学经费由所在地政府负责保障,且保障水平达到或高于全省平均水平。浙江省打造杭州、宁波、温州、金义四大高等教育重点区域,探索省市共建、部门共建等方式,支持每个市重点建设1~2所高校;地方政府引进或新建高校,必须同步建立高校生均经费长效保障机制;对财力较弱的市,省财政给予适当的转移支付支持。广东省探索在每个市州举办1所本科院校,经济发达的珠三角地区,由所在地政府举办;经济欠发达的粤东北南地区,由省政府举办,所在地政府给予稳定支持。

——资料来源:根据有关资料整理

3. 建强人才队伍,为高校高质量发展提供智力支撑

坚持把师德师风摆在教师队伍建设的首位,深化教师考核评价制度改革,完善省级教学成果奖励办法,落实教授上讲台为本科生讲课制度,落实严管与厚爱要求,激励教师深化教学改革,潜心教书育人。建立高水平现代教师教育体系,建设一批教师教育综合改革实验区,推动省属高校普遍设立教师发展中心,促进教师专业发展,引导广大教师争做"四有"好老师。借鉴山西大学、郑州大学、河南大学等校经验,面向全国公开遴选2～3位具备政治家、教育家、科学家素养的人才担任湖北省属高校校长。

4. 深化"放管服"改革,为省属高校可持续发展营造良好环境

深化高等教育"放管服"改革,做到凡国家下放到直属高校的权力,都要下放给省属高校;凡省属高校能够依法自主管理的,都坚决交给学校管、学校办,充分激发省属高校创新、创业、创造的动力、活力、潜力。统筹解决省属高校历史遗留问题,让高校集中精力谋划推动发展。全社会都要支持省属高校发展,力争用3～5年的时间,推动省属高校面貌发生一个大的改变,让省属高校办学水平上一个大的台阶。

参考文献:

[1] 孙国胜,张廷,孙炜炜.湖北省属高校建设发展的现状分析与思考[J].学校党建与思想教育,2013(11):62-65.

[2] 王晶晶,加快发展本科层次职业教育 为高质量发展添能蓄势[N].中国经济时报,2021-03-09(7).

[3] 梁克东.职业本科教育的实践探索、发展瓶颈与推进策略[J].中国高教研究,2021(09):98-102.

[4] 魏剑等."双一流"时代省属高校创新人才培养研究[J].教育教学论坛,2022(14):173-176.

(本节执笔人:傅华强)

第三节 推进普通高校本科专业结构优化

专业是高校教学的基本单元,是高等学校根据社会专业分工的需要设立的学业类别。专业建设是高等学校最重要的教学基本建设之一,是高等学校优化结构、体现特色、提高质量、培养高素质人才的核心任务。从人才培养供给与人才培养需求上看,专业是人才培养供给与需求的结合点。湖北省第十二次党代会就努力"建设全国构建新发展格局先行区"作出了战略安排,提出推动"三高地、两基地"建设,加快形成若干个具有全国辐射力和国际竞争力的骨干产业和产业集群,对优化高等教育专业结构提出了新的更高要求。

一、湖北普通高校本科专业结构的基本现状

1. 湖北高校专业总量情况

截至2022年3月,湖北共有68所本科院校设置372种本科专业,共计3319个本科专业点。本科专业覆盖了12个学科门类,即哲学、经济学、法学、教育学、文学、历史学、理学、工学、农学、医学、管理学、艺术学。(见图5-3)

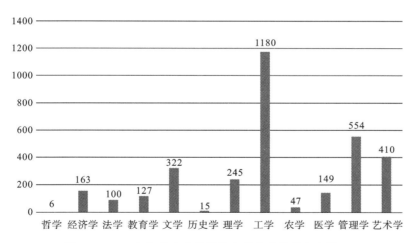

图5-3 2021年湖北省高等院校本科专业种类布点情况

一些专业仅有1所高校设置,填补了专业空白。这些学校和专业是:武汉大学宗教学、外交学、马克思主义理论、数字出版、世界史、考古学、电波传播与天线、地理国情监测、水质科学与技术、全球健康学、图书馆学等11个专业,华中科技大学功能材料、电子封装技术、电磁场与无线技术、密码科学与技术、法医学等5个专业,中国地质大学(武汉)大气科学、海洋科学、地下水科学与工程、海洋工程与技术、土地整治工程、应急技术与管理等6个专业,武汉理工大学航海技术、海事管理等2个专业,华中农业大

学农村区域发展、水族科学与技术、智慧农业、应用生物科学、设施农业科学与工程等5个专业,华中师范大学融合教育、核物理等2个专业,中南财经政法大学贸易经济、边防管理、劳动关系、电影学等4个专业,中南民族大学民族学、药物分析等2个专业,共计37个专业。除此之外,湖北普通高校本科仍有98种基本专业和240种特设专业未布点。(见表5-28)

表5-28 湖北普通高校本科专业未布点情况一览表

门类	未布点基本专业	未布点特设专业
1. 哲学	逻辑学	伦理学
2. 经济学	—	国民经济管理、劳动经济学、经济工程、数字经济、精算学
3. 法学	科学社会主义、中国共产党历史	监狱学、信用风险管理与法律防控、国际经贸规则、司法警察学、社区矫正、政治学、经济学与哲学、国际组织与全球治理、人类学、女性学、家政学、老年学、禁毒学、警犬技术、边防指挥、消防指挥、警卫学、公安情报学、犯罪学、公安管理学、国内安全保卫、技术侦查学、海警执法、公安政治工作、移民管理、出入境管理
4. 教育学	人文教育	华文教育、教育康复学、卫生教育、认知科学与技术、冰雪运动、电子竞技运动与管理、智能体育工程、体育旅游、运动能力开发
5. 文学	中国少数民族语言文学、古典文献学、阿拉伯语、波斯语、菲律宾语、梵语巴利语、印度尼西亚语、印地语、柬埔寨语、老挝语、缅甸语、马来语、蒙古语、僧伽罗语、泰语、乌尔都语、希伯来语、越南语、豪萨语、斯瓦希里语、阿尔巴尼亚语、保加利亚语、波兰语、捷克语、斯洛伐克语、罗马尼亚语、瑞典语、塞尔维亚语、土耳其语、希腊语、匈牙利语、意大利语、泰米尔语、普什图语、世界语、孟加拉语、尼泊尔语、克罗地亚语、荷兰语、芬兰语、乌克兰语、挪威语、丹麦语、冰岛语、爱尔兰语、拉脱维亚语、立陶宛语、斯洛文尼亚语、爱沙尼亚语、马耳他语、哈萨克语、乌兹别克语、祖鲁语、拉丁语	应用语言学、中国语言与文化、手语翻译、桑戈语、阿姆哈拉语、吉尔吉斯语、索马里语、土库曼语、加泰罗尼亚语、约鲁巴语、亚美尼亚语、马达加斯加语、格鲁吉亚语、阿塞拜疆语、阿非利卡语、马其顿语、塔吉克语、茨瓦纳语、恩德贝莱语、科摩罗语、克里奥尔语、绍纳语、提格雷尼亚语、白俄罗斯语、毛利语、汤加语、萨摩亚语、库尔德语、比斯拉马语、达里语、德顿语、迪维希语、斐济语、库克群岛毛利语、隆迪语、卢森堡语、卢旺达语、纽埃语、皮金语、切瓦语、塞苏陀语、语言学、塔玛齐格特语、爪哇语、旁遮普语、时尚传播、国际新闻与传播、会展

续表

门类	未布点基本专业	未布点特设专业
6. 历史学	—	文物保护技术、外国语言与外国历史、文化遗产
7. 理学	天文学、应用气象学、海洋科学、海洋技术、空间科学与技术	数理基础科学、声学、系统科学与工程、分子科学与工程、能源化学、海洋资源与环境、军事海洋学、防灾减灾科学与工程、古生物学、整合科学、神经科学
8. 工学	飞行技术、航空航天工程、飞行器设计与工程、飞行器环境与生命保障工程、武器系统与工程、武器发射工程、探测制导与控制技术、弹药工程与爆炸技术、特种能源技术与工程、装甲车辆工程、信息对抗技术、辐射防护与核安全、工程物理、核化工与核燃料工程、农业工程、农业电气化、农业建筑环境与能源工程、森林工程、木材科学与工程、环境科学与工程、乳品工程、刑事科学技术	机械工艺技术、微机电系统工程、汽车维修工程教育、仿生科学与工程、精密仪器、智能感知工程、粉体材料科学与工程、焊接技术与工程、纳米材料与技术、材料设计科学与工程、复合材料成型工程、智能材料与结构、电机电器智能化、电缆工程、水声工程、电信工程及管理、应用电子技术教育、海洋信息工程、邮政工程、核电技术与控制工程、智能装备与系统、工业智能、新媒体技术、电影制作、保密技术、服务科学与工程、区块链工程、铁道工程、土木、水利与海洋工程、土木、水利与交通工程、水利科学与工程、化学工程与工业生物工程、化工安全工程、涂料工程、精细化工、旅游地学与规划工程、矿物资源工程、海洋油气工程、服装设计与工艺教育、丝绸设计与工程、香料香精技术与工程、救助与打捞工程、船舶电子电气工程、轨道交通电气与控制、邮轮工程与管理、海洋资源开发技术、海洋机器人、飞行器质量与可靠性、飞行器适航技术、飞行器控制与信息工程、无人驾驶航空器系统工程、智能无人系统技术、农业智能装备工程、家具设计与工程、假肢矫形工程、临床工程技术、康复工程、葡萄与葡萄酒工程、食品营养与检验教育、食品安全与检测、食品营养与健康、食用菌科学与工程、白酒酿造工程、历史建筑保护工程、人居环境科学与技术、城市设计、智慧建筑与建造、职业卫生工程、合成生物学、消防工程、安全防范工程、公安视听技术、抢险救援指挥与技术、火灾勘查、核生化消防、海警舰艇指挥与技术、数据警务技术

续表

门类	未布点基本专业	未布点特设专业
9. 农学	野生动物与自然保护区管理、水土保持与荒漠化防治、海洋渔业科学与技术、草业科学	烟草、农艺教育、园艺教育、菌物科学与工程、农药化肥、生物质科学与工程、蚕学、蜂学、经济动物学、饲料工程、动植物检疫、实验动物学、中兽医学、经济林、水生动物医学、草坪科学与工程
10. 医学	食品卫生与营养学、藏医学、蒙医学、维医学、壮医学、哈医学、口腔医学技术	生物医学、放射医学、妇幼保健医学、卫生监督、傣医学、回医学、中医康复学、中医养生学、中医儿科学、中医骨伤科学、药事管理、药物化学、海洋药学、藏药学、蒙药学、中草药栽培与鉴定、听力与言语康复学
11. 管理学	—	保密管理、邮政管理、工程审计、计算金融、市场营销教育、海关管理、交通管理、公共关系学、海警后勤管理、医疗产品管理、医疗保险、养老服务管理、标准化工程、质量管理工程
12. 艺术学	艺术史论、戏剧学	艺术管理、舞蹈教育、流行音乐、音乐治疗、流行舞蹈、影视技术、戏剧教育、实验艺术、跨媒体艺术、文物保护与修复、漫画、包装设计

2. 湖北高校专业门类结构情况

截至 2021 年 12 月,湖北普通高校本科工学门类专业占比最高,达 35.56%,其次为管理学门类、艺术学门类和文学门类,占比分别为 16.70%、12.36%、9.70%,工学和管理学门类占比优势明显。(见图 5-4)

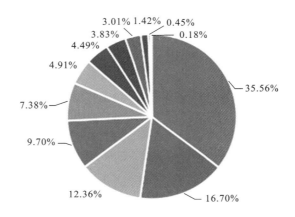

图 5-4　2021 年湖北普通高校本科专业布局情况

3. 2021年湖北高校专业调整情况

根据《教育部关于公布2021年度普通高等学校本科专业备案和审批结果的通知》,全国范围内,2021年度新增备案本科专业1773个,新增审批本科专业188个,撤销专业804个,碳储科学与工程、空天智能电推进技术、生物育种科学等31种新专业列入《普通高等学校本科专业目录》。

其中,湖北44所高校共新增117个专业点,撤销17个专业点;新增专业中,44所高校新增备案本科专业113个,4所高校共新增4个审批本科专业。支持高校服务国家战略和民生急需,设置了储能科学与工程、集成电路设计与集成系统、密码科学与技术、种子科学与工程、非物质文化遗产保护、养老服务管理、预防医学、护理学、健康服务与管理、应急技术与管理等一批专业布点。

案例5-14

武汉大学新增6个专业 填补市场人才空缺

武汉大学新增6个专业,分别为大数据管理与应用、智能制造工程、储能科学与工程、智能建造、中国共产党历史、政治学、经济学与哲学(弘毅学堂PPE试验班)。同时,优化招生计划结构,增加口腔医学、弘毅学堂试验班、计算机类、法学、经济学类、新闻传播学类等热门专业招生计划数400个,招生计划总数达2833个。其目的主要是紧密对接人工智能领域和国家战略的需要,满足社会和市场的需求,增加大学生的就业机会。

——资料来源:武汉大学网站 2021-05-01

二、湖北高校专业与经济社会发展协调度分析

1. 湖北经济社会发展及人才需求情况。

2021年湖北省国内生产总值(GDP)50012.94亿元,居全国第7位;比2020年增长12.9%,增长率居全国第1位。分产业看,湖北省产业结构不断优化升级,产业"含新量""含绿量"不断提升,其中:第一产业增加值4661.67亿元,增长11.1%;第二产业增加值18952.90亿元,增长13.6%;第三产业增加值26398.37亿元,增长12.6%。三大产业结构比例由2012年的12.8∶50.3∶36.9调整为2021年的9.3∶37.9∶52.8。在第三产业中,交通运输仓储和邮政业、批发和零售业、住宿和餐饮业、金融业、房地产业、其他服务业增加值分别增长22.9%、18.3%、19.9%、4.5%、9.3%、12.4%。同时能源结构持续优化,2021年非化石能源消费量占比达到16.8%左右,化石能源消费总量控制成效显著。(2021年与2020年的产业结构的对比情况如图5-5)

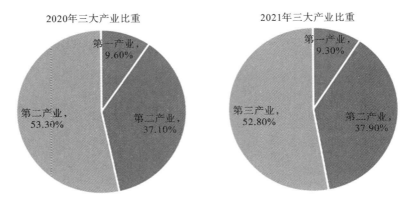

图 5-5 2021 与 2020 年湖北省三大产业结构对比

与 2020 年相比,2021 年三大产业结构总体平稳,其中第一、三产业略有下降,第二产业略有增长,其中高技术制造业增加值比上年增长 30.2%。"十四五"时期,随着战略新兴产业引领、先进制造业主导,现代服务业驱动的产业发展体系加快形成,湖北第二、第三产业将在 GDP 中占有绝对分量,人才需求缺口大。但同样不可忽视第一产业发展的人才需求。

2. 高校各专业人才供给情况

2021 年湖北普通高校本科毕业生为 22.05 万人,毕业生人数居前三位的学科门类分别是:工学 74615 人、管理学 35944 人和艺术学 26639 人。2021 年,应届本科毕业生的初次就业率为 84.98%,毕业生初次就业率排在前三位的学科门类分别是工学和农学 83.79%,艺术学 87.64%。(各学科门类本科毕业生人数分布及初次就业率见图 5-6、图 5-7)

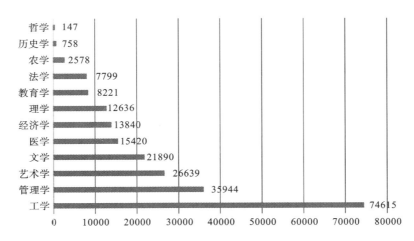

图 5-6 2021 年湖北普通高校本科各学科门类毕业生人数分布(单位:人)

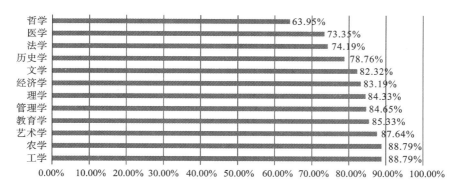

图 5-7　2021 年湖北普通高校本科各学科门类毕业生初次就业率

三、湖北高校专业人才需求与供给面临的主要问题

从总体上看,湖北普通高校本科专业已经形成了以工学专业为主,多学科专业协调发展的格局,人工智能、智能科学等新兴专业不断设立和发展。但依然存在一些不容忽视的问题。

1. 部分学科专业布局与经济社会需求不匹配

2021 年,湖北高校初次就业率相对较低的 20 个本科专业为国际事务与国际关系(66.67%)、全球健康学(66.67%)、哲学(65.67%)、中药制药(64.58%)、房地产开发与管理(64.41%)、电影学(64.08%)、中西医临床医学(64.05%)、图书馆学(63.83%)、中药资源与开发(62.96%)、知识产权(62.79%)、科学教育(62.5%)、心理学(62.35%)、俄语(62.07%)、临床医学(62.07%)、法医学(59.26%)、地理国情监测(54.17%)、机电技术教育(57.17%)、医学影像学(53.46%)、麻醉学(48.65%)、宗教学(46.15%),初次就业率在 70% 以下。

毕业生人数在全省排名为第二、第四的管理学类、文学类对应的毕业生初次就业率分别排在第五名、第八名。学科专业毕业生数量与其初次就业率排名不成正比,在一定程度上反映出这些学科专业的发展出现了供大于求的现象。各高校应谨慎新设相关专业点,调整专业布局。

2. 部分学科专业设置重复率高

截至 2021 年 12 月,湖北布点数量最多的 20 个本科专业为:英语 62 个,计算机科学与技术 57 个,视觉传达设计 54 个,环境设计 51 个,国际经济与贸易 49 个,电子信息工程、市场营销各 47 个,软件工程、财务管理各 46 个,法学、物联网工程、产品设计各 40 个,通信工程、数据科学与大数据技术各 38 个,工商管理、会议学各 37 个,工程管理、物流管理各 36 个,电子商务 35 个(见图 5-8)。专业设置重复率高,学校办学缺少核心专业和王牌专业引领,办学定位跟风,导致毕业生的市场竞争力大打折扣,出现大学生"就业难"与企业"技工荒"并存的现象,影响学生的发展前途。

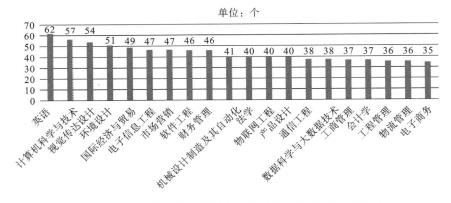

图 5-8　2021 年湖北普通高校布点数量较多的 20 个本科专业

3. 新医科、新农科、新文科发展亟待加强

2019 年,教育部提出全面加强新工科、新医科、新农科、新文科建设,全面提升高等教育质量,加快构建高质量高等教育体系,湖北高校工学类专业发展势头强劲,毕业生人数、初次就业率均位列第一,专业点数量逐年攀升。但是医学类、农学类和文学类专业的发展,除 2017 年有明显增长外,其余年份增长较为缓慢,其中农学类专业毕业生的初次就业率位列第一位,但其毕业生人数在众多专业中排名靠后。(见图 5-9)

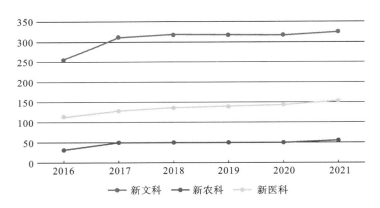

图 5-9　2016—2021 年湖北普通高校医学、文学和农学类专业点数量

四、优化湖北普通高校本科专业结构的策略建议

1. 健全专业调整机制

按照"科学定位、分类指导、多元发展、特色办学"的发展思路,坚持适应需求、优化布局的原则,健全高校依法自主设置与全省宏观调控相结合的学科专业结构优化和动态调整机制,每年开展专业和人才需求调查,健全高校毕业生就业状况统计分析与发布制度、跟踪调查与反馈制度,定期公布紧缺专业名单和就业率低的专业名单,为专业

设置调整提供参考。引导高校结合企业和社会发展需求,形成招生、培养、就业联动机制,自主调整和完善自身专业结构。

2. 增设一批新兴交叉专业

着力布局一批在经济社会发展中支撑关键核心技术突破的专业,重点建设一批事关公共安全、卫生健康、生态环保、食品安全等重大民生需求的专业,优先设置一批新兴交叉专业。加快设置服务新一代信息技术、人工智能、新材料、新能源和节能环保、新能源汽车和智能网联汽车、高端装备制造、智能家电、生命健康、绿色食品、数字创意等十大新兴产业发展的新兴专业。

3. 加大存量专业调整力度

完善有进有出、有增有减的专业动态调整机制,引导高校增设本地区急需、空白的专业,发展特色专业,停招停办或撤销不适应经济社会需求的专业。加大对传统专业改造力度,尤其是传统的医科、文科、农科专业,通过对原有专业师资、设备等资源的有效整合利用,推进学科专业交叉融合、模式创新、课程提质、手段更新,将其改造为符合经济社会发展需要的应用型专业。

4. 建立产业、专业、创业、就业统筹机制

高校要围绕产业发展需要不断调整优化学科专业,建设一流学科专业服务创新创业,深化专业教育教学改革引领创业就业,坚持创新创业带动就业。不断推进产业、专业、创业、就业统筹,推动教育链、人才链与产业链、创新链衔接贯通,提高人才培养与产业需求的匹配度。

5. 加强专业质量建设

落实《教育部关于深化本科教育教学改革全面提高人才培养质量的意见》等政策精神,提高学科专业建设水平,推动高等教育内涵式发展,使其更好地适应国家和区域经济社会发展需要,满足人民群众接受高质量高等教育需求。鼓励高校开放办学,围绕重点学科专业建设,积极引进国内外优质教育资源。引导高校及时调整专业人才培养方案,定期更新教学大纲,适时修订专业教材,科学构建课程体系。积极实施一流本科专业、课程建设"双万计划",加快专业认证和评估,将其纳入对高校相关考核,对建设成效明显的高校,在"质量工程"等项目中给予支持。

参考文献:

[1] 李丽蓉.关于地方高校本科专业结构调整与优化的几点思考[J].新课改教育理论探究,2021(4):38-39.

[2] 张丽娜.普通高校本科专业结构调整优化建议[J].中原工学院学报,2020(05):86-90.

[3] 李之媛.高校最新专业调整透露哪些趋势[N].中国青年报,2022-07-01.

(本节执笔人:刘国卫)

后记：

让智库价值在服务决策中充分彰显

本报告由"1个总报告＋14个专题报告"组成。总报告：站在全局、立足全面、把握要点、兼顾各方，对2021年国家和湖北省的教育政策作扫描式概述，形成总体判断和整体印象；专题报告：聚焦2021年的教育政策热点，进行深度剖析，明确这类专题的政策脉络、现实状况、问题原因，提出政策优化策略，形成对这类问题的独特视角和深刻见解。两者相互补充、相互印证，体现了历史纵深感、时代现实感。

这样的安排，有总有分，以点带面，篇章布局逻辑清楚、脉络清晰。一方面，体现年度教育政策研究报告的连续性和系统性，相对保持原有的体例和风格；另一方面，坚持问题导向，突出年度特色和重点，以专题形式深度剖析政策热点，避免面面俱到，将政策研究局限化、碎片化。因为政策的执行实施和效果检验有一个长期的过程，年度内整体层面难以立竿见影，但专项工作可以上下追索；且各专题报告既相对独立、自成一体，又总体关联、构成体系，体现了事业发展的针对性和完整性。特别是在专题选择和政策解析上，呈现四个方面的特点。

一是突出思政引领。思想政治教育是关系到"培养什么样的人、怎样培养人、为谁培养人"的根本大计。湖北的学校党建和思政工作多次在全国大会和学术活动中交流经验，"三全育人""五个思政"形成品牌，产生了溢出效应。报告第二章"发挥思政教育的引擎作用"，共四个专题，重点梳理了立德树人教育思想、中小学德育工作、高校党建和思政工作、构建大中小幼一体化德育体系的政策演进和施行效果，分析了现实中存在的问题及产生原因，提出了今后落实立德树人根本任务、健全系统化德育落实机制、加强学校党建和思政教育的政策举措。

二是突出社会关切。"双减"无疑是2021年教育界的年度热词，事关立德树人根本任务的落实，事关国家教育体系根基的维护，事关人民群众小康生活的成色。习近平总书记亲自决策部署，教育部党组将其作为"一号工程"推进，社会各界高度关注，工作力度和成效前所未有。报告第三章第二节"推进'双减'工作落地生效"，梳理了我国减轻学生负担政策的演进轨迹、基本特点及发展趋势，着重分析了国家和湖北"双减"政策的精神内涵、实施成效和现实问题，从提高课堂教学水平、作业设计水平、课后服务水平、校外培训机构监管水平、教育综合治理水平等方面,提出了策略建议。

三是突出项目驱动。重大项目建设是推进教育高质量发展的重要载体和抓手。立足于服务国家发展战略,针对一定历史阶段的特殊困难、突出问题,以工程项目为抓手,以中央资金为牵引,集中物力、财力和时间进行攻坚,攻坚任务完成后以制度性安排予以固化,形成长效机制,是我国推进教育改革和发展一条重要的成功经验。报告第四章第一节和第五章第一节,梳理了职业教育、高等教育领域重点项目建设的政策脉络和演进特点,重点分析了职业院校"双高"建设、高等学校"双一流"建设的相关政策、施行成效、问题原因,提出了持续推进项目建设的务实举措,培育"龙头",带动"全身",促进教育水平的整体提升。

四是突出战略部署。建设高等教育强省是湖北省委省政府的重大战略部署。报告第四章第二节,着眼职业教育"三教"改革,梳理了国家的政策要义,总结了湖北的作法和经验,就"谁来教""教什么""如何教"提出策略建议,确保"高质量地教""教出高质量"。第五章第二节分析了湖北省属高校的现状,指出省属高校正处于爬坡过坎的关键阶段,要按照"保持总量、注重质量、优化结构、强化特色"的总体思路,进一步优化区域布局结构,稳步发展职业本科教育,增强综合办学实力,提升服务经济社会发展能力,提高省属高校的整体发展水平。第五章第三节,分析了湖北普通高校本科专业结构基本现状,指出了湖北高校人才需求与供给面临的主要问题,提出推进湖北高校专业结构优化的策略建议。这几节从教学、教材、教师,规模、布局、结构等方面把脉处方,具有一定的针对性和权威性。

这四方面14个专题都是年度教育政策热点,是国家关于教育的重大战略决策。报告从专业化视角,客观、公正、科学地对这些关键教育议题展开深度研究,进行纵向演进的解析和横向发展的比较,提出加强、改进和提升的策略建议,为各级党委政府及其部门提高教育决策科学化水平,促进教育治理现代化提供参考。服务教育决策是教育智库的重要职能,对标新时代教育智库建设的总体要求和一流高端智库的标准,今后将加紧构建教育智库参与教育治理与决策的政策体系,建立教育智库资政建言的长效互动机制,加快促进教育智库组织机构和运行模式转型,探索形成教育智库"循证式"知识生产与成果转化新模式,在战略研究、政策建言、人才培养、舆论引导、公共外交等方面发挥独特作用,彰显功能价值。

本报告总体上按照"政策精神—执行效果—问题原因——策略建议"的逻辑结构,即本年度国家有哪些政策精神,湖北如何贯彻落实,取得的成效,存在的问题,改进的建议等,进行系统研究、整体把握。报告所涉及的教育政策,以国家和湖北省为主,同时兼顾地方政策制度创新;以2021年的政策为主,突出政策研究的年度特点和重点,同时兼顾该类教育政策发展的历史沿革,尤其是党的十八大以来教育政策发展历程以及未来发展趋势。报告所涉及的教育政策解读以教育部"官方声音"和主流媒体"专家观点"为主,兼容编撰者的"学术成果"。报告所采用的数据均来自国家和湖北省年度教育事业发展统计公告、经费统计公告,以及各种年鉴;所遴选的典型案例均来自媒体的公开报道、可靠的总结报告,体现了客观性。

本报告是集体劳动和智慧的结晶。从省教科院领导到专业技术人员,各自结合岗位职能、专业领域和兴趣特长,积极参与政策研究和文稿撰写,进行协同作战,促进学科融合,实现成果共享,提高整体研究力。具体而言,导言(执笔人:王文森);第一章第一节至四节(执笔人:朱爱国);第二章第一节(执笔人:丁丹、张爱国),第二节(执笔人:张爱国),第三节(执笔人:丁丹),第四节(执笔人:张爱国、丁丹);第三章第一节(执笔人:余彪),第二节(执笔人:朱爱国),第三节(执笔人:任会兵),第四节(执笔人:刘莉、鲜兰);第四章第一节(执笔人:孙晓敏、董志远),第二节(执笔人:方芳、洪淼),第三节(执笔人:朱爱国);第五章第一节(执笔人:刘国卫、余彪、丁丹、任会兵、罗国华),第二节(执笔人:傅华强),第三节(执笔人:刘国卫);后记(执笔人:朱爱国)。全报告由朱爱国统稿,任会兵统校。

本报告在编写出版过程中得到湖北省教育厅、华中科技大学出版社、湖北省社会科学院等单位的精心指导和大力支持,在此一并致谢。由于我们研究还不够深入,掌握的素材有限,加上时间仓促、水平有限,不当之处在所难免,许多地方有"漏珠"之感,真诚期望广大读者批评指正、交流共鉴。

当前,世界面临百年未有之大变局,逆全球化、地缘政治冲突等相互交织;经济社会发展存在许多不确定性、不稳定性;教育与信息化、大数据和人工智能加速融合,但教育领域数字鸿沟仍然明显。这些,对教育智库的研究力、应变力和影响力提出了更高要求。我们将通过自身转型和相关机制的建立完善,以更专业化与精细化的智库服务,努力让研究成果转化为党委政府的决策,让方案转化为实际行动,让智库声音转化为社会共识,为建设高质量教育体系提供高水平的智库支撑。

编写委员会
2022 年 10 月 18 日